한국공항공사

NCS + 최종점검 모의고사 5회

시대에듀

2025 최신판 시대에듀 한국공항공사
NCS + 최종점검 모의고사 5회 + 무료NCS특강

Always **with you**

사람의 인연은 길에서 우연하게 만나거나 함께 살아가는 것만을 의미하지는 않습니다.
책을 펴내는 출판사와 그 책을 읽는 독자의 만남도 소중한 인연입니다.
시대에듀는 항상 독자의 마음을 헤아리기 위해 노력하고 있습니다. 늘 독자와 함께하겠습니다.

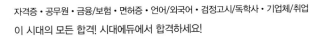

머리말 PREFACE

우리나라 14개 공항을 건설·운영하고, 대한민국 항공산업 발전을 위해 노력하는 한국공항공사는 2025년에 신입사원을 채용할 예정이다. 한국공항공사의 채용절차는 「입사지원 ➜ 서류전형 ➜ 필기전형 ➜ 1차 면접전형 ➜ 2차 면접전형 ➜ 신원조사 ➜ 최종합격」 순서로 진행되며, 필기전형에서는 직업기초능력평가·직무수행능력평가를 진행한다. 직업기초능력평가는 공통적으로 의사소통능력, 수리능력, 문제해결능력, 정보능력을 평가하고, 행정직은 자원관리능력, 전산·시설·기술직은 기술능력을 평가한다. 또한 직무수행능력평가는 직렬별로 상이하므로 반드시 확정된 채용공고를 확인하는 것이 필요하다. 필기전형은 채용 예정인원의 3~5배수만 통과할 수 있으므로 필기전형에서 고득점을 받기 위해 다양한 유형에 대한 연습과 문제풀이능력을 높이는 등 철저한 준비가 필요하다.

한국공항공사 필기전형 합격을 위해 시대에듀에서는 한국공항공사 판매량 1위의 출간 경험을 토대로 다음과 같은 특징을 가진 도서를 출간하였다.

도서의 특징

❶ **기출복원문제를 통한 출제 유형 파악!**
  • 2024년 하반기 공기업 NCS 기출복원문제를 통해 공기업별 NCS 필기 유형을 확인할 수 있도록 하였다.

❷ **한국공항공사 필기전형 출제 영역별 맞춤 문제로 실력 상승!**
  • 직업기초능력평가 대표기출유형&기출응용문제를 수록하여 NCS 필기전형에 완벽히 대비할 수 있도록 하였다.

❸ **최종점검 모의고사로 완벽한 실전 대비!**
  • 철저한 분석을 통해 실제 유형과 유사한 최종점검 모의고사를 수록하여 자신의 실력을 점검할 수 있도록 하였다.

❹ **다양한 콘텐츠로 최종 합격까지!**
  • 한국공항공사 채용 가이드와 면접 기출질문을 수록하여 채용을 준비하는 데 부족함이 없도록 하였다.
  • 온라인 모의고사 응시 쿠폰을 무료로 제공하여 필기전형을 대비할 수 있도록 하였다.

끝으로 본 도서를 통해 한국공항공사 채용을 준비하는 모든 수험생 여러분이 합격의 기쁨을 누리기를 진심으로 기원한다.

SDC(Sidae Data Center) 씀

한국공항공사 기업분석

◇ **미션**

> 편안한 공항, 하늘을 여는 사람들

◇ **KAC VISION 2030**

> 초융합 글로컬 공항그룹

◇ **경영목표**

ESG 공공분야 **최상위**

안전 · 서비스 최상위	여객 1.2억 명	글로벌 항공산업 선도	재무건전성 공기업 최고수준

◇ **핵심가치**

무결점 안전　　무단절 서비스　　무한 도전　　무한 신뢰

◇ 전략방향 & 전략과제

| 친환경 안전공항 구현 | 1. 국민 안전 · 안심 최우선
2. 공항 인프라 및 운영 최적화
3. 친환경 저소음 공항 구현 |

| 글로컬 항공서비스 혁신 | 1. 고객 서비스 가치 제고
2. 글로컬 항공 네트워크 강화
3. 디지털 기반 스마트공항 구현 |

| 미래 공항 패러다임 선도 | 1. 지역균형발전 지원 공항 개발
2. 민간협력 해외진출 확대
3. 혁신모빌리티(IAM) 전략 산업화 |

| 신뢰 · 혁신 기반 경영 건전화 | 1. 책임 · 자율 · 창의 기반 경영 효율화
2. 공정 · 투명성 기반 국민신뢰 강화
3. 지역사회 상생발전 |

◇ 인재상

융합인
다양한 분야에 유연하게 반응하는 사람

전문인
글로벌 스탠더드를 목표로 노력하는 사람

배려인
타인을 존중하며 공동체 발전에 기여하는 사람

신입 채용 안내 INFORMATION

◇ 지원자격(공통)

❶ 학력 및 전공 : 제한 없음
❷ 연령 및 성별 : 제한 없음[단, 연령의 경우 공사 규정에 따른 정년(만 60세) 이내여야 함]
❸ 남자의 경우 병역필 또는 병역면제자
　※ 장애인 전형은 면접 합격발표일, 일반 전형은 2차 면접 합격발표일 이전 전역(제대) 예정자 지원 가능
❹ 공사 인사규정 제19조(임용결격사유)에 해당하지 않는 사람

◇ 필기전형

구분	행정	시설 · 기술
직무수행능력평가 (50문항) ※ 5급갑 장애인 및 6급갑 일반직 면제	• 경영 : 경영학 전반(재무관리 포함)	• 토목 : 토목공학 전반 • 건축 : 건축공학 전반 • 기계 : 기계공학 전반 • 통신전자 : 통신전자공학 전반
직업기초능력평가 (50문항)	**공통** 의사소통능력, 수리능력, 문제해결능력, 정보능력	
	자원관리능력	기술능력

◇ 면접전형

구분	1차 면접전형	2차 면접전형
5급갑 일반, 6급갑 일반	문제해결능력, 의사소통능력 등 직무역량능력 평가	인성 및 조직적응력 등 심층 평가
5급갑 장애	문제해결능력, 의사소통능력, 심층인성 등 종합 평가	－

❖ 위 채용 안내는 2024년 하반기 채용공고를 기준으로 작성하였으므로 세부사항은 확정된 채용공고를 확인하기 바랍니다.

총평

한국공항공사 필기전형은 PSAT형과 모듈형이 거의 같은 비율의 피듈형으로 출제됐다. 후기에 따르면 난이도는 중상 이상으로 직전 시험에 비해 상승했고, 계산 및 추론, 자료 해석에 시간이 많이 드는 문제들이 다수였다. 틀린 선택지보다 옳은 선택지를 찾는 문제가 더 많았던 것도 풀이 시간의 증가 원인으로 보인다. 의사소통능력에서는 추론 과정으로 인해 정답을 단번에 찾기 어려운 문제들이 몇몇 있었다. 또한 수리능력에서는 확률, 경우의 수 등 응용 수리 문제가 출제되었고, 수리 · 문제해결능력 모두 선택지들이 일일이 계산을 해야 하는 문제가 많아서 까다로웠다는 후기가 많았다. 정보능력은 엑셀 함수 등의 모듈형을 비롯해 제시문을 읽고 푸는 문제가 몇몇 출제되었다. 정보능력과 마찬가지로 자원관리능력과 기술능력에서도 모듈형이 다수 출제되었다. 전체적으로는 일반적인 유형에서 한 번씩 꼬아 출제된 문제가 많아 시간 부족을 호소하는 후기가 많았다. 따라서 계산 속도를 높이는 동시에 확실히 맞힐 수 있는 문제와 그렇지 못한 문제 사이에서 시간 안배를 잘하는 게 합격의 당락을 갈랐을 것으로 보인다.

◇ 영역별 출제 비중

구분	출제 특징	출제 키워드
의사소통능력	• 일치 · 불일치보다는 추론을 요하는 문제들이 많았음 • 어휘, 문법(어법), 단어의 의미 · 관계 등을 묻는 문제가 출제됨 • 글 작성 방식 고르기, 내용을 지지하는 선택지 고르기 등의 문제가 출제됨	• 합성어, 상반관계 어휘, 드론과 자율주행차, 베버의 관료제 등
수리능력	• 응용 수리 문제가 있었고, 자료 해석 문제는 표에 각주가 달려 있고 선택지들도 계산을 해야 하는 문제가 많았음 • 모듈형 외에도 비율 · 가격 구하기 문제, 체육대회에서 종목 순서를 묻는 문제, 자료 해석 문제 등이 출제됨	• 확률, 경우의 수, 급여 계산 등
문제해결능력	• 가장 저렴한 이동 수단, 조건에 따른 사무실 배치 등을 묻는 문제가 출제됨 • 긴급하지만 중요하지 않은 일 고르는 문제, 산업재해 유족 보상 관련 자료 등 법령을 해석하는 문제가 출제됨	• 최적 경로, 최소 시간, 사무실 배치 등
정보능력	• 엑셀 함수 등의 모듈형 외에도 지문을 읽고 푸는 문제가 출제됨 • 시간이 많이 걸리지는 않으나 다소 헷갈리는 문제가 많았음	• 엑셀 함수, 암호 해독, 클라우드, 디지털트윈, 스택 자료구조 등
자원관리능력	• 경영의 목적, 자원관리의 낭비 요인 등의 모듈형 외에도 거리 계산(최단 루트) 문제가 출제됨	• 자원관리의 낭비 요인, 직접비와 간접비 등
기술능력	• 모듈형 문제가 다수 출제됨 • 정보능력과 마찬가지로 다른 영역에 비해 난이도가 상대적으로 낮았음	• 적정기술 · 거대기술 등

NCS 문제 유형 소개 NCS TYPES

PSAT형

04 다음은 신용등급에 따른 아파트 보증률에 대한 사항이다. 자료와 상황에 근거할 때, 갑(甲)과 을(乙)의 보증료의 차이는 얼마인가?(단, 두 명 모두 대지비 보증금액은 5억 원, 건축비 보증금액은 3억 원이며, 보증서 발급일로부터 입주자 모집공고 안에 기재된 입주 예정 월의 다음 달 말일까지의 해당 일수는 365일이다)

- (신용등급별 보증료)=(대지비 부분 보증료)+(건축비 부분 보증료)
- 신용평가 등급별 보증료율

구분	대지비 부분	건축비 부분				
		1등급	2등급	3등급	4등급	5등급
AAA, AA		0.178%	0.185%	0.192%	0.203%	0.221%
A$^+$		0.194%	0.208%	0.215%	0.226%	0.236%
A$^-$, BBB$^+$	0.138%	0.216%	0.225%	0.231%	0.242%	0.261%
BBB$^-$		0.232%	0.247%	0.255%	0.267%	0.301%
BB$^+$ ~ CC		0.254%	0.276%	0.296%	0.314%	0.335%
C, D		0.404%	0.427%	0.461%	0.495%	0.531%

※ (대지비 부분 보증료)=(대지비 부분 보증금액)×(대지비 부분 보증료율)×(보증서 발급일로부터 입주자 모집공고 안에 기재된 입주 예정 월의 다음 달 말일까지의 해당 일수)÷365
※ (건축비 부분 보증료)=(건축비 부분 보증금액)×(건축비 부분 보증료율)×(보증서 발급일로부터 입주자 모집공고 안에 기재된 입주 예정 월의 다음 달 말일까지의 해당 일수)÷365
- 기여고객 할인율 : 보증료, 거래기간 등을 기준으로 기여도에 따라 6개 군으로 분류하며, 건축비 부분 요율에서 할인 가능

구분	1군	2군	3군	4군	5군	6군
차감률	0.058%	0.050%	0.042%	0.033%	0.025%	0.017%

〈상황〉

- 갑 : 신용등급은 A$^+$이며, 3등급 아파트 보증금을 내야 한다. 기여고객 할인율에서는 2군으로 선정되었다.
- 을 : 신용등급은 C이며, 1등급 아파트 보증금을 내야 한다. 기여고객 할인율은 3군으로 선정되었다.

① 554,000원
② 566,000원
③ 582,000원
④ 591,000원
⑤ 623,000원

특징
▶ 대부분 의사소통능력, 수리능력, 문제해결능력을 중심으로 출제(일부 기업의 경우 자원관리능력, 조직이해능력을 출제)
▶ 자료에 대한 추론 및 해석 능력을 요구

대행사
▶ 엑스퍼트컨설팅, 커리어넷, 태드솔루션, 한국행동과학연구소(행과연), 휴노 등

모듈형

41 문제해결절차의 문제 도출 단계는 (가)와 (나)의 절차를 거쳐 수행된다. 다음 중 (가)에 대한 설명으로 적절하지 않은 것은?

┃ 문제해결능력

(가)	→	(나)
전체 문제를 개별화된 이슈들로 세분화		문제에 영향력이 큰 핵심이슈를 선정

① 문제의 내용 및 영향 등을 파악하여 문제의 구조를 도출한다.
② 본래 문제가 발생한 배경이나 문제를 일으키는 메커니즘을 분명히 해야 한다.
③ 현상에 얽매이지 말고 문제의 본질과 실제를 봐야 한다.
④ 눈앞의 결과를 중심으로 문제를 바라봐야 한다.
⑤ 문제 구조 파악을 위해서 Logic Tree 방법이 주로 사용된다.

특징
▶ 이론 및 개념을 활용하여 푸는 유형
▶ 채용 기업 및 직무에 따라 NCS 직업기초능력평가 10개 영역 중 선발하여 출제
▶ 기업의 특성을 고려한 직무 관련 문제를 출제
▶ 주어진 상황에 대한 판단 및 이론 적용을 요구

대행사
▶ 인트로맨, 휴스테이션, ORP연구소 등

피듈형(PSAT형 + 모듈형)

07 다음 자료를 근거로 판단할 때, 연구모임 A ~ E 중 세 번째로 많은 지원금을 받는 모임은?

┃ 자원관리능력

〈지원계획〉
• 지원을 받기 위해서는 한 모임당 5명 이상 9명 미만으로 구성되어야 한다.
• 기본지원금은 모임당 1,500천 원을 기본으로 지원한다. 단, 상품개발을 위한 모임의 경우는 2,000천 원을 지원한다.
• 추가지원금

등급	상	중	하
추가지원금(천 원/명)	120	100	70

※ 추가지원금은 연구 계획 사전평가결과에 따라 달라진다.
• 협업 장려를 위해 협업이 인정되는 모임에는 위의 두 지원금을 합한 금액의 30%를 별도로 지원한다.

〈연구모임 현황 및 평가결과〉

특징
▶ 기초 및 응용 모듈을 구분하여 푸는 유형
▶ 기초인지모듈과 응용업무모듈로 구분하여 출제
▶ PSAT형보다 난도가 낮은 편
▶ 유형이 정형화되어 있고, 유사한 유형의 문제를 세트로 출제

대행사
▶ 사람인, 스카우트, 인크루트, 커리어케어, 트리피, 한국사회능력개발원 등

주요 공기업 적중 문제 TEST CHECK

한국공항공사

자율주행차 ▶ 키워드

01 자율주행차란 운전자가 핸들과 가속페달, 브레이크 등을 조작하지 않아도 정밀한 지도, 위성항법시스템(GPS) 등 차량의 각종 센서로 상황을 파악해 스스로 목적지까지 찾아가는 자동차를 말한다. 국토교통부는 자율주행차의 상용화를 위해 '부분자율주행차(레벨 3)' 안전기준을 세계 최초로 도입했다고 밝혔다. 이에 따라 7월부터는 자동으로 차로를 유지하는 기능이 탑재된 레벨 3 부분자율주행차의 출시와 판매가 가능해진다. 국토부가 마련한 안전기준에 따르면 레벨 3 부분자율주행차는 운전자 탑승이 확인된 후에만 작동할 수 있다. 자동 차로 유지기능은 운전자가 직접 운전하지 않아도 자율주행시스템이 차선을 유지하면서 주행하고 긴급 상황 등에 대응하는 기능이다. 기존 '레벨 2'는 차로 유지기능을 작동했을 때 차량이 차선을 이탈하면 경고 알람이 울리는 정도여서 운전자가 직접 운전을 해야 했지만, 레벨 3 안전기준이 도입되면 지정된 작동영역 안에서는 자율주행차의 책임 아래 _____

① 운전자가 탑승하지 않더라도 자율주행이 가능해진다.
② 운전자가 직접 조작하지 않더라도 자동으로 속도 조절이 가능해진다.
③ 운전자가 운전대에서 손을 떼고도 차로를 유지하며 자율주행이 가능해진다.
④ 운전자가 직접 조작하지 않더라도 차량 간 일정한 거리 유지가 가능해진다.
⑤ 운전자가 차선을 이탈할 경우 경고 알람이 울리므로 운전자의 집중이 요구된다.

엑셀 함수 ▶ 유형

※ K공사에 근무 중인 S사원은 체육대회를 준비하고 있다. S사원은 체육대회에 사용될 물품 구입비를 다음과 같이 엑셀로 정리하였다. 이어지는 질문에 답하시오. **[2~3]**

	A	B	C	D	E
1	구분	물품	개수	단가(원)	비용(원)
2	의류	A팀 체육복	15	20,000	300,000
3	식품류	과자	40	1,000	40,000
4	식품류	이온음료수	50	2,000	100,000
5	의류	B팀 체육복	13	23,000	299,000
6	상품	수건	20	4,000	80,000
7	상품	USB	10	10,000	100,000
8	의류	C팀 체육복	14	18,000	252,000
9	식품류	김밥	30	3,000	90,000

03 S사원은 구입물품 중 의류의 총개수를 파악하고자 한다. 다음 중 S사원이 입력해야 할 함수로 옳은 것은?

① =SUMIF(A2:A9,A2,C2:C9)
② =COUNTIF(C2:C9,C2)
③ =VLOOKUP(A2,A2:A9,1,0)
④ =HLOOKUP(A2,A2:A9,1,0)
⑤ =AVERAGEIF(A2:A9,A2,C2:C9)

코레일 한국철도공사

02 농도가 10%인 소금물 200g에 농도가 15%인 소금물을 섞어서 13%인 소금물을 만들려고 한다. 이때, 농도가 15%인 소금물은 몇 g이 필요한가?

① 150g ② 200g
③ 250g ④ 300g
⑤ 350g

SWOT 분석 ▶ 유형

01 다음은 K섬유회사에 대한 SWOT 분석 자료이다. 분석에 따른 대응 전략으로 적절한 것을 〈보기〉에서 모두 고르면?

• 첨단 신소재 관련 특허 다수 보유	• 신규 생산 설비 투자 미흡 • 브랜드의 인지도 부족
S 강점	**W 약점**
O 기회	**T 위협**
• 고기능성 제품에 대한 수요 증가 • 정부 주도의 문화 콘텐츠 사업 지원	• 중저가 의류용 제품의 공급 과잉 • 저임금의 개발도상국과 경쟁 심화

보기

ㄱ. SO전략으로 첨단 신소재를 적용한 고기능성 제품을 개발한다.
ㄴ. ST전략으로 첨단 신소재 관련 특허를 개발도상국의 경쟁업체에 무상 이전한다.
ㄷ. WO전략으로 문화 콘텐츠와 디자인을 접목한 신규 브랜드 개발을 통해 적극적으로 마케팅 한다.
ㄹ. WT전략으로 기존 설비에 대한 재투자를 통해 대량생산 체제로 전환한다.

① ㄱ, ㄷ ② ㄱ, ㄹ
③ ㄴ, ㄷ ④ ㄴ, ㄹ
⑤ ㄷ, ㄹ

주요 공기업 적중 문제 TEST CHECK

LH 한국토지주택공사

환경 ▶ 키워드

40 다음 글과 〈보기〉를 근거로 할 때 가장 적절한 것은?

> 환경오염 및 예방 대책의 추진(제○○조)
> 환경부장관 및 시장·군수·구청장 등은 국가산업단지의 주변지역에 대한 환경기초조사를 정기적
> 으로 실시하여야 하며 이를 기초로 하여 환경오염 및 예방 대책을 수립·시행하여야 한다.
>
> 환경기초조사의 방법·시기 등(제□□조)
> 전조(前條)에 따른 환경기초조사의 방법과 시기 등은 다음 각 호와 같다.
> 1. 환경기초조사의 범위는 지하수 및 지표수의 수질, 대기, 토양 등에 대한 계획·조사 및 치유대책
>   을 포함한다.
> 2. 환경기초조사는 당해 기초지방자치단체장이 1단계 조사를 하고 환경부장관이 2단계 조사를 한
>   다. 다만 1단계 조사결과에 의하여 정상지역으로 판정된 때는 2단계 조사를 하지 아니한다.
> 3. 제2호에 따른 1단계 조사는 그 조사 시행일 기준으로 3년마다 실시하고, 2단계 조사는 1단계
>   조사 판정일 이후 1개월 이내에 실시하여야 한다.

보기

- L시에는 갑, 을, 병 세 곳의 국가산업단지가 있다.
- L시 시장은 다음과 같이 세 개 단지의 주변지역에 대한 1단계 환경기초조사를 하였다. 2023년
  1월 1일에 기록되어 있는 시행일, 판정일 및 판정 결과는 다음과 같다.

K-water 한국수자원공사

문단 나열 ▶ 유형

01 다음 문단을 논리적 순서대로 바르게 나열한 것은?

> (가) 그뿐 아니라, 자신을 알아주는 이, 즉 지기자(知己者)를 위해서라면 기꺼이 자신의 전부를 버
> 릴 수 있어야 하며, 더불어 은혜는 은혜대로, 원수는 원수대로 자신이 받은 만큼 되갚기 위해
> 진력하여야 한다.
>
> (나) 무공이 높다고 하여 반드시 협객으로 인정되지 않는 이유는 바로 이런 원칙에 위배되는 경우가
> 심심치 않게 발생하기 때문이다. 요컨대 협이란 사생취의(捨生取義)의 정신에 입각하여 살신
> 성명(殺身成名)의 의지를 실천하는 것, 또는 그러한 실천을 기꺼이 감수할 준비가 되어 있는
> 상태를 뜻한다고 할 수 있다.
>
> (다) 협으로 인정받기 위해서는 무엇보다도 절개와 의리를 숭상하여야 하며, 개인의 존엄을 중시하
> 고 간악함을 제거하기 위해 노력해야만 한다. 신의(信義)를 목숨보다 중히 여길 것도 강조되는
> 데, 여기서의 신의란 상대방을 향한 것인 동시에 스스로에게 해당되는 것이기도 하다.
>
> (라) 무(武)와 더불어 보다 신중하게 다루어야 할 것이 '협(俠)'의 개념이다. 무협 소설에서 문제가
> 되는 협이란 무덕(武德), 즉 무인으로서의 덕망이나 인격과 관계가 되는 것으로, 이는 곧 무공
> 사용의 전제가 되는 기준 내지는 원칙이라고 할 수 있다.

① (나) – (다) – (가) – (라)
② (나) – (다) – (라) – (가)
③ (라) – (가) – (다) – (나)
④ (라) – (다) – (가) – (나)

한국도로공사

06 A ~ D는 한 판의 가위바위보를 한 후 그 결과에 대해 각각 두 가지의 진술을 하였다. 두 가지의 진술 중 하나는 반드시 참이고, 하나는 반드시 거짓이라고 할 때, 다음 중 항상 참인 것은?

> A : C는 B를 이길 수 있는 것을 냈고, B는 가위를 냈다.
> B : A는 C와 같은 것을 냈지만, A가 편 손가락의 수는 나보다 적었다.
> C : B는 바위를 냈고, 그 누구도 같은 것을 내지 않았다.
> D : A, B, C 모두 참 또는 거짓을 말한 순서가 동일하다. 이 판은 승자가 나온 판이었다.

① B와 같은 것을 낸 사람이 있다.
② 보를 낸 사람은 1명이다.
③ D는 혼자 가위를 냈다.
④ B가 기권했다면 가위를 낸 사람이 지는 판이다.

18 다음 표는 D회사 구내식당의 월별 이용자 수 및 매출액에 대한 자료이고, 보고서는 D회사 구내식당 가격인상에 대한 내부검토 자료이다. 이를 토대로 '2024년 1월의 이용자 수 예측'에 대한 그래프로 옳은 것은?

〈2023년 D회사 구내식당의 월별 이용자 수 및 매출액〉

(단위 : 명, 천 원)

구분	특선식		일반식		총매출액
	이용자 수	매출액	이용자 수	매출액	
7월	901	5,406	1,292	5,168	10,574
8월	885	5,310	1,324	5,296	10,606
9월	914	5,484	1,284	5,136	10,620
10월	979	5,874	1,244	4,976	10,850
11월	974	5,844	1,196	4,784	10,628
12월	952	5,712	1,210	4,840	10,552

※ 총매출액은 특선식 매출액과 일반식 매출액의 합이다.

〈보고서〉

2023년 12월 D회사 구내식당은 특선식(6,000원)과 일반식(4,000원)의 두 가지 메뉴를 판매하고 있다. 2023년 11월부터 구내식당 총매출액이 감소하고 있어 지난 2년 동안 동결되었던 특선식과 일반식 중 한 가지 메뉴의 가격을 2024년 1월부터 1,000원 인상할지를 검토하였다.
메뉴 가격에 변동이 없을 경우, 일반식 이용자와 특선식 이용자의 수가 모두 2023년 12월에 비해 감소하여 2024년 1월의 총매출액은 2023년 12월보다 감소할 것으로 예측된다.
특선식 가격만을 1,000원 인상하여 7,000원으로 할 경우, 특선식 이용자 수는 2023년 7월 이후 최저치 이하로 감소하지만, 가격 인상의 영향 등으로 총매출액은 2023년 10월 이상으로 증가할 것으로 예측된다.
일반식 가격만을 1,000원 인상하여 5,000원으로 할 경우, 일반식 이용자 수는 2023년 12월 대비 10% 이상 감소하며, 특선식 이용자 수는 2023년 10월보다 증가하지는 않으리라 예측된다.

도서 200% 활용하기 STRUCTURES

1 기출복원문제로 출제경향 파악

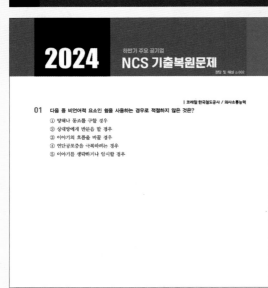

▶ 2024년 하반기 주요 공기업 NCS 기출문제를 복원하여 공기업별 NCS 필기 유형을 파악할 수 있도록 하였다.

2 대표기출유형 + 기출응용문제로 필기전형 완벽 대비

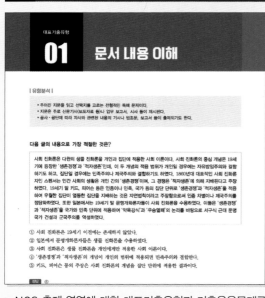

▶ NCS 출제 영역에 대한 대표기출유형과 기출응용문제를 수록하여 NCS 문제에 대한 접근 전략을 익히고 점검할 수 있도록 하였다.

3 최종점검 모의고사 + OMR을 활용한 실전 연습

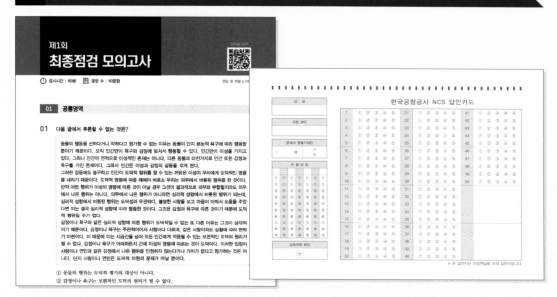

▶ 최종점검 모의고사와 OMR 답안카드를 수록하여 실제로 시험을 보는 것처럼 최종 마무리 연습을 할 수 있도록 하였다.
▶ 모바일 OMR 답안채점/성적분석 서비스를 통해 필기전형에 대비할 수 있도록 하였다.

4 인성검사부터 면접까지 한 권으로 최종 마무리

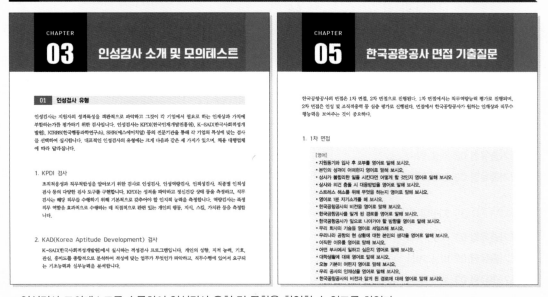

▶ 인성검사 모의테스트를 수록하여 인성검사 유형 및 문항을 확인할 수 있도록 하였다.
▶ 한국공항공사 면접 기출질문을 통해 실제 면접에서 나오는 질문을 미리 파악하고 연습할 수 있도록 하였다.

이 책의 차례 CONTENTS

Add+

2024년 하반기 주요 공기업
NCS 기출복원문제

| 코레일 한국철도공사 / 의사소통능력

01 다음 중 비언어적 요소인 쉼을 사용하는 경우로 적절하지 않은 것은?

① 양해나 동조를 구할 경우
② 상대방에게 반문을 할 경우
③ 이야기의 흐름을 바꿀 경우
④ 연단공포증을 극복하려는 경우
⑤ 이야기를 생략하거나 암시할 경우

| 코레일 한국철도공사 / 의사소통능력

02 다음 밑줄 친 부분에 해당하는 키슬러의 대인관계 의사소통 유형은?

> 의사소통 시 이 유형의 사람은 따뜻하고 인정이 많고 자기희생적이나 타인의 요구를 거절하지 못하므로 타인과의 정서적인 거리를 유지하는 노력이 필요하다.

① 지배형   ② 사교형
③ 친화형   ④ 고립형
⑤ 순박형

03 다음 글을 통해 알 수 있는 철도사고 발생 시 행동요령으로 적절하지 않은 것은?

철도사고는 지하철, 고속철도 등 철도에서 발생하는 사고를 뜻한다. 많은 사람이 한꺼번에 이용하며 무거운 전동차가 고속으로 움직이는 특성상 철도사고가 발생할 경우 인명과 재산에 큰 피해가 발생한다.

철도사고는 다양한 원인에 의해 발생하며 사고 유형 또한 다양하게 나타나는데, 대표적으로는 충돌사고, 탈선사고, 열차화재사고가 있다. 이 사고들은 철도안전법에서 철도교통사고로 규정되어 있으며, 많은 인명피해를 야기하므로 철도사업자는 반드시 이를 예방하기 위한 조치를 취해야 한다. 또한 승객들은 위험으로부터 빠르게 벗어나기 위해 사고 시 대피요령을 파악하고 있어야 한다.

국토교통부는 철도사고 발생 시 인명과 재산을 보호하기 위한 국민행동요령을 제시하고 있다. 이 행동요령에 따르면 지하철에서 사고가 발생할 경우 가장 먼저 객실 양 끝에 있는 인터폰으로 승무원에게 사고를 알려야 한다. 만약 화재가 발생했다면 곧바로 119에 신고하고, 여유가 있다면 객실 양 끝에 비치된 소화기로 불을 꺼야 한다. 반면 화재의 진화가 어려울 경우 입과 코를 젖은 천으로 막고 화재가 발생하지 않은 다른 객실로 이동해야 한다. 전동차에서 대피할 때는 안내방송과 승무원의 안내에 따라 질서 있게 대피해야 하며 이때 부상자, 노약자, 임산부가 먼저 대피할 수 있도록 배려하고 도와주어야 한다. 만약 전동차의 문이 열리지 않으면 반드시 열차가 멈춘 후에 안내방송에 따라 비상핸들이나 비상콕크를 돌려 문을 열고 탈출해야 한다. 전동차가 플랫폼에 멈췄을 경우 스크린도어를 열고 탈출해야 하는데, 손잡이를 양쪽으로 밀거나 빨간색 비상바를 밀고 탈출해야 한다. 반대로 역이 아닌 곳에서 멈췄을 경우 감전의 위험이 있으므로 반드시 승무원의 안내에 따라 반대편 선로의 열차 진입에 유의하며 대피 유도등을 따라 침착하게 비상구로 대피해야 한다.

이와 같이 승객들은 철도사고 발생 시 신고, 질서 유지, 빠른 대피를 중점적으로 유념하여 행동해야 한다. 철도사고는 사고 자체가 일어나지 않도록 철저한 안전관리와 예방이 필요하지만, 다양한 원인으로 예상치 못하게 발생한다. 따라서 철도교통을 이용하는 승객 또한 평소에 안전 수칙을 준수하고 비상 상황에서 침착하게 대처하는 훈련이 필요하다.

① 침착함을 잃지 않고 승무원의 안내에 따라 대피해야 한다.
② 화재사고 발생 시 규모가 크지 않다면 빠르게 진화 작업을 해야 한다.
③ 선로에서 대피할 경우 승무원의 안내와 대피 유도등을 따라 대피해야 한다.
④ 열차에서 대피할 때는 탈출이 어려운 사람부터 대피할 수 있도록 도와야 한다.
⑤ 열차사고 발생 시 탈출을 위해 우선 비상핸들을 돌려 열차의 문을 개방해야 한다.

04 다음 글을 읽고 알 수 있는 하향식 읽기 모형의 사례로 적절하지 않은 것은?

> 글을 읽는 것은 단순히 책에 쓰인 문자를 해독하는 것이 아니라 그 안에 담긴 의미를 파악하는 과정이다. 그렇다면 사람들은 어떤 방식으로 글의 의미를 파악할까? 세상의 모든 어휘를 알고 있는 사람은 없을 것이다. 그러나 대부분의 사람들, 특히 고등교육을 받은 성인들은 자신이 잘 모르는 어휘가 있더라도 글의 전체적인 맥락과 의미를 파악할 수 있다. 이를 설명해 주는 것이 바로 하향식 읽기 모형이다.
>
> 하향식 읽기 모형은 독자가 이미 알고 있는 배경지식과 경험을 바탕으로 글의 전체적인 맥락을 먼저 파악하는 방식이다. 하향식 읽기 모형은 독자의 능동적인 참여를 활용하는 읽기로, 여기서 독자는 단순히 글을 받아들이는 수동적인 존재가 아니라 자신의 지식과 경험을 활용하여 글의 의미를 구성해 나가는 주체적인 역할을 한다. 이때 독자는 글의 내용을 예측하고 추론하며, 심지어 자신의 생각을 더하여 글에 대한 이해를 넓혀갈 수 있다.
>
> 하향식 읽기 모형의 장점은 빠르고 효율적인 독서가 가능하다는 것이다. 글의 전체적인 맥락을 먼저 파악하기 때문에 글의 핵심 내용을 빠르게 파악할 수 있고, 배경지식을 활용하여 더 깊이 있는 이해를 얻을 수 있다. 또한 예측과 추론을 통한 능동적인 독서는 독서에 대한 흥미를 높여 주는 효과도 있다.
>
> 그러나 하향식 읽기 모형은 독자의 배경지식에 의존하여 읽는 방법이므로 배경지식이 부족한 경우 글의 의미를 정확하게 파악하기 어려울 수 있으며, 배경지식에 의존하여 오해를 할 가능성도 크다. 또한 글의 내용이 복잡하다면 많은 배경지식을 가지고 있더라도 글의 맥락을 적극적으로 가정하거나 추측하기 어려운 것 또한 하향식 읽기 모형의 단점이 된다.
>
> 하향식 읽기 모형은 글의 내용을 빠르게 이해하고 독자 스스로 내면화할 수 있으므로 독서 능력 향상에 유용한 방법이다. 그러나 모든 글에 동일하게 적용할 수 있는 읽기 모델은 아니므로 글의 종류와 독자의 배경지식에 따라 적절한 읽기 전략을 사용해야 한다. 따라서 하향식 읽기 모형과 함께 상향식 읽기(문자의 정확한 해독), 주석 달기, 소리 내어 읽기 등 다양한 읽기 전략을 활용하여야 한다.

① 회의 자료를 읽기 전 회의 주제를 먼저 파악하여 회의 안건을 예상하였다.
② 기사의 헤드라인을 먼저 읽어 기사의 내용을 유추한 뒤 상세 내용을 읽었다.
③ 제품 설명서를 읽어 제품의 기능과 각 버튼의 용도를 파악하고 기계를 작동시켰다.
④ 요리법의 전체적인 조리 과정을 파악하고 단계별로 필요한 재료와 순서를 확인하였다.
⑤ 서문이나 목차를 통해 책의 전체적인 흐름을 파악하고 관심 있는 부분을 집중적으로 읽었다.

05 농도가 15%인 소금물 200g과 농도가 20%인 소금물 300g을 섞었을 때, 섞인 소금물의 농도는?

① 17% ② 17.5%
③ 18% ④ 18.5%
⑤ 19%

06 남직원 A ~ C, 여직원 D ~ F 6명이 일렬로 앉고자 한다. 여직원끼리 인접하지 않고, 여직원 D와 남직원 B가 서로 인접하여 앉는 경우의 수는?

① 12가지 ② 20가지
③ 40가지 ④ 60가지
⑤ 120가지

07 다음과 같이 일정한 규칙으로 수를 나열할 때 빈칸에 들어갈 수로 옳은 것은?

−23	−15	−11	5	13	25	( )	45	157	65

① 49 ② 53
③ 57 ④ 61
⑤ 65

08 다음은 K시의 유치원, 초·중·고등학교, 고등교육기관의 취학률 및 초·중·고등학교의 상급학교 진학률에 대한 자료이다. 이에 대한 설명으로 옳지 않은 것은?

〈유치원, 초·중·고등학교, 고등교육기관 취학률〉

(단위 : %)

구분	2014년	2015년	2016년	2017년	2018년	2019년	2020년	2021년	2022년	2023년
유치원	45.8	45.2	48.3	50.6	51.6	48.1	44.3	45.8	49.7	52.8
초등학교	98.7	99	98.6	98.9	99.3	99.6	98.1	98.1	99.5	99.9
중학교	98.5	98.6	98.1	98	98.9	98.5	97.1	97.6	97.5	98.2
고등학교	95.3	96.9	96.2	95.4	96.2	94.7	92.1	93.7	95.2	95.6
고등교육기관	65.6	68.9	64.9	66.2	67.5	69.2	70.8	71.7	74.3	73.5

〈초·중·고등학교 상급학교 진학률〉

(단위 : %)

구분	2014년	2015년	2016년	2017년	2018년	2019년	2020년	2021년	2022년	2023년
초등학교	100	100	100	100	100	100	100	100	100	100
중학교	99.7	99.7	99.7	99.7	99.7	99.7	99.7	99.7	99.7	99.6
고등학교	93.5	91.8	90.2	93.2	91.7	90.5	91.4	92.6	93.9	92.8

① 중학교의 취학률은 매년 97% 이상이다.
② 매년 취학률이 가장 높은 기관은 초등학교이다.
③ 고등교육기관의 취학률이 70%를 넘긴 해는 2020년부터이다.
④ 2023년에 중학교에서 고등학교로 진학하지 않은 학생의 비율은 전년 대비 감소하였다.
⑤ 고등교육기관의 취학률이 가장 낮은 해와 고등학교의 상급학교 진학률이 가장 낮은 해는 같다.

09 다음은 A기업과 B기업의 2024년 1 ~ 6월 매출액에 대한 자료이다. 이를 그래프로 옮겼을 때의 개형으로 옳은 것은?

〈2024년 1 ~ 6월 A, B기업 매출액〉

(단위 : 억 원)

구분	2024년 1월	2024년 2월	2024년 3월	2024년 4월	2024년 5월	2024년 6월
A기업	307.06	316.38	315.97	294.75	317.25	329.15
B기업	256.72	300.56	335.73	313.71	296.49	309.85

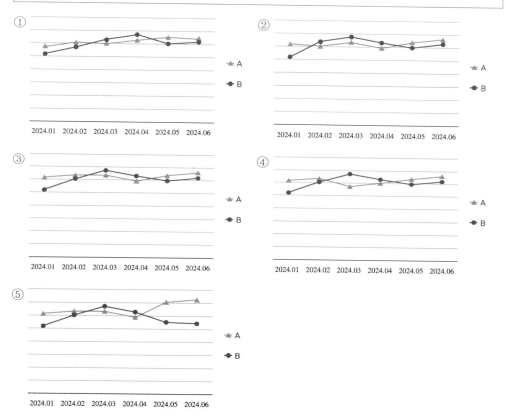

10 다음은 스마트 팜을 운영하는 K사에 대한 SWOT 분석 결과이다. 이에 따른 전략이 나머지와 다른 것은?

<table>
<tr><th colspan="2">구분</th><th>분석 결과</th></tr>
<tr><td rowspan="2">내부환경요인</td><td>강점
(Strength)</td><td>• 차별화된 기술력 : 기존 스마트 팜 솔루션과 차별화된 센서 기술, AI 기반 데이터 분석 기술 보유
• 젊고 유연한 조직 : 빠른 의사결정과 시장 변화에 대한 적응력
• 정부 사업 참여 경험 : 스마트 팜 관련 정부 사업 참여 가능성</td></tr>
<tr><td>약점
(Weakness)</td><td>• 자금 부족 : 연구개발, 마케팅 등에 필요한 자금 확보 어려움
• 인력 부족 : 다양한 분야의 전문 인력 확보 필요
• 개발력 부족 : 신규 기술 개발 속도 느림</td></tr>
<tr><td rowspan="2">외부환경요인</td><td>기회
(Opportunity)</td><td>• 스마트 팜 시장 성장 : 스마트 팜에 대한 관심 증가와 이에 따른 정부의 적극적인 지원
• 해외 시장 진출 가능성 : 글로벌 스마트 팜 시장 진출 기회 확대
• 활발한 관련 연구 : 스마트 팜 관련 공동연구 및 포럼, 설명회 등 정보 교류가 활발하게 논의</td></tr>
<tr><td>위협
(Threat)</td><td>• 경쟁 심화 : 후발 주자의 등장과 기존 대기업의 시장 장악 가능성
• 기술 변화 : 빠르게 변화하는 기술 트렌드에 대한 대응 어려움
• 자연재해 : 기후 변화 등 예측 불가능한 자연재해로 인한 피해 가능성</td></tr>
</table>

〈K사 스마트 팜 SWOT 분석 결과〉

① 정부 지원을 바탕으로 연구개발에 필요한 자금을 확보
② 스마트 팜 관련 공동연구에 참가하여 빠르게 신규 기술을 확보
③ 스마트 팜에 대한 높은 관심을 바탕으로 온라인 펀딩을 통해 자금을 확보
④ 포럼 등 설명회에 적극적으로 참가하여 전문 인력 확충을 위한 인맥을 확보
⑤ 스마트 팜 관련 정부 사업 참여 경험을 바탕으로 정부의 적극적인 지원을 확보

11 다음 대화에서 공통적으로 나타나는 논리적 오류로 가장 적절한 것은?

> A : 반려견 출입 금지라고 쓰여 있는 카페에 갔는데 거절당했어. 반려견 출입 금지면 고양이는 괜찮은 거 아니야?
> B : 어제 직장동료가 "조심히 들어가세요."라고 했는데 집에 들어갈 때만 조심하라는 건가?
> C : 친구가 비가 와서 우울하다고 했는데, 비가 안 오면 행복해지겠지?
> D : 이웃을 사랑하라는 선생님의 가르침을 실천하기 위해 사기를 저지른 이웃을 숨겨 주었어.
> E : 의사가 건강을 위해 채소를 많이 먹으라고 하던데 앞으로는 채소만 먹으면 되겠어.
> F : 긍정적인 생각을 하면 좋은 일이 생기니까 아무리 나쁜 일이 있어도 긍정적으로만 생각하면 될 거야.

① 무지의 오류
② 연역법의 오류
③ 과대해석의 오류
④ 허수아비 공격의 오류
⑤ 권위나 인신공격에 의존한 논증

12 A∼E열차를 운행거리가 가장 긴 순서대로 나열하려고 한다. 운행시간 및 평균 속력이 다음과 같을 때, C열차는 몇 번째로 운행거리가 긴 열차인가?(단, 열차 대기시간은 고려하지 않는다)

〈A∼E열차 운행시간 및 평균 속력〉

구분	운행시간	평균 속력
A열차	900분	50m/s
B열차	10시간 30분	150km/h
C열차	8시간	55m/s
D열차	720분	2.5km/min
E열차	10시간	2.7km/min

① 첫 번째
② 두 번째
③ 세 번째
④ 네 번째
⑤ 다섯 번째

13 다음 글에서 나타난 문제해결 절차의 단계로 가장 적절한 것은?

> K대학교 기숙사는 최근 학생들의 불만이 끊이지 않고 있다. 특히, 식사의 질이 낮고, 시설이 노후화되었으며, 인터넷 연결 상태가 불안정하다는 의견이 많았다. 이에 K대학교 기숙사 운영위원회는 문제해결을 위해 긴급회의를 소집했다.
>
> 회의에서 학생 대표들은 식단의 다양성 부족, 식재료의 신선도 문제, 식당 내 위생 상태 불량 등을 지적했다. 또한, 시설 관리 담당자는 건물 외벽의 균열, 낡은 가구, 잦은 누수 현상 등 시설 노후화 문제를 강조했다. IT 담당자는 기숙사 내 와이파이 연결 불안정, 인터넷 속도 저하 등 통신환경 문제를 제기했다.
>
> 운영위원회는 이러한 다양한 의견을 종합하여 문제를 더욱 구체적으로 분석하기로 결정했다. 먼저, 식사 문제의 경우 학생들의 식습관 변화에 따른 메뉴 구성의 문제점, 식자재 조달 과정의 비효율성, 조리 시설의 부족 등의 문제점을 파악했다. 시설 문제는 건물의 노후화로 인한 안전 문제, 에너지 효율 저하, 학생들의 편의성 저하 등으로 세분화했다. 마지막으로, 통신환경 문제는 기존 네트워크 장비의 노후화, 학생 수 증가에 따른 네트워크 부하 증가 등의 세부 문제가 제시되었다.

① 문제 인식
② 문제 도출
③ 원인 분석
④ 해결안 개발
⑤ 실행 및 평가

14 다음 중 빈칸에 들어갈 단어로 가장 적절한 것은?

> 감사원의 조사 결과 J공사는 공공사업을 위해 투입된 세금을 본래의 목적에 사용하지 않고 무단으로 _____했음이 밝혀졌다.

① 전용(轉用)
② 남용(濫用)
③ 적용(適用)
④ 활용(活用)
⑤ 준용(遵用)

15 다음 중 비행을 하기 위한 시조새의 신체 조건으로 가장 적절한 것은?

시조새(Archaeopteryx)는 약 1억 5천만 년 전 중생대 쥐라기 시대에 살았던 고대 생물로, 조류와 공룡의 중간 단계에 위치한 생물이다. 1861년 독일 바이에른 지방에 있는 졸른호펜 채석장에서 화석이 발견된 이후, 시조새는 조류의 기원과 공룡에서 새로의 진화 과정을 밝히는 데 중요한 단서를 제공해 왔다. '시조(始祖)'라는 이름에서 알 수 있듯이 시조새는 현대 조류의 조상으로 여겨지며 고생물학계에서 매우 중요한 연구 대상으로 취급된다.

시조새는 오늘날의 새와는 여러 가지 차이점이 있다. 이빨이 있는 부리, 긴 척추뼈로 이루어진 꼬리, 그리고 날개에 있는 세 개의 갈고리 발톱은 공룡의 특징을 잘 보여준다. 비록 현대 조류처럼 가슴뼈가 비행에 최적화된 형태로 발달되지는 않았지만, 갈비뼈와 팔에 강한 근육이 붙어있어 짧은 거리를 활강하거나 나뭇가지 사이를 오르내리며 이동할 수 있었던 것으로 추정된다.

한편, 시조새는 비대칭형 깃털을 가진 최초의 동물 중 하나로, 이는 비행을 하기에 적합한 형태이다. 시조새의 깃털은 현대의 날 수 있는 조류처럼 바람을 맞는 곳의 깃털은 짧고, 뒤쪽은 긴 형태인데, 이러한 비대칭형 깃털은 양력을 제공해 짧은 거리의 활강을 가능하게 했으며, 새의 조상으로서 비행의 초기 형태를 보여준다. 이로 인해 시조새는 공룡에서 새로 이어지는 진화 과정을 이해하는 데 있어 중요한 생물학적 증거로 여겨지고 있다.

시조새의 화석 연구는 당시의 생태계에 대한 정보도 제공하고 있다. 시조새는 열대 우림이나 활엽수림 근처에서 생활하며 나뭇가지를 오르내렸을 가능성이 큰 것으로 추정된다. 시조새의 이동 방식에 대해서는 여러 가설이 존재하지만, 짧은 거리의 활강을 통해 먹이를 찾고 이동했을 것이라는 주장이 유력하다.

결론적으로 시조새는 공룡과 새의 특성을 모두 가진 중간 단계의 생물로, 진화의 과정을 이해하는 데 핵심적인 역할을 한다. 시조새의 다양한 신체적 특징들은 공룡에서 새로 이어지는 진화의 연결고리를 보여주며, 조류 비행의 기원을 이해하는 중요한 증거로 평가된다.

① 날개 사이에 근육질의 익막이 있다.
② 날개에는 세 개의 갈고리 발톱이 있다.
③ 날개의 깃털이 비대칭 구조로 형성되어 있다.
④ 척추뼈가 꼬리까지 이어지는 유선형 구조이다.
⑤ 현대 조류처럼 가슴뼈가 비행에 최적화된 구조이다.

16 다음 글의 주제로 가장 적절한 것은?

사람들에게 의학을 대표하는 인물을 물어본다면 대부분 히포크라테스(Hippocrates)를 떠올릴 것이다. 히포크라테스는 당시 신의 징벌이나 초자연적인 힘으로 생각되었던 질병을 관찰을 통해 자연적 현상으로 이해하였고, 당시 마술이나 철학으로 여겨졌던 의학을 분리하였다. 이에 따라 의사라는 직업이 과학적인 기반 위에 만들어지게 되었다. 현재에는 의학의 아버지로 불리며 히포크라테스 선서라고 불리는 의사의 윤리적 기준을 저술한 것으로 알려져 있다. 이처럼 히포크라테스는 서양의학의 상징으로 받아들여지지만, 서양의학에 절대적인 영향을 준 사람은 클라우디오스 갈레노스(Claudius Galenus)이다.

갈레노스는 로마 시대 검투사 담당의에서 황제 마르쿠스 아우렐리우스의 주치의로 활동한 의사로, 해부학, 생리학, 병리학에 걸친 방대한 의학체계를 집대성하여 이후 1,000년 이상 서양의학의 토대를 닦았다. 당시에는 인체의 해부가 금지되어 있었기 때문에 갈레노스는 원숭이, 돼지 등을 사용하여 해부학적 지식을 쌓았으며, 임상 실험을 병행하여 의학적 지식을 확립하였다. 이러한 해부 및 실험을 통해 갈레노스는 여러 장기의 기능을 밝히고, 근육과 뼈를 구분하였으며, 심장의 판막이나 정맥과 동맥의 차이점 등을 밝혀내거나, 혈액이 혈관을 통해 신체 말단까지 퍼져나가며 신진대사를 조절하는 물질을 운반한다고 밝혀냈다. 물론 갈레노스도 히포크라테스가 주장한 4원소에 따른 4체액설(혈액, 담즙, 황담즙, 흑담즙)을 믿거나 피를 뽑아 치료하는 사혈법을 주장하는 등 현대 의학과는 거리가 있지만, 당시에 의학 이론을 해부와 실험을 통해 증명하고 방대한 저술을 남겼다는 놀라운 업적을 가지고 있으며, 이것이 실제로 가장 오랫동안 서양의학을 실제로 지배하는 토대가 되었다.

① 갈레노스의 생애와 의학의 발전
② 고대에서 현대까지 해부학의 발전 과정
③ 히포크라테스 선서에 의한 전문직의 도덕적 기준
④ 히포크라테스와 갈레노스가 서양의학에 끼친 영향과 중요성
⑤ 히포크라테스와 갈레노스의 4체액설이 현대 의학에 끼친 영향

17 다음 중 제시된 단어와 가장 비슷한 단어는?

> 비상구

① 진입로   ② 출입구
③ 돌파구   ④ 여울목
⑤ 탈출구

18 A열차가 어떤 터널을 진입하고 5초 후 B열차가 같은 터널에 진입하였다. 그로부터 5초 후 B열차가 터널을 빠져나왔고 5초 후 A열차가 터널을 빠져나왔다. A열차가 터널을 빠져나오는 데 걸린 시간이 14초일 때, B열차는 A열차보다 몇 배 빠른가?(단, A열차와 B열차 모두 속력의 변화는 없으며, 두 열차의 길이는 서로 같다)

① 2배   ② 2.5배
③ 3배   ④ 3.5배
⑤ 4배

19 A팀은 5일부터 5일마다 회의실을 사용하고, B팀은 4일부터 4일마다 회의실을 사용하기로 하였으며, 두 팀이 사용하고자 하는 날이 겹칠 경우에는 A, B팀이 번갈아가며 사용하기로 하였다. 어느 날 A팀과 B팀이 사용하고자 하는 날이 겹쳤을 때, 겹친 날을 기준으로 A팀이 9번, B팀이 8번 회의실을 사용했다면, 이때까지 A팀은 회의실을 최대 몇 번 이용하였는가?(단, 회의실 사용일이 첫 번째로 겹친 날에는 A팀이 먼저 사용하였으며, 회의실 사용일은 주말 및 공휴일도 포함한다)

① 61회   ② 62회
③ 63회   ④ 64회
⑤ 65회

20 다음 모스 굳기 10단계에 해당하는 광물 A ~ C가 〈조건〉을 만족할 때, 이에 대한 설명으로 옳은 것은?

〈모스 굳기 10단계〉

단계	1단계	2단계	3단계	4단계	5단계
광물	활석	석고	방해석	형석	인회석
단계	6단계	7단계	8단계	9단계	10단계
광물	정장석	석영	황옥	강옥	금강석

• 모스 굳기 단계의 단계가 낮을수록 더 무른 광물이고, 단계가 높을수록 단단한 광물이다.
• 단계가 더 낮은 광물로 단계가 더 높은 광물을 긁으면 긁힘 자국이 생기지 않는다.
• 단계가 더 높은 광물로 단계가 더 낮은 광물을 긁으면 긁힘 자국이 생긴다.

조건

• 광물 A로 광물 B를 긁으면 긁힘 자국이 생기지 않는다.
• 광물 A로 광물 C를 긁으면 긁힘 자국이 생긴다.
• 광물 B로 광물 C를 긁으면 긁힘 자국이 생긴다.
• 광물 B는 인회석이다.

① 광물 C는 석영이다.
② 광물 A는 방해석이다.
③ 광물 A가 가장 무르다.
④ 광물 B가 가장 단단하다.
⑤ 광물 B는 모스 굳기 단계가 7단계 이상이다.

21 J공사는 지방에 있는 지점 사무실을 공유 오피스로 이전하고자 한다. 다음 사무실 이전 조건을 참고할 때, 〈보기〉 중 이전할 오피스로 가장 적절한 곳은?

〈사무실 이전 조건〉

- 지점 근무 인원 : 71명
- 사무실 예상 이용 기간 : 5년
- 교통 조건 : 역이나 버스 정류장에서 도보 10분 이내
- 시설 조건 : 자사 홍보영상 제작을 위한 스튜디오 필요, 회의실 필요
- 비용 조건 : 다른 조건이 모두 가능한 공유 오피스 중 가장 저렴한 곳(1년 치 비용 선납 가능)

보기

구분	가용 인원수	보유시설	교통 조건	임대비용
A오피스	100인	라운지, 회의실, 스튜디오, 복사실, 탕비실	A역에서 도보 8분	1인당 연간 600만 원
B오피스	60인	회의실, 스튜디오, 복사실	B정류장에서 도보 5분	1인당 월 40만 원
C오피스	100인	라운지, 회의실, 스튜디오	C역에서 도보 7분	월 3,600만 원
D오피스	90인	회의실, 복사실, 탕비실	D정류장에서 도보 4분	월 3,500만 원 (1년 치 선납 시 8% 할인)
E오피스	80인	라운지, 회의실, 스튜디오	E역과 연결된 사무실	월 3,800만 원 (1년 치 선납 시 10% 할인)

① A오피스   ② B오피스

③ C오피스   ④ D오피스

⑤ E오피스

※ 다음은 에너지바우처 사업에 대한 자료이다. 이어지는 질문에 답하시오. [22~23]

〈에너지바우처〉

1. 에너지바우처란?
   국민 모두가 시원한 여름, 따뜻한 겨울을 보낼 수 있도록 에너지 취약계층을 위해 에너지바우처(이용권)를 지급하여 전기, 도시가스, 지역난방, 등유, LPG, 연탄을 구입할 수 있도록 지원하는 제도

2. 신청대상 : 소득기준과 세대원 특성기준을 모두 충족하는 세대
   • 소득기준 : 국민기초생활 보장법에 따른 생계급여 / 의료급여 / 주거급여 / 교육급여 수급자
   • 세대원 특성기준 : 주민등록표 등본상 기초생활수급자(본인) 또는 세대원이 다음 중 어느 하나에 해당하는 경우
   – 노인 : 65세 이상
   – 영유아 : 7세 이하의 취학 전 아동
   – 장애인 : 장애인복지법에 따라 등록한 장애인
   – 임산부 : 임신 중이거나 분만 후 6개월 미만인 여성
   – 중증질환자, 희귀질환자, 중증난치질환자 : 국민건강보험법 시행령에 따라 보건복지부장관이 정하여 고시하는 중증질환, 희귀질환, 중증난치질환을 가진 사람
   – 한부모가족 : 한부모가족지원법에 따른 '모' 또는 '부'로서 아동인 자녀를 양육하는 사람
   – 소년소녀가정 : 보건복지부에서 정한 아동분야 지원대상에 해당하는 사람(아동복지법에 의한 가정위탁보호 아동 포함)
   • 지원 제외 대상 : 세대원 모두가 보장시설 수급자
   • 다음의 경우 동절기 에너지바우처 중복 지원 불가
   – 긴급복지지원법에 따라 동절기 연료비를 지원받은 자(세대)
   – 한국에너지공단의 등유바우처를 발급받은 자(세대)
   – 한국광해광업공단의 연탄쿠폰을 발급받은 자(세대)
   ※ 하절기 에너지바우처를 사용한 수급자가 동절기에 위 사업들을 신청할 경우 동절기 에너지바우처를 중지 처리한 후 신청(중지사유 : 타동절기 에너지이용권 수급)
   ※ 단, 동절기 에너지바우처를 일부 사용한 경우 위 사업들은 신청 불가

3. 바우처 지원금액

구분	1인 세대	2인 세대	3인 세대	4인 이상 세대
하절기	55,700원	73,800원	90,800원	117,000원
동절기	254,500원	348,700원	456,900원	599,300원
총액	310,200원	422,500원	547,700원	716,300원

4. 지원방법
   • 요금차감
   – 하절기 : 전기요금 고지서에서 요금을 자동으로 차감
   – 동절기 : 도시가스 / 지역난방 중 하나를 선택하여 고지서에서 요금을 자동으로 차감
   • 실물카드 : 동절기 도시가스, 등유, LPG, 연탄을 실물카드(국민행복카드)로 직접 결제

22 다음 중 에너지바우처에 대한 설명으로 옳지 않은 것은?

① 36개월의 아이가 있는 의료급여 수급자 A는 에너지바우처를 신청할 수 있다.

② 혼자서 아이를 3명 키우는 교육급여 수급자 B는 1년에 70만 원을 넘게 지원받을 수 있다.

③ 보장시설인 양로시설에 살면서 생계급여를 받는 70세 독거노인 C는 에너지바우처를 신청할 수 있다.

④ 에너지바우처 기준을 충족하는 D는 겨울에 연탄보일러를 사용하므로 실물카드를 받는 방법으로 지원을 받아야 한다.

⑤ 희귀질환을 앓고 있는 어머니와 함께 단둘이 사는 생계급여 수급자 E는 에너지바우처를 통해 여름에 전기비에서 73,800원이 차감될 것이다.

23 다음은 A, B가족의 에너지바우처 정보이다. A, B가족이 올해 에너지바우처를 통해 지원받는 금액의 총합은 얼마인가?

〈A, B가족의 에너지바우처 정보〉

구분	세대 인원	소득기준	세대원 특성기준	특이사항
A가족	5명	의료급여 수급자	영유아 2명	연탄쿠폰 발급받음
B가족	2명	생계급여 수급자	소년소녀가정	지역난방 이용

① 190,800원
② 539,500원
③ 948,000원
④ 1,021,800원
⑤ 1,138,800원

24 다음 C 프로그램을 실행하였을 때의 결과로 옳은 것은?

```
#include <stdio.h>
int main( ) {
    int result=0;
    while (result<2) {
        result=result+1;
        printf("%d\n",result);
        result=result-1;
    }
}
```

① 실행되지 않는다.

② 0
   1

③ 0
   -1

④ 1
   1

⑤ 1이 무한히 출력된다.

25 다음은 A국과 B국의 물가지수 동향에 대한 자료이다. [E2] 셀에 「=ROUND(D2,-1)」를 입력하였을 때, 출력되는 값은?

<A, B국 물가지수 동향>

◢	A	B	C	D	E
1		A국	B국	평균 판매지수	
2	2024년 1월	122.313	112.36	117.3365	
3	2024년 2월	119.741	110.311	115.026	
4	2024년 3월	117.556	115.379	116.4675	
5	2024년 4월	124.739	118.652	121.6955	
6	⋮	⋮	⋮	⋮	
7					

① 100

② 105

③ 110

④ 115

⑤ 120

26 다음 중 빈칸에 들어갈 내용으로 가장 적절한 것은?

주의력 결핍 과잉행동장애(ADHD)는 학령기 아동에게 흔히 나타나는 질환으로, 주의력 결핍, 과잉행동, 충동성의 증상을 보인다. 이는 아동의 학교 및 가정생활에 큰 영향을 미치며, 적절한 치료와 관리가 필요하다. ADHD의 원인은 신경화학적 요인과 유전적 요인이 복합적으로 작용하는 것으로 여겨진다. 도파민과 노르에피네프린 같은 신경전달물질의 불균형이 주요 원인으로 지목되며, 가족력이 있는 경우 ADHD 발병 확률이 높아진다. 연구에 따르면, ADHD는 상당한 유전적 연관성을 보이며, 부모나 형제 중에 ADHD를 가진 사람이 있을 경우 그 위험이 증가한다.

환경적 요인도 ADHD 발병에 영향을 미칠 수 있다. 임신 중 음주, 흡연, 약물 사용 등이 위험을 높일 수 있으며, 조산이나 저체중 출산도 연관성이 있다. 이러한 환경적 요인들은 태아의 뇌 발달에 영향을 미쳐 ADHD 발병 가능성을 증가시킬 수 있다. 그러나 이러한 요인들이 단독으로 ADHD를 유발하는 것은 아니며, 다양한 요인이 복합적으로 작용하여 증상이 나타난다.

ADHD 치료는 약물요법과 비약물요법으로 나뉜다. 약물요법에서는 메틸페니데이트 같은 중추신경 자극제가 널리 사용된다. 이 약물은 도파민과 노르에피네프린의 재흡수를 억제해 증상을 완화한다. 이러한 약물은 주의력 향상과 충동성 감소에 효과적이며, 많은 연구에서 그 효능이 입증되었다. 비약물요법으로는 행동개입 요법과 심리사회적 프로그램이 있다. 이는 구조화된 환경에서 집중을 방해하는 요소를 최소화하고, 연령에 맞는 개입방법을 적용한다. 예를 들어, 학령기 아동에게는 그룹 부모훈련과 교실 내 행동개입 프로그램이 추천된다.

가정에서는 부모가 아이가 해야 할 일을 목록으로 작성하도록 돕고, 한 번에 한 가지씩 처리하도록 지도해야 한다. 특히 아이의 바람직한 행동에는 칭찬하고, 잘못된 행동에는 책임을 지도록 하는 것이 중요하다. 이러한 방법은 아이의 자존감을 높이고 긍정적인 행동을 강화하는 데 도움이 된다. 학교에서는 과제를 짧게 나누고, 수업이 지루하지 않도록 하며, 규칙과 보상을 일관되게 유지해야 한다. 교사는 ADHD 아동이 주의가 산만해질 수 있는 환경적 요소를 제거하고, 많은 격려와 칭찬을 통해 학습 동기를 유발해야 한다.

ADHD는 완치가 어려운 만성 질환이지만 적절한 치료와 관리를 통해 증상을 개선할 수 있다. 약물 치료와 비약물 치료를 병행하고 가정과 학교에서 적절한 지원이 이루어지면 ADHD 아동도 건강하고 행복한 삶을 영위할 수 있다. 결론적으로, ADHD는 _____ 따라서 다양한 원인에 부합하는 맞춤형 치료와 환경 조성을 통해 아동의 잠재력을 최대한 발휘할 수 있도록 지원해야 한다. 이는 아동이 자신의 능력을 충분히 발휘하고 성공적인 삶을 살아가는 데 중요한 역할을 한다.

① 완벽한 치료가 불가능한 불치병이다.

② 약물 치료를 통해 쉽게 치료가 가능하다.

③ 다양한 원인이 복합적으로 작용하는 질환이다.

④ 아동에게 적극적으로 개입해 충동성을 감소시켜야 하는 질환이다.

27 다음 중 밑줄 친 단어가 맞춤법상 옳지 않은 것은?

① 김주임은 지난 분기 매출을 조사하여 증가량을 <u>백분율</u>로 표기하였다.

② 젊은 세대를 중심으로 빠른 이직 트렌드가 형성되어 <u>이직률</u>이 높아지고 있다.

③ 이번 학기 <u>출석율</u>이 이전보다 크게 향상되어 학생들의 참여도가 높아지고 있다.

④ 이번 시험의 <u>합격률</u>이 역대 최고치를 기록하며 수험생들에게 희망을 안겨주었다.

28 S공사는 2024년 상반기에 신입사원을 채용하였다. 전체 지원자 중 채용에 불합격한 남성 수와 여성 수의 비율은 같으며, 합격한 남성 수와 여성 수의 비율은 2 : 3이라고 한다. 남성 전체 지원자와 여성 전체 지원자의 비율이 6 : 7일 때, 합격한 남성 수가 32명이면 전체 지원자는 몇 명인가?

① 192명

② 200명

③ 208명

④ 216명

29 다음은 직장가입자 보수월액보험료에 대한 자료이다. A씨가 〈조건〉에 따라 장기요양보험료를 납부할 때, A씨의 2023년 보수 월액은?(단, 소수점 첫째 자리에서 반올림한다)

〈직장가입자 보수월액보험료〉

• 개요 : 보수월액보험료는 직장가입자의 보수월액에 보험료율을 곱하여 산정한 금액에 경감 등을 적용하여 부과한다.

• 보험료 산정 방법
 – 건강보험료는 다음과 같이 산정한다.
  (건강보험료)=(보수월액)×(건강보험료율)
  ※ 보수월액 : 동일사업장에서 당해 연도에 지급받은 보수총액을 근무월수로 나눈 금액
 – 장기요양보험료는 다음과 같이 산정한다.
  2022.12.31. 이전 : (장기요양보험료)=(건강보험료)×(장기요양보험료율)

  2023.01.01. 이후 : (장기요양보험료)=(건강보험료)×$\dfrac{(장기요양보험료율)}{(건강보험료율)}$

〈2020 ~ 2024년 보험료율〉

(단위 : %)

구분	2020년	2021년	2022년	2023년	2024년
건강보험료율	6.67	6.86	6.99	7.09	7.09
장기요양보험료율	10.25	11.52	12.27	0.9082	0.9182

조건

• A씨는 K공사에서 2011년 3월부터 2023년 9월까지 근무하였다.
• A씨는 3개월 후 2024년 1월부터 S공사에서 현재까지 근무하고 있다.
• A씨의 2023년 장기요양보험료는 35,120원이었다.

① 3,866,990원 ② 3,974,560원
③ 4,024,820원 ④ 4,135,970원

30 다음 중 개인정보보호법에서 사용하는 용어에 대한 정의로 옳지 않은 것은?

① '가명처리'란 추가 정보 없이도 특정 개인을 알아볼 수 있도록 처리하는 것을 말한다.

② '정보주체'란 처리되는 정보에 의하여 알아볼 수 있는 사람으로서 그 정보의 주체가 되는 사람을 말한다.

③ '개인정보'란 살아 있는 개인에 관한 정보로서 성명, 주민등록번호 및 영상 등을 통하여 개인을 알아볼 수 있는 정보를 말한다.

④ '처리'란 개인정보의 수집, 생성, 연계, 연동, 기록, 저장, 보유, 가공, 편집, 검색, 출력, 정정, 복구, 이용, 제공, 공개, 파기, 그 밖에 이와 유사한 행위를 말한다.

31 다음은 생활보조금 신청자의 소득 및 결과에 대한 자료이다. 월 소득이 100만 원 이하인 사람은 보조금 지급이 가능하고, 100만 원을 초과한 사람은 보조금 지급이 불가능할 때, 보조금 지급을 받는 사람의 수를 구하는 함수로 옳은 것은?

〈생활보조금 신청자 소득 및 결과〉

	A	B	C	D	E
1	지원번호	소득(만 원)	결과		
2	1001	150	불가능		
3	1002	80	가능		보조금 지급 인원 수
4	1003	120	불가능		
5	1004	95	가능		
6	⋮	⋮	⋮		
7					

① =COUNTIF(A:C,"<=100")

② =COUNTIF(A:C,<=100)

③ =COUNTIF(B:B,"<=100")

④ =COUNTIF(B:B,<=100)

32 다음은 초등학생의 주차별 용돈에 대한 자료이다. 빈칸에 들어갈 함수를 바르게 짝지은 것은?(단, 한 달은 4주로 한다)

〈초등학생 주차별 용돈〉

	A	B	C	D	E	F
1	학생번호	1주	2주	3주	4주	합계
2	1	7,000	8,000	12,000	11,000	(A)
3	2	50,000	60,000	45,000	55,000	
4	3	70,000	85,000	40,000	55,000	
5	4	10,000	6,000	18,000	14,000	
6	5	24,000	17,000	34,000	21,000	
7	6	27,000	56,000	43,000	28,000	
8	한 달 용돈이 150,000원 이상인 학생 수					(B)

	(A)	(B)
①	=SUM(B2:E2)	=COUNTIF(F2:F7, “> = 150,000”)
②	=SUM(B2:E2)	=COUNTIF(B2:E2, “> = 150,000”)
③	=SUM(B2:E2)	=COUNTIF(B2:E7, “> = 150,000”)
④	=SUM(B2:E7)	=COUNTIF(F2:F7, “> = 150,000”)

33 다음 중 빅데이터 분석 기획 절차를 순서대로 바르게 나열한 것은?

① 범위 설정 → 프로젝트 정의 → 위험 계획 수립 → 수행 계획 수립

② 범위 설정 → 프로젝트 정의 → 수행 계획 수립 → 위험 계획 수립

③ 프로젝트 정의 → 범위 정의 → 위험 계획 수립 → 수행 계획 수립

④ 프로젝트 정의 → 범위 설정 → 수행 계획 수립 → 위험 계획 수립

34   다음 중 밑줄 친 부분의 단어가 어법상 옳은 것은?

> K씨는 항상 ㉠ <u>짜깁기 / 짜집기</u>한 자료로 보고서를 작성했다. 처음에는 아무도 눈치채지 못했지만, 시간이 지나면서 K씨의 작업이 다른 사람들의 것과 비교해 질적으로 떨어지는 것이 분명해졌다. K씨는 결국 동료들 사이에서 ㉡ <u>뒤처지기 / 뒤쳐지기</u> 시작했고, 격차를 좁히기 위해 더 많은 시간을 투자해야 했다.

          ㉠   ㉡
①   짜깁기   뒤처지기
②   짜깁기   뒤쳐지기
③   짜집기   뒤처지기
④   짜집기   뒤쳐지기

35   다음 중 공문서 작성 시 유의해야 할 점으로 옳지 않은 것은?

① 한 장에 담아내는 것이 원칙이다.
② 부정문이나 의문문의 형식은 피한다.
③ 마지막엔 반드시 '끝'자로 마무리한다.
④ 날짜 다음에 괄호를 사용할 경우에는 반드시 마침표를 찍는다.

36   영서가 어머니와 함께 40분 동안 만두를 60개 빚었다고 한다. 어머니가 혼자서 1시간 동안 만두를 빚을 수 있는 개수가 영서가 혼자서 1시간 동안 만두를 빚을 수 있는 개수보다 10개 더 많을 때, 영서는 1시간 동안 만두를 몇 개 빚을 수 있는가?

① 30개
③ 40개

② 35개
④ 45개

37 대칭수는 순서대로 읽은 수와 거꾸로 읽은 수가 같은 수를 가리키는 말이다. 예컨대, 121, 303, 1,441, 85058 등은 대칭수이다. 1,000 이상 50,000 미만의 대칭수는 모두 몇 개인가?

① 180개　　　　　　　　　　　② 325개
③ 405개　　　　　　　　　　　④ 490개

38 어떤 자연수 '25□'가 3의 배수일 때, □에 들어갈 수 있는 모든 자연수의 합은?

① 12　　　　　　　　　　　　② 13
③ 14　　　　　　　　　　　　④ 15

39 바이올린, 호른, 오보에, 플루트 4가지의 악기를 다음 〈조건〉에 따라 좌우로 4칸인 선반에 각각 1대씩 보관하려 한다. 각 칸에는 한 대의 악기만 배치할 수 있을 때, 왼쪽에서 두 번째 칸에 배치할 수 없는 악기는?

> **조건**
> • 호른은 바이올린 바로 왼쪽에 위치한다.
> • 오보에는 플루트 왼쪽에 위치하지 않는다.

① 바이올린　　　　　　　　　② 호른
③ 오보에　　　　　　　　　　④ 플루트

40 다음 중 비영리 조직에 해당하지 않는 것은?

① 교육기관　　　　　　　　　② 자선단체
③ 사회적 기업　　　　　　　④ 비정부기구

41 다음은 D기업의 분기별 재무제표에 대한 자료이다. 2022년 4분기의 영업이익률은 얼마인가?

〈D기업 분기별 재무제표〉

(단위 : 십억 원, %)

구분	2022년 1분기	2022년 2분기	2022년 3분기	2022년 4분기	2023년 1분기	2023년 2분기	2023년 3분기	2023년 4분기
매출액	40	50	80	60	60	100	150	160
매출원가	30	40	70	80	100	100	120	130
매출총이익	10	10	10	( )	−40	0	30	30
판관비	3	5	5	7	8	5	7.5	10
영업이익	7	5	5	( )	−8	−5	22.5	20
영업이익률	17.5	10	6.25	( )	−80	−5	15	12.5

※ (영업이익률)＝(영업이익)÷(매출액)×100

※ (영업이익)＝(매출총이익)−(판관비)

※ (매출총이익)＝(매출액)−(매출원가)

① −30% ② −45%

③ −60% ④ −75%

42 5km/h의 속력으로 움직이는 무빙워크를 이용하여 이동하는 데 36초가 걸렸다. 무빙워크 위에서 무빙워크와 같은 방향으로 4km/h의 속력으로 걸어 이동할 때 걸리는 시간은?

① 10초 ② 15초

③ 20초 ④ 25초

43 다음 순서도에서 출력되는 result 값은?

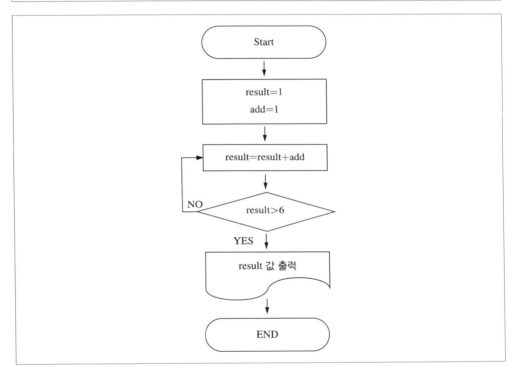

〈순서도 기호〉

기호	설명	기호	설명
	시작과 끝을 나타낸다.		어느 것을 택할 것인지 판단한다.
	데이터를 입력하거나 계산하는 등의 처리를 한다.		선택한 값을 출력한다.

① 11

② 10

③ 9

④ 8

⑤ 7

44 다음은 A컴퓨터 A/S센터의 하드디스크 수리 방문접수 과정에 대한 순서도이다. 하드디스크 데이터 복구를 문의할 때, 출력되는 도형은 무엇인가?

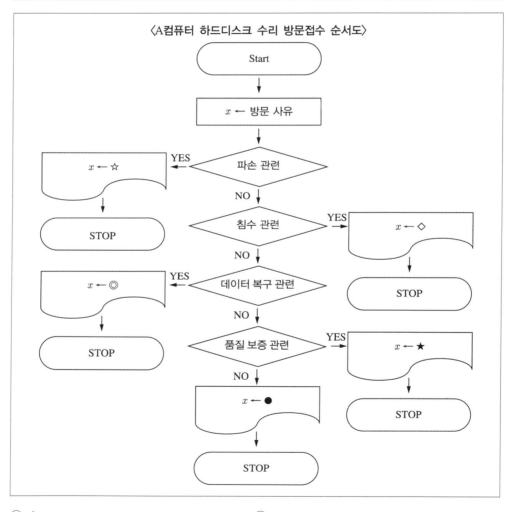

① ☆

② ◇

③ ◎

④ ★

⑤ ●

45 다음은 EAN-13 바코드 부여 규칙에 대한 자료이다. 상품코드의 맨 앞 자릿수가 9일 때, 2 ~ 7번째 자릿수가 '387655'라면 이를 이진코드로 바르게 변환한 것은?

〈EAN-13 바코드 부여 규칙〉

1. 13자리 상품코드의 맨 앞 자릿수에 따라 다음과 같이 변환한다.

상품코드 번호	2 ~ 7번째 자릿수	8 ~ 13번째 자릿수
0	AAAAAA	CCCCCC
1	AABABB	CCCCCC
2	AABBAB	CCCCCC
3	AABBBA	CCCCCC
4	ABAABB	CCCCCC
5	ABBAAB	CCCCCC
6	ABBBAA	CCCCCC
7	ABABAB	CCCCCC
8	ABABBA	CCCCCC
9	ABBABA	CCCCCC

2. A, B, C는 다음과 같이 상품코드 번호를 이진코드로 변환한 값이다.

상품코드 번호	A	B	C
0	0001101	0100111	1110010
1	0011001	0110011	1100110
2	0010011	0011011	1101100
3	0111101	0100001	1000010
4	0100011	0011101	1011100
5	0110001	0111001	1001110
6	0101111	0000101	1010000
7	0111011	0010001	1000100
8	0110111	0001001	1001000
9	0001011	0010111	1110100

	2번째 수	3번째 수	4번째 수	5번째 수	6번째 수	7번째 수
①	0111101	0001001	0010001	0101111	0111001	0110001
②	0100001	0001001	0010001	0000101	0111101	0111101
③	0111101	0110111	0111011	0101111	0111001	0111101
④	0100001	0101111	0010001	0010111	0100111	0001011
⑤	0111101	0011001	0010001	0101111	0011001	0111001

※ 다음은 청소 유형별 청소기 사용 방법 및 고장 유형별 확인 사항에 대한 자료이다. 이어지는 질문에 답하시오. [46~47]

〈청소 유형별 청소기 사용 방법〉

유형	사용 방법
일반 청소	1. 기본형 청소구를 장착해 주세요. 2. 작동 버튼을 눌러 주세요.
틈새 청소	1. 기본형 청소구의 입구 돌출부를 누르고 잡아당기면 좁은 흡입구를 꺼낼 수 있습니다. 　반대로 돌출부를 누르면서 밀어 넣으면 좁은 흡입구를 안쪽으로 정리할 수 있습니다. 2. 1.의 좁은 흡입구를 꺼낸 상태에서 돌출부를 시계 방향으로 돌리면 돌출부를 고정할 수 있습니다. 3. 좁은 흡입구를 고정한 후 작동 버튼을 눌러 주세요. 　(좁은 흡입구에는 솔이 함께 들어 있습니다)
카펫 청소	1. 별도의 돌기 청소구로 교체해 주세요. 　(기본형으로도 카펫 청소를 할 수 있으나, 청소 효율이 떨어집니다) 2. 작동 버튼을 눌러 주세요.
스팀 청소	1. 별도의 스팀 청소구로 교체해 주세요. 2. 스팀 청소구의 물통에 물을 충분히 채운 후 뚜껑을 잠가 주세요. 　※ 반드시 전원을 분리한 상태에서 진행해 주세요. 3. 걸레판에 걸레를 부착한 후 스팀 청소구의 노즐에 장착해 주세요. 　※ 반드시 전원을 분리한 상태에서 진행해 주세요. 4. 스팀 청소 버튼을 누르고 안전 스위치를 눌러 주세요. 　※ 안전을 위해 안전 스위치를 누르는 동안에만 스팀이 발생합니다. 　※ 스팀 청소 작업 도중 및 완료 직후에 청소기를 거꾸로 세우거나 스팀 청소구를 눕히면 뜨거운 물이 새어 나와 화상을 입을 수 있습니다. 5. 스팀 청소 완료 후 물이 충분히 식은 후 물통 및 스팀 청소구를 분리해 주세요. 　※ 충분히 식지 않은 상태에서 분리 시 뜨거운 물이 새어 나와 화상의 위험이 있습니다.

〈고장 유형별 확인 사항〉

유형	확인 사항
흡입력 약화	• 흡입구, 호스, 먼지통, 먼지분리기에 크기가 큰 이물질이 걸려 있는지 확인해 주세요. • 필터를 교체해 주세요. • 먼지통, 먼지분리기, 필터의 조립 상태를 확인해 주세요.
청소기 미작동	• 전원이 제대로 연결되어 있는지 확인해 주세요.
물 보충 램프 깜빡임	• 물통에 물이 충분한지 확인해 주세요. • 물이 충분히 채워졌어도 꺼질 때까지 시간이 다소 걸립니다. 잠시 기다려 주세요.
스팀 안 나옴	• 물통에 물이 충분한지 확인해 주세요. • 안전 스위치를 눌렀는지 확인해 주세요.
바닥에 물이 남음	• 스팀 청소구를 너무 자주 좌우로 기울이면 물이 소량 새어 나올 수 있습니다. • 걸레가 많이 젖었으므로 걸레를 교체해 주세요.
악취 발생	• 제품 기능상의 문제는 아니므로 고장이 아닙니다. • 먼지통 및 필터를 교체해 주세요. • 스팀 청소구의 물통 등 청결 상태를 확인해 주세요.
소음 발생	• 흡입구, 호스, 먼지통, 먼지분리기에 크기가 큰 이물질이 걸려 있는지 확인해 주세요. • 먼지통, 먼지분리기, 필터의 조립 상태를 확인해 주세요.

46 다음 중 청소 유형별 청소기 사용 방법에 대한 설명으로 옳지 않은 것은?

① 기본형 청소구로 카펫 청소가 가능하다.

② 스팀 청소 직후 통을 분리하면 화상의 위험이 있다.

③ 기본형 청소구를 이용하여 좁은 틈새를 청소할 수 있다.

④ 안전 스위치를 1회 누르면 별도의 외부 입력 없이 스팀을 지속하여 발생시킬 수 있다.

⑤ 스팀 청소 시 물 보충 및 걸레 부착 작업은 반드시 전원을 분리한 상태에서 진행해야 한다.

47 다음 중 고장 유형별 확인 사항이 바르게 연결되어 있지 않은 것은?

① 물 보충 램프 깜빡임 : 잠시 기다리기

② 악취 발생 : 스팀 청소구의 청결 상태 확인하기

③ 흡입력 약화 : 먼지통, 먼지분리기, 필터 교체하기

④ 바닥에 물이 남음 : 물통에 물이 너무 많이 있는지 확인하기

⑤ 소음 발생 : 흡입구, 호스, 먼지통, 먼지분리기의 이물질 걸림 확인하기

48 다음 중 동료의 피드백을 장려하기 위한 방안으로 적절하지 않은 것은?

① 행동과 수행을 관찰한다.

② 즉각적인 피드백을 제공한다.

③ 뛰어난 수행성과에 대해서는 인정한다.

④ 간단하고 분명한 목표와 우선순위를 설정한다.

⑤ 긍정적인 상황에서는 피드백을 자제하는 것도 나쁘지 않다.

49 다음 중 내적 동기를 유발하는 방법으로 적절하지 않은 것은?

① 변화를 두려워하지 않는다.

② 업무 관련 교육을 생략한다.

③ 주어진 일에 책임감을 갖는다.

④ 창의적인 문제해결법을 찾는다.

⑤ 새로운 도전의 기회를 부여한다.

50 다음은 갈등 정도와 조직 성과의 관계에 대한 그래프이다. 이에 대한 설명으로 옳지 않은 것은?

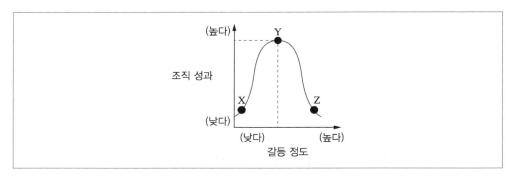

① 적절한 갈등이 있을 경우 가장 높은 조직 성과를 얻을 수 있다.

② 갈등이 없을수록 조직 내부가 결속되어 높은 조직 성과를 보인다.

③ Y점에서는 갈등의 순기능, Z점에서는 갈등의 역기능이 작용한다.

④ 갈등이 없을 경우 낮은 조직 성과를 얻을 수 있다.

⑤ 갈등이 잦을 경우 낮은 조직 성과를 얻을 수 있다.

PART 1

직업기초능력평가

CHAPTER 01

의사소통능력

합격 Cheat Key

의사소통능력은 평가하지 않는 공사·공단이 없을 만큼 필기시험에서 중요도가 높은 영역으로, 세부 유형은 문서 이해, 문서 작성, 의사 표현, 경청, 기초 외국어로 나눌 수 있다. 문서 이해·문서 작성과 같은 지문에 대한 주제 찾기, 내용 일치 문제의 출제 비중이 높으며, 문서의 특성을 파악하는 문제도 출제되고 있다.

1 문제에서 요구하는 바를 먼저 파악하라!

의사소통능력에서 가장 중요한 것은 제한된 시간 안에 빠르고 정확하게 답을 찾아내는 것이다. 의사소통능력에서는 지문이 아니라 문제가 주인공이므로 지문을 보기 전에 문제를 먼저 파악해야 하며, 문제에 따라 전략적으로 빠르게 풀어내는 연습을 해야 한다.

2 잠재되어 있는 언어 능력을 발휘하라!

세상에 글은 많고 우리가 학습할 수 있는 시간은 한정적이다. 이를 극복할 수 있는 방법은 다양한 글을 접하는 것이다. 실제 시험장에서 어떤 내용의 지문이 나올지 아무도 예측할 수 없으므로 평소에 신문, 소설, 보고서 등 여러 글을 접하는 것이 필요하다.

3   상황을 가정하라!

업무 수행에 있어 상황에 따른 언어 표현은 중요하다. 같은 말이라도 상황에 따라 다르게 해석될 수 있기 때문이다. 그런 의미에서 자신의 의견을 효과적으로 전달할 수 있는 능력을 평가하는 것이다. 업무를 수행하면서 발생할 수 있는 여러 상황을 가정하고 그에 따른 올바른 언어표현을 정리하는 것이 필요하다.

4   말하는 이의 입장에서 생각하라!

잘 듣는 것 또한 하나의 능력이다. 상대방의 이야기에 귀 기울이고 공감하는 태도는 업무를 수행하는 관계 속에서 필요한 요소이다. 그런 의미에서 다양한 상황에서 듣는 능력을 평가하는 것이다. 말하는 이가 요구하는 듣는 이의 태도를 파악하고, 이에 따른 판단을 할 수 있도록 언제나 말하는 사람의 입장이 되는 연습이 필요하다.

01 문서 내용 이해

| 유형분석 |

- 주어진 지문을 읽고 선택지를 고르는 전형적인 독해 문제이다.
- 지문은 주로 신문기사(보도자료 등)나 업무 보고서, 시사 등이 제시된다.
- 공사・공단에 따라 자사와 관련된 내용의 기사나 법조문, 보고서 등이 출제되기도 한다.

다음 글의 내용으로 가장 적절한 것은?

사회 진화론은 다윈의 생물 진화론을 개인과 집단에 적용한 사회 이론이다. 사회 진화론의 중심 개념은 19세기에 등장한 '생존경쟁'과 '적자생존'인데, 이 두 개념의 적용 범위가 개인일 경우에는 자유방임주의와 결합하기도 하고, 집단일 경우에는 민족주의나 제국주의와 결합하기도 하였다. 1860년대 대표적인 사회 진화론자인 스펜서는 인간 사회의 생활은 개인 간의 '생존경쟁'이며, 그 경쟁은 '적자생존'에 의해 지배된다고 주장하였다. 19세기 말 키드, 피어슨 등은 인종이나 민족, 국가 등의 집단 단위로 '생존경쟁'과 '적자생존'을 적용하여 우월한 집단이 열등한 집단을 지배하는 것은 자연법칙이라고 주장함으로써 인종 차별이나 제국주의를 정당화하였다. 또한 일본에서는 19세기 말 문명개화론자들이 사회 진화론을 수용하였다. 이들은 '생존경쟁'과 '적자생존'을 국가와 민족 단위에 적용하여 '약육강식'과 '우승열패'의 논리를 바탕으로 서구식 근대 문명국가 건설과 군국주의를 역설하였다.

① 사회 진화론은 19세기 이전에는 존재하지 않았다.
② 일본에서 문명개화론자들은 생물 진화론을 수용하였다.
③ 사회 진화론은 생물 진화론을 개인에게만 적용한 사회 이론이다.
④ '생존경쟁'과 '적자생존'의 개념이 개인의 범위에 적용되면 민족주의와 결합한다.
⑤ 키드, 피어슨 등의 주장은 사회 진화론의 개념을 집단 단위에 적용한 결과이다.

정답 ⑤

키드, 피어슨 등은 인종이나 민족, 국가 등의 집단 단위로 '생존경쟁'과 '적자생존'을 적용하여 우월한 집단이 열등한 집단을 지배하는 것을 주장하였는데, 이는 사회 진화론의 개념을 집단 단위에 적용한 것이다.

오답분석

① 사회 진화론의 중심 개념이 19세기에 등장한 것일 뿐이며, 그 자체가 19세기에 등장한 것인지는 알 수 없다.
② 일본에서 문명개화론자들은 사회 진화론을 수용하였다.
③ 사회 진화론은 생물 진화론을 개인과 집단에 적용한 사회 이론이다.
④ '생존경쟁'과 '적자생존'의 개념이 민족과 같은 집단의 범위에 적용되면 민족주의와 결합한다.

풀이 전략!

주어진 선택지에서 키워드를 체크한 후, 지문의 내용과 비교해 가면서 내용의 일치 유무를 빠르게 판단한다.

01 다음은 부당이득징수업무 처리 규정의 일부이다. 이에 대한 설명으로 적절한 것을 〈보기〉에서 모두 고르면?

> **부당이득 징수금 납입고지(제6조)**
> 지역본부장은 제5조에 따른 부당이득 관리 수관 즉시 납부의무자에게 그 금액과 납부기한을 별지 제28호 서식에 따라 납입고지하여야 한다. 이 경우 납부기한은 고지서 발급일부터 10일 이상 30일 이내로 하여야 한다.
>
> **독촉장 발급(제7조)**
> 지역본부장은 납입고지서상에 기재된 납부기한까지 완납하지 아니하였을 때에는 별지 제29호 서식에 따라 납부기한이 지난 후 10일 이내에 독촉장을 발급하여야 하며, 납부기한은 독촉장 발급일부터 10일 이상 20일 이내로 한다.
>
> **체납자의 행방조사(제9조)**
> ① 지역본부장은 체납자가 주민등록지에 거주하는지 여부를 확인하여야 하며, 체납자가 주민등록지에 거주하지 아니하는 경우 담당자는 관계공부열람복명서를 작성하거나 체납자의 주민등록지 관할 동(읍·면)장의 행방불명확인서를 발급받는다.
>
> **재산 및 행방조사 시기 등(제10조)**
> ① 지역본부장은 체납자에 대한 재산조사 및 행방조사 업무를 체납이 발생할 때마다 수시로 실시하여 체납정리의 신속을 도모하고 특정한 시기에 집중적으로 조회하여 상대기관(협조기관)의 업무 폭주에 따른 처리지연, 미회신 등의 사례가 발생하지 않도록 하여야 한다.
> ② 지역본부장은 체납자의 주소 및 등록기준지가 다른 소속기관 관할인 경우에는 그 관할 지역본부장에게 제8조, 제9조 제1항 및 제2항에 따른 조사를 직접 수행하도록 의뢰할 수 있으며, 이 경우 의뢰를 받은 지역본부장은 조사사항을 의뢰일부터 15일 이내에 송부하여야 한다.

보기

ㄱ. 지역본부장이 1월 3일에 납부의무자 A에 대한 부당이득 관리를 수관하였다면 A는 고지된 금액을 늦어도 2월 2일 이내에 납부하여야 한다.

ㄴ. 지역본부장이 4월 2일에 납부의무자 B에게 4월 16일을 납부기한으로 하는 고지서를 발급했으나 B가 납부하지 않은 경우, 지역본부장의 독촉장에 따른 B의 납부기한은 늦어도 5월 26일이다.

ㄷ. 체납자가 주민등록지에 거주하지 않는 경우, 지역본부장은 관계공부열람복명서를 작성하거나 관계기관에서 행방불명확인서를 발급받을 수 있다.

ㄹ. 관할 지역본부장은 상시적 업무부담 가중을 피하기 위해 재산조사 및 행방조사를 월말에 일괄적으로 실시해야 한다.

① ㄱ
② ㄴ
③ ㄱ, ㄷ
④ ㄷ, ㄹ
⑤ ㄱ, ㄷ, ㄹ

18세기에는 열의 실체가 칼로릭(Caloric)이고, 칼로릭은 온도가 높은 쪽에서 낮은 쪽으로 흐르는 성질이 있으며 질량이 없는 입자들의 모임이라는 생각이 받아들여지고 있었다. 이를 칼로릭 이론이라 부르는데, 이에 따르면 찬 물체와 뜨거운 물체를 접촉시켜 놓았을 때 두 물체의 온도가 같아지는 것은 칼로릭이 뜨거운 물체에서 차가운 물체로 이동하기 때문이라는 것이다. 이러한 상황에서 과학자들의 큰 관심사 중의 하나는 증기기관과 같은 열기관의 열효율 문제였다.

열기관은 높은 온도의 열원에서 열을 흡수하고 낮은 온도의 대기와 같은 열기관 외부에 열을 방출하며 일을 하는 기관을 말하는데, 열효율은 열기관이 흡수한 열의 양 대비 한 일의 양으로 정의된다. 19세기 초에 카르노는 열기관의 열효율 문제를 칼로릭 이론에 기반을 두고 다루었다. 카르노는 물레방아와 같은 수력 기관에서 물이 높은 곳에서 낮은 곳으로 흐르면서 일을 할 때 물의 양과 한 일의 양의 비가 높이 차이에만 좌우되는 것에 주목하였다. 물이 높이 차에 의해 이동하는 것과 흡사하게 칼로릭도 고온에서 저온으로 이동하면서 일을 하게 되는데, 열기관의 열효율 역시 이러한 두 온도에만 의존한다는 것이었다.

한편 1840년대에 줄(Joule)은 일정량의 열을 얻기 위해 필요한 각종 에너지의 양을 측정하는 실험을 행하였다. 대표적인 것이 열의 일당량 실험이었다. 이 실험은 열기관을 대상으로 한 것이 아니라, 추를 낙하시켜 물속의 날개바퀴를 회전시키는 실험이었다. 열의 양은 칼로리(Calorie)로 표시되는데, 그는 역학적 에너지인 일이 열로 바뀌는 과정의 정밀한 실험을 통해 1kcal의 열을 얻기 위해서 필요한 일의 양인 열의 일당량을 측정하였다. 줄은 이렇게 일과 열은 형태만 다를 뿐 서로 전환이 가능한 물리량이므로 등가성이 있다는 것을 입증하였으며, 열과 일이 상호 전환될 때 열과 일의 에너지를 합한 양은 일정하게 보존된다는 사실을 알아내었다. 이후 열과 일뿐만 아니라 화학 에너지, 전기 에너지 등이 등가성이 있으며 상호 전환될 때 에너지의 총량은 변하지 않는다는 에너지 보존 법칙이 입증되었다.

열과 일에 대한 이러한 이해는 카르노의 이론에 대한 과학자들의 재검토로 이어졌다. 특히 톰슨은 ⊙ 칼로릭 이론에 입각한 카르노의 열기관에 대한 설명이 줄의 에너지 보존 법칙에 위배된다고 지적하였다. 카르노의 이론에 의하면, 열기관은 높은 온도에서 흡수한 열 전부를 낮은 온도로 방출하면서 일을 한다. 이것은 줄이 입증한 열과 일의 등가성과 에너지 보존 법칙에 어긋나는 것이어서 열의 실체가 칼로릭이라는 생각은 더 이상 유지될 수 없게 되었다. 하지만 열효율에 대한 카르노의 이론은 클라우지우스의 증명으로 유지될 수 있었다. 그는 카르노의 이론이 유지되지 않는다면 열은 저온에서 고온으로 흐르는 현상이 생길 수도 있을 것이라는 가정에서 출발하여, 열기관의 열효율은 열기관이 고온에서 열을 흡수하고 저온에 방출할 때의 두 작동 온도에만 관계된다는 카르노의 이론을 증명하였다.

클라우지우스는 자연계에서는 열이 고온에서 저온으로만 흐르고 그와 반대되는 현상은 일어나지 않는 것과 같이 경험적으로 알 수 있는 방향성이 있다는 점에 주목하였다. 또한 일이 열로 전환될 때와는 달리, 열기관에서 열 전부를 일로 전환할 수 없다는, 즉 열효율이 100%가 될 수 없다는 상호 전환 방향에 대한 비대칭성이 있다는 사실에 주목하였다. 이러한 방향성과 비대칭성에 대한 논의는 이를 설명할 수 있는 새로운 물리량인 엔트로피(Entropy)의 개념을 낳았다.

02 다음 중 윗글을 통해 알 수 있는 내용으로 가장 적절한 것은?

① 열기관은 외부로부터 받은 일을 열로 변환하는 기관이다.

② 수력 기관에서 물의 양과 한 일의 양의 비는 물의 온도 차이에 비례한다.

③ 칼로릭 이론에 의하면 차가운 쇠구슬이 뜨거워지면 쇠구슬의 질량은 증가하게 된다.

④ 칼로릭 이론에서는 칼로릭을 온도가 낮은 곳에서 높은 곳으로 흐르는 입자라고 본다.

⑤ 열기관의 열효율은 두 작동 온도에만 관계된다는 이론은 칼로릭 이론의 오류가 밝혀졌음에도 유지되었다.

03 다음 중 밑줄 친 ㉠의 내용으로 가장 적절한 것은?

① 열의 실체가 칼로릭이라면 열기관이 한 일을 설명할 수 없다는 점

② 화학 에너지와 전기 에너지는 서로 전환될 수 없는 에너지라는 점

③ 자연계에서는 열이 고온에서 저온으로만 흐르는 것과 같은 방향성이 있는 현상이 존재한다는 점

④ 열효율에 대한 카르노의 이론이 맞지 않는다면 열은 저온에서 고온으로 흐르는 현상이 생길 수 있다는 점

⑤ 열기관의 열효율은 열기관이 고온에서 열을 흡수하고 저온에 방출할 때의 두 작동 온도에만 관계된다는 점

04 다음 글의 내용으로 가장 적절한 것은?

사람의 키는 주로 다리뼈의 길이에 의해서 결정된다. 다리뼈는 뼈대와 뼈끝판, 그리고 뼈끝으로 구성되어 있다. 막대기 모양의 뼈대는 뼈 형성세포인 조골세포를 가지고 있다. 그리고 뼈끝은 다리뼈의 양쪽 끝 부분이며 뼈끝과 뼈대의 사이에는 여러 개의 연골세포층으로 구성된 뼈끝판이 있다. 뼈끝판의 세포층 중 뼈끝과 경계면에 있는 세포층에서만 세포분열이 일어난다.

연골세포의 세포분열이 일어날 때, 뼈대 쪽에 가장 가깝게 있는 연골세포의 크기가 커지면서 뼈끝판이 두꺼워진다. 크기가 커진 연골세포는 결국 죽으면서 빈 공간을 남기고 이렇게 생긴 공간이 뼈대에 있는 조골세포로 채워지면서 뼈가 형성된다. 이 과정을 되풀이하면서 뼈끝판이 두꺼워지는 만큼 뼈대의 길이 성장이 일어나는데, 이는 연골세포의 분열이 계속되는 한 지속된다.

사춘기 동안 뼈의 길이 성장에는 여러 호르몬이 관여하는데, 이 중 뇌에서 분비하는 성장호르몬은 직접 뼈에 작용하여 뼈를 성장시킨다. 또한 성장호르몬은 간세포에 작용하여 뼈의 길이 성장 과정 전체를 촉진하는 성장인자를 분비하도록 한다. 이외에도 갑상샘 호르몬과 남성호르몬인 안드로겐도 뼈의 길이 성장에 영향을 미친다. 성장호르몬이 뼈에 작용하기 위해서는 갑상샘 호르몬의 작용이 있어야 하기 때문에 갑상샘 호르몬은 뼈의 성장에 중요한 요인이다. 안드로겐은 뼈의 성장을 촉진함으로써 사춘기 남자의 급격한 성장에 일조한다. 부신에서 분비되는 안드로겐은 이 시기에 나타나는 뼈의 길이 성장에 관여한다. 하지만 사춘기가 끝날 때, 안드로겐은 뼈끝판 전체에서 뼈가 형성되도록 하여 뼈의 길이 성장을 정지시킨다. 결국 사춘기 이후에는 호르몬에 의한 뼈의 길이 성장이 일어나지 않는다.

① 사람의 키를 결정짓는 다리뼈는 연골세포의 세포분열로 인해 성장하게 된다.
② 뼈끝판의 세포층 중 뼈대와 경계면에 있는 세포층에서만 세포분열이 일어난다.
③ 사춘기 이후에 뼈의 길이가 성장하였다면, 호르몬이 그 원인이다.
④ 성장호르몬은 간세포에 작용하여 뼈 성장을 촉진하는 성장인자를 분비하는 등 뼈 성장에 간접적으로 도움을 준다.
⑤ 남성호르몬인 안드로겐은 뼈의 굵기 성장에 영향을 미친다.

05 다음은 K기업의 황윤지 사원이 거래처 B일보 담당자에게 보낸 메일이다. 메일을 주고받은 후 황윤지 사원과 최성우 기자가 만나 〈보기〉와 같이 대화를 나누었다. 이를 이해한 내용으로 적절하지 않은 것은?

To ： kija@bilbo.com
From ： yjhwang@kacompany.com

제목 ： 계약 금액에 관한 문의

최성우 기자님, 안녕하세요. K기업의 황윤지입니다.
다름이 아니라 이번 저희가 체결하는 계약에 대해서 문의드리고자 메일 드립니다.
지금까지 협의된 사항으로는 총 계약금액 15,000,000원인데, 이 금액이 부가세가 포함된 금액인지 확인이 필요할 것 같습니다. 저희는 부가세를 미포함한 금액으로 생각했던지라, 부가세를 포함한 최종적인 금액은 15,000,000원에 부가세를 더한 16,500,000원이 될 것 같습니다. 우선 계약서 초안을 첨부파일로 보내드리니 확인 부탁드립니다.

궁금하신 사항이 있으시면 언제든지 물어봐 주세요.
감사합니다.
황윤지 드림.

[첨부파일] 계약서 초안.hwp

[1/1] page

보기

황윤지 사원 ： 기자님, 안녕하세요. 오시느라 고생하셨어요.
최성우 기자 ： 아닙니다. 바쁘신 것 같은데 얼른 끝내시죠.
황윤지 사원 ： (최성우 기자의 맞은편에 앉아 정면으로 마주하며) 지난번에 제가 보내드린 계약서 초안은 보셨죠? 다른 내용은 기존과 모두 똑같은데, 계약금액이 달라졌습니다.
최성우 기자 ： 아, 네. 계약금액이 달라진 게…. 영업비용 때문이었죠?
황윤지 사원 ： 아니요. 부가세요.
최성우 기자 ： 아, 그랬네요. (다리를 꼬고 앉으며) 부가세면 어쩔 수 없죠.
황윤지 사원 ： 네, 서로 소통하는 데 약간의 오해가 있었던 모양이에요. 그럼 16,500,000원으로 진행하겠습니다.
최성우 기자 ： 부가세를 포함한 최종적인 계약금액이 16,500,000원이군요. 알겠습니다.

① 최성우 기자는 황윤지 사원이 보낸 메일을 제대로 읽지 않았다.
② 황윤지 사원은 상대를 정면으로 마주하는 경청의 올바른 자세를 보이고 있다.
③ 최성우 기자의 다리를 꼬고 앉는 태도는 개방적인 태도를 보이는 것이라고 할 수 있다.
④ 최성우 기자는 대화 중 대화의 주요 내용을 요약하는 '요약하기'의 경청 방법을 활용하고 있다.
⑤ 최성우 기자는 '왜?'라는 질문은 삼가고 상대방의 말을 수용적인 자세로 듣고 있다.

| 유형분석 |

- 주어진 지문을 파악하여 전달하고자 하는 핵심 주제를 고르는 문제이다.
- 정보를 종합하고 중요한 내용을 구별하는 능력이 필요하다.
- 설명문부터 주장, 반박문까지 다양한 성격의 지문이 제시되므로 글의 성격별 특징을 알아 두는 것이 좋다.

다음 글의 주제로 가장 적절한 것은?

> 멸균이란 곰팡이, 세균, 박테리아, 바이러스 등 모든 미생물을 사멸시켜 무균 상태로 만드는 것을 의미한다.
> 멸균 방법에는 물리적 · 화학적 방법이 있으며, 멸균 대상의 특성에 따라 적절한 멸균 방법을 선택하여 실시
> 할 수 있다. 먼저 물리적 멸균법에는 열이나 화학약품을 사용하지 않고 여과기를 이용하여 세균을 제거하는
> 여과법, 병원체를 불에 태워 없애는 소각법, 100℃에서 10 ~ 20분간 물품을 끓이는 자비소독법, 미생물을
> 자외선에 직접 노출시키는 자외선 소독법, 160 ~ 170℃의 열에서 1 ~ 2시간 동안 건열 멸균기를 사용하는
> 건열법, 포화된 고압증기 형태의 습열로 미생물을 파괴시키는 고압증기 멸균법 등이 있다. 다음으로 화학적
> 멸균법은 화학약품이나 가스를 사용하여 미생물을 파괴하거나 성장을 억제하는 방법으로, E.O 가스, 알코
> 올, 염소 등 여러 가지 화학약품이 사용된다.

① 멸균의 중요성
② 뛰어난 멸균 효과
③ 다양한 멸균 방법
④ 멸균 시 발생할 수 있는 부작용
⑤ 멸균 시 사용하는 약품의 종류

정답 ③

제시문에서는 멸균에 대해 언급하며, 멸균 방법을 물리적 · 화학적으로 구분하여 다양한 멸균 방법에 대해 설명하고 있다. 따라서
글의 주제로는 ③이 가장 적절하다.

풀이 전략!

'결국', '즉', '그런데', '그러나', '그러므로' 등의 접속어 뒤에 주제가 드러나는 경우가 많다는 것에 주의하면서 지문을 읽는다.

01 다음 글의 제목으로 가장 적절한 것은?

맥주의 주원료는 양조용수·보리·홉 등이다. 맥주를 양조하기 위해서는 일반적으로 맥주 생산량의 10 ~ 20배 정도 되는 물이 필요하며, 이것을 양조용수라고 한다. 양조용수는 맥주의 종류와 품질을 좌우하며, 무색·무취·투명해야 한다. 또한 보리를 싹을 틔워 맥아로 만든 것을 사용하여 맥주를 제조하는데, 맥주용 보리로는 곡립이 고르고 녹말질이 많으며 단백질이 적은 것, 그리고 곡피(穀皮)가 얇으며 발아력이 왕성한 것이 좋다. 홉은 맥주 특유의 쌉쌀한 향과 쓴맛을 만들어 내는 주요 첨가물이며, 맥주를 맑게 하고 잡균의 번식을 막아주는 역할을 한다.

맥주의 제조 공정을 살펴보면 맥아 제조, 담금, 발효, 저장, 여과의 다섯 단계로 나눌 수 있다. 이 중 발효 공정은 맥즙이 발효되어 술이 되는 과정을 말하는데, 효모가 발효탱크 속에서 맥즙에 있는 당분을 알코올과 탄산가스로 분해한다. 이 공정은 1주일간 이어지며, 그동안 맥즙 안에 있던 당분은 점점 줄어들고 알코올과 탄산가스가 늘어나 맥주가 되는 것이다. 이때 발효 중 맥즙의 온도 상승을 막기 위해 탱크를 냉각 코일로 감고 그 표면을 하얀 폴리우레탄으로 단열시키는데, 그 모습이 마치 남극의 이글루처럼 보이기도 한다.

맥주는 발효의 방법에 따라 하면발효 맥주와 상면발효 맥주로 구분되는데, 이는 어떤 온도에서 발효시키느냐에 달려있다. 세계 맥주 생산량의 70%를 차지하는 하면발효 맥주는 발효 중 밑으로 가라앉는 효모를 사용해 저온에서 발효시킨 맥주를 말한다. 요즘 유행하는 드래프트 비어가 바로 여기에 속한다. 반면, 상면발효 맥주는 주로 영국·미국·캐나다·벨기에 등에서 생산되며, 발효 중 표면에 떠오르는 효모로 비교적 높은 온도에서 발효시킨 맥주를 말한다. 에일, 스타우트 등이 상면발효 맥주에 포함된다.

① 홉과 발효 방법의 종류에 따른 맥주 구분법
② 주원료에 따른 맥주의 발효 방법 분류
③ 맥주의 주원료와 발효 방법에 따른 맥주의 종류
④ 맥주의 제조 공정
⑤ 맥주의 발효 과정

02 다음 글의 주제로 가장 적절한 것은?

최근에 사이버 공동체를 중심으로 한 시민의 자발적 정치 참여 현상이 많은 관심을 끌고 있다. 이러한 현상과 관련하여 A의 연구가 새삼 주목 받고 있다. A의 연구에 따르면 공동체의 구성원이 됨으로써 얻게 되는 '사회적 자본'이 시민사회의 성숙과 민주주의 발전을 가져오는 원동력이다. A의 이론에서는 공동체에 대한 자발적 참여를 통해 사회 구성원 간의 상호 의무감과 신뢰, 구성원들이 공유하는 규칙과 관행, 사회적 유대 관계와 같은 사회적 자본이 늘어나면 사회 구성원 간의 협조적인 행위가 가능하게 된다고 보았다. 더 나아가 A는 자원봉사자와 같이 공동체 참여도가 높은 사람이 투표할 가능성이 높고 정부 정책에 대한 의견 개진도 활발해지는 등 정치 참여도가 높아진다고 주장하였다.

몇몇 학자들은 A의 이론을 적용하여 면대면 접촉에 따른 인간관계의 산물인 사회적 자본이 사이버 공동체에서도 충분히 형성될 수 있다고 보았다. 그리고 사이버 공동체에서 사회적 자본의 증가가 정치 참여도 활성화시킬 것으로 기대했다. 하지만 이러한 기대와는 달리 정치 참여는 활성화되지 않았다. 요즘 젊은이들을 보면 각종 사이버 공동체에 자발적으로 참여하는 수준은 높지만 투표나 다른 정치 활동에는 무관심하거나 심지어 정치를 혐오하기도 한다. 이런 측면에서 A의 주장은 사이버 공동체가 활성화된 오늘날에는 잘 맞지 않는다.

이러한 이유 때문에 오늘날 사이버 공동체를 중심으로 한 정치 참여를 더 잘 이해하기 위해서 '정치적 자본' 개념의 도입이 필요하다. 정치적 자본은 사회적 자본의 구성 요소와는 달리 정치 정보의 습득과 이용, 정치적 토론과 대화, 정치적 효능감 등으로 구성된다. 정치적 자본은 사회적 자본과 마찬가지로 공동체 참여를 통해서 획득되지만, 정치 과정의 관여를 촉진한다는 점에서 사회적 자본과는 구분될 필요가 있다. 사회적 자본만으로는 정치 참여를 기대하기 어렵고, 사회적 자본과 정치 참여 사이를 정치적 자본이 매개할 때 비로소 정치 참여가 활성화된다.

① 사이버 공동체를 통해 축적된 사회적 자본에 정치적 자본이 더해질 때 정치 참여가 활성화된다.
② 사회적 자본은 정치적 자본을 포함하기 때문에 그 자체로 정치 참여의 활성화를 가져온다.
③ 사회적 자본이 많은 사회는 정치 참여가 활발하기 때문에 민주주의가 실현된다.
④ 사이버 공동체의 특수성으로 인해 시민들의 정치 참여가 어렵게 되었다.
⑤ 사이버 공동체의 자발적 참여 증가는 정치 참여를 활성화시킨다.

03 다음 글의 제목으로 가장 적절한 것은?

보건복지부에 따르면 현재 등록 장애인만 250만 명이 넘는다. 여기에 비등록 장애인까지 포함시킨다면 실제 장애인 수는 400만 명에 다다를 것으로 예상된다. 특히 이들 가정은 경제적·사회적 어려움에 봉착해 있을 뿐만 아니라 많은 장애인 자녀들이 부모의 돌봄 없이는 일상생활 유지가 어려운 상황인데, 특히 법적인 부분에서 훨씬 더 문제가 된다. 부모 사망 이후 장애인 자녀가 상속인으로서 제대로 된 권리를 행사하기 어려울 뿐만 아니라, 본인도 모르게 유산 상속 포기 절차가 진행되는 경우가 이에 해당한다.

따라서 장애인 자녀의 부모들은 상속 과정에서 자녀들이 부딪힐 수 있는 문제들에 대해 더 꼼꼼하게 대비해야 할 필요성이 있으며, 이에 해당하는 내용을 크게 두 가지로 살펴볼 수 있다. 자녀의 생활 안정 및 유지를 위한 '장애인 신탁'과 상속 시의 세금 혜택인 '장애인 보험금 비과세'가 그것이다. 먼저 장애인 신탁은 직계존비속이나 일정 범위 내 친족으로부터 재산을 증여받은 장애인이 증여세 신고기한 이내에 신탁회사에 증여받은 재산을 신탁하고, 그 신탁의 이익 전부에 대해 장애인이 수익자가 되면 재산가액 5억 원까지 증여세를 면제해주는 제도로, 이를 통해 장애인은 생계유지와 안정적인 자산 이전을 받을 수 있다.

다음으로 수익자가 장애인 자녀인 보험에 가입한 경우 보험금의 4,000만 원까지는 상속세 및 증여세법에 의해 과세하지 않는다. 이때, 후견인 등이 보험금을 가로챌 수 있는 여지를 차단하기 위해 중도 해지가 불가능하고 평생 동안 매월 연금으로 수령할 수 있는 종신형 연금보험을 선택하는 것이 장애인 자녀의 생활 안정에 유리하다.

① 부모 사망 시 장애인 자녀의 유산 상속 과정
② 부모 사망 시 장애인 자녀가 받을 수 있는 혜택
③ 부모 사망 시 장애인 자녀가 직면한 사회적 문제
④ 부모 사망 시 장애인 자녀의 보험 및 증여세 혜택
⑤ 부모 사망 시 장애인 자녀의 생활 안정 및 세금 혜택

04 다음 글을 읽고 '한국인의 수면 시간'과 관련된 글을 쓴다고 할 때, 글의 주제로 가장 적절하지 않은 것은?

인간은 평생 3분의 1 정도를 잠으로 보낸다. 잠은 낮에 사용한 에너지를 보충하고, 피로를 회복하는 중요한 과정이다. 하지만 한국인은 잠이 부족하다. 한국인의 수면 시간은 7시간 41분밖에 되지 않으며, 2016년 기준 경제협력개발기구(OECD) 회원국 가운데 꼴찌를 차지했다. 한 조사에 따르면, 전 국민의 17% 정도가 주 3회 이상 불면 증상을 겪고 있으며, 이는 연령이 높아짐에 따라 늘어났다. 이에 따라 불면증, 기면증, 수면무호흡증 등 수면장애로 병원을 찾는 사람은 2016년 기준 291만 8,976명으로 5년 새 13% 증가했다. 수면장애를 방치하면 삶의 질 저하는 물론 만성 두통, 심혈관계 질환 등이 발생할 수 있다. 불면증은 수면 질환의 대명사로, 가장 흔하고 복합적인 질환이다. 불면증은 면역기능 저하, 인지감퇴뿐만 아니라 일상생활에 장애를 초래할 수 있으며, 우울증, 인지장애 등을 유발할 수 있다.

코를 골며 자다가 몇 초에서 몇 분 동안 호흡을 멈추는 수면무호흡증도 있다. 이 역시 인지기능 저하와 심혈관계질환 등 합병증을 일으킨다. 특히 수면무호흡증은 비만과 관계가 깊고, 졸음운전의 원인이 되기도 한다.

최근 고령 인구 증가로 뇌 퇴행성 질환인 렘수면 행동장애(RBD; Rem Sleep Behavior Disorder)도 늘고 있다. 이 병은 잠자는 동안 악몽을 꾸면서 소리를 지르고, 팔다리를 움직이고, 벽을 치고, 침대에서 뛰어내리는 등 난폭한 행동을 한다. 이 병을 앓는 상당수는 파킨슨병, 치매 환자로 이어진다. 또한 잠들기 전에 다리에 이상 감각이나 통증이 생기는 하지불안증후군도 수면의 질을 떨어뜨리는 병이다. 낮 동안 졸리는 기면증(嗜眠症) 역시 일상생활에 심각한 장애를 초래한다.

한 정신건강의학과 교수는 "수면 문제는 결국 심혈관계질환, 치매와 파킨슨병 등의 퇴행성 질환, 우울증, 졸음운전의 원인이 되므로 전문적인 치료를 받아야 한다."고 했다.

① 한국인의 부족한 수면 시간
② 수면 마취제의 부작용
③ 수면장애의 종류
④ 수면장애의 심각성
⑤ 전문 치료가 필요한 수면장애

05 다음 글에서 필자가 주장하는 핵심 내용으로 가장 적절한 것은?

> 우리는 혈연, 지연, 학연 등에 의거한 생활양식 내지 행위 원리를 연고주의라 한다. 특히 이에 대해 지극히 부정적인 의미를 부여하며 대부분의 한국병이 연고주의와 직·간접적인 어떤 관련을 갖는 것으로 진단한다. 그러나 여기서 주목할 만한 한 가지 사실은 연고주의가 그 자체로서는 반드시 역기능적인 어떤 것으로 치부될 이유가 없다는 점이다.
> 연고주의는 그 자체로서 비판받아야 할 것이라기보다는 나름의 고유한 가치를 갖는 사회적 자산이다. 이미 공동체적 요인이 청산·해체되어 버리고, 공동체에 대한 기억마저 사라진 서구 선진사회의 사람들은 오히려 삭막하고 황량한 사회생활의 긴장으로부터 해방되기 위해 새로운 형태의 공동체를 모색·시도하고 있다. 그에 비하면 우리의 연고주의는 인간적 온기를 지닌 것으로 그 나름의 가치 있는 삶의 원리가 아닐 수 없다.

① 연고주의는 그 자체로서 고유한 가치를 갖는 사회적 자산이다.
② 연고주의는 반드시 역기능적인 면을 가지는 것은 아니다.
③ 연고주의는 인간적 온기를 느끼게 하는 삶의 활력소이다.
④ 오늘날 연고주의에 대해 부정적 의미를 부여하기 쉽다.
⑤ 연고주의는 계속해서 유지하고 보존해야 하는 것이다.

06 다음 글의 주제로 가장 적절한 것은?

> 제1차 세계대전에 패망한 독일은 바이마르공화국 헌법에 의해 자유민주주의 체제를 확립하였으나, 경제 사정은 엉망이었다. 정치적 자유에도 불구하고 경제적 욕망 충족의 보장이 없었다. 그토록 갈구하던 자유를 얻었는데도 굶주림과 좌절 모두 자유의 탓으로 돌려졌다. 성공과 자살도 모두 개인의 책임으로 돌려졌다. 제1차 세계대전 후 열악한 경제 조건 속에 놓인 독일 국민들은 한 조각의 빵을 위해서 자유의 권리를 서슴지 않고 포기하였다. 그리고 자신의 자유를 대신 행사해 줄 지도자를 찾았다. 그리하여 히틀러의 사디즘과 국민들의 마조히즘이 결합하게 된 것이다.

① 만인에 대한 만인의 투쟁
② 감시와 처벌
③ 존재와 시간
④ 자유로부터의 도피
⑤ 자유민주주의 체제에서의 경제

03 문단 나열

| 유형분석 |

- 각 문단의 내용을 파악하고 논리적 순서에 맞게 배열하는 복합적인 문제이다.
- 전체적인 글의 흐름을 이해하는 것이 중요하며, 각 문장의 지시어나 접속어에 주의한다.

다음 문단을 논리적 순서대로 바르게 나열한 것은?

(가) 고창 갯벌은 서해안에 발달한 갯벌로서 다양한 해양 생물의 산란·서식지이며, 어업인들의 삶의 터전으로 많은 혜택을 주었다. 그러나 최근 축제식 양식과 육상에서부터 오염원 유입 등으로 인한 환경 변화로 체계적인 이용·관리 방안이 지속적으로 요구됐다.

(나) 정부는 전라북도 고창 갯벌 약 $11.8km^2$를 '습지보전법'에 의한 '습지보호지역'으로 지정하며 고시한다고 밝혔다. 우리나라에서 일곱 번째로 지정되는 고창 갯벌은 칠면초·나문재와 같은 다양한 식물이 자생하고, 천연기념물인 황조롱이와 멸종 위기종을 포함한 46종의 바닷새가 서식하는, 생물 다양성이 풍부하며 보호 가치가 큰 지역으로 나타났다.

(다) 정부는 이번 습지보호지역으로 지정된 고창 갯벌을 람사르 습지로 등록할 계획이며, 제2차 연안습지 기초 조사를 실시해 보전 가치가 높은 갯벌뿐만 아니라 훼손된 갯벌에 대한 관리도 강화할 계획이다.

(라) 습지보호지역으로 지정되면 이 지역에서 공유수면매립, 골재 채취 등의 갯벌 훼손 행위는 금지되나, 지역 주민이 해오던 어업 활동이나 갯벌 이용 행위에는 특별한 제한이 없다.

① (가) - (다) - (나) - (라)　　　　　② (가) - (라) - (나) - (다)
③ (나) - (가) - (라) - (다)　　　　　④ (나) - (다) - (가) - (라)
⑤ (라) - (나) - (가) - (다)

정답 ③

제시문은 정부에서 고창 갯벌을 습지보호지역으로 지정하고 습지보호지역으로 지정되면 어떻게 되는지 설명하고 있다. 따라서 (나) 정부에서 고창 갯벌을 습지보호지역으로 지정·고시한 사실 → (가) 고창 갯벌의 상황 → (라) 습지보호지역으로 지정·고시된 이후에 달라진 내용 → (다) 앞으로의 계획의 순서로 나열해야 한다.

풀이 전략!

상대적으로 시간이 부족하다고 느낄 때는 선택지를 참고하여 문장의 순서를 생각해 본다.

PART 1

※ 다음 문단을 논리적 순서대로 바르게 나열한 것을 고르시오. [1~7]

01

(가) 나무를 가꾸기 위해서는 처음부터 여러 가지를 고려해 보아야 한다. 심을 나무의 생육조건, 나무의 형태, 성목이 되었을 때의 크기, 꽃과 단풍의 색, 식재 지역의 기후와 토양 등을 종합적으로 생각하고 심어야 한다. 나무의 생육조건은 저마다 다르기 때문에 지역의 환경조건에 적합한 나무를 선별하여 환경에 적응하도록 해야 한다. 동백나무와 석류, 홍가시나무는 남부 지방에 키우기 적합한 나무로 알려져 있지만 지구온난화로 남부 수종의 생육한계선이 많이 북상하여 중부 지방에서도 재배가 가능한 나무도 있다. 부산의 도로 중앙분리대에서 보았던 잎이 붉은 홍가시나무는 여주의 시골집 마당 양지바른 곳에서 3년째 잘 적응하고 있다.

(나) 더불어 나무의 특성을 외면하고 주관적인 해석에 따라 심었다가는 훗날 낭패를 보기 쉽다. 물을 좋아하는 수국 곁에 물을 싫어하는 소나무를 심었다면 둘 중 하나는 살기 어려운 환경이 조성된다. 나무를 심고 가꾸기 위해서는 전체적인 밑그림을 그려보고 생태적 특징을 살펴본 후에 심는 것이 바람직하다.

(다) 나무들이 밀집해 있으면 나무끼리의 경쟁은 물론 바람과 햇빛의 방해로 성장은 고사하고 병충해에 시달리기 쉽다. 또한 나무들은 성장 속도가 다르기 때문에 항상 다 자란 나무의 모습을 상상하며 나무들 사이의 공간 확보를 염두에 두어야 한다. 그러나 묘목을 심고 보니 듬성듬성한 공간을 메꾸기 위하여 자꾸 나무를 심게 되는 실수를 저지른다.

(라) 식재 계획의 시작은 장기적인 안목으로 적재적소의 원칙을 염두에 두고 나무를 선정해야 한다. 식물은 햇빛, 물, 바람의 조화를 이루면 잘 산다고 하지 않는가. 그래서 나무의 특성 중에서 햇볕을 좋아하는지 그늘을 좋아하는지, 물을 좋아하는지 여부를 살펴보는 것이 중요하다. 어린 묘목을 심을 경우 실수하는 것은 나무가 자랐을 때의 생육공간을 생각하지 않고 촘촘하게 심는 것이다.

① (가) - (나) - (다) - (라)
② (가) - (라) - (다) - (나)
③ (다) - (나) - (가) - (다)
④ (다) - (나) - (다) - (가)
⑤ (라) - (가) - (나) - (다)

02

(가) 베커는 "주말이나 저녁에는 회사들이 문을 닫기 때문에 활용할 수 있는 시간의 길이가 길어지고 이에 따라 특정 행동의 시간 비용이 줄어든다."라고도 지적한다. 시간의 비용이 가변적이라는 개념은 기대수명이 늘어나서 사람들에게 더 많은 시간이 주어지는 것이 시간의 비용에 영향을 미칠 수 있다는 점에서 의미가 있다.

(나) 베커와 린더는 사람들에게 주어진 시간을 고정된 양으로 전제했다. 1965년 당시의 기대수명은 약 70세였다. 하루 24시간 중 8시간을 수면에 쓰고 나머지 시간에 활동이 가능하다면, 평생 408,800시간의 활동 가능 시간이 주어지는 셈이다. 하지만 이 방정식에서 변수 하나가 바뀌면 어떻게 될까? 기대수명이 크게 늘어난다면 시간의 가치 역시 달라져서, 늘 시간에 쫓기는 조급한 마음에도 영향을 주게 되지 않을까?

(다) 시간의 비용이 가변적이라고 생각한 이는 베커만이 아니었다. 스웨덴의 경제학자 스테판 린더는 서구인들이 엄청난 경제성장을 이루고도 여유를 누리지 못하는 이유를 논증한다. 경제가 성장하면 사람들의 시간을 쓰는 방식도 달라진다. 임금이 상승하면 직장 밖 활동에 들어가는 시간의 비용이 늘어난다. 일하는 데 쓸 수 있는 시간을 영화나 책을 보는 데 소비하면 그만큼의 임금을 포기하는 것이다. 따라서 임금이 늘어난 만큼 일 이외의 활동에 들어가는 시간의 비용도 함께 늘어난다는 것이다.

(라) 1965년 노벨상 수상자 게리 베커는 '시간의 비용'이 시간을 소비하는 방식에 따라 변화한다고 주장하였다. 예를 들어 수면이나 식사 활동은 영화 관람에 비해 단위 시간당 시간의 비용이 작다. 그 이유는 수면과 식사가 생산적인 활동에 기여하기 때문이다. 잠을 못 자거나 식사를 제대로 하지 못해 체력이 떨어진다면, 생산적인 활동에 제약을 받기 때문에 수면과 식사 활동에 들어가는 시간의 비용이 영화 관람에 비해 작다고 할 수 있다.

① (가) – (다) – (나) – (라)
② (가) – (라) – (다) – (나)
③ (라) – (가) – (다) – (나)
④ (라) – (나) – (다) – (가)
⑤ (라) – (다) – (가) – (나)

03

(가) 근대에 접어들어 모든 사물이 생명력을 갖지 않는 일종의 기계라는 견해가 강조되면서, 아리스 토텔레스의 목적론은 비과학적이라는 이유로 많은 비판에 직면한다.

(나) 대표적인 근대 사상가인 갈릴레이는 목적론적 설명이 과학적 설명으로 사용될 수 없다고 주장 했고, 베이컨은 목적에 대한 탐구가 과학에 무익하다고 평가했으며, 스피노자는 목적론이 자연 에 대한 이해를 왜곡한다고 비판했다.

(다) 일부 현대 학자들은 근대 사상가들이 당시 과학에 기초한 기계론적 모형이 더 설득력을 갖는다 는 일종의 교조적 믿음에 의존했을 뿐, 아리스토텔레스의 목적론을 거부할 충분한 근거를 제시 하지 못했다고 비판한다.

(라) 이들의 비판은 목적론이 인간 이외의 자연물도 이성을 갖는 것으로 의인화한다는 것이다. 그러 나 이런 비판과는 달리 아리스토텔레스는 자연물을 생물과 무생물로, 생물을 식물·동물·인 간으로 나누고, 인간만이 이성을 지닌다고 생각했다.

① (가) - (나) - (라) - (다)   ② (가) - (다) - (나) - (라)
③ (가) - (라) - (나) - (다)   ④ (나) - (다) - (라) - (가)
⑤ (나) - (라) - (다) - (가)

04

(가) 그런데 자연의 일양성(一樣性)은 선험적으로 알 수 있는 것이 아니라 경험에 기대어야 알 수 있는 것이다. 즉, '귀납이 정당한 추론이다.'라는 주장은 '자연은 일양적(一樣的)이다.'라는 다 른 지식을 전제로 하는데, 그 지식은 다시 귀납에 의해 정당화되어야 하는 경험 지식이므로 귀납의 정당화는 순환 논리에 빠져 버린다는 것이다. 이것이 귀납의 정당화 문제이다.

(나) 귀납은 논리학에서 연역이 아닌 모든 추론, 즉 전제가 결론을 개연적으로 뒷받침하는 모든 추 론을 가리킨다. 귀납은 기존의 정보나 관찰 증거 등을 근거로 새로운 사실을 추가하는 지식 확장적 특성을 지닌다.

(다) 이와 관련하여 흄은 과거의 경험을 근거로 미래를 예측하는 귀납이 정당한 추론이 되려면 미래 의 세계가 과거에 우리가 경험해 온 세계와 동일하다는 자연의 일양성, 곧 한결같음이 가정되 어야 한다고 보았다.

(라) 이 특성으로 인해 귀납은 근대 과학 발전의 방법적 토대가 되었지만, 한편으로 귀납 자체의 논리 한계를 지적하는 문제들에 부딪히기도 한다.

① (가) - (나) - (다) - (라)   ② (가) - (다) - (나) - (라)
③ (가) - (라) - (나) - (다)   ④ (나) - (다) - (라) - (가)
⑤ (나) - (라) - (다) - (가)

05

(가) 이러한 수평적 연결은 사물인터넷 서비스로 새로운 성장 동력을 모색할 수 있다. 예를 들어, 스마트 컵인 프라임베실(개인에게 필요한 수분 섭취량을 알려줌), 스마트 접시인 탑뷰(음식의 양을 측정함), 스마트 포크인 해피포크(식사 습관 개선을 돕는 스마트 포크. 식사 속도와 시간, 1분간 떠먹는 횟수 등을 계산해 식사 습관을 분석함)를 연결하면 식생활 습관을 관리할 수 있을 것이다. 이를 식당, 병원, 헬스케어 센터에서 이용하면 고객의 식생활을 부가 서비스로 관리할 수 있다.

(나) 마치 100m 달리기를 하듯 각자의 트랙에서 목표를 향해 전력 질주하던 시대가 있었다. 선택과 집중의 논리로 수직 계열화를 통해 효율을 확보하고, 성능을 개선하고자 했었다. 그런데 세상이 변하고 있다. 고객 혹은 사용자를 중심으로 기존의 제품과 서비스가 재정의되고 있는 것이다. 이러한 산업의 패러다임적 전환을 신성장 동력이라 말한다.

(다) 기존의 가스 경보기를 만들려면 미세한 가스도 놓치지 않는 센서의 성능, 오래 지속되는 배터리, 크게 알릴 수 있는 알람 소리, 인테리어에 잘 어울리는 멋진 제품 디자인이 필요하다. 그런데 아무리 좋은 가스 경보기를 만들어도 사람의 안전을 담보하지는 못한다. 만약 집에서 가스 경보기가 울리면 아마 창문을 열어 환기하고, 가스 밸브를 잠그고, 119에 신고를 해야 할 것이다. 사람의 안전을 담보하는, 즉 연결 지배성이 높은 가스 경보기는 이런 일을 모두 해내야 한다. 이런 가스 경보기를 만들려면 전기, 전자, 통신, 기계, 인테리어, 디자인 등의 도메인들이 사용자 경험을 중심으로 연결돼야 한다. 이를 수평적 연결이라 부른다.

(라) 똑똑한 사물인터넷은 점점 더 다양해진다. S기업의 '누구'나 A기업의 '에코' 같은 스마트 스피커는 사용자가 언제 어디든, 일상에서 인공 비서로 사용되는 시대가 되었다. 그리고 K기업의 보일러의 사물인터넷 서비스는 보일러 쪽으로 직접 가지 않아도 스마트폰 전용 앱으로 보일러를 관리한다. 이제 보일러가 언제, 얼마나, 어떻게 쓰이는지, 그리고 보일러의 상태는 어떠한지, 사용하는 방식과 에너지 소모 등의 정보도 얻을 수 있다. 4차 산업혁명의 전진기지 역할을 하는 사물인터넷 서비스는 이제 거스를 수 없는 대세이다.

① (나) – (가) – (다) – (라)
② (나) – (다) – (가) – (라)
③ (다) – (가) – (라) – (나)
④ (다) – (나) – (가) – (라)
⑤ (다) – (라) – (나) – (가)

06

(가) 세종대왕은 백성들이 어려운 한자를 익히지 못해 글을 읽고 쓰지 못하는 것을 안타깝게 여겼다. 당시에는 오직 사대부만 한자를 배워 지식을 독점했기 때문에 권력 역시 이들의 것이었다. 세종대왕은 이를 가엾게 여기다가, 온 국민이 쉽게 깨우칠 수 있는 문자를 만들었다.

(나) 훈민정음을 세상에 설명하기 위해 1446년(세종 28년) 정인지 등의 학자가 세종대왕의 명령을 받고 한문으로 편찬한 해설서인 『훈민정음 해례본』을 편찬하고, 정인지·안지·권제 등을 명해 조선 왕조 창업을 노래한 『용비어천가』를 펴냈다.

(다) 이러한 반대를 물리치고, 세종대왕은 1446년 훈민정음을 세상에 알리게 된다. 실제로 '백성을 가르치는 바른 소리'라는 뜻의 훈민정음의 서문을 보면 평생 글을 모른 채 살아가는 사람들에 대한 애민 정신이 명확히 드러난다.

(라) 각고의 노력 끝에 훈민정음을 만들었지만, 대신들은 물론 집현전 학자들까지도 한글 창제에 대해 거세게 반발했다. 최만리, 정찬손 등의 학자들이 반대 상소를 올리자 세종대왕이 "이두를 제작한 뜻이 백성을 편리하게 하려 함이라면, 지금의 언문(한글)도 백성을 편리하게 하려 하는 것이다."라고 질타한 일화가 『세종실록』에 남아 있을 정도다.

① (가) - (나) - (라) - (다)   ② (가) - (라) - (다) - (나)
③ (나) - (다) - (가) - (라)   ④ (나) - (다) - (라) - (가)
⑤ (나) - (라) - (다) - (가)

07

(가) 여름에는 찬 음식을 많이 먹거나 냉방기를 과도하게 사용하는 경우가 많은데, 그렇게 되면 체온이 떨어져 면역력이 약해지기 때문이다.

(나) 만약 감기에 걸렸다면 탈수로 인한 탈진을 방지하기 위해 수분을 충분히 섭취해야 한다.

(다) 특히 감기로 인해 열이 나거나 기침을 할 때에는 따뜻한 물을 여러 번에 나누어 먹는 것이 좋다.

(라) 여름철 감기를 예방하기 위해서는 찬 음식을 적당히 먹어야 하고 냉방기에 장시간 노출되는 것을 피해야 하며, 충분한 휴식을 취하고, 집에 돌아온 후에는 손발을 꼭 씻어야 한다.

(마) 일반적으로 감기는 겨울에 걸린다고 생각하지만 의외로 여름에도 감기에 걸린다.

① (가) - (다) - (나) - (라) - (마)   ② (가) - (다) - (라) - (나) - (마)
③ (라) - (가) - (다) - (마) - (나)   ④ (마) - (가) - (라) - (나) - (다)
⑤ (마) - (라) - (가) - (나) - (다)

| 유형분석 |

- 주어진 지문을 바탕으로 도출할 수 있는 내용을 찾는 문제이다.
- 선택지의 내용을 정확하게 확인하고 지문의 정보와 비교하여 추론하는 능력이 필요하다.

다음 글을 읽고 추론한 내용으로 적절하지 않은 것은?

1977년 개관한 퐁피두 센터의 정식 명칭은 국립 조르주 퐁피두 예술문화 센터로, 공공정보기관(BPI), 공업 창작센터(CCI), 음악·음향의 탐구와 조정연구소(IRCAM), 파리 국립 근현대 미술관(MNAM) 등이 있는 종합 문화 예술 공간이다. 퐁피두라는 이름은 이 센터의 창설에 힘을 기울인 조르주 퐁피두 대통령의 이름을 딴 것이다.

1969년 당시 대통령이었던 퐁피두는 파리의 중심지에 미술관이면서 동시에 조형예술과 음악, 영화, 서적 그리고 모든 창조적 활동의 중심이 될 수 있는 문화 복합센터를 지어 프랑스 미술을 더욱 발전시키고자 했다. 요즘 미술관들은 미술관의 이러한 복합적인 기능과 역할을 인식하고 변화를 시도하는 곳이 많다. 미술관은 더 이상 전시만 보는 곳이 아니라 식사도 하고 영화도 보고 강연도 들을 수 있는 곳으로, 대중과의 거리 좁히기를 시도하고 있는 것도 그리 특별한 일은 아니다. 그러나 이미 40년 전에 21세기 미술관의 기능과 역할을 미리 내다볼 줄 아는 혜안을 가지고 설립된 퐁피두 미술관은 프랑스가 왜 문화 강국이라 불리는지를 알 수 있게 해준다.

① 퐁피두 미술관의 모습은 기존 미술관의 모습과 다를 것이다.
② 퐁피두 미술관을 찾는 사람들의 목적은 다양할 것이다.
③ 퐁피두 미술관은 전통적인 예술 작품들을 선호할 것이다.
④ 퐁피두 미술관은 파격적인 예술 작품들을 배척하지 않을 것이다.
⑤ 퐁피두 미술관은 현대 미술관의 선구자라는 자긍심을 가지고 있을 것이다.

정답 ③

제시문에 따르면 퐁피두 미술관은 모든 창조적 활동을 위한 공간이므로, 퐁피두가 전통적인 예술 작품을 선호할 것이라는 내용은 추론할 수 없다.

풀이 전략!

주어진 제시문이 어떠한 내용을 다루고 있는지 파악한 후 선택지의 키워드를 확실하게 체크하고, 제시문의 정보에서 도출할 수 있는 내용을 찾는다.

01   다음 글을 읽고 추론한 내용으로 적절하지 않은 것은?

세계적으로 기후 위기의 심각성이 커지면서 '탄소 중립'은 거스를 수 없는 흐름이 되고 있다. 이에 맞춰 정부의 에너지 정책도 기존 화석연료 발전 중심의 전력 공급 체계를 태양광과 풍력 등 재생에너지 중심으로 빠르게 재편하는 작업이 추진되고 있다. 이러한 재생에너지 보급 확대는 기존 전력 설비 부하의 가중으로 이어질 수밖에 없다. 재생에너지 사용 확대에 앞서 송배전 시스템의 확충이 필수적인 이유다.

K공사는 재생에너지 발전 사업자의 접속 지연 문제를 해소하기 위해 기존 송배전 전력 설비의 재생에너지 접속 용량을 확대하는 특별 대책을 시행하고 나섰다. K공사는 그동안 재생에너지 발전 설비 밀집 지역을 중심으로 송배전 설비의 접속 가능 용량이 부족할 경우 설비 보강을 통해 문제를 해결해 왔다. 2016년 10월부터 1MW 이하 소규모 신재생에너지 발전 사업자가 전력 계통 접속을 요청하면 K공사가 비용을 부담해 공용 전력망을 보강하고 접속을 보장해 주는 방식이었다. 덕분에 신재생에너지 발전 사업자들의 참여가 늘어났지만 재생에너지 사용량이 기하급수적으로 늘면서 전력 계통 설비의 연계 용량 부족 문제가 뒤따랐다.

이에 K공사는 산업통상자원부가 운영하는 '재생에너지 계통 접속 특별 점검단'에 참여해 대책을 마련했다. 배전 선로에 상시 존재하는 최소 부하를 고려한 설비 운영 개념을 도입해 변전소나 배전 선로의 증설 없이 재생에너지 접속 용량을 확대하는 방안이다. 재생에너지 발전 시 선로에 상시 존재하는 최소 부하 용량만큼 재생에너지 발전량이 상쇄되고, 잔여 발전량이 전력 계통으로 유입되기 때문에 상쇄된 발전량만큼 재생에너지의 추가 접속을 가능하게 하는 방식이다. 이에 따라 K공사는 현장 실증을 통해 최소 부하가 1MW를 초과하는 경우 배전 선로별 재생에너지 접속 허용 용량을 기존 12MW에서 13MW로 확대했다. 또 재생에너지 장기 접속 지연이 발생한 변전소에 대해서는 최소 부하를 고려해 재생에너지 접속 허용 용량을 200MW에서 평균 215MW로 상향했다. 이 같은 개정안이 전기 위원회 심의를 통과하면서 변전소 및 배전 선로의 보강 없이도 재생에너지 317MW의 추가 접속이 가능해졌다.

① 기존의 화석연료 중심의 에너지 발전은 탄소 배출량이 많아 환경에 악영향을 주었다.

② 태양광에너지는 고갈 염려가 없다고 볼 수 있기 때문에 주목받는 신재생에너지이다.

③ 재생에너지 사업 확충에 노후된 송전 설비는 걸림돌이 된다.

④ 별도로 설비를 보강하지 않아도 재생에너지 과부하 문제를 해결할 수 있는 방안이 제시되었다.

⑤ 현재까지 재생에너지 사업 확충에 따른 문제들을 해결하기 위해서는 설비 보강이 가장 좋은 해결법이다.

기업은 상품의 사회적 마모를 촉진시키는 주체이다. 생산과 소비가 지속되어야 이윤을 남길 수 있기 때문에, 하나의 상품을 생산해서 그 상품의 물리적 마모가 끝날 때까지 기다렸다가는 기업이 망하기 십상이다. 이러한 상황에서 늘 수요에 비해서 과잉 생산을 하는 기업이 살아남을 수 있는 길은 상품의 사회적 마모를 짧게 해서 사람들로 하여금 계속 소비하게 만드는 것이다.

그래서 ㉠ 기업들은 더 많은 이익을 내기 위해서 상품의 성능을 향상시키기보다는 디자인을 변화시키는 것이 더 바람직하다고 생각한다. 산업이 발달하여 상품의 성능이나 기능, 내구성이 이전보다 더욱 향상되었는데도 불구하고 상품의 수명이 이전보다 더 짧아지는 것은 어떻게 생각하면 자본주의 상품이 지닌 모순이라고 할 수 있다. 섬유의 질은 점점 좋아지지만 그 옷을 입는 기간은 이에 비해서 점점 짧아지게 되는 것이 바로 자본주의 상품이 지니고 있는 모순이다. 산업이 계속 발달하여 상품의 성능이 향상되는데 상품의 사회적인 마모 기간은 누군가에 의해서 엄청나게 짧아지고 있다. 상품의 질은 향상되고 내가 버는 돈은 늘어가는 것 같은데 늘 무엇인가 부족한 듯한 느낌이 드는 것도 이와 관련이 있다.

02 다음 중 윗글을 읽고 추론한 내용으로 적절하지 않은 것은?

① 기업은 물리적 마모가 짧을수록 유리하기 때문에 제품의 성능에 전혀 신경을 쓰지 않는다.
② 사회적 마모 기간이 짧아지면 생산과 소비는 지속된다.
③ 기업은 이익을 위해 상품의 디자인 변화가 이윤 추구에 더 바람직하다고 생각한다.
④ 자본주의 시대를 사는 사람들은 제품의 품질이 좋아져도 오래 사용하지 않는다.
⑤ 사회적 마모 기간이 짧아지는 것을 자본주의의 모순으로 볼 수도 있다.

03 다음 중 밑줄 친 ㉠에 대해 제기할 수 있는 반론으로 가장 적절한 것은?

① 상품의 성능은 그대로 두어도 향상될 수 있는가?
② 디자인에 관한 소비자들의 취향이 바뀌는 것을 막을 방안은 있는가?
③ 상품의 성능 향상을 등한시하며 디자인만 바꾼다고 소비가 증가할 것인가?
④ 사회적 마모 기간이 점차 짧아지면 디자인을 개발하는 것이 기업에 도움이 되겠는가?
⑤ 소비 성향에 맞춰 디자인을 다양화할 수 있는가?

다음 글에 이어질 내용으로 가장 적절한 것은?

테레민이라는 악기는 손을 대지 않고 연주하는 악기이다. 이 악기를 연주하기 위해 연주자는 허리 높이쯤에 위치한 상자 앞에 선다. 오른손은 상자에 수직으로 세워진 안테나 주위에서 움직인다. 오른손의 엄지손가락과 집게손가락으로 고리를 만들고 손을 흔들면서 나머지 손가락을 하나씩 펴면 안테나에 손이 닿지 않고서도 음이 들린다. 이때 들리는 음은 피아노 건반을 눌렀을 때 나는 것처럼 정해진 음이 아니고 현악기를 연주하는 것과 같은 연속음이며, 소리는 손과 손가락의 움직임에 따라 변한다. 왼손은 손가락을 펼친 채로 상자에서 수평으로 뻗은 안테나 위에서 서서히 오르내리면서 소리를 조절한다.

오른손으로는 수직 안테나와의 거리에 따라 음고(音高)를 조절하고, 왼손으로는 수평 안테나와의 거리에 따라 음량을 조절한다. 따라서 오른손과 수직 안테나는 음고를 조절하는 회로에 속하고 왼손과 수평 안테나는 음량을 조절하는 또 다른 회로에 속한다. 이 두 회로가 하나로 합쳐지면서 두 손의 움직임에 따라 음고와 음량을 변화시킬 수 있다.

어떻게 테레민에서 다른 음고의 음이 발생하는지 알아보자. 음고를 조절하는 회로는 가청주파수 범위 바깥의 주파수를 갖는 서로 다른 두 개의 음파를 발생시킨다. 이 두 개의 음파 사이에 존재하는 주파수의 차이 값에 의해 가청주파수를 갖는 새로운 진동이 발생하는데 그것으로 소리를 만든다. 가청주파수 범위 바깥의 주파수 중 하나는 고정된 주파수를 갖고 다른 하나는 연주자의 손 움직임에 따라 주파수가 바뀐다. 이렇게 발생한 주파수의 변화에 의해 진동이 발생하고 이 진동의 주파수는 가청주파수 범위 내에 있기 때문에 그 진동을 증폭시켜 스피커로 보내면 소리가 들린다.

① 수직 안테나에 손이 닿으면 소리가 발생하는 원리
② 왼손의 손가락 모양에 따라 음고가 바뀌는 원리
③ 수평 안테나와 왼손 사이의 거리에 따라 음량이 조절되는 원리
④ 음고를 조절하는 회로에서 가청주파수의 진동이 발생하는 원리
⑤ 오른손 손가락으로 가상의 피아노 건반을 눌러 음량을 변경하는 원리

※ 다음 글을 읽고 이어지는 질문에 답하시오. [5~6]

곤충이 유충에서 성체로 발생하는 과정에서 단단한 외골격은 더 큰 것으로 주기적으로 대체된다. 곤충이 유충, 번데기, 성체로 변화하는 동안, 이러한 외골격의 주기적 대체는 몸 크기를 증가시키는 것과 같은 신체 형태 변화에 필수적이다. 이러한 외골격의 대체를 '탈피'라고 한다. 성체가 된 이후에 탈피하지 않는 곤충들의 경우, 그것들의 최종 탈피는 성체의 특성이 발현되고 유충의 특성이 완전히 상실될 때 일어난다. 이런 유충에서 성체로의 변태 과정을 조절하는 호르몬에는 탈피호르몬과 유충호르몬이 있다.

탈피호르몬은 초기 유충기에 형성된 유충의 전흉선에서 분비된다. 탈피 시기가 되면, 먹이 섭취 활동과 관련된 자극이 유충의 뇌에 전달된다. 이 자극은 이미 뇌의 신경분비세포에서 합성되어 있던 전흉선자극호르몬의 분비를 촉진하여 이 호르몬이 순환계로 방출될 수 있게 만든다. 분비된 전흉선자극호르몬은 순환계를 통해 전흉선으로 이동하여 전흉선에서 허물벗기를 촉진하는 탈피호르몬이 분비되도록 한다. 그리고 탈피호르몬이 분비되면 탈피의 첫 단계인 허물벗기가 시작된다. ㉠ 성체가 된 이후에 탈피하지 않는 곤충들의 경우 성체로의 마지막 탈피가 끝난 다음에 탈피호르몬은 없어진다.

유충호르몬은 유충 속에 있는 알라타체라는 기관에서 분비된다. 이 유충호르몬은 탈피 촉진과 무관하며, 유충의 특성이 남아 있게 하는 역할만을 수행한다. 따라서 각각의 탈피 과정에서 분비되는 유충호르몬의 양에 의해서 탈피 이후 유충으로 남아 있을지, 유충의 특성이 없는 성체로 변태할지가 결정된다. 유충호르몬의 방출량은 유충호르몬의 분비를 억제하는 알로스테틴과 분비를 촉진하는 알로트로핀에 의해 조절된다. 이 알로스테틴과 알로트로핀은 곤충의 뇌에서 분비된다. 한편, 유충호르몬의 방출량이 정해져 있을 때 그 호르몬의 혈중 농도는 유충호르몬 에스터라제와 같은 유충호르몬 분해 효소와 유충호르몬 결합단백질에 의해 조절된다. 유충호르몬 결합단백질은 유충호르몬 에스터라제 등의 유충호르몬 분해 효소에 의해서 유충호르몬이 분해되어 혈중 유충호르몬의 농도가 낮아지는 것을 막으며, 유충호르몬을 유충호르몬 작용 조직으로 안전하게 수송한다.

05 다음 중 윗글을 읽고 추론할 수 있는 것을 〈보기〉에서 모두 고르면?

> **보기**
>
> ㄱ. 유충의 전흉선을 제거하면 먹이 섭취 활동과 관련된 자극이 유충의 뇌에 전달될 수 없다.
> ㄴ. 변태 과정 중에 있는 곤충에게 유충기부터 알로트로핀을 주입하면 성체로 변태하지 않을 수 있다.
> ㄷ. 유충호르몬이 없더라도 변태 과정 중 탈피호르몬이 분비되면 탈피가 시작될 수 있다.

① ㄱ   ② ㄴ

③ ㄱ, ㄷ   ④ ㄴ, ㄷ

⑤ ㄱ, ㄴ, ㄷ

06 윗글을 토대로 할 때, 다음 실험 결과에 대한 분석으로 적절한 것을 〈보기〉에서 모두 고르면?

〈실험 결과〉

성체가 된 이후에 탈피하지 않는 곤충의 유충기부터 성체로 이어지는 발생 단계별 유충호르몬과 탈피호르몬의 혈중 농도 변화를 관찰하였더니 다음과 같았다.
• 결과 1 : 유충호르몬 혈중 농도는 유충기에 가장 높으며 이후 성체가 될 때까지 점점 감소한다.
• 결과 2 : 유충에서 성체로의 최종 탈피가 일어날 때까지 탈피호르몬은 존재하였고, 그 구간 탈피호르몬 혈중 농도에는 변화가 없었다.

보기

ㄱ. 결과 1은 "혈중 유충호르몬 에스터라제의 양은 유충기에 가장 많으며 성체기에서 가장 적다."는 가설로 설명된다.
ㄴ. "성체가 된 이후에 탈피하지 않는 곤충들의 경우, 최종 탈피가 끝난 다음에 전흉선은 파괴되어 사라진다."는 것은 결과 2와 ㉠이 동시에 성립하는 이유를 제시한다.
ㄷ. 결과 1과 결과 2는 함께 "변태 과정에 있는 곤충의 탈피호르몬 대비 유충호르몬의 비율이 작아질수록 그 곤충은 성체의 특성이 두드러진다."는 가설을 지지한다.

① ㄱ
② ㄷ
③ ㄱ, ㄴ
④ ㄴ, ㄷ
⑤ ㄱ, ㄴ, ㄷ

| 유형분석 |

- 주어진 지문을 바탕으로 빈칸에 들어갈 내용을 찾는 문제이다.
- 선택지의 내용을 정확하게 확인하고 빈칸 앞뒤 문맥을 파악하는 능력이 필요하다.

다음 글의 빈칸에 들어갈 내용으로 가장 적절한 것은?

> 동물들은 홍채에 있는 근육의 수축과 이완을 통해 눈동자를 크게 혹은 작게 만들어 눈으로 들어오는 빛의 양을 조절하므로 눈동자 모양이 원형인 것이 가장 무난하다. 그런데 고양이와 늑대와 같은 육식동물은 세로로, 양이나 염소와 같은 초식동물은 가로로 눈동자 모양이 길쭉하다. 특별한 이유가 있는 것일까?
> 육상동물 중 모든 육식동물의 눈동자가 세로로 길쭉한 것은 아니다. 주로 매복형 육식동물의 눈동자가 세로로 길쭉하다. 이는 숨어서 기습을 하는 사냥 방식과 밀접한 관련이 있는데, 세로로 길쭉한 눈동자가 _____
> 일반적으로 매복형 육식동물은 양쪽 눈으로 초점을 맞춰 대상을 보는 양안시로, 각 눈으로부터 얻는 영상의 차이인 양안시차를 하나의 입체 영상으로 재구성하면서 물체와의 거리를 파악한다. 그런데 이러한 양안시차뿐만 아니라 거리지각에 대한 정보를 주는 요소로 심도 역시 중요하다. 심도란 초점이 맞는 공간의 범위를 말하며, 심도는 눈동자의 크기에 따라 결정된다. 즉, 눈동자의 크기가 커져 빛이 많이 들어오게 되면, 커지기 전보다 초점이 맞는 범위가 좁아진다. 이렇게 초점의 범위가 좁아진 경우를 '심도가 얕다.'고 하며, 반대인 경우를 '심도가 깊다.'고 한다.

① 사냥감의 주변 동태를 정확히 파악하는 데 효과적이기 때문이다.
② 사냥감의 움직임을 정확히 파악하는 데 효과적이기 때문이다.
③ 사냥감의 위치를 정확히 파악하는 데 효과적이기 때문이다.
④ 사냥감과의 거리를 정확히 파악하는 데 효과적이기 때문이다.
⑤ 사냥감과의 경로를 정확히 파악하는 데 효과적이기 때문이다.

정답 ④

빈칸의 뒤에 나오는 내용을 살펴보면 양안시에 대해 설명하면서 양안시차를 통해 물체와의 거리를 파악한다고 하였으므로 빈칸에 거리와 관련된 내용이 나왔음을 짐작해 볼 수 있다. 따라서 빈칸에 들어갈 내용은 ④가 가장 적절하다.

풀이 전략!

빈칸 앞뒤의 문맥을 파악한 후 선택지에서 가장 어울리는 내용을 찾는다. 빈칸 앞에 접속부사가 있다면 이를 활용한다.

01 다음 글에서 〈보기〉가 들어갈 위치로 가장 적절한 곳은?

> 문화가 발전하려면 저작자의 권리 보호와 저작물의 공정 이용이 균형을 이루어야 한다. 저작물의 공정 이용이란 저작권자의 권리를 일부 제한하여 저작권자의 허락이 없어도 저작물을 자유롭게 이용하는 것을 말한다. 대표적으로 비영리적인 사적 복제를 허용하는 것이 있다. ___㉮___ 우리나라의 저작권법에서는 오래전부터 공정 이용으로 볼 수 있는 저작권 제한 규정을 두었다.
>
> 그런데 디지털 환경에서 저작물의 공정 이용은 여러 장애에 부딪혔다. 디지털 환경에서는 저작물을 원본과 동일하게 복제할 수 있고 용이하게 개작할 수 있다. ___㉯___ 그 결과 디지털화된 저작물의 이용 행위가 공정 이용의 범주에 드는 것인지 가늠하기가 더 어려워졌고 그에 따른 처벌 위험도 커졌다. ___㉰___
>
> 이러한 문제를 해소하기 위한 시도의 하나로 포괄적으로 적용할 수 있는 '저작물의 공정한 이용' 규정이 저작권법에 별도로 신설되었다. 그리하여 저작권자의 동의가 없어도 저작물을 공정하게 이용할 수 있는 영역이 확장되었다. 그러나 공정 이용 여부에 대한 시비가 자율적으로 해소되지 않으면 예나 지금이나 법적인 절차를 밟아 갈등을 해소해야 한다. ___㉱___ 저작물 이용의 영리성과 비영리성, 목적과 종류, 비중, 시장 가치 등이 법적인 판단의 기준이 된다.
>
> 저작물 이용자들이 처벌에 대한 불안감을 여전히 느낀다는 점에서 저작물의 자유 이용 허락 제도와 같은 '저작물의 공유' 캠페인이 주목을 받고 있다. 이 캠페인은 저작권자들이 자신의 저작물에 일정한 이용 허락 조건을 표시해서 이용자들에게 무료로 개방하는 것을 말한다. 누구의 저작물이든 개별적인 저작권을 인정하지 않고 모두가 공동으로 소유하자고 주장하는 사람들과 달리, 이 캠페인을 펼치는 사람들은 기본적으로 자신과 타인의 저작권을 존중한다. 캠페인 참여자들은 저작권자와 이용자들의 자발적인 참여를 통해 자유롭게 활용할 수 있는 저작물의 양과 범위를 확대하려고 노력한다. ___㉲___ 그러나 캠페인에 참여한 저작물을 이용할 때 허용된 범위를 벗어난 경우 법적 책임을 질 수 있다.

> **보기**
>
> ㉠ 따라서 저작물이 개작되더라도 그것이 원래 창작물인지 2차적 저작물인지 알기 어렵다.
> ㉡ 이들은 저작물의 공유가 확산되면 디지털 저작물의 이용이 활성화되고 그 결과 인터넷이 더욱 창의적이고 풍성한 정보 교류의 장(場)이 될 것이라고 본다.

	㉠	㉡
①	㉮	㉯
②	㉯	㉰
③	㉯	㉱
④	㉯	㉲
⑤	㉮	㉲

※ 다음 글의 빈칸에 들어갈 내용으로 가장 적절한 것을 고르시오. [2~4]

02

기분관리 이론은 사람들의 기분과 선택 행동의 관계에 대해 설명하기 위한 이론이다. 이 이론의 핵심은 사람들이 현재의 기분을 최적 상태로 유지하려고 한다는 것이다. 따라서 기분관리 이론은 흥분 수준이 최적 상태보다 높을 때는 사람들이 이를 낮출 수 있는 수단을 선택한다고 예측한다. 반면에 흥분 수준이 낮을 때는 이를 회복시킬 수 있는 수단을 선택한다고 예측한다. 예를 들어, 음악 선택의 상황에서 전자의 경우에는 차분한 음악을 선택하고 후자의 경우에는 흥겨운 음악을 선택한다는 것이다. 기분조정 이론은 기분관리 이론이 현재 시점에만 초점을 맞추고 있다는 점을 지적하고 이를 보완하고자 한다. 기분조정 이론을 음악 선택의 상황에 적용하면, ＿＿＿＿＿＿＿＿＿＿＿＿ 고 예측할 수 있다.

A연구자는 음악 선택 상황을 통해 기분조정 이론을 검증하기 위한 실험을 했다. 그는 실험 참가자들을 두 집단으로 나누고 집단1에게는 한 시간 후 재미있는 놀이를 하게 된다고 말했고, 집단2에게는 한 시간 후 심각한 과제를 하게 된다고 말했다. 집단1은 최적 상태 수준에서 즐거워했고, 집단2는 최적 상태 수준을 벗어날 정도로 기분이 가라앉았다. 이때 A연구자는 참가자들에게 기다리는 동안 음악을 선택하게 했다. 그랬더니 집단1은 다소 즐거운 음악을 선택한 반면, 집단2는 과도하게 흥겨운 음악을 선택했다. 그런데 30분이 지나고 각 집단이 기대하는 일을 하게 될 시간이 다가오자 두 집단 사이에는 뚜렷한 차이가 나타났다. 집단1의 선택에는 큰 변화가 없었으나, 집단2는 기분을 가라앉히는 차분한 음악을 선택하는 쪽으로 변하는 경향을 보인 것이다. 이러한 선택의 변화는 기분조정 이론을 뒷받침하는 것으로 간주되었다.

① 사람들은 현재의 기분을 지속하는 데 도움이 되는 음악을 선택한다
② 사람들은 다음에 올 상황을 고려해 흥분을 유발할 수 있는 음악을 선택한다
③ 사람들은 다음에 올 상황에 맞추어 현재의 기분을 조정하는 음악을 선택한다
④ 사람들은 현재의 기분과는 상관없이 자신이 평소 선호하는 음악을 선택한다
⑤ 사람들은 현재의 기분이 즐거운 경우에는 그것을 조정하기 위해 그와 반대되는 기분을 자아내는 음악을 선택한다

03

오늘날 인류가 왼손보다 오른손을 선호하는 경향은 어디서 비롯되었을까? 오른손을 귀하게 여기고 왼손을 천대하는 현상은 어쩌면 산업화 이전 사회에서 배변 후 사용할 휴지가 없었다는 사실과 관련이 있을 법하다. 맨손으로 배변 뒤처리를 하는 것은 불쾌할 뿐더러 병균을 옮길 위험을 수반하는 일이었다. 이런 위험성을 낮추는 간단한 방법은 음식을 먹거나 인사할 때 다른 손을 사용하는 것이었다. 기술 발달 이전의 사회는 대개 왼손을 배변 뒤처리에, 오른손을 먹고 인사하는 일에 사용했다. 나는 이런 배경이 인간 사회에 널리 나타나는 '오른쪽'에 대한 긍정과 '왼쪽'에 대한 반감을 어느 정도 설명해 줄 수 있으리라고 생각했다. 그러나 이 설명은 왜 애초에 오른손이 먹는 일에, 그리고 왼손이 배변 처리에 사용되었는지 설명해 주지 못한다. _____
따라서 근본적인 설명은 다른 곳에서 찾아야 할 것 같다.
한쪽 손을 주로 쓰는 경향은 뇌의 좌우반구의 기능 분화와 관련되어 있는 것으로 보인다. 보고된 증거에 따르면, 왼손잡이는 읽기와 쓰기, 개념적 · 논리적 사고 같은 좌반구 기능에서 오른손잡이보다 상대적으로 미약한 대신 상상력, 패턴 인식, 창의력 등 전형적인 우반구 기능에서는 상대적으로 기민한 경우가 많다.
나는 이성 대 직관의 힘겨루기, 뇌의 두 반구 사이의 힘겨루기가 오른손과 왼손의 힘겨루기로 표면화된 것이 아닐까 생각한다. 즉, 원래 오른손이 왼손보다 더 능숙했기 때문이 아니라 뇌의 좌반구가 인간의 행동을 지배하는 권력을 갖게 되었기 때문에 오른손 선호에 이르렀다는 생각이다.

① 동서양을 막론하고 왼손잡이 사회는 확인된 바 없기 때문이다.
② 기능적으로 왼손이 오른손보다 섬세하기 때문이다.
③ 모든 사람들이 오른쪽을 선호하는 것이 아니기 때문이다.
④ 양손의 기능을 분담시키지 않는 사람이 존재할 수도 있기 때문이다.
⑤ 현대 사회에 들어서 왼손잡이가 늘어나고 있기 때문이다.

04

자율주행차란 운전자가 핸들과 가속페달, 브레이크 등을 조작하지 않아도 정밀한 지도, 위성항법시스템(GPS) 등 차량의 각종 센서로 상황을 파악해 스스로 목적지까지 찾아가는 자동차를 말한다. 국토교통부는 자율주행차의 상용화를 위해 '부분자율주행차(레벨 3)' 안전기준을 세계 최초로 도입했다고 밝혔다. 이에 따라 7월부터는 자동으로 차로를 유지 하는 기능이 탑재된 레벨 3 부분자율주행차의 출시와 판매가 가능해진다. 국토부가 마련한 안전기준에 따르면 레벨 3 부분자율주행차는 운전자 탑승이 확인된 후에만 작동할 수 있다. 자동 차로 유지 기능은 운전자가 직접 운전하지 않아도 자율주행시스템이 차선을 유지하면서 주행하고 긴급 상황 등에 대응하는 기능이다. 기존 '레벨 2'는 차로 유지 기능을 작동했을 때 차량이 차선을 이탈하면 경고 알람이 울리는 정도여서 운전자가 직접 운전을 해야 했지만, 레벨 3 안전기준이 도입되면 지정된 작동 영역 안에서는 자율주행차의 책임 아래 _____

① 운전자가 탑승하지 않더라도 자율주행이 가능해진다.
② 운전자가 직접 조작하지 않더라도 자동으로 속도 조절이 가능해진다.
③ 운전자가 운전대에서 손을 떼고도 차로를 유지하며 자율주행이 가능해진다.
④ 운전자가 직접 조작하지 않더라도 차량 간 일정한 거리 유지가 가능해진다.
⑤ 운전자가 차선을 이탈할 경우 경고 알람이 울리므로 운전자의 집중이 요구된다.

05 다음은 의사표현의 말하기 중 '쉼'에 대한 설명이다. 빈칸에 들어갈 수 있는 내용으로 적절하지 않은 것은?

쉼이란 대화 도중 잠시 침묵하는 것으로 의도적인 경우도 있고, 비의도적인 경우도 있으며, 의도적으로 할 경우 쉼을 활용하여 논리성, 감성 제고, 동질감 등을 얻을 수 있다. 듣기에 좋은 말의 속도는 이야기 전체에서 35 ~ 40%가 적당하다는 주장이 있으며, 대화를 할 때 쉼을 하는 경우는 _____ 등이 있다.

① 이야기가 전이될 때   ② 양해, 동조의 경우
③ 생략, 암시의 경우   ④ 분노, 화냄의 경우
⑤ 여운을 남길 때

06 다음 글의 빈칸에 들어갈 내용으로 가장 적절한 것은?

소독이란 물체의 표면 및 그 내부에 있는 병원균을 죽여 전파력 또는 감염력을 없애는 것이다. 이때, 소독의 가장 안전한 형태로는 멸균이 있다. 멸균이란 대상으로 하는 물체의 표면 또는 그 내부에 분포하는 모든 세균을 완전히 죽여 무균의 상태로 만드는 조작으로, 살아있는 세포뿐만 아니라 포자·박테리아·바이러스 등을 완전히 파괴하거나 제거하는 것이다.

물리적 멸균법은 열, 햇빛, 자외선, 초단파 따위를 이용하여 균을 죽여 없애는 방법이다. 열(Heat)에 의한 멸균에는 건열 방식과 습열 방식이 있는데, 건열 방식은 소각과 건식 오븐을 사용하여 멸균하는 방식이다. 건열 방식이 활용되는 예로는 미생물 실험실에서 사용하는 많은 종류의 기구를 물 없이 멸균하는 것이 있다. 이는 습열 방식을 활용했을 때 유리를 포함하는 기구가 파손되거나 금속 재질로 이루어진 기구가 습기에 의해 부식할 가능성을 보완한 방법이다. 그러나 건열 방식은 습열 방식에 비해 멸균 속도가 느리고 효율이 떨어지며, 열에 약한 플라스틱이나 고무 제품은 대상물의 변성이 이루어져 사용할 수 없다. 예를 들어 많은 세균의 내생포자는 습열 멸균 온도 조건(121℃)에서는 5분 이내에 사멸되나, 건열 방식을 활용할 경우 이보다 더 높은 온도(160℃)에서도 약 2시간 정도가 지나야 사멸되는 양상을 나타낸다. 반면, 습열 방식은 바이러스, 세균, 진균 등의 미생물들을 손쉽게 사멸시킨다. 습열은 효소 및 구조단백질 등의 필수 단백질의 변성을 유발하고, 핵산을 분해하며 세포막을 파괴하여 미생물을 사멸시킨다. 끓는 물에 약 10분간 노출하면 대개의 영양세포나 진핵포자를 충분히 죽일 수 있으나, 100℃의 끓는 물에서는 세균의 내생포자를 사멸시키지는 못한다. 따라서 물을 끓여서 하는 열처리는 _____ 멸균을 시키기 위해서는 100℃가 넘는 온도(일반적으로 121℃)에서 압력(약 $1.1\text{kg}/\text{cm}^2$)을 가해 주는 고압증기멸균기를 이용한다. 고압증기멸균기는 물을 끓여 증기를 발생시키고 발생한 증기와 압력에 의해 멸균을 시키는 장치이다. 고압증기멸균기 내부가 적정 온도와 압력(121℃, 약 $1.1\text{kg}/\text{cm}^2$)에 이를 때까지 뜨거운 포화 증기를 계속 유입시킨다. 해당 온도에서 포화 증기는 15분 이내에 모든 영양세포와 내생포자를 사멸시킨다. 고압증기멸균기에 의해 사멸되는 미생물은 고압에 의해서라기보다는 고압하에서 수증기가 얻을 수 있는 높은 온도에 의해 사멸되는 것이다.

① 더 많은 세균을 사멸시킬 수 있다.

② 멸균 과정에서 더 많은 비용이 소요된다.

③ 멸균 과정에서 더 많은 시간이 소요된다.

④ 소독을 시킬 수는 있으나, 멸균을 시킬 수는 없다.

⑤ 멸균을 시킬 수는 있으나, 소독을 시킬 수는 없다.

| 유형분석 |

- 기본적인 어휘력과 어법에 대한 지식을 필요로 하는 문제이다.
- 글의 내용을 파악하고 문맥을 읽을 줄 알아야 한다.

다음 글에서 밑줄 친 ㉠ ~ ㉤의 수정 방안으로 적절하지 않은 것은?

> 심리학자들은 학습 이후 망각이 생기는 심리적 이유를 다음과 같이 설명하고 있다. 앞서 배운 내용이 나중에 공부한 내용을 밀어내는 순행 억제, 뒤에 배운 내용이 앞에서 배운 내용을 기억의 저편으로 밀어내는 역행 억제, 또한 공부한 두 내용이 서로 비슷해 간섭이 일어나는 유사 억제 등이 작용해 기억을 방해했기 때문이라는 것이다. 이러한 망각을 뇌 속에서 어떤 기억을 잃어버린 것으로 이해해서는 ㉠ 안된다. 기억을 담고 있는 세포들은 내용물을 흘려버리지 않는다. 기억들은 여전히 ㉡ 머리속에 있는 것이다. 우리가 뭔가 기억해 내려고 애쓰는데도 찾지 못하는 것은 기억들이 ㉢ 혼재해 있기 때문이다. ㉣ 그리고 학습한 내용을 일정한 원리에 따라 ㉤ 짜임새 있게 체계적으로 잘 정리한다면 학습한 내용을 어렵지 않게 기억해 낼 수 있다.

① ㉠ : 띄어쓰기가 올바르지 않으므로 '안 된다'로 고친다.
② ㉡ : 맞춤법에 어긋나므로 '머릿속에'로 고친다.
③ ㉢ : 문맥에 어울리지 않으므로 '잠재'로 고친다.
④ ㉣ : 앞 문장과의 관계를 고려하여 '그러므로'로 고친다.
⑤ ㉤ : 의미가 중복되므로 '체계적으로'를 삭제한다.

정답 ③

제시문의 맥락상 '뒤섞이어 있음'을 의미하는 '혼재(混在)'가 적절하다. '잠재(潛在)'는 겉으로 드러나지 않고 속에 잠겨 있거나 숨어 있음을 의미한다.

풀이 전략!

문장에서 주어와 서술어의 호응 관계가 적절한지 주어와 서술어를 찾아 확인해 보는 연습을 하며, 문서 작성의 원칙과 주의사항은 미리 알아 두는 것이 좋다.

01 다음 글의 밑줄 친 ㉠ ~ ㉤ 중 전체 흐름과 맞지 않는 곳을 찾아 수정하려고 할 때, 가장 적절한 것은?

> 우울증을 잘 초래하는 성향은 창조성과 결부되어 있기 때문에 생존에 유리한 측면이 있었다. 따라서 우울증과 관련이 있는 유전자는 오랜 역사를 거쳐 오면서도 사멸하지 않고 살아남아 오늘날 현대인에게도 그 유전자가 상당수 존재할 가능성이 있다. 베토벤, 뉴턴, 헤밍웨이 등 위대한 음악가, 과학자, 작가들의 상당수가 우울한 성향을 갖고 있었다. ㉠ <u>천재와 우울증은 어찌 보면 동전의 양면으로, 인류 문명의 진보를 이끈 하나의 동력이자 그 부산물이라 할 수 있을지도 모른다.</u>
> 우울증은 일반적으로 자기 파괴적인 질환으로 인식되어 왔지만 실은 자신을 보호하고 미래를 준비하기 위한 보호 기제일 수도 있다. 달성할 수 없거나 달성하기 매우 어려운 목표에 도달하기 위해 엄청난 에너지를 소모하는 것은 에너지와 자원을 낭비할 뿐만 아니라, 정신과 신체를 소진시킴으로써 사회적 기능을 수행할 수 없게 한다. 또한 주위의 도움이 없으면 생명을 유지하기 어려운 상태에 ㉡ <u>이르게도 할 수 있다.</u> 이를 막기 위한 기제가 스스로의 자존감을 낮추고 그 목표를 포기하게 만드는 것이다. 이를 통해 고갈된 에너지를 보충하고 다시 도전할 수 있는 기회를 모색할 수 있다. ㉢ <u>또한 지금과 같은 경쟁 사회는 새로운 기술이나 생각에 대한 사회적 요구가 커지기 때문에 정신적 소진 상태를 초래하기 쉬운 환경이 되고 있다.</u>
> 오늘날 우울증은 왜 이렇게 급격하게 늘어나는 것일까? 창조성이란 그 사회에 존재하고 있는 기술이나 생각에 대한 도전이자 대안 제시이며, 기존의 기술이나 생각을 엮어서 새로운 조합을 만들어 내는 것이다. 과거에 비해 현대 사회는 경쟁이 심화되고 혁신들이 더 가치를 인정받기 때문에 창조성이 있는 사람은 상당히 큰 선택적 이익을 갖게 된다. ㉣ <u>그렇지만 현대 사회처럼 기존에 존재하는 기술이나 생각이 엄청나게 많아 우리의 뇌가 그것을 담기에도 벅찬 경우에는 새로운 조합을 만들어 내는 일은 무척이나 많은 에너지를 요한다.</u> 결국 경쟁은 창조성을 ㉤ <u>발휘하게 하지만</u> 지나친 경쟁은 정신적 소진을 초래하기 때문에 우울증이 많이 발생할 수 있다.

① ㉠ : 첫 번째 문단과 관련 없는 내용이므로 삭제한다.

② ㉡ : 문장의 주어와 호응되지 않으므로 '이른다'로 수정한다.

③ ㉢ : 두 번째 문단의 내용과 어울리지 않으므로 세 번째 문단으로 옮긴다.

④ ㉣ : 뒷 문장이 앞 문장의 결과이므로 '그리하여'로 수정한다.

⑤ ㉤ : 문맥상의 내용과 반대되는 내용이므로 '억제하지만'으로 수정한다.

※ 다음 글에서 밑줄 친 ㉠ ~ ㉤의 수정 방안으로 적절하지 않은 것을 고르시오. [2~3]

02

'오투오(O2O; Online to Off-line) 서비스'는 모바일 기기를 통해 소비자와 사업자를 유기적으로 이어주는 서비스를 말한다. 어디에서든 실시간으로 서비스가 가능하다는 편리함 때문에 최근 오투오 서비스의 이용자가 증가하고 있다. 스마트폰에 설치된 앱으로 택시를 부르거나 배달 음식을 주문하는 것 등이 대표적인 예이다.

오투오 서비스 운영 업체는 스마트폰에 설치된 앱을 매개로 소비자와 사업자에게 필요한 서비스를 ㉠ 제공받고 있다. 이를 통해 소비자는 시간이나 비용을 절약할 수 있게 되었고, 사업자는 홍보 및 유통 비용을 줄일 수 있게 되었다. 이처럼 소비자와 사업자 모두에게 경제적으로 유리한 환경이 조성되어 서비스 이용자가 ㉡ 증가함으로써, 오투오 서비스 운영 업체도 많은 수익을 낼 수 있게 되었다.

㉢ 게다가 오투오 서비스 시장이 성장하면서 여러 문제들이 발생하고 있다. ㉣ 또한 오투오 서비스 운영 업체의 경우에는 오프라인으로 유사한 서비스를 제공하는 기존 업체와의 갈등이 발생하고 있다. 소비자의 경우 신뢰성이 떨어지는 정보나 기대에 부응하지 못하는 서비스를 제공받는 사례가 늘어나고 있고, 사업자의 경우 관련 법규가 미비하여 수수료 문제로 오투오 서비스 운영 업체와 마찰이 생기는 사례도 증가하고 있다.

이를 해결하기 위해 소비자는 오투오 서비스에서 제공한 정보가 믿을 만한 것인지를 ㉤ 꼼꼼이 따져 합리적으로 소비하는 태도가 필요하고, 사업자는 수수료와 관련된 오투오 서비스 운영 업체와의 마찰을 해결하기 위한 다양한 방법을 강구해야 한다. 오투오 서비스 운영 업체 역시 기존 업체들과의 갈등을 조정하기 위한 구체적인 노력들이 필요하다.

스마트폰 사용자가 늘어나고 있는 추세를 고려할 때, 오투오 서비스 산업의 성장을 저해하는 문제점들을 해결해 나가면 앞으로 오투오 서비스 시장 규모는 더 커질 것으로 예상된다.

① ㉠ : 문맥을 고려하여 '제공하고'로 고친다.
② ㉡ : 격조사의 쓰임이 적절하지 않으므로 '증가함으로서'로 고친다.
③ ㉢ : 앞 문단과의 내용을 고려하여 '하지만'으로 고친다.
④ ㉣ : 글의 흐름을 고려하여 뒤의 문장과 위치를 바꾼다.
⑤ ㉤ : 맞춤법에 어긋나므로 '꼼꼼히'로 고친다.

03

수험생이 실제로 하고 있는 건강 관리는 전문가들이 추천하는 건강 관리 활동과 차이가 있다. 수험생들은 건강이 나빠지면 가장 먼저 보양 음식을 챙겨 먹는 것으로 ㉠ 건강을 되찾으려고 한다. ㉡ 수면 시간을 늘리는 것으로 건강 관리를 시도한다. 이러한 시도는 신체에 적신호가 켜졌을 때 컨디션 관리를 통해 그것을 해결하려고 하는 자연스러운 활동으로 볼 수 있다. ㉢ 그래서 수험생은 다른 사람들보다 학업에 대한 부담감과 미래에 대한 불안감, 시험에서 오는 스트레스가 높다는 점을 생각해본다면 신체적 건강과 정신적 건강의 연결 고리에 대해 생각해봐야 한다. 실제로 ㉣ 전문가들이 수험생 건강 관리를 위한 조언을 보면 정신적 스트레스를 다스리는 것이 중요하다는 점을 알 수 있다. 수험생의 건강에 가장 악영향을 끼치는 것은 자신감과 긍정적인 생각의 부족이다. 시험에 떨어지거나 낮은 성적을 받는 것에 대한 심리적 압박감이 건강을 크게 위협한다는 것이다. ㉤ 성적에 대한 부담감은 누구에게나 있지만 성적을 통해서 인생이 좌우되는 것은 아니다. 전문가들은 수험생에게 명상을 하면서 마음을 진정하는 것과, 취미 활동을 통해 긴장을 완화하는 것이 스트레스의 해소에 도움이 된다고 조언한다.

① ㉠ : 의미를 분명히 하기 위해 '건강을 찾으려고 한다'로 수정한다.
② ㉡ : 자연스러운 연결을 위해 '또한'을 앞에 넣는다.
③ ㉢ : 앞뒤 내용이 전환되므로 '하지만'으로 바꾼다.
④ ㉣ : 호응 관계를 고려하여 '전문가들의 수험생 건강 관리를 위한 조언'으로 수정한다.
⑤ ㉤ : 글의 전개상 불필요한 내용이므로 삭제한다.

04 K기업의 신입사원 교육 담당자인 귀하는 상사로부터 다음과 같은 메일을 받았다. 신입사원의 업무 역량을 향상시킬 수 있도록 교육할 내용으로 적절하지 않은 것은?

수신 : ○○○

발신 : △△△

제목 : 신입사원 교육 프로그램을 구성할 때 참고해 주세요.

내용 :

○○○ 씨, 오늘 조간신문을 보다가 공감이 가는 내용이 있어서 보내드립니다.

신입사원 교육 시 문서 작성 능력을 향상시킬 수 있는 프로그램을 추가하면 좋을 것 같습니다.

기업체 인사 담당자들을 대상으로 한 조사에서 '신입사원의 국어 능력 만족도'는 '그저 그렇다'가 65.4%, '불만족'이 23.1%나 됐는데, 특히 '기획안과 보고서 작성 능력'에서 '그렇다'의 응답 비율 (53.2%)이 가장 높았다. 기업들이 대학에 개설되기를 희망하는 교과과정을 조사한 결과에서도 가장 많은 41.3%가 '기획 문서 작성'을 꼽았다. 특히 인터넷 세대들은 '짜깁기' 기술에는 능해도 논리를 구축해 효과적으로 커뮤니케이션을 하고 상대를 설득하는 능력에서는 크게 떨어진다.

---

① 문서의 의미를 전달하는 데 문제가 없다면 끊을 수 있는 부분은 가능한 한 끊어서 문장을 짧게 만들고, 실질적인 내용을 담을 수 있도록 한다.

② 상대방이 이해하기 어려운 글은 좋은 글이 아니므로 우회적인 표현이나 현혹적인 문구는 지양한다.

③ 중요하지 않은 경우 한자의 사용을 자제하며, 만약 사용할 경우 상용한자의 범위 내에서 사용하도록 한다.

④ 문서의 중요한 내용을 미괄식으로 작성하는 것은 문서 작성에 중요한 부분이다.

⑤ 문서로 전달하고자 하는 핵심 메시지가 잘 드러나도록 작성하며 논리적으로 의견을 전개하도록 한다.

05 K공사의 신입사원인 A ~ E는 회사에서 문서 작성 시 주의해야 할 사항에 대한 교육을 받은 뒤 서로 이야기를 나누었다. 다음 중 잘못된 내용을 이야기하고 있는 사람을 〈보기〉에서 모두 고르면?

> **보기**
>
> A사원 : 문서를 작성할 때는 주로 '누가, 언제, 어디서, 무엇을, 어떻게, 왜'의 육하원칙에 따라 작성해야 해.
>
> B사원 : 물론 육하원칙에 따라 글을 작성하는 것도 중요하지만, 되도록 글이 한눈에 들어올 수 있도록 하나의 사안은 한 장의 용지에 작성해야 해.
>
> C사원 : 글은 한 장의 용지에 작성하되, 자료는 최대한 많이 첨부하여 문서를 이해하는 데 어려움이 없도록 하는 것이 좋아.
>
> D사원 : 문서를 작성한 후에는 내용을 다시 한 번 검토해 보면서 높임말로 쓰인 부분은 없는지 살펴보고, 있다면 이를 낮춤말인 '해라체'로 고쳐 써야 해.
>
> E사원 : 특히 문서나 첨부 자료에 금액이나 수량, 일자 등이 사용되었다면 정확하게 쓰였는지 다시 한 번 꼼꼼하게 검토하는 것이 좋겠지.

① A사원, B사원 　　　　　　　　② A사원, C사원

③ B사원, D사원 　　　　　　　　④ C사원, D사원

⑤ D사원, E사원

CHAPTER 02

수리능력

합격 Cheat Key

수리능력은 사칙 연산·통계·확률의 의미를 정확하게 이해하고 이를 업무에 적용하는 능력으로, 기초 연산과 기초 통계, 도표 분석 및 작성의 문제 유형으로 출제된다. 수리능력 역시 채택하지 않는 공사·공단이 거의 없을 만큼 필기시험에서 중요도가 높은 영역이다.

특히, 난이도가 높은 공사·공단의 시험에서는 도표 분석, 즉 자료 해석 유형의 문제가 많이 출제되고 있고, 응용 수리 역시 꾸준히 출제하는 공사·공단이 많기 때문에 기초 연산과 기초 통계에 대한 공식의 암기와 자료 해석 능력을 기를 수 있는 꾸준한 연습이 필요하다.

1 응용 수리의 공식은 반드시 암기하라!

응용 수리는 공사·공단마다 출제되는 문제는 다르지만, 사용되는 공식은 비슷한 경우가 많으므로 자주 출제되는 공식을 반드시 암기하여야 한다. 문제에서 묻는 것을 정확하게 파악하여 그에 맞는 공식을 적절하게 적용하는 꾸준한 노력과 공식을 암기하는 연습이 필요하다.

2 자료의 해석은 자료에서 즉시 확인할 수 있는 지문부터 확인하라!

수리능력 중 도표 분석, 즉 자료 해석 능력은 많은 시간을 필요로 하는 문제가 출제되므로, 증가·감소 추이와 같이 눈으로 확인이 가능한 지문을 먼저 확인한 후 복잡한 계산이 필요한 지문을 확인하는 방법으로 문제를 풀이한다면 시간을 조금이라도 아낄 수 있다. 또한 여러 가지 보기가 주어진 문제 역시 지문을 잘 확인하고 문제를 풀이한다면 불필요한 계산을 생략할 수 있으므로 항상 지문부터 확인하는 습관을 들여야 한다.

3 도표 작성에서 지문에 작성된 도표의 제목을 반드시 확인하라!

도표 작성은 하나의 자료 혹은 보고서와 같은 수치가 표현된 자료를 도표로 작성하는 형식으로 출제되는데, 대체로 표보다는 그래프를 작성하는 형태로 많이 출제된다. 지문을 살펴보면 각 지문에서 주어진 도표에도 소제목이 있는 경우가 대부분이다. 이때, 자료의 수치와 도표의 제목이 일치하지 않는 경우 함정이 존재하는 문제일 가능성이 높으므로 도표의 제목을 반드시 확인하는 것이 중요하다.

| 유형분석 |

- 문제에서 제공하는 정보를 파악한 뒤, 사칙연산을 활용하여 계산하는 전형적인 수리문제이다.
- 문제를 풀기 위한 정보가 산재되어 있는 경우가 많으므로 주어진 조건 등을 꼼꼼히 확인해야 한다.

세희네 가족의 올해 휴가비용은 작년 대비 교통비는 15%, 숙박비는 24% 증가하였고, 전체 휴가비용은 20% 증가하였다. 작년 전체 휴가비용이 36만 원일 때, 올해 숙박비는?(단, 전체 휴가비용은 교통비와 숙박비의 합이다)

① 160,000원
② 184,000원
③ 200,000원
④ 248,000원
⑤ 268,000원

정답 ④

작년 교통비를 x원, 숙박비를 y원이라 하자.
$1.15x + 1.24y = 1.2(x+y)$ ⋯ ㉠
$x + y = 36$ ⋯ ㉡
㉠과 ㉡을 연립하면 $x=16$, $y=20$이다.
따라서 올해 숙박비는 $20 \times 1.24 = 24.8$만 원이다.

풀이 전략!

문제에서 묻는 바를 정확하게 확인한 후, 필요한 조건 또는 정보를 구분하여 신속하게 풀어 나간다. 단, 계산에 착오가 생기지 않도록 유의한다.

01   혜영이가 자전거를 타고 300m를 달리는 동안 지훈이는 자전거를 타고 400m를 달린다고 한다. 두 사람이 둘레가 1,800m인 원 모양의 연못 둘레를 같은 지점에서 같은 방향으로 동시에 출발하여 15분 후에 처음으로 만날 때 혜영이와 지훈이가 이동한 거리의 합은?

① 7,200m   ② 8,800m

③ 9,400m   ④ 12,600m

⑤ 16,800m

02   K수건공장은 판매하고 남은 재고로 선물세트를 만들기 위해 포장을 하기로 하였다. 이때 4개씩 포장하면 1개가 남고, 5개씩 포장하면 4개가 남고, 7개씩 포장하면 1개가 남고, 8개씩 포장하면 1개가 남는다고 한다. 다음 중 가능한 재고량의 최솟값은?

① 166개   ② 167개

③ 168개   ④ 169개

⑤ 170개

03   K공사에서 노후화된 컴퓨터 모니터를 교체하기 위해 부서별로 조사를 한 결과, 다음과 같이 교체하기로 하였다. 이때, 새로 구입할 모니터는 총 몇 대인가?(단, 부서는 인사부, 총무부, 연구부, 마케팅부 4개만 있다)

> 새로 구입할 전체 모니터 중 $\dfrac{2}{5}$ 대는 인사부, $\dfrac{1}{3}$ 대는 총무부의 것이고, 인사부에서 교체할 모니터 개수의 $\dfrac{1}{3}$ 은 연구부에서 교체할 개수이며, 마케팅부는 400대를 교체할 것이다.

① 3,500대   ② 3,000대

③ 2,500대   ④ 1,500대

⑤ 1,000대

04 출입국관리사무소에서는 우리나라에 입국한 외국인을 조사하고 있다. 당일 조사한 결과 외국인 100명 중 중국인은 30%였고, 관광을 목적으로 온 외국인은 20%였다. 또한 중국인을 제외한 외국인 중 관광을 목적으로 온 사람은 20%였다. 임의로 중국인 1명을 조사할 때, 관광을 목적으로 온 사람일 확률은 얼마인가?

① $\dfrac{1}{6}$ ② $\dfrac{1}{5}$

③ $\dfrac{1}{4}$ ④ $\dfrac{1}{3}$

⑤ $\dfrac{1}{2}$

05 K야구팀의 작년 승률은 40%였고, 올해는 총 120경기 중 65승을 하였다. 작년과 올해의 경기를 합하여 구한 승률이 45%일 때, K야구팀이 승리한 총횟수는?

① 151회   ② 152회

③ 153회   ④ 154회

⑤ 155회

06 수정이는 부서 사람들과 함께 놀이공원에 방문하려고 한다. 이 놀이공원의 입장료는 1인당 16,000원이며 정가에서 25% 할인된 금액에 10인 단체 티켓을 구매할 수 있다고 할 때, 부서원이 몇 명 이상일 때부터 20명분의 단체 티켓 2장을 구매하는 것이 더 유리한가?(단, 부서원은 10명보다 많다)

① 14명   ② 15명

③ 16명   ④ 17명

⑤ 18명

07 사냥개가 토끼의 뒤를 쫓고 있다. 사냥개가 세 걸음을 달리는 동안 토끼는 네 걸음을 달리고, 사냥개의 두 걸음의 길이는 토끼의 세 걸음의 길이와 같다. 사냥개와 토끼 사이의 거리가 10m라고 할 때, 사냥개가 토끼를 잡으려면 몇 m를 더 달려야 하는가?

① 82m   ② 85m

③ 88m   ④ 90m

⑤ 94m

08 다정이네 집에는 화분 2개가 있다. 두 화분에 있는 식물의 나이 합은 8세이고, 각 나이의 제곱의 합은 34세가 된다. 이때 두 식물의 나이의 차는?(단, 식물의 나이는 자연수이다)

① 2세   ② 3세

③ 4세   ④ 5세

⑤ 6세

09 상우는 사과와 감을 사려고 한다. 사과는 하나에 700원, 감은 400원일 때 10,000원을 가지고 과일을 총 20개 사려면 감은 최소 몇 개를 사야 하는가?

① 10개   ② 12개

③ 14개   ④ 16개

⑤ 17개

02 수열 규칙

| 유형분석 |

- 나열된 수의 규칙을 찾아 해결하는 문제이다.
- 등차·등비수열 등 다양한 수열 규칙에 대한 사전 학습이 요구된다.

다음과 같이 일정한 규칙으로 수를 나열할 때, B−A를 구하면?

| | | 1 | 2 | A | 5 | 8 | 13 | 21 | B | |

① 31
② 30
③ 28
④ 25
⑤ 22

정답 ①

앞의 두 항을 더하면 다음 항이 되는 피보나치 수열이다.

$1+2=A \rightarrow A=3$

$13+21=B \rightarrow B=34$

$\therefore B-A=34-3=31$

풀이 전략!

- 수열을 풀이할 때는 다음과 같은 규칙이 적용되는지를 순차적으로 판단한다.
  1) 각 항에 일정한 수를 사칙연산(+, −, ×, ÷)하는 규칙
  2) 홀수 항, 짝수 항 규칙
  3) 피보나치 수열과 같은 계차를 이용한 규칙
  4) 군수열을 활용한 규칙
  5) 항끼리 사칙연산을 하는 규칙

주요 수열 규칙

구분	내용
등차수열	앞의 항에 일정한 수를 더해 이루어지는 수열
등비수열	앞의 항에 일정한 수를 곱해 이루어지는 수열
피보나치 수열	앞의 두 항의 합이 그 다음 항의 수가 되는 수열
건너뛰기 수열	두 개 이상의 수열 또는 규칙이 일정한 간격을 두고 번갈아가며 적용되는 수열
계차수열	앞의 항과 차가 일정하게 증가하는 수열
군수열	일정한 규칙성으로 몇 항씩 묶어 나눈 수열

※ 다음과 같이 일정한 규칙으로 수를 나열할 때, 빈칸에 들어갈 수를 고르시오. [1~2]

01

$$5 \quad \frac{10}{9} \quad \frac{9}{2} \quad \frac{20}{81} \quad (\quad)$$

① $\dfrac{729}{40}$ ② $\dfrac{718}{40}$

③ $\dfrac{707}{40}$ ④ $\dfrac{729}{30}$

⑤ $\dfrac{718}{30}$

02

$$2 \quad 12 \quad 32 \quad 72 \quad 152 \quad 312 \quad 632 \quad (\quad)$$

① 1,254   ② 1,262

③ 1,264   ④ 1,272

⑤ 1,274

03 다음 수열의 11번째 항의 값은?

$$500 \quad 499 \quad 493 \quad 482 \quad 466 \quad 445 \quad \cdots$$

① 255   ② 260

③ 265   ④ 270

⑤ 275

| 유형분석 |

- 주어진 자료를 통해 문제에서 주어진 특정한 값을 찾고, 자료의 변동량을 구할 수 있는지 평가하는 유형이다.
- 각 그래프의 선이 어떤 항목을 의미하는지와 단위를 정확히 확인한다.
- 그림을 통해 계산하지 않고 눈으로 확인할 수 있는 내용(증감추이)이 있는지 확인한다.

다음은 시·군지역의 성별 비경제활동 인구에 관해 조사한 자료이다. 빈칸 (가), (다)에 들어갈 수가 바르게 연결된 것은?(단, 인구수는 백의 자리에서 반올림하고, 비중은 소수점 첫째 자리에서 반올림한다)

〈성별 비경제활동 인구〉

(단위 : 천 명, %)

구분	총계	남자	비중	여자	비중
시지역	7,800	2,574	(가)	5,226	(나)
군지역	1,149	(다)	33.5	(라)	66.5

	(가)	(다)			(가)	(다)
①	30	385		②	30	392
③	33	378		④	33	385
⑤	33	392				

정답 ④

- (가) : $\dfrac{2,574}{7,800} \times 100 = 33\%$
- (다) : $1,149 \times 0.335 ≒ 385$천 명

풀이 전략!

선택지에 주어진 값의 차이가 크지 않다면 어림값을 활용하는 것이 오히려 풀이 속도를 지연시킬 수 있으므로 주의해야 한다.

※ 다음 글을 읽고 이어지는 질문에 답하시오. [1~2]

K기업에서는 매년 인사평가로 팀 평가를 실시한다. 홍보팀의 박채은 팀장은 자신의 팀원 김진주, 박한열, 최성우, 정민우 사원에 대해 25점 만점 기준으로 평가 점수를 부여하였다. 네 사람의 평가 점수는 다음과 같다.
• 김진주의 점수는 22점이다.
• 최성우와 정민우의 점수의 합은 김진주의 점수와 같다.
• 박한열은 김진주보다 5점이 적다.
• 김진주와 박한열의 점수 차보다 최성우와 정민우의 점수 차가 1점 더 많다.
• 네 명의 점수의 합은 61점이다.

01 다음 중 윗글을 토대로 추론할 때, 김진주와 정민우의 점수의 합은 얼마인가?

① 30점   ② 33점
③ 35점   ④ 37점
⑤ 39점

02 팀원들의 점수를 도출한 뒤 값이 맞는지 확인하기 위해 다음과 같은 검산 과정을 거쳤다. 이때 사용한 검산법은 무엇인가?

'(김진주의 점수)+(박한열의 점수)+(최성우의 점수)+(정민우의 점수)=61'로 계산식을 만들었을 때, 좌변에 제시된 수들을 9로 나눈 나머지와 우변에 제시된 수들을 9로 나눈 나머지가 같은지 확인해 봐야겠군.

① 역연산   ② 단위환산
③ 구거법   ④ 사칙연산
⑤ 산술평균

03 서울에 사는 A씨는 휴일에 가족들과 경기도 맛집에 가기 위해 오후 3시에 집 앞으로 중형 콜택시를 불렀다. 집에서 맛집까지의 거리는 12.56km이며, 집에서 맛집으로 출발하여 4.64km를 이동하면 경기도에 진입한다. 맛집에 도착할 때까지 신호로 인해 택시가 멈췄던 시간은 8분이며, 택시의 속력은 이동 시 항상 60km/h 이상이었다. 다음 자료를 참고할 때, A씨가 지불하게 될 택시요금은 얼마인가?(단, 콜택시의 예약 비용은 없으며, 신호로 인한 멈춘 시간은 모두 경기도 진입 후이다)

〈서울시 택시요금 계산표〉

구분			신고요금
중형 택시	주간	기본요금	2km까지 3,800원
		거리요금	100원당 132m
		시간요금	100원당 30초
	심야	기본요금	2km까지 4,600원
		거리요금	120원당 132m
		시간요금	120원당 30초
	공통사항		− 시간·거리 부분 동시 병산(15.33km/h 미만 시) − 시계외 할증 20% − 심야(00:00 ~ 04:00) 할증 20% − 심야·시계외 중복 할증 40%

① 13,800원

② 14,000원

③ 14,220원

④ 14,500원

⑤ 14,920원

04 다음은 2024년 K시 5개 구 주민의 돼지고기 소비량에 대한 자료이다. 〈조건〉을 이용하여 변동계수가 3번째로 큰 구를 구하면?

〈5개 구 주민의 돼지고기 소비량 통계〉

(단위 : kg)

구분	평균(1인당 소비량)	표준편차
A구	( )	5
B구	( )	4
C구	30	6
D구	12	4
E구	( )	8

※ (변동계수)$=\dfrac{(\text{표준편차})}{(\text{평균})}\times100$

조건
- A구의 1인당 소비량과 B구의 1인당 소비량을 합하면 C구의 1인당 소비량과 같다.
- A구의 1인당 소비량과 D구의 1인당 소비량을 합하면 E구 1인당 소비량의 2배와 같다.
- E구의 1인당 소비량은 B구의 1인당 소비량보다 6kg 더 많다.

① A구
② B구
③ C구
④ D구
⑤ E구

05 다음은 2024년 방송산업 종사자 수를 나타낸 자료이다. 2024년 추세에 언급되지 않은 분야의 인원은 고정되어 있었다고 할 때, 2023년 방송산업 종사자 수는 모두 몇 명인가?

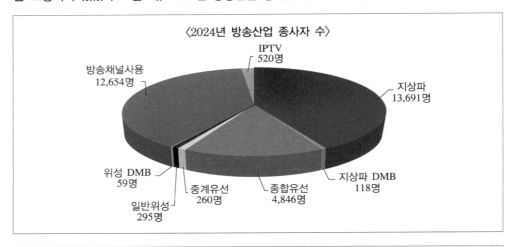

〈2024년 방송산업 종사자 수〉

IPTV 520명
방송채널사용 12,654명
지상파 13,691명
위성 DMB 59명
중계유선 260명
일반위성 295명
종합유선 4,846명
지상파 DMB 118명

〈2024년 추세〉

지상파 방송사(지상파 DMB 포함) 종사자 수는 전년보다 301명(2.2%)이 증가한 것으로 나타났다. 직종별로 방송직에서는 PD(1.4% 감소)와 아나운서(1.1% 감소), 성우, 작가, 리포터, 제작지원 등의 기타 방송직(5% 감소)이 감소했으나, 카메라, 음향, 조명, 미술, 편집 등의 제작관련직(4.8% 증가)과 기자(0.5% 증가)는 증가했다. 그리고 영업홍보직(13.5% 감소), 기술직(6.1% 감소), 임원(0.7% 감소)은 감소했으나, 연구직(11.7% 증가)과 관리행정직(5.8% 증가)은 증가했다.

① 20,081명
② 24,550명
③ 32,142명
④ 32,443명
⑤ 34,420명

06 다음은 K기업의 매출액과 분기별 매출액의 영업팀 구성비를 나타낸 자료이다. 연간 영업팀의 매출 순위와 1위 팀이 기록한 연 매출액을 차례대로 나열한 것은?

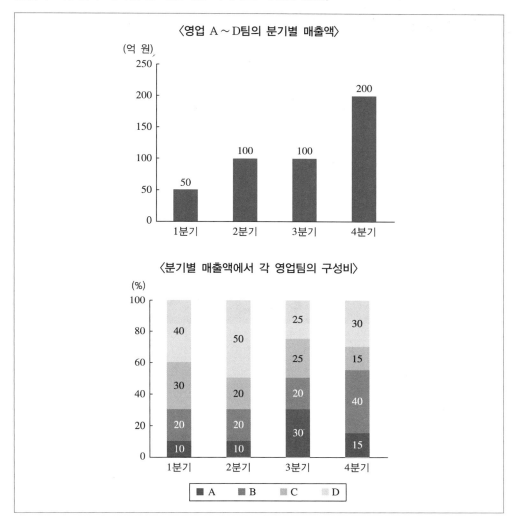

① A－B－C－D, 120억 원 　　　② B－A－C－D, 120억 원
③ D－B－A－C, 120억 원 　　　④ D－A－B－C, 155억 원
⑤ D－B－C－A, 155억 원

| 유형분석 |

- 제시된 표를 분석하여 선택지의 정답 유무를 판단하는 문제이다.
- 표의 수치 등을 통해 변화량이나 증감률, 비중 등을 비교하여 판단하는 문제가 자주 출제된다.
- 지원하고자 하는 기업이나 산업과 관련된 자료 등이 문제의 자료로 많이 다뤄진다.

다음은 도시폐기물량 상위 10개국의 도시폐기물량지수와 한국의 도시폐기물량을 나타낸 자료이다. 이에 대한 〈보기〉 중 옳은 것을 모두 고르면?

〈도시폐기물량 상위 10개국의 도시폐기물량지수〉

순위	2021년		2022년		2023년		2024년	
	국가	지수	국가	지수	국가	지수	국가	지수
1	미국	12.05	미국	11.94	미국	12.72	미국	12.73
2	러시아	3.40	러시아	3.60	러시아	3.87	러시아	4.51
3	독일	2.54	브라질	2.85	브라질	2.97	브라질	3.24
4	일본	2.53	독일	2.61	독일	2.81	독일	2.78
5	멕시코	1.98	일본	2.49	일본	2.54	일본	2.53
6	프랑스	1.83	멕시코	2.06	멕시코	2.30	멕시코	2.35
7	영국	1.76	프랑스	1.86	프랑스	1.96	프랑스	1.91
8	이탈리아	1.71	영국	1.75	이탈리아	1.76	터키	1.72
9	터키	1.50	이탈리아	1.73	영국	1.74	영국	1.70
10	스페인	1.33	터키	1.63	터키	1.73	이탈리아	1.40

※ (도시폐기물량지수) $= \dfrac{(\text{해당 연도 해당 국가의 도시폐기물량})}{(\text{해당 연도 한국의 도시폐기물량})}$

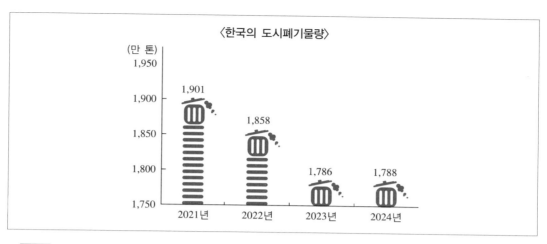

보기

㉠ 2024년 도시폐기물량은 미국이 일본의 4배 이상이다.
㉡ 2023년 러시아의 도시폐기물량은 8,000만 톤 이상이다.
㉢ 2024년 스페인의 도시폐기물량은 2021년에 비해 감소하였다.
㉣ 영국의 도시폐기물량은 터키의 도시폐기물량보다 매년 많다.

① ㉠, ㉢　　　　　　　　　　　　　　② ㉠, ㉣
③ ㉡, ㉢　　　　　　　　　　　　　　④ ㉡, ㉣
⑤ ㉢, ㉣

정답 ①

㉠ 제시된 자료의 각주에 의해 같은 해의 각국의 도시폐기물량지수는 그해 한국의 도시폐기물량을 기준해 도출된다. 즉, 같은 해의 여러 국가의 도시폐기물량을 비교할 때 도시폐기물량지수로도 비교가 가능하다. 2024년 미국과 일본의 도시폐기물량지수는 각각 12.73, 2.53이며, 2.53×4=10.12＜12.73이므로 옳은 설명이다.

㉢ 2021년 한국의 도시폐기물량은 1,901만 톤이므로 2021년 스페인의 도시폐기물량은 1,901×1.33=2,528.33만 톤이다. 도시폐기물량 상위 10개국의 도시폐기물량지수 자료를 보면 2024년 스페인의 도시폐기물량지수는 상위 10개국에 포함되지 않았음을 확인할 수 있다. 즉, 스페인의 도시폐기물량은 도시폐기물량지수 10위인 이탈리아의 도시폐기물량보다 적다. 2024년 한국의 도시폐기물량은 1,788만 톤이므로 이탈리아의 도시폐기물량은 1,788×1.40=2,503.2만 톤이다. 즉, 2024년 이탈리아의 도시폐기물량은 2021년 스페인의 도시폐기물량보다 적다. 따라서 2024년 스페인의 도시폐기물량은 2021년에 비해 감소했다.

오답분석

㉡ 2023년 한국의 도시폐기물량은 1,786만 톤이므로 2023년 러시아의 도시폐기물량은 1,786×3.87=6,911.82만 톤이다.
㉣ 2024년의 경우 터키의 도시폐기물량지수는 영국보다 높다. 따라서 2024년 영국의 도시폐기물량은 터키의 도시폐기물량보다 적다.

풀이 전략!

자료만 보고도 풀 수 있거나 계산이 필요 없는 선택지를 먼저 해결한다.
평소 변화량이나 증감률, 비중 등을 구하는 공식을 알아 두고 있어야 하며, 지원하는 기업이나 산업에 관한 자료 등을 확인하여 비교하는 연습 등을 한다.

※ 다음은 국내기업의 업종별 현재 수출 국가와 업종별 향후 진출 희망 국가에 대한 자료이다. 이어지는 질문에 답하시오. [1~2]

〈업종별 현재 수출 국가〉

(단위 : 개)

구분	일본	중국	미국	동남아	독일	유럽 (독일 제외)	기타	무응답	합계
주조	24	15	20	18	20	13	15	0	125
금형	183	149	108	133	83	83	91	0	830
소성가공	106	100	94	87	56	69	94	19	625
용접	96	96	84	78	120	49	77	0	600
표면처리	48	63	63	45	0	24	57	0	300
열처리	8	13	11	9	5	6	8	0	60
합계	465	436	380	370	284	244	342	19	2,540

〈업종별 향후 진출 희망 국가〉

(단위 : 개)

구분	일본	중국	미국	동남아	독일	유럽 (독일 제외)	기타	합계
주조	24	16	29	25	1	8	3	106
금형	16	7	23	16	24	25	0	111
소성가공	96	129	140	129	8	28	58	588
용접	16	295	92	162	13	119	48	745
표면처리	5	32	7	19	0	13	10	86
열처리	0	16	2	7	0	0	2	27
합계	157	495	293	358	46	193	121	1,663

※ 모든 업종의 기업은 하나의 국가에만 수출함

01 다음 중 업종별 현재 수출 국가에 대한 설명으로 옳지 않은 것은?

① 열처리 분야 기업 중 중국에 수출하는 기업의 비율은 20% 이상이다.

② 금형 분야 기업의 수는 전체 기업 수의 40% 미만이다.

③ 일본에 수출하는 용접 분야 기업의 수는 중국에 수출하는 주조 분야 기업의 수의 7배 이상이다.

④ 소성가공 분야 기업 중 미국에 수출하는 기업의 수가 동남아에 수출하는 기업의 수보다 많다.

⑤ 주조 분야 기업 중 가장 많은 기업이 수출하는 국가는 일본이다.

02 다음 중 자료에 대해 옳은 설명을 한 사람을 모두 고르면?

> 지현 : 가장 많은 수의 금형 분야 기업들이 진출하고 싶어 하는 국가는 독일이야.
> 준엽 : 국내 열처리 분야 기업들이 가장 많이 수출하는 국가는 가장 많은 열처리 분야 기업들이 진출하고 싶어 하는 국가와 같아.
> 찬영 : 표면처리 분야 기업 중 유럽(독일 제외)에 진출하고 싶어 하는 기업은 미국에 진출하고 싶어 하는 기업의 2배 이상이야.
> 진경 : 용접 분야 기업 중 기타 국가에 수출하는 기업의 수는 용접 분야 기업 중 독일을 제외한 유럽에 수출하는 기업의 수보다 많아.

① 지현, 준엽
② 지현, 찬영
③ 준엽, 찬영
④ 준엽, 진경
⑤ 찬영, 진경

03 다음은 K공장에서 근무하는 근로자들의 임금수준 분포를 나타낸 자료이다. 근로자 전체에게 지급된 임금(월 급여)의 총액이 2억 원일 때, 〈보기〉에서 옳은 것을 모두 고르면?

〈K공장 근로자의 임금수준 분포〉

임금수준(만 원)	근로자 수(명)
월 300 이상	4
월 270 이상 300 미만	8
월 240 이상 270 미만	12
월 210 이상 240 미만	26
월 180 이상 210 미만	30
월 150 이상 180 미만	6
월 150 미만	4
합계	90

보기

㉠ 근로자당 평균 월 급여액은 230만 원 이하이다.
㉡ 절반 이상의 근로자들이 월 210만 원 이상의 급여를 받고 있다.
㉢ 월 180만 원 미만의 급여를 받는 근로자의 비율은 약 14%이다.
㉣ 적어도 15명 이상의 근로자가 월 250만 원 이상의 급여를 받고 있다.

① ㉠
② ㉠, ㉡
③ ㉠, ㉡, ㉣
④ ㉡, ㉢, ㉣
⑤ ㉠, ㉡, ㉢, ㉣

04 다음은 2019년부터 2024년까지 K국의 인구성장률과 합계출산율에 대한 자료이다. 이에 대한 설명으로 옳지 않은 것은?

〈인구성장률〉

(단위 : %)

구분	2019년	2020년	2021년	2022년	2023년	2024년
인구성장률	0.53	0.46	0.63	0.54	0.45	0.39

〈합계출산율〉

(단위 : 명)

구분	2019년	2020년	2011년	2022년	2023년	2024년
합계출산율	1.297	1.187	1.205	1.239	1.172	1.052

※ 합계출산율 : 가임여성 1명이 평생 낳을 것으로 예상되는 평균 출생아 수

① K국의 인구성장률은 2021년 이후로 계속해서 감소하고 있다.
② 2019년부터 2024년까지 인구성장률이 가장 낮았던 해는 합계출산율도 가장 낮았다.
③ 2020년부터 2021년까지 합계출산율과 인구성장률의 전년 대비 증감추이는 동일하다.
④ 2019년부터 2024년까지 인구성장률과 합계출산율이 두 번째로 높은 해는 모두 2022년이다.
⑤ 2024년의 인구성장률은 2021년 대비 40% 이상 감소했다.

05 다음은 지식경제부에서 2024년 11월에 발표한 산업경제지표 추이 자료이다. 이에 대한 설명으로 옳지 않은 것은?

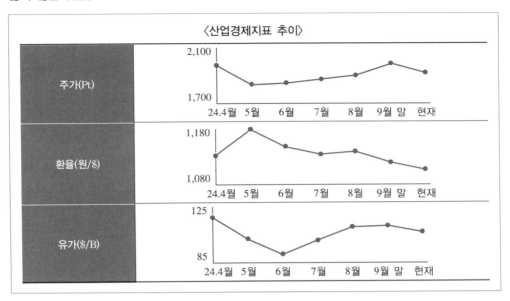

〈산업경제지표 추이〉

① 주가는 5월에 급락했다가 9월 말까지 서서히 회복세를 보였으나, 현재는 다시 하락해서 2024년 4월선을 회복하지 못하고 있다.

② 환율은 5월 이후 하락세에 있으므로 원화가치는 높아질 것이다.

③ 유가는 6월까지는 큰 폭으로 하락했으나, 그 이후 9월까지 서서히 상승세를 보이고 있다.

④ 숫자상의 변동 폭이 가장 작은 지표는 유가이다.

⑤ 2024년 8월을 기점으로 위 세 가지 지표는 모두 하락세를 보이고 있다.

06 다음은 청년층 고용동향에 대한 자료이다. 이에 대한 설명으로 옳지 않은 것은?

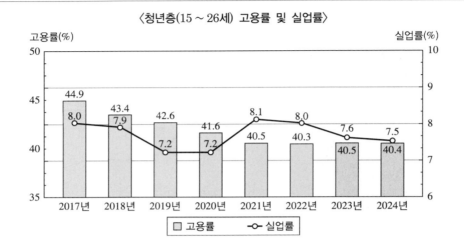

〈청년층(15 ~ 26세) 고용률 및 실업률〉

※ 실업률 : [(실업자수)/(경제활동인구)]×100
※ 고용률 : [(취업자수)/(생산가능인구)]×100

〈청년층(15 ~ 26세) 고용동향〉

(단위 : 천 명, %)

구분	2017년	2018년	2019년	2020년	2021년	2022년	2023년	2024년
생산가능인구	9,920	9,843	9,855	9,822	9,780	9,705	9,589	9,517
경제활동인구	4,836	4,634	4,530	4,398	4,304	4,254	4,199	4,156
경제활동참가율	48.8	47.1	46.0	44.8	44.0	43.8	43.8	43.7

※ 생산가능인구 : 만 15세 이상 인구
※ 경제활동인구 : 만 15세 이상 인구 중 취업자와 실업자
※ 경제활동참가율 : [(경제활동인구)/(생산가능인구)]×100

① 2017년부터 2019년까지 청년층 고용률과 실업률의 증감추이는 동일하다.
② 전년과 비교했을 때, 2018년에 경제활동인구가 가장 많이 감소했다.
③ 생산가능인구는 매년 감소하고 있다.
④ 고용률 대비 실업률 비율이 가장 높았던 해는 2021년이다.
⑤ 경제활동참가율은 전체적으로 감소하고 있다.

※ 다음은 K공사의 직원 평균보수 현황이다. 이어지는 질문에 답하시오. [7~8]

〈K공사의 직원 평균보수 현황〉

(단위 : 천 원, 명, 월)

구분	2019년 결산	2020년 결산	2021년 결산	2022년 결산	2023년 결산	2024년 결산
월 급여 (A+B+C+D+E+F)	71,740	74,182	73,499	70,575	71,386	69,663
(A) 기본급	53,197	53,694	53,881	53,006	53,596	53,603
(B) 고정수당	859	824	760	696	776	789
(C) 실적수당	6,620	7,575	7,216	5,777	5,712	6,459
(D) 급여성 복리후생비	866	963	967	1,094	1,118	1,291
(E) 경영평과 성과급	1,508	1,828	1,638	1,462	1,566	0
(F) 기타 성과상여금	8,690	9,298	9,037	8,540	8,618	7,521
1인당 평균 보수액	70,232	72,354	71,861	69,113	69,821	69,665
1인당 남성 보수액	0	0	79,351	76,332	77,142	69,665
1인당 여성 보수액	0	0	56,802	55,671	57,250	69,665
전체 종업원 수	505.66	500.13	522.06	554.40	560.92	580.00
남성 종업원 수	0	0	348.66	360.67	354.49	367.00
여성 종업원 수	0	0	173.40	193.73	206.43	213.00
평균 근속연수	205.32	202.68	196.08	191.76	189.95	188.80
남성 근속연수	0	0	220.68	221.64	224.72	230.67
여성 근속연수	0	0	135.72	139.32	132.55	143.32

※ 경영평가 성과급의 경우 당해 연도 예산은 경영평가 결과 미확정으로, 0으로 기재함
※ 현재는 2025년 1월임

07 다음 중 자료에 대한 설명으로 옳은 것은?

① 기본급은 2019년 이후 지속적으로 증가하고 있다.
② 1인당 평균 보수액은 매년 남성 종업원이 여성 종업원보다 높다.
③ 1인당 평균 보수액은 2019년 이후 지속적으로 증가하고 있다.
④ 전체 종업원 수는 2019년 이후 지속적으로 늘고 있으며, 2024년 기준 여성 종업원의 비율은 아직까지 32%가 넘지 않는다.
⑤ 평균 근속연수가 2019년 이후 지속적으로 감소하고 있으며, 남성 종업원이 여성 종업원보다 재직 기간이 긴 편이다.

08 월 급여에서 A ~ F항목이 각각 차지하는 구성비를 나타내는 차트를 작성하려고 한다. 이때, 가장 적절한 그래프는 무엇인가?

① 점 그래프
② 방사형 그래프
③ 원 그래프
④ 막대 그래프
⑤ 선 그래프

문제해결능력

합격 Cheat Key

문제해결능력은 업무를 수행하면서 여러 가지 문제 상황이 발생하였을 때, 창의적이고 논리적인 사고를 통하여 이를 올바르게 인식하고 적절히 해결하는 능력으로, 하위 능력에는 사고력과 문제 처리능력이 있다.

문제해결능력은 NCS 기반 채용을 진행하는 대다수의 공사·공단에서 채택하고 있으며, 다양한 자료와 함께 출제되는 경우가 많아 어렵게 느껴질 수 있다. 특히, 난이도가 높은 문제로 자주 출제되기 때문에 다른 영역보다 더 많은 노력이 필요할 수는 있지만 그렇기에 차별화를 할 수 있는 득점 영역이므로 포기하지 말고 꾸준하게 노력해야 한다.

1 질문의 의도를 정확하게 파악하라!

문제해결능력은 문제에서 무엇을 묻고 있는지 정확하게 파악하여 먼저 풀이 방향을 설정하는 것이 가장 효율적인 방법이다. 특히, 조건이 주어지고 답을 찾는 창의적·분석적인 문제가 주로 출제되고 있기 때문에 처음에 정확한 풀이 방향이 설정되지 않는다면 문제를 제대로 풀지 못하게 되므로 첫 번째로 출제 의도 파악에 집중해야 한다.

2 중요한 정보는 반드시 표시하라!

출제 의도를 정확히 파악하기 위해서는 문제의 중요한 정보를 반드시 표시하거나 메모하여 하나의 조건, 단서도 잊고 넘어가는 일이 없도록 해야 한다. 실제 시험에서는 시간의 압박과 긴장감으로 정보를 잘못 적용하거나 잊어버리는 실수가 많이 발생하므로 사전에 충분한 연습이 필요하다.

3 반복 풀이를 통해 취약 유형을 파악하라!!

문제해결능력은 특히 시간관리가 중요한 영역이다. 따라서 정해진 시간 안에 고득점을 할 수 있는 효율적인 문제 풀이 방법을 찾아야 한다. 이때, 반복적인 문제 풀이를 통해 자신이 취약한 유형을 파악하는 것이 중요하다. 정확하게 풀 수 있는 문제부터 빠르게 풀고 취약한 유형은 나중에 푸는 효율적인 문제 풀이를 통해 최대한 고득점을 맞는 것이 중요하다.

01 명제 추론

| 유형분석 |

- 주어진 문장을 토대로 논리적으로 추론하여 참 또는 거짓을 구분하는 문제이다.
- 대체로 연역추론을 활용한 명제 문제가 출제된다.
- 자료를 제시하고 새로운 결과나 자료에 주어지지 않은 내용을 추론해 가는 형식의 문제가 출제된다.

K공사는 공휴일 세미나 진행을 위해 인근의 가게 A ~ F에서 필요한 물품을 구매하고자 한다. 다음 〈조건〉을 따를 때, 공휴일에 영업하는 가게의 수는?

조건
- C는 공휴일에 영업하지 않는다.
- B가 공휴일에 영업하지 않으면, C와 E는 공휴일에 영업한다.
- E 또는 F가 영업하지 않는 날이면, D는 영업한다.
- B가 공휴일에 영업하면, A와 E는 공휴일에 영업하지 않는다.
- B와 F 중 한 곳만 공휴일에 영업한다.

① 2곳   ② 3곳
③ 4곳   ④ 5곳
⑤ 6곳

정답 ①

주어진 조건을 순서대로 논리 기호화하면 다음과 같다.
- 첫 번째 조건 : ~C
- 두 번째 조건 : ~B → (C ∧ E)
- 세 번째 조건 : (~E ∨ ~F) → D
- 네 번째 조건 : B → (~A ∧ ~E)

첫 번째 조건이 참이므로 두 번째 조건의 대우[(~C ∨ ~E) → B]에 따라 B는 공휴일에 영업한다. 이때 네 번째 조건에 따라 A와 E는 영업하지 않고, 다섯 번째 조건에 따라 F도 영업하지 않는다. 마지막으로 세 번째 조건에 따라 D는 영업한다. 따라서 공휴일에 영업하는 가게는 B와 D 2곳이다.

풀이 전략!

명제와 관련한 기본적인 논법에 대해서는 미리 학습해 두며, 이를 바탕으로 각 문장에 있는 핵심단어 또는 문구를 기호화하여 정리한 후, 선택지와 비교하여 참 또는 거짓을 판단한다.

01 취업준비생 A ~ E가 지원한 회사는 서로 다른 가 ~ 마 회사 중 한 곳이며, 다섯 회사는 서로 다른 곳에 위치하고 있다. 다섯 사람이 모두 서류에 합격하였고, 〈조건〉에 따라 지하철 · 버스 · 택시 중 하나를 이용하여 회사에 가려고 한다. 다음 중 옳지 않은 것은?(단, 한 가지 교통수단은 최대 두 명까지 이용할 수 있으며, 한 사람도 이용하지 않는 교통수단은 없다)

> **조건**
> • 택시를 타면 가, 나, 마 회사에 갈 수 있다.
> • A는 다 회사에 지원했다.
> • E는 어떤 교통수단을 선택해도 지원한 회사에 갈 수 있다.
> • 지하철에는 D를 포함한 두 사람이 타며, 둘 중 한 사람은 라 회사에 지원했다.
> • B가 탈 수 있는 교통수단은 지하철뿐이다.
> • 버스와 택시로 갈 수 있는 회사는 가 회사를 제외하면 서로 겹치지 않는다.

① B와 D는 함께 지하철을 이용한다.
② C는 택시를 이용한다.
③ A는 버스를 이용한다.
④ E는 라 회사에 지원했다.
⑤ C는 나 또는 마 회사에 지원했다.

02 다음 〈조건〉에 근거하여 수진, 지은, 혜진, 정은의 수면 시간에 대해 바르게 추론한 것은?

> **조건**
> • 수진이는 어젯밤 10시에 자서 오늘 아침 7시에 일어났다.
> • 지은이는 어제 수진이보다 30분 늦게 자서 오늘 아침 7시가 되기 10분 전에 일어났다.
> • 혜진이는 항상 9시에 자고, 8시간의 수면 시간을 지킨다.
> • 정은이는 어제 수진이보다 10분 늦게 잤고, 혜진이보다 30분 늦게 일어났다.

① 지은이는 가장 먼저 일어났다.
② 정은이는 가장 늦게 일어났다.
③ 혜진이의 수면 시간이 가장 짧다.
④ 수진이의 수면 시간이 가장 길다.
⑤ 수진, 지은, 혜진, 정은 모두 수면 시간이 8시간 이상이다.

03 K베이커리에서는 A ~ D단체에 우유식빵, 밤식빵, 옥수수식빵, 호밀식빵을 다음 〈조건〉에 따라 한 종류씩 납품하려고 한다. 이때 반드시 참인 것은?

> **조건**
> • 이전에 납품했던 종류의 빵은 다시 납품할 수 없다.
> • 우유식빵과 밤식빵은 A에 납품된 적이 있다.
> • 옥수수식빵과 호밀식빵은 C에 납품된 적이 있다.
> • 옥수수식빵은 D에 납품된다.

① 우유식빵은 B에 납품된 적이 있다.
② 옥수수식빵은 A에 납품된 적이 있다.
③ 호밀식빵은 A에 납품될 것이다.
④ 우유식빵은 C에 납품된 적이 있다.
⑤ 호밀식빵은 D에 납품된 적이 있다.

04 K대학교의 기숙사에 거주하는 A ~ D는 1층부터 4층에 매년 새롭게 방을 배정받고 있으며, 올해도 방을 배정받는다. 다음 〈조건〉을 참고할 때, 반드시 참인 것은?

> **조건**
> • 한 번 배정받은 층에는 다시 배정받지 않는다.
> • A와 D는 2층에 배정받은 적이 있다.
> • B와 C는 3층에 배정받은 적이 있다.
> • A와 B는 1층에 배정받은 적이 있다.
> • A, B, D는 4층에 배정받은 적이 있다.

① C는 4층에 배정될 것이다.
② D는 3층에 배정받은 적이 있을 것이다.
③ C는 1층에 배정받은 적이 있을 것이다.
④ C는 2층에 배정받은 적이 있을 것이다.
⑤ 기숙사에 3년 이상 산 사람은 A밖에 없다.

05 월요일부터 일요일까지 4형제가 돌아가면서 어머니 병간호를 하기로 했다. 주어진 〈조건〉이 항상 참일 때, 다음 중 항상 옳지 않은 것은?

> **조건**
> • 첫째 · 둘째 · 셋째는 이틀씩, 넷째는 하루 병간호를 하기로 했다.
> • 어머니가 혼자 계시도록 두는 날은 없다.
> • 첫째는 화요일과 목요일에 병간호를 할 수 없다.
> • 둘째는 평일에 하루, 주말에 하루 병간호를 하기로 했다.
> • 셋째는 일요일과 평일에 병간호를 하기로 했다.
> • 넷째는 수요일에 병간호를 하기로 했다.

① 첫째는 월요일과 금요일에 병간호를 한다.
② 넷째는 수요일에 하루만 병간호를 한다.
③ 셋째는 화요일과 일요일에 병간호를 한다.
④ 둘째는 화요일에 병간호를 할 수도, 하지 않을 수도 있다.
⑤ 둘째는 토요일과 평일에 하루 병간호를 한다.

06 K공사는 직원 A ~ E 중 일부를 지방으로 발령하기로 결정하였다. 다음 〈조건〉에 따라 A의 지방 발령이 결정되었다고 할 때, 지방으로 발령되지 않는 직원은 총 몇 명인가?

> **조건**
> • K공사는 B와 D의 지방 발령에 대하여 같은 결정을 한다.
> • K공사는 C와 E의 지방 발령에 대하여 다른 결정을 한다.
> • D를 지방으로 발령한다면, E는 지방으로 발령하지 않는다.
> • E를 지방으로 발령하지 않는다면, A도 지방으로 발령하지 않는다.

① 1명
② 2명
③ 3명
④ 4명
⑤ 5명

| 유형분석 |

- 주어진 상황과 규칙을 종합적으로 활용하여 풀어 가는 문제이다.
- 일정, 비용, 순서 등 다양한 내용을 다루고 있어 유형을 한 가지로 단일화하기 어렵다.

K사는 신제품의 품번을 다음의 규칙에 따라 정한다. 제품에 설정된 임의의 영단어가 'INTELLECTUAL'이라면 이 제품의 품번으로 옳은 것은?

〈규칙〉

- 1단계 : 알파벳 A ~ Z를 숫자 1, 2, 3, …으로 변환하여 계산한다.
- 2단계 : 제품에 설정된 임의의 영단어를 숫자로 변환한 값의 합을 구한다.
- 3단계 : 임의의 영단어 속 자음의 합에서 모음의 합을 뺀 값의 절댓값을 구한다.
- 4단계 : 2단계와 3단계의 값을 더한 다음 4로 나누어 2단계의 값에 더한다.
- 5단계 : 4단계의 값이 정수가 아닐 경우에는 소수점 첫째 자리에서 버림한다.

① 120   ② 140
③ 160   ④ 180
⑤ 200

정답 ④

㉠알파벳 순서에 따라 숫자로 변환하면 다음과 같다.

A	B	C	D	E	F	G	H	I	J	K	L	M
1	2	3	4	5	6	7	8	9	10	11	12	13
N	O	P	Q	R	S	T	U	V	W	X	Y	Z
14	15	16	17	18	19	20	21	22	23	24	25	26

'INTELLECTUAL'의 품번을 규칙에 따라 정리하면 다음과 같다.

- 1단계 : 9(I), 14(N), 20(T), 5(E), 12(L), 12(L), 5(E), 3(C), 20(T), 21(U), 1(A), 12(L)
- 2단계 : $9+14+20+5+12+12+5+3+20+21+1+12=134$
- 3단계 : $|(14+20+12+12+3+20+12)-(9+5+5+21+1)|=|93-41|=52$
- 4단계 : $(134+52) \div 4+134=46.5+134=180.5$
- 5단계 : 180.5를 소수점 첫째 자리에서 버림하면 180이다.

따라서 제품의 품번은 '180'이다.

풀이 전략!

문제에 제시된 조건이나 규칙을 정확히 파악한 후, 선택지나 상황에 적용하여 문제를 풀어 나간다.

01 S제품을 운송하는 A씨는 업무상 편의를 위해 고객의 주문 내역을 임의의 기호로 기록하고 있다. 다음과 같은 주문전화가 왔을 때, A씨가 기록한 기호로 옳은 것은?

〈임의의 기호〉

재료	연강	고강도강	초고강도강	후열처리강
	MS	HSS	AHSS	PHTS
판매량	낱개	1묶음	1box	1set
	01	10	11	00
지역	서울	경기남부	경기북부	인천
	E	S	N	W
윤활유 사용	청정작용	냉각작용	윤활작용	밀폐작용
	P	C	I	S
용도	베어링	스프링	타이어코드	기계구조
	SB	SS	ST	SM

※ A씨는 [재료] – [판매량] – [지역] – [윤활유 사용] – [용도]의 순서로 기호를 기록함

〈주문전화〉

B씨 : 어이~ A씨. 나야, 나. 인천 지점에서 같이 일했던 B. 내가 필요한 것이 있어서 전화했어. 일단 서울 지점의 C씨가 스프링으로 사용할 제품이 필요하다고 하는데 한 박스 정도면 될 것 같아. 이전에 주문했던 대로 연강에 윤활용으로 윤활유 사용한 제품으로 부탁하네. 나는 이번에 경기도 남쪽으로 가는데 거기에 있는 내 사무실 알지? 거기로 초고강도강 타이어코드 용으로 1세트 보내줘. 밀폐용으로 윤활유 사용한 제품으로 부탁해. 저번에 냉각용으로 사용한 제품은 생각보다 좋진 않았어.

① MS11EISB, AHSS00SSST
② MS11EISS, AHSS00SSST
③ MS11EISS, HSS00SSST
④ MS11WISS, AHSS10SSST
⑤ MS11EISS, AHSS00SCST

02
K씨는 영업비밀 보호를 위해 자신의 컴퓨터 속 각 문서의 암호를 다음 규칙에 따라 만들었다. 파일 이름이 다음과 같을 때, 이 파일의 암호는 무엇인가?

〈규칙〉

1. 비밀번호 중 첫 번째 자리에는 파일 이름의 첫 문자가 한글일 경우 @, 영어일 경우 #, 숫자일 경우 *로 특수문자를 입력한다.
   → 고슴Dochi＝@, haRAMY801＝#, 1app루＝*
2. 두 번째 자리에는 파일 이름의 총 자리 개수를 입력한다.
   → 고슴Dochi＝@7, haRAMY801＝#9, 1app루＝*5
3. 세 번째 자리부터는 파일 이름 내에 숫자를 순서대로 입력한다. 숫자가 없을 경우 0을 두 번 입력한다.
   → 고슴Dochi＝@700, haRAMY801＝#9801, 1app루＝*51
4. 그 다음 자리에는 파일 이름 중 한글이 있을 경우 초성만 순서대로 입력한다. 없다면 입력하지 않는다.
   → 고슴Dochi＝@700ㄱㅅ, haRAMY801＝#9801, 1app루＝*51ㄹ
5. 그 다음 자리에는 파일 이름 중 영어가 있다면 뒤에 덧붙여 순서대로 입력하되, a, e, i, o, u만 'a＝1, e＝2, i＝3, o＝4, u＝5'로 변형하여 입력한다(대문자·소문자 구분 없이 모두 소문자로 입력한다).
   → 고슴Dochi＝@700ㄱㅅd4ch3, haRAMY801＝#9801h1r1my, 1app루＝*51ㄹ1pp

---

2022매운전골Cset3인기준recipe8

① @23202238ㅁㅇㅈㄱㅇㄱㅈcs2trecipe
② @23202238ㅁㅇㅈㄱㅇㄱㅈcs2tr2c3p2
③ *23202238ㅁㅇㅈㄱㅇㄱㅈcs2trecipe
④ *23202238ㅁㅇㅈㄱㅇㄱㅈcs2tr2c3p2
⑤ *23202238ㅁㅇㅈㄱㅇㄱㅈcsetrecipe

03 다음은 규칙에 따라 2에서 10까지의 서로 다른 자연수의 관계를 나타낸 그림이다. 이때 A ~ C에 해당하는 수의 합은?

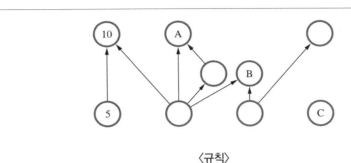

〈규칙〉

- 2에서 10까지의 자연수는 ◯ 안에 한 개씩만 사용되고, 사용되지 않는 자연수는 없다.
- 2에서 10까지의 서로 다른 임의의 자연수 3개를 x, y, z라고 할 때 다음과 같다.
  - ⓧ ⟶ ⓨ는 y가 x의 배수임을 나타낸다.
  - 화살표로 연결되지 않은 ⓩ는 z가 x, y와 약수나 배수 관계가 없음을 나타낸다.

① 20
② 21
③ 22
④ 23
⑤ 24

03 SWOT 분석

| 유형분석 |

- 상황에 대한 환경 분석 결과를 통해 주요 과제를 도출하는 문제이다.
- 주로 SWOT 분석 또는 3C 분석을 활용한 문제들이 출제되고 있으므로 해당 분석도구에 대한 사전 학습이 요구된다.

다음은 한 분식점에 대한 SWOT 분석 결과이다. 이에 대한 대응 방안으로 가장 적절한 것은?

〈분식점의 SWOT 분석 결과〉

S(강점)	W(약점)
• 좋은 품질의 재료만 사용 • 청결하고 차별화된 이미지	• 타 분식점에 비해 한정된 메뉴 • 배달 서비스를 제공하지 않음
O(기회)	T(위협)
• 분식점 앞에 곧 학교가 들어설 예정 • 최근 TV프로그램 섭외 요청을 받음	• 프랜차이즈 분식점들로 포화 상태 • 저렴한 길거리 음식으로 취급하는 경향이 있음

① ST전략 : 비싼 재료들을 사용하여 가격을 올려 저렴한 길거리 음식이라는 인식을 바꾼다.
② WT전략 : 다른 분식점들과 차별화된 전략을 유지하기 위해 배달 서비스를 시작한다.
③ SO전략 : TV프로그램에 출연해 좋은 품질의 재료만 사용한다는 점을 부각시킨다.
④ WO전략 : TV프로그램 출연용으로 다양한 메뉴를 일시적으로 개발한다.
⑤ WT전략 : 포화 상태의 시장에서 살아남기 위해 다른 가게보다 저렴한 가격으로 판매한다.

정답 ③

SO전략은 강점을 살려 기회를 포착하는 전략이므로 TV프로그램에 출연하여 좋은 품질의 재료만 사용한다는 점을 홍보하는 것이 적절하다.

풀이 전략!

문제에 제시된 분석도구를 확인한 후, 분석 결과를 종합적으로 판단하여 각 선택지의 전략 과제와 일치 여부를 판단한다.

01 K공사에 근무하는 A대리는 국내 자율주행자동차 산업에 대한 SWOT 분석 결과에 따라 국내 자율주행자동차 산업 발달을 위한 방안을 고안하는 중이다. A대리가 SWOT 분석에 의한 경영전략에 따라 판단하였다고 할 때, 다음 〈보기〉 중 SWOT 분석에 의한 경영전략에 맞춘 판단으로 적절하지 않은 것을 모두 고르면?

〈국내 자율주행자동차 산업에 대한 SWOT 분석 결과〉

구분	분석 결과
강점(Strength)	• 민간 자율주행기술 R&D 지원을 위한 대규모 예산 확보 • 국내외에서 우수한 평가를 받는 국내 자동차기업 존재
약점(Weakness)	• 국내 민간기업의 자율주행기술 투자 미비 • 기술적 안전성 확보 미비
기회(Opportunity)	• 국가의 지속적 자율주행자동차 R&D 지원법안 국회 본회의 통과 • 완성도 있는 자율주행기술을 갖춘 외국 기업들의 등장
위협(Threat)	• 자율주행차에 대한 국민들의 심리적 거부감 • 자율주행차에 대한 국가의 과도한 규제

〈SWOT 분석에 의한 경영전략〉

• SO전략 : 기회를 이용해 강점을 활용하는 전략
• ST전략 : 강점을 활용하여 위협을 최소화하거나 극복하는 전략
• WO전략 : 기회를 활용하여 약점을 보완하는 전략
• WT전략 : 약점을 최소화하고 위협을 회피하는 전략

보기

ㄱ. 자율주행기술 수준이 우수한 외국 기업과의 기술이전협약을 통해 국내 우수 자동차기업들의 자율주행기술 연구 및 상용화 수준을 향상시키려는 전략은 SO전략에 해당한다.
ㄴ. 민간의 자율주행기술 R&D를 적극 지원하여 자율주행기술의 안전성을 높이려는 전략은 ST전략에 해당한다.
ㄷ. 자율주행자동차 R&D를 지원하는 법률을 토대로 국내 기업의 기술개발을 적극 지원하여 안전성을 확보하려는 전략은 WO전략에 해당한다.
ㄹ. 자율주행기술개발에 대한 국내 기업의 투자가 부족하므로 국가기관이 주도하여 기술개발을 추진하는 전략은 WT전략에 해당한다.

① ㄱ, ㄴ
② ㄱ, ㄷ
③ ㄴ, ㄷ
④ ㄴ, ㄹ
⑤ ㄱ, ㄴ, ㄷ

02 다음 중 SWOT 분석에 대한 설명으로 적절하지 않은 것은?

〈SWOT 분석〉

강점, 약점, 기회, 위협요인을 분석·평가하고, 이들을 서로 연관 지어 전략을 개발하고 문제해결 방안을 개발하는 방법이다.

	강점 (Strength)	약점 (Weakness)
기회 (Opportunity)	SO	WO
위협 (Threat)	ST	WT

① 강점과 약점은 외부환경요인에 해당하며, 기회와 위협은 내부환경요인에 해당한다.
② SO전략은 강점을 살려 기회를 포착하는 전략을 의미한다.
③ ST전략은 강점을 살려 위협을 회피하는 전략을 의미한다.
④ WO전략은 약점을 보완하여 기회를 포착하는 전략을 의미한다.
⑤ WT전략은 약점을 보완하여 위협을 회피하는 전략을 의미한다.

03 다음은 K섬유회사에 대한 SWOT 분석 자료이다. 분석에 따른 대응 전략으로 적절한 것을 〈보기〉에서 모두 고르면?

• 첨단 신소재 관련 특허 다수 보유	• 신규 생산 설비 투자 미흡 • 브랜드의 인지도 부족
S(강점)	**W(약점)**
O(기회)	**T(위협)**
• 고기능성 제품에 대한 수요 증가 • 정부 주도의 문화 콘텐츠 사업 지원	• 중저가 의류용 제품의 공급 과잉 • 저임금의 개발도상국과 경쟁 심화

보기

ㄱ. SO전략으로 첨단 신소재를 적용한 고기능성 제품을 개발한다.
ㄴ. ST전략으로 첨단 신소재 관련 특허를 개발도상국의 경쟁업체에 무상 이전한다.
ㄷ. WO전략으로 문화 콘텐츠와 디자인을 접목한 신규 브랜드 개발을 통해 적극적으로 마케팅한다.
ㄹ. WT전략으로 기존 설비에 대한 재투자를 통해 대량생산 체제로 전환한다.

① ㄱ, ㄷ   ② ㄱ, ㄹ
③ ㄴ, ㄷ   ④ ㄴ, ㄹ
⑤ ㄷ, ㄹ

04 다음은 국내 금융기관에 대한 SWOT 분석 자료이다. 이를 통해 SWOT 전략을 세운다고 할 때, 〈보기〉 중 분석 결과에 대응하는 전략과 그 내용이 바르게 연결된 것을 모두 고르면?

국내 대부분의 예금과 대출을 국내 은행이 차지하고 있을 정도로 국내 금융기관에 대한 우리나라 국민들의 충성도는 높은 편이다. 또한 국내 금융기관은 철저한 신용 리스크 관리로 해외 금융기관과 비교해 자산건전성 지표가 매우 우수한 편이다. 시장 리스크 관리도 해외 선진 금융기관 수준에 도달한 것으로 평가받는다. 국내 금융기관은 외환위기와 글로벌 금융위기 등을 거치며 꾸준히 자산건전성을 강화해 왔기 때문이다.

그러나 은행과 이자 이익에 수익이 편중돼 있다는 점은 국내 금융기관의 가장 큰 약점이 된다. 대부분 예금과 대출 거래 중심의 영업구조로 되어 있기 때문이다. 취약한 해외 비즈니스도 문제로 들 수 있다. 최근 동남아 시장을 중심으로 해외 진출에 박차를 가하고 있지만, 아직은 눈에 띄는 성과가 많지 않은 상황이다.

많은 어려움에도 불구하고 국내 금융기관의 발전 가능성은 아직 무궁무진하다. 우선 해외 시장으로 눈을 돌리면 다양한 기회가 열려 있다. 전 세계 신용·단기 자금 확대, 글로벌 무역 회복세로 국내 금융기관의 해외 진출 여건은 양호한 편이다. 따라서 해외 시장 개척을 통해 어떻게 신규 수익원을 확보하느냐가 성장의 새로운 기회로 작용할 전망이다. IT 기술 발달에 따른 핀테크의 등장도 새로운 기회가 될 수 있다. 국내의 발달된 인터넷과 모바일뱅킹 서비스, IT 인프라를 활용한 새로운 수익 창출 가능성이 열려 있는 것이다.

그러나 역설적으로 핀테크의 등장은 오히려 국내 금융기관의 발목을 잡을 수 있다. 블록체인 기술에 기반한 암호화폐, 간편결제와 송금, 로보어드바이저, 인터넷 은행, P2P 대출 등 다양한 핀테크 분야의 새로운 서비스들이 기존 금융 서비스의 대체재로서 출현하고 있기 때문이다. 금융시장 개방에 따른 글로벌 금융기관과의 경쟁 심화도 넘어야 할 산이다. 특히 중국 은행을 비롯한 중국 금융이 급성장하고 있어 이에 대한 대비책 마련이 시급하다.

보기

ㄱ. SO전략 : 높은 국내 시장점유율을 기반으로 국내 핀테크 사업에 진출한다.

ㄴ. WO전략 : 위기관리 역량을 강화하여 해외 금융시장에 진출한다.

ㄷ. ST전략 : 해외 금융기관과 비교해 우수한 자산건전성을 강조하여 글로벌 금융기관과의 경쟁에서 우위를 차지한다.

ㄹ. WT전략 : 해외 비즈니스 역량을 강화하여 해외 금융시장에 진출한다.

① ㄱ, ㄴ   ② ㄱ, ㄷ

③ ㄴ, ㄷ   ④ ㄴ, ㄹ

⑤ ㄷ, ㄹ

05 K공사에서 근무하는 A사원은 경제자유구역사업에 대한 SWOT 분석 결과 자료를 토대로, SWOT 분석에 의한 경영전략에 맞추어 〈보기〉와 같이 판단하였다. 다음 중 A사원이 판단한 SWOT 분석에 의한 경영전략의 내용으로 적절하지 않은 것을 모두 고르면?

〈경제자유구역사업에 대한 SWOT 분석 결과〉

구분	분석 결과
강점(Strength)	• 성공적인 경제자유구역 조성 및 육성 경험 • 다양한 분야의 경제자유구역 입주희망 국내기업 확보
약점(Weakness)	• 과다하게 높은 외자금액 비율 • 외국계 기업과 국내기업 간의 구조 및 운영상 이질감
기회(Opportunity)	• 국제경제 호황으로 인하여 타국 사업지구 입주를 희망하는 해외시장부문의 지속적 증가 • 국내 진출 해외기업 증가로 인한 동형화 및 협업 사례 급증
위협(Threat)	• 국내 거주 외국인 근로자에 대한 사회적 포용심 부족 • 대대적 교통망 정비로 인한 기성 대도시의 흡수효과 확대

〈SWOT 분석에 의한 경영전략〉

• SO전략 : 강점을 활용해 기회를 포착하는 전략
• ST전략 : 강점을 활용해 위협을 최소화하거나 회피하는 전략
• WO전략 : 약점을 보완하여 기회를 포착하는 전략
• WT전략 : 약점을 보완하여 위협을 최소화하거나 회피하는 전략

> **보기**
>
> ㄱ. 성공적인 경제자유구역 조성 노하우를 활용하여 타국 사업지구로의 진출을 희망하는 해외기업을 유인 및 유치하는 전략은 SO전략에 해당한다.
> ㄴ. 다수의 풍부한 경제자유구역 성공 사례를 바탕으로 외국인 근로자를 국내 주민과 문화적으로 동화시킴으로써 원활한 지역 발전의 토대를 조성하는 전략은 ST전략에 해당한다.
> ㄷ. 기존에 국내에 입주한 해외기업의 동형화 사례를 활용하여 국내기업과 외국계 기업의 운영상 이질감을 해소하여 생산성을 증대시키는 전략은 WO전략에 해당한다.
> ㄹ. 경제자유구역 인근 대도시와의 연계를 활성화하여 경제자유구역 내 국내·외 기업 간의 이질감을 해소하는 전략은 WT전략에 해당한다.

① ㄱ, ㄴ
② ㄱ, ㄷ
③ ㄴ, ㄷ
④ ㄴ, ㄹ
⑤ ㄷ, ㄹ

06 K가스공사에 대한 SWOT 분석 결과가 다음과 같을 때, 〈보기〉 중 SWOT 분석 내용으로 옳은 것을 모두 고르면?

〈SWOT 분석 결과〉

구분	분석 결과
강점(Strength)	• 해외 가스공급기관 대비 높은 LNG 구매력 • 세계적으로 우수한 배관 인프라
약점(Weakness)	• 타 연료 대비 높은 단가
기회(Opportunity)	• 북아시아 가스관 사업 추진 논의 지속 • 수소 자원 개발 고도화 추진 중
위협(Threat)	• 천연가스에 대한 수요 감소 추세 • 원전 재가동 확대 전망에 따른 에너지 점유율 감소 가능성

보기

ㄱ. 해외 가스공급기관 대비 LNG 확보가 용이하다는 점을 근거로 북아시아 가스관 사업 추진 시 우수한 효율을 이용하는 것은 SO전략에 해당한다.

ㄴ. 지속적으로 감소할 것으로 전망되는 천연가스 수요를 북아시아 가스관 사업을 통해 확보하는 것은 ST전략에 해당한다.

ㄷ. 수소 자원 개발을 고도화하여 다른 연료 대비 상대적으로 높았던 공급단가를 낮추려는 R&D 사업 추진은 WO전략에 해당한다.

ㄹ. 높은 LNG 확보 능력을 이용해 상대적으로 높은 가스 공급단가가 더욱 상승하는 것을 방지하는 것은 WT전략에 해당한다.

① ㄱ, ㄴ   ② ㄱ, ㄷ

③ ㄴ, ㄷ   ④ ㄴ, ㄹ

⑤ ㄷ, ㄹ

CHAPTER 04

정보능력

합격 Cheat Key

정보능력은 업무를 수행함에 있어 기본적인 컴퓨터를 활용하여 필요한 정보를 수집 · 분석 · 활용하는 능력으로, 업무와 관련된 정보를 수집하고, 이를 분석하여 의미 있는 정보를 얻는 능력을 의미한다. 세부 유형은 컴퓨터 활용, 정보 처리로 나눌 수 있다.

---

1 평소에 컴퓨터 활용 스킬을 틈틈이 익히라!

윈도우(OS)에서 어떠한 설정을 할 수 있는지, 응용프로그램(엑셀 등)에서 어떠한 기능을 활용할 수 있는지를 평소에 직접 사용해 본다면 문제를 보다 수월하게 해결할 수 있다. 여건이 된다면 컴퓨터 활용 능력에 관련된 자격증 공부를 하는 것도 이론과 실무를 익히는 데 도움이 될 것이다.

---

2 문제의 규칙을 찾는 연습을 하라!

일반적으로 코드체계나 시스템 논리체계를 제공하고 이를 분석하여 문제를 해결하는 유형이 출제된다. 이러한 문제는 문제해결능력과 같은 맥락으로 규칙을 파악하여 접근하는 방식으로 연습이 필요하다.

3   현재 보고 있는 그 문제에 집중하라!

정보능력의 모든 것을 공부하려고 한다면 양이 너무나 방대하다. 그렇기 때문에 수험서에서 본인이 현재 보고 있는 문제들을 집중적으로 공부하고 기억하려고 해야 한다. 그러나 엑셀의 함수 수식, 연산자 등 암기를 필요로 하는 부분들은 필수적으로 암기를 해서 출제가 되었을 때 오답률을 낮출 수 있도록 한다.

4   사진·그림을 기억하라!

컴퓨터 활용 능력을 파악하는 영역이다 보니 컴퓨터 속 옵션, 기능, 설정 등의 사진·그림이 문제에 같이 나오는 경우들이 있다. 그런 부분들은 직접 컴퓨터를 통해서 하나하나 확인을 하면서 공부한다면 더 기억에 잘 남게 된다. 조금 귀찮더라도 한 번씩 클릭하면서 확인해 보도록 한다.

| 유형분석 |

- 정보능력 전반에 대한 이해를 확인하는 문제이다.
- 정보능력 이론이나 새로운 정보 기술에 대한 문제가 자주 출제된다.

다음은 데이터베이스에 대한 설명이다. 데이터베이스의 특징으로 적절하지 않은 것은?

> 데이터베이스란 대량의 자료를 관리하고 내용을 구조화하여 검색이나 자료 관리 작업을 효과적으로 실행하는 프로그램으로, 삽입, 삭제, 수정, 갱신 등을 통하여 항상 최신의 데이터를 유동적으로 유지할 수 있으며, 이와 같은 대량의 데이터는 사용자의 질의에 대한 신속한 응답 처리를 가능하게 한다. 또한 이러한 데이터를 여러 명의 사용자가 동시에 공유할 수 있고, 각 데이터를 참조할 때는 사용자가 요구하는 내용에 따라 참조가 가능함은 물론 응용프로그램과 데이터베이스를 독립시킴으로써 데이터를 변경시키더라도 응용프로그램은 변경되지 않는다.

① 실시간 접근성
② 계속적인 진화
③ 동시 공유
④ 데이터의 논리적 의존성
⑤ 내용에 의한 참조

정답 ④

제시문에서 '응용프로그램과 데이터베이스를 독립시킴으로써 데이터를 변경시키더라도 응용프로그램은 변경되지 않는다.'라고 하였다. 따라서 데이터의 논리적 의존성이 아니라, 데이터의 논리적 독립성이 적절하다.

오답분석

① '대량의 데이터는 사용자의 질의에 대한 신속한 응답 처리를 가능하게 한다.'라는 내용은 실시간 접근성에 해당한다.
② '삽입, 삭제, 수정, 갱신 등을 통하여 항상 최신의 데이터를 유동적으로 유지할 수 있으며'라는 내용을 통해 데이터베이스는 그 내용을 변화시키면서 계속적인 진화를 하고 있음을 알 수 있다.
③ '여러 명의 사용자가 동시에 공유가 가능하고'라는 부분에서 동시 공유가 가능함을 알 수 있다.
⑤ '각 데이터를 참조할 때는 사용자가 요구하는 내용에 따라 참조가 가능함'이라는 부분에서 내용에 의한 참조인 것을 알 수 있다.

풀이 전략!

자주 출제되는 정보능력 이론을 확인하고, 확실하게 암기해야 한다. 특히 새로운 정보 기술이나 컴퓨터 전반에 대해 관심을 가지는 것이 좋다.

01 다음은 K회사 인트라넷에 올라온 컴퓨터의 비프음과 관련된 문제 해결에 대한 공지사항이다. 이에 대한 설명으로 옳지 않은 것은?

> 안녕하십니까. 최근 사용하시는 컴퓨터를 켤 때 비프음 소리가 평소와 다르게 들리는 경우가 종종 있습니다. 해당 비프음 소리별 원인과 해결 방법을 공지하오니 참고해 주시기 바랍니다.
>
> 〈비프음으로 진단하는 컴퓨터 상태〉
>
> - 짧게 1번 : 정상
> - 짧게 2번 : 바이오스 설정이 올바르지 않은 경우, 모니터에 오류 메시지가 나타나게 되므로 참고하여 문제 해결
> - 짧게 3번 : 키보드가 불량이거나 올바르게 꽂혀 있지 않은 경우
> - 길게 1번+짧게 1번 : 메인보드 오류
> - 길게 1번+짧게 2번 : 그래픽 카드의 접촉 점검
> - 길게 1번+짧게 3번 : 쿨러의 고장 등 그래픽 카드 접촉 점검
> - 길게 1번+짧게 9번 : 바이오스의 초기화, A/S 점검
> - 아무 경고음도 없이 모니터가 켜지지 않을 때 : 전원 공급 불량 또는 합선, 파워서플라이의 퓨즈 점검, CPU나 메모리의 불량
> - 연속으로 울리는 경고음 : 시스템 오류, 메인보드 점검 또는 각 부품의 접촉 여부와 고장 확인

① 비프음이 짧게 2번 울릴 때는 모니터에 오류 메시지가 뜨니 원인을 참고해 해결할 수 있다.
② 비프음이 길게 1번, 짧게 1번 울렸을 때에는 CPU를 교체해야 한다.
③ 연속으로 울리는 경고음은 시스템 오류일 수 있다.
④ 키보드가 올바르게 꽂혀 있지 않은 경우 비프음은 짧게 3번 울린다.
⑤ 비프음이 길게 1번, 짧게 9번 울리면 바이오스 ROM 오류로 바이오스의 초기화 또는 A/S가 필요하다.

02 다음 중 정보처리의 기획 단계에서 사용하는 방법이 아닌 것은?

① What
② Where
③ When
④ How many
⑤ How much

03 다음 글의 빈칸에 공통으로 들어갈 단어로 가장 적절한 것은?

_____은/는 '언제 어디에나 존재한다.'는 뜻으로, 사용자가 컴퓨터나 네트워크를 의식하지 않고 장소에 상관없이 자유롭게 네트워크에 접속할 수 있는 환경을 말한다. 그리고 컴퓨터 관련 기술이 생활 구석구석에 스며들어 있음을 뜻하는 '퍼베이시브 컴퓨팅(Pervasive Computing)'과 같은 개념이다.

_____화가 이루어지면 가정·자동차는 물론, 심지어 산 꼭대기에서도 정보기술을 활용할 수 있고, 네트워크에 연결되는 컴퓨터 사용자의 수도 늘어나 정보기술산업의 규모와 범위도 그만큼 커지게 된다. 그러나 _____ 네트워크가 이루어지기 위해서는 광대역통신과 컨버전스 기술의 일반화, 정보기술 기기의 저가격화 등 정보기술의 고도화가 전제되어야 한다. 그러나 _____은/는 휴대성과 편의성뿐 아니라 시간과 장소에 구애받지 않고도 네트워크에 접속할 수 있다는 장점 때문에 현재 세계적인 개발 경쟁이 일고 있다.

① 유비쿼터스(Ubiquitous)
② AI(Artificial Intelligence)
③ 딥 러닝(Deep Learning)
④ 블록체인(Block Chain)
⑤ P2P(Peer to Peer)

04 다음은 기획안을 제출하기 위한 정보수집 전에 어떠한 정보를 어떻게 수집할지에 대한 '정보의 전략적 기획'의 사례이다. S사원에게 해줄 수 있는 조언으로 적절하지 않은 것은?

K전자의 S사원은 상사로부터 세탁기 신상품에 대한 기획안을 제출하라는 지시를 받았다. 먼저 S사원은 기획안을 작성하기 위해 자신에게 어떠한 정보가 필요한지를 생각해 보았다. 개발하려는 세탁기 신상품 콘셉트(Concept)는 중년층을 대상으로 하여, 실용적이고 경제적이며 조작하기 쉬운 것을 대표적인 특징으로 삼고 있다.

① 기존에 세탁기를 구매한 고객들의 데이터베이스로부터 정보가 필요할 수 있겠어.
② 현재 세탁기를 사용하면서 불편한 점은 무엇인지에 대한 정보가 필요하겠네.
③ 데이터베이스로부터 성별에 따른 세탁기 선호 디자인에 대한 정보가 필요해.
④ 고객들의 세탁기에 대한 부담 가능한 금액은 얼마인지에 대한 정보도 필요할 것 같아.
⑤ 데이터베이스를 통해 중년층이 선호하는 세탁기 색상은 무엇인지에 대한 정보도 있으면 좋을 것 같군.

05 귀하는 거래처의 컴퓨터를 빌려서 쓰게 되었는데 해당 컴퓨터를 부팅하고 바탕화면에 저장된 엑셀 파일을 열자 어디에 사용될지 모르는 고객의 상세한 신상 정보가 담겨 있었다. 다음 중 귀하가 취해야 할 태도로 가장 적절한 것은?

① 고객 신상 정보를 즉시 지우고 빌린 컴퓨터를 사용한다.

② 고객 신상 정보의 훼손을 방지하고자 자신의 USB에 백업해두고 보관해준다.

③ 고객 신상 정보를 저장장치에 복사해서 빌린 거래처 담당자에게 되돌려준다.

④ 거래처에 고객 신상 정보 삭제를 요청한다.

⑤ 고객 신상 정보에 나와 있는 고객에게 연락하여 알려준다.

06 다음은 정보화 사회에서 필수적으로 해야 할 일을 설명한 것이다. 이에 해당하는 사례로 적절하지 않은 것은?

> 첫째, 정보검색이다. 인터넷에는 수많은 사이트가 있으며, 여기서 내가 원하는 정보를 찾는 것을 정보검색, 즉 소위 말하는 인터넷 서핑이라 할 수 있다. 지금은 다행히 검색 방법이 발전하여 문장검색용 검색엔진과 자연어 검색 방법도 보급되어 네티즌들로부터 대환영을 받고 있다. 검색이 그만큼 쉬워졌다는 것이다. 이러한 발전에 맞추어 정보화 사회에서는 궁극적으로 타인의 힘을 빌리지 않고 내가 원하는 정보는 무엇이든지 다 찾을 수가 있도록 되어야 한다. 즉, 당신은 자신이 가고 싶은 곳의 정보라든지 궁금한 사항을 스스로 해결할 정도는 되어야 한다는 것이다.
>
> 둘째, 정보관리이다. 인터넷에서 어렵게 검색하여 찾아낸 결과를 관리하지 못하여 머릿속에만 입력하고, 컴퓨터를 끄고 나면 잊어버리는 것은 정보관리를 못하는 것이다. 자기가 검색한 내용에 대하여 파일로 만들어 보관하든, 프린터로 출력하여 인쇄물로 보관하든, 언제든지 필요할 때 다시 볼 수 있을 정도가 되어야 하는 것이다.
>
> 셋째, 정보전파이다. 이것은 정보관리를 못한 사람은 어렵다. 오로지 입을 이용해서만 전파가 가능하기 때문이다. 요즘은 전자우편과 SNS를 이용해서 정보를 전달하기 때문에 정보전파가 매우 쉽다. 참으로 편리한 세상이 아닐 수 없다. 인터넷만 이용하면 편안히 서울에 앉아서 미국에도 논문을 보낼 수 있는 것이다.

① 내일 축구에서 승리하는 국가를 맞추기 위해 선발 선수들의 특징을 파악해야겠어.

② 라면을 맛있게 조리할 수 있는 나만의 비법을 SNS에 올려야지.

③ 다음주 제주도 여행을 위해서 다음주 날씨를 요일별로 잘 파악해서 기억해 둬야지.

④ 내가 가진 금액에 맞는 의자를 사기 위해 가격 비교 사이트를 이용해야겠다.

⑤ 작년에 작성했었던 보고서를 지금 미국에 출장 가 있는 동료에게 보내줘야겠다.

| 유형분석 |

- 컴퓨터 활용과 관련된 상황에서 문제를 해결하기 위한 행동이 무엇인지 묻는 문제이다.
- 주로 업무수행 중에 많이 활용되는 대표적인 엑셀 함수(COUNTIF, ROUND, MAX, SUM, COUNT, AVERAGE, …)가 출제된다.
- 종종 엑셀시트를 제시하여 각 셀에 들어갈 함수식이 무엇인지 고르는 문제가 출제되기도 한다.

다음 시트의 [B9] 셀에 「=DSUM(A1:C7,C1,A9:A10)」 함수를 입력했을 때, 결괏값으로 옳은 것은?

	A	B	C
1	이름	직급	상여금
2	장기동	과장	1,200,000
3	이승연	대리	900,000
4	김영신	차장	1,300,000
5	공경호	대리	850,000
6	표나리	사원	750,000
7	한미연	과장	950,000
8			
9	상여금		
10	>=1,000,000		

① 1,950,000   ② 2,500,000

③ 3,000,000   ④ 3,450,000

⑤ 3,500,000

정답 ②

DSUM 함수는 지정한 조건에 맞는 데이터베이스에서 필드 값들의 합을 구하는 함수이다. [A1:C7]에서 상여금이 100만 원 이상인 합계를 구하므로 2,500,000이 도출된다.

풀이 전략!

제시된 상황에서 사용할 엑셀 함수가 무엇인지 파악한 후, 선택지에서 적절한 함수식을 골라 식을 만들어야 한다. 평소 대표적으로 문제에 자주 출제되는 몇몇 엑셀 함수를 익혀두면 풀이시간을 단축할 수 있다.

01 K공사의 P사원은 고객의 지출성향을 파악하기 위하여 다음과 같은 내역을 조사하여 파일을 작성하였다. 외식비로 지출된 금액의 총액을 구하고자 할 때, [G5] 셀에 들어갈 함수식으로 옳은 것은?

◢	A	B	C	D	E	F	G
1							
2		날짜	항목	지출금액			
3		01월 02일	외식비	35,000			
4		01월 05일	교육비	150,000			
5		01월 10일	월세	500,000		외식비 합계	
6		01월 14일	외식비	40,000			
7		01월 19일	기부	1,000,000			
8		01월 21일	교통비	8,000			
9		01월 25일	외식비	20,000			
10		01월 30일	외식비	15,000			
11		01월 31일	교통비	2,000			
12		02월 05일	외식비	22,000			
13		02월 07일	교통비	6,000			
14		02월 09일	교육비	120,000			
15		02월 10일	월세	500,000			
16		02월 13일	외식비	38,000			
17		02월 15일	외식비	32,000			
18		02월 16일	교통비	4,000			
19		02월 20일	외식비	42,000			
20		02월 21일	교통비	6,000			
21		02월 23일	외식비	18,000			
22		02월 24일	교통비	8,000			
23							
24							

① =SUMIF(C4:C23, "외식비", D4:D23)

② =SUMIF(C3:C22, "외식비", D3:D22)

③ =SUMIF(C3:C22, "C3", D3:D22)

④ =SUMIF("외식비", C3:C22, D3:D22)

⑤ =SUMIF(C3:C22, D3:D22, "외식비")

※ K병원에서 근무하는 A씨는 건강검진 관리 현황을 정리하고 있다. 이어지는 질문에 답하시오. [2~3]

	A	B	C	D	E	F
1			〈건강검진 관리 현황〉			
2	이름	검사구분	주민등록번호	검진일	검사항목 수	성별
3	강민희	종합검진	960809-2******	2024-08-12	18	
4	김범민	종합검진	010323-3******	2024-02-13	17	
5	조현진	기본검진	020519-3******	2024-07-07	10	
6	최진석	추가검진	871205-1******	2024-08-06	6	
7	한기욱	추가검진	980228-1******	2024-04-22	3	
8	정소희	종합검진	001015-4******	2024-02-19	17	
9	김은정	기본검진	891025-2******	2024-06-14	10	
10	박미옥	추가검진	011002-4******	2024-07-21	5	

02 다음 중 2024년 상반기에 검진을 받은 사람의 수를 확인하고자 할 때 사용해야 할 함수는?

① COUNT

② COUNTA

③ SUMIF

④ MATCH

⑤ COUNTIF

03 다음 중 주민등록번호를 통해 성별을 구분하려고 할 때, 각 셀에 필요한 함수식으로 옳은 것은?

① F3 : =IF(AND(MID(C3,8,1)="2",MID(C3,8,1)="4"),"여자","남자")

② F4 : =IF(AND(MID(C4,8,1)="2",MID(C4,8,1)="4"),"여자","남자")

③ F7 : =IF(OR(MID(C7,8,1)="2",MID(C7,8,1)="4"),"여자","남자")

④ F9 : =IF(OR(MID(C9,8,1)="1",MID(C9,8,1)="3"),"여자","남자")

⑤ F6 : =IF(OR(MID(C6,8,1)="2",MID(C6,8,1)="3"),"남자","여자")

※ A씨는 지점별 매출 및 매입 현황을 정리하고 있다. 이어지는 질문에 답하시오. [4~5]

	A	B	C	D	E	F
1	지점명	매출	매입			
2	주안점	2,500,000	1,700,000			
3	동암점	3,500,000	2,500,000		최대 매출액	
4	간석점	7,500,000	5,700,000		최소 매출액	
5	구로점	3,000,000	1,900,000			
6	강남점	4,700,000	3,100,000			
7	압구정점	3,000,000	1,500,000			
8	선학점	2,500,000	1,200,000			
9	선릉점	2,700,000	2,100,000			
10	교대점	5,000,000	3,900,000			
11	서초점	3,000,000	1,900,000			
12	합계					

04 다음 중 매출과 매입의 합계를 구할 때 사용해야 하는 함수로 옳은 것은?

① REPT
② CHOOSE
③ SUM
④ AVERAGE
⑤ DSUM

05 다음 중 [F3] 셀을 구하는 함수식으로 옳은 것은?

① =MIN(B2:B11)
② =MAX(B2:C11)
③ =MIN(C2:C11)
④ =MAX(C2:C11)
⑤ =MAX(B2:B11)

03 프로그램 언어(코딩)

| 유형분석 |

- 프로그램의 실행 결과를 코딩을 통해 파악하여 이를 풀이하는 문제이다.
- 대체로 문제에서 규칙을 제공하고 있으며, 해당 규칙을 적용하여 새로운 코드번호를 만들거나 혹은 만들어진 코드번호를 해석하는 등의 문제가 출제된다.

다음 C 프로그램의 실행 결과에서 p의 값으로 옳은 것은?

```c
#include <stdio.h>
int main( )
{
    int x, y, p;
    x = 3;
    y = x++;
    printf("x = %d  y = %d\n", x, y);
    x = 10;
    y = ++x;
    printf("x = %d  y = %d\n", x, y);
    p = ++x+++y++;
    printf("x = %d  y = %d\n", x, y);
    printf("p = %d\n", p);
    return 0;
}
```

① p=22
② p=23
③ p=24
④ p=25
⑤ p=26

정답 ②

x값을 1 증가하여 x에 저장하고, 변경된 x값과 y값을 덧셈한 결과를 p에 저장한 후 y값을 1 증가하여 y에 저장한다.
따라서 x=10+1=11, y=x+1=12 → p=x+y=23이다.

풀이 전략!

문제에서 실행 프로그램 내용이 주어지면 핵심 키워드를 확인한다. 코딩 프로그램을 통해 요구되는 내용을 알아맞혀 정답 유무를 판단한다.

01 다음 중첩 반복문을 실행할 때 "Do all one can"이 출력되는 횟수는 총 몇 번인가?

```
for (I = 0; I < 4; i++)
{
for (j = 0; j < 6; j++)
{
printf("Do all one can₩n");
}
}
```

① 4번   ② 6번
③ 12번   ④ 18번
⑤ 24번

02 다음 프로그램의 실행 결과로 옳은 것은?

```
#include <stdio.h>
void main( ) {
    int arr[10] = {1, 2, 3, 4, 5};
    int num = 10;
    int i;

    for (i = 0; I < 10; i++) {
      num += arr[i];
    }
    printf("%d₩n", num);
}
```

① 10   ② 20
③ 25   ④ 30
⑤ 55

자원관리능력

합격 Cheat Key

자원관리능력은 현재 NCS 기반 채용을 진행하는 많은 공사·공단에서 핵심영역으로 자리 잡아, 일부를 제외한 대부분의 시험에서 출제되고 있다. 세부 유형은 비용 계산, 해외파견 지원금 계산, 주문 제작 단가 계산, 일정 조율, 일정 선정, 행사 대여 장소 선정, 최단거리 구하기, 시차 계산, 소요시간 구하기, 해외파견 근무 기준에 부합하는 또는 부합하지 않는 직원 고르기 등으로 나눌 수 있다.

1 시차를 먼저 계산하라!

시간 자원 관리의 대표유형 중 시차를 계산하여 일정에 맞는 항공권을 구입하거나 회의시간을 구하는 문제에서는 각각의 나라 시간을 한국 시간으로 전부 바꾸어 계산하는 것이 편리하다. 조건에 맞는 나라들의 시간을 전부 한국 시간으로 바꾸고 한국 시간과의 시차만 더하거나 빼면 시간을 단축하여 풀 수 있다.

2 선택지를 잘 활용하라!

계산을 해서 값을 요구하는 문제 유형에서는 선택지를 먼저 본 후 자릿수가 몇 단위로 끝나는지 확인해야 한다. 예를 들어 412,300원, 426,700원, 434,100원인 선택지가 있다고 할 때, 제시된 조건에서 100원 단위로 나올 수 있는 항목을 찾아 그 항목만 계산하는 방법이 있다. 또한 일일이 계산하는 문제가 많다. 예를 들어 640,000원, 720,000원, 810,000원 등의 수를 이용해 푸는 문제가 있다고 할 때, 만 원 단위를 절사하고 계산하여 64, 72, 81처럼 요약하는 방법이 있다.

3 　최적의 값을 구하는 문제인지 파악하라!

물적 자원 관리의 대표유형에서는 제한된 자원 내에서 최대의 만족 또는 이익을 얻을
수 있는 방법을 강구하는 문제가 출제된다. 이때, 구하고자 하는 값을 , 로 정하고 연립방
정식을 이용해 , 값을 구한다. 최소 비용으로 목표생산량을 달성하기 위한 업무 및 인력
할당, 정해진 시간 내에 최대 이윤을 낼 수 있는 업체 선정, 정해진 인력으로 효율적 업무
배치 등을 구하는 문제에서 사용되는 방법이다.

4 　각 평가항목을 비교하라!

인적 자원 관리의 대표유형에서는 각 평가항목을 비교하여 기준에 적합한 인물을 고르거
나, 저렴한 업체를 선정하거나, 총점이 높은 업체를 선정하는 문제가 출제된다. 이런 유형
은 평가항목에서 가격이나 점수 차이에 영향을 많이 미치는 항목을 찾아 1~2개의 선택지
를 삭제하고, 남은 3~4개의 선택지만 계산하여 시간을 단축할 수 있다.

01 시간 계획

| 유형분석 |

- 시간 자원과 관련된 다양한 정보를 활용하여 풀어 가는 유형이다.
- 대체로 교통편 정보나 국가별 시차 정보가 제공되며, 이를 근거로 '현지 도착시간 또는 약속된 시간 내에 도착하기 위한 방안'을 고르는 문제가 출제된다.

다음 대화 내용을 읽고 A팀장과 B사원이 함께 시장조사를 하러 갈 수 있는 가장 적절한 시간은 언제인가? (단, 근무시간은 09:00 ~ 18:00, 점심시간은 12:00 ~ 13:00이다)

> A팀장 : B씨, 저번에 우리가 함께 진행했던 제품이 오늘 출시된다고 하네요. 시장에서 어떤 반응이 있는지 조사하러 가야 할 것 같아요.
>
> B사원 : 네, 팀장님. 그런데 오늘 갈 수 있을지 의문입니다. 우선 오후 4시에 사내 정기 강연이 예정되어 있고 초청강사가 와서 시간 관리 강의를 한다고 합니다. 아마 두 시간 정도 걸릴 것 같은데, 저는 강연 준비로 30분 정도 일찍 가야 할 것 같습니다. 그리고 부서장님께서 요청하셨던 기획안도 오늘 퇴근 전까지 제출해야 하는데, 팀장님 검토 시간까지 고려하면 두 시간 정도 소요될 것 같습니다.
>
> A팀장 : 오늘도 역시 할 일이 참 많네요. 지금이 11시니까 열심히 업무를 하면 한 시간 정도는 시장에 다녀올 수 있겠네요. 먼저 기획안부터 마무리 짓도록 합시다.
>
> B사원 : 네, 알겠습니다. 팀장님, 오늘 점심은 된장찌개 괜찮으시죠? 바쁘니까 예약해 두겠습니다.

① 11:00 ~ 12:00
② 13:00 ~ 14:00
③ 14:00 ~ 15:00
④ 15:00 ~ 16:00
⑤ 16:00 ~ 17:00

정답 ③

우선 B사원의 발언 내용을 살펴보면, 16:00부터 사내 정기 강연으로 2시간 정도 소요된다는 것을 알 수 있다. 또한 B사원은 강연 준비로 30분 정도 더 일찍 가야 하므로, 15:30부터는 가용할 시간이 없다. 그리고 기획안 작성 업무는 두 시간 정도 걸릴 것으로 예상되는데, A팀장이 먼저 기획안부터 마무리 짓자고 하였으므로, 11:00부터 업무를 시작하는 것으로 볼 수 있다. 그런데 중간에 점심시간이 있으므로, 기획안 업무는 14:00에 완료될 것이다. 따라서 A팀장과 B사원 모두 여유가 되는 시간은 14:00 ~ 15:30이므로 가장 적절한 시간대는 ③이다.

풀이 전략!

문제에서 묻는 것을 정확히 파악한다. 특히 제한사항에 대해서는 빠짐없이 확인해 두어야 한다. 이후 제시된 정보(시차 등)에서 필요한 것을 선별하여 문제를 풀어 간다.

01 K물류회사에서 근무 중인 귀하에게 화물운송기사 두 명이 찾아와 운송시간에 대한 질문을 하였다. 다음 주요 도시 간 이동시간을 참고했을 때, 두 기사에게 안내해야 할 시간이 바르게 연결된 것은? (단, 귀하와 두 기사는 A도시에 위치하고 있다)

> K기사 : 저는 여기서 화물을 싣고 E도시로 운송한 후에 C도시로 가서 다시 화물을 싣고 여기로 돌아와야 하는데 시간이 얼마나 걸릴까요? 최대한 빨리 마무리 지었으면 좋겠는데….
>
> P기사 : 저는 여기서 출발해서 모든 도시를 한 번씩 거친 뒤 다시 여기로 돌아와야 해요. 만약에 가장 짧은 이동시간으로 다녀오면 얼마나 걸릴까요?

〈주요 도시 간 이동시간〉

(단위 : 시간)

출발 도시 \ 도착 도시	A	B	C	D	E
A	−	1.0	0.5	−	−
B	−	−	−	1.0	0.5
C	0.5	2.0	−	−	−
D	1.5	−	−	−	0.5
E	−	−	2.5	0.5	−

※ 화물을 싣고 내리기 위해 각 도시에서 정차하는 시간은 고려하지 않음
※ '−' 표시가 있는 구간은 이동이 불가능함

	K기사	P기사
①	4시간	4시간
②	4.5시간	5시간
③	4.5시간	5.5시간
④	5시간	5.5시간
⑤	5.5시간	5.5시간

02 K은행의 A지점은 M구의 신규 입주아파트 분양업자와 협약 체결을 통해 분양 중도금 관련 집단대출을 전담하게 됐다. A지점에 근무하는 L사원은 한 입주예정자로부터 평일에는 개인 사정 때문에 영업시간 내에 방문하지 못한다는 문의를 받고 입주예정자의 거주지 근처인 G지점에서 대출신청을 진행할 수 있도록 안내했다. 다음 〈조건〉을 토대로 입주예정자의 대출 신청을 완료하는 데까지 걸리는 최소시간은 얼마인가?[단, 각 지점 간 숫자는 두 영업점 간의 거리(km)를 뜻한다]

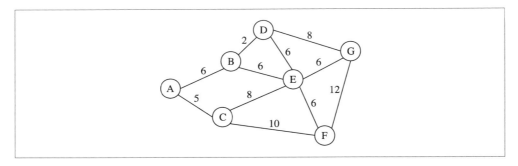

조건
- 대출과 관련한 서류는 A지점에서 G지점까지 행낭을 통해 전달한다.
- 은행 영업점 간 행낭 배송은 시속 60km로 운행하며, 요청에 따라 배송지 순서는 변경(생략)할 수 있다(단, 연결된 구간으로만 운행 가능하다).
- 대출 신청서 등 대출 관련 서류는 입주예정자 본인 또는 대리인이 작성하여야 한다(단, 작성하는 시간은 총 30분이 소요된다).
- 대출 신청 완료는 A지점에 입주예정자가 작성한 신청 서류가 도착했을 때를 기준으로 한다.

① 46분   ② 49분
③ 57분   ④ 1시간 2분
⑤ 1시간 5분

03 자동차 부품을 생산하는 K기업은 반자동과 자동 생산라인을 하나씩 보유하고 있다. 최근 일본의 자동차 회사와 수출계약을 체결하여 자동차 부품 34,500개를 납품하였다. 아래 K기업의 생산조건을 고려할 때, 일본에 납품할 부품을 생산하는 데 소요된 시간은 얼마인가?

〈자동차 부품 생산조건〉
- 반자동라인은 4시간에 300개의 부품을 생산하며, 그중 20%는 불량품이다.
- 자동라인은 3시간에 400개의 부품을 생산하며, 그중 10%는 불량품이다.
- 반자동라인은 8시간마다 2시간씩 생산을 중단한다.
- 자동라인은 9시간마다 3시간씩 생산을 중단한다.
- 불량 부품은 생산 후 폐기하고 정상인 부품만 납품한다.

① 230시간   ② 240시간
③ 250시간   ④ 260시간
⑤ 280시간

04 해외로 출장을 가는 김대리는 다음과 같이 이동하려고 계획하고 있다. 연착 없이 계획대로 출장지에 도착했다면, 도착했을 때의 현지 시각은?

- 서울 시각으로 5일 오후 1시 35분에 출발하는 비행기를 타고, 경유지 한 곳을 거쳐 출장지에 도착한다.
- 경유지는 서울보다 1시간 빠르고, 출장지는 경유지보다 2시간 느리다.
- 첫 번째 비행은 3시간 45분이 소요된다.
- 경유지에서 3시간 50분을 대기하고 출발한다.
- 두 번째 비행은 9시간 25분이 소요된다.

① 오전 5시 35분
② 오전 6시
③ 오후 5시 35분
④ 오후 6시
⑤ 오전 7시

05 다음 중 시간 계획에 대한 설명으로 옳지 않은 것은?
① 시간이라고 하는 자원을 최대한 활용하기 위한 것이다.
② 가장 많이 반복되는 일에 가장 적은 시간을 분배한다.
③ 최단시간에 최선의 목표를 달성하려고 한다.
④ 시간 계획을 잘할수록 자기의 이상을 달성할 수 있는 시간을 창출할 수 있다.
⑤ 시간 계획에 너무 얽매여서는 안 된다.

| 유형분석 |

- 예산 자원과 관련된 다양한 정보를 활용하여 풀어 가는 문제이다.
- 대체로 한정된 예산 내에서 수행할 수 있는 업무 및 예산 가격을 묻는 문제가 출제된다.

A사원은 이번 출장을 위해 KTX표를 미리 40% 할인된 가격에 구매하였으나, 출장 일정이 바뀌는 바람에 하루 전날 표를 취소하였다. 다음 환불 규정에 따라 16,800원을 돌려받았을 때, 할인되지 않은 KTX표의 가격은 얼마인가?

<표>
〈KTX 환불 규정〉

출발 2일 전	출발 1일 전 ~ 열차 출발 전	열차 출발 후
100%	70%	50%

① 40,000원   ② 48,000원

③ 56,000원   ④ 67,200원

⑤ 70,000원

정답 ①

할인되지 않은 KTX표의 가격을 x원이라 하면, 표를 40% 할인된 가격으로 구매하였으므로 구매 가격은 $(1-0.4)x=0.6x$원이다. 환불 규정에 따르면 하루 전에 표를 취소하는 경우 70%의 금액을 돌려받을 수 있으므로 다음 식이 성립한다.

$0.6x \times 0.7 = 16,800$

→ $0.42x = 16,800$

∴ $x = 40,000$

따라서 할인되지 않은 가격은 40,000원이다.

풀이 전략!

제한사항인 예산을 고려하여 문제에서 묻는 것을 정확히 파악한 후, 제시된 정보에서 필요한 것을 선별하여 문제를 풀어 간다.

01 다음 자료를 보고 A사원이 6월 출장여비로 받을 수 있는 총액으로 옳은 것은?

〈출장여비 계산 기준〉

• 출장여비는 출장수당과 교통비의 합으로 계산한다.
• 출장수당의 경우 업무추진비 사용 시 1만 원을 차감하며, 교통비의 경우 관용차량 사용 시 1만 원을 차감한다.

〈출장지별 출장여비〉

출장지	출장수당	교통비
I시	10,000원	20,000원
I시 이외	20,000원	30,000원

※ I시 이외 지역으로 출장을 갈 경우 13시 이후 출장 시작 또는 15시 이전 출장 종료 시 출장수당에서 1만 원 차감됨

〈A사원의 6월 출장내역〉

출장일	출장지	출장 시작 및 종료 시각	비고
6월 8일	I시	14 ~ 16시	관용차량 사용
6월 16일	S시	14 ~ 18시	-
6월 19일	B시	09 ~ 16시	업무추진비 사용

① 6만 원
② 7만 원
③ 8만 원
④ 9만 원
⑤ 10만 원

02 다음은 예산 관리의 정의이다. 빈칸에 들어갈 단어로 적절하지 않은 것은?

예산 관리는 활동이나 사업에 소요되는 비용을 산정하고, 예산을 _____ 하는 것뿐만 아니라 예산을 _____ 하는 것 모두를 포함한다고 할 수 있다. 즉, 예산을 _____ 하고 _____ 하는 모든 일을 예산 관리라고 할 수 있다.

① 편성
② 지원
③ 통제
④ 수립
⑤ 집행

03

다음 중 빈칸 ㉠ ~ ㉤에 들어갈 말을 순서대로 바르게 나열한 것은?

> 예산의 구성 요소는 일반적으로 직접비용과 간접비용으로 구분된다. ___㉠___ 비용은 제품 또는 서비스를 창출하기 위해 ___㉡___ 소비된 것으로 여겨지는 비용을 말한다. 반면, ___㉢___ 비용은 과제를 수행하기 위해 소비된 비용 중 ___㉣___ 비용을 제외한 비용으로, 생산에 ___㉤___ 관련되지 않은 비용을 말한다.

	㉠	㉡	㉢	㉣	㉤
①	직접	직접	간접	직접	직접
②	직접	직접	간접	간접	직접
③	직접	간접	간접	직접	간접
④	간접	간접	직접	간접	직접
⑤	간접	직접	직접	간접	간접

04

K공사는 연말 시상식을 개최하여 한 해 동안 모범이 되거나 훌륭한 성과를 낸 직원을 독려하고자 한다. 상 종류 및 수상 인원, 상품에 대한 정보가 다음과 같을 때, 총상품구입비는 얼마인가?

〈시상 내역〉

상 종류	수상 인원	상품
사내선행상	5	1인당 금 도금 상패 1개, 식기 1세트
사회기여상	1	1인당 은 도금 상패 1개, 신형 노트북 1대
연구공로상	2	1인당 금 도금 상패 1개, 안마의자 1개, 태블릿 PC 1대
성과공로상	4	1인당 은 도금 상패 1개, 만년필 2개, 태블릿 PC 1대
청렴모범상	2	1인당 동 상패 1개, 안마의자 1개

- 상패 제작비용
  - 금 도금 상패 : 1개당 55,000원(5개 이상 주문 시 1개당 가격 10% 할인)
  - 은 도금 상패 : 1개당 42,000원(주문 수량 4개당 1개 무료 제공)
  - 동 상패 : 1개당 35,000원
- 물품 구입비용(개당)
  - 식기 세트 : 450,000원
  - 신형 노트북 : 1,500,000원
  - 태블릿 PC : 600,000원
  - 만년필 : 100,000원
  - 안마의자 : 1,700,000원

① 14,085,000원
② 15,050,000원
③ 15,534,500원
④ 16,805,000원
⑤ 17,200,000원

05 다음 A ~ D 4명이 저녁 식사를 하고 〈조건〉에 따라 돈을 지불했을 때, C가 낸 금액은 얼마인가?

조건

- A는 B, C, D가 지불한 금액 합계의 20%를 지불했다.
- C는 A와 B가 지불한 금액 합계의 40%를 지불했다.
- A와 B가 지불한 금액 합계와 C와 D가 지불한 금액 합계는 같다.
- D가 지불한 금액에서 16,000원을 빼면 A가 지불한 금액과 같다.

① 18,000원   ② 20,000원

③ 22,000원   ④ 24,000원

⑤ 26,000원

PART 1

06 K기업은 창고업체를 통해 A ~ C 세 제품군을 보관하고 있다. 각 제품군에 대한 정보를 참고하여 다음 〈조건〉에 따라 K기업이 보관료로 지급해야 할 총금액은 얼마인가?

구분	매출액(억 원)	용량	
		용적(CUBIC)	무게(톤)
A제품군	300	3,000	200
B제품군	200	2,000	300
C제품군	100	5,000	500

조건

- A제품군은 매출액의 1%를 보관료로 지급한다.
- B제품군은 1CUBIC당 20,000원의 보관료를 지급한다.
- C제품군은 1톤당 80,000원의 보관료를 지급한다.

① 3억 2,000만 원   ② 3억 4,000만 원

③ 3억 6,000만 원   ④ 3억 8,000만 원

⑤ 4억 원

03 품목 확정

| 유형분석 |

- 물적 자원과 관련된 다양한 정보를 활용하여 풀어 가는 문제이다.
- 주로 공정도·제품·시설 등에 대한 가격·특징·시간 정보가 제시되며, 이를 종합적으로 고려하는 문제가 출제된다.

K공사에 근무하는 김대리는 사내시험에서 2점짜리 문제를 8개, 3점짜리 문제를 10개, 5점짜리 문제를 6개 맞혀 총 76점을 맞았다. 다음을 통해 5점짜리 문제의 총개수와 최대리가 맞힌 문제의 총개수를 더하면 몇 개인가?

<table>
<tr><td colspan="1" align="center">〈사내시험 규정〉</td></tr>
</table>

문제 수 : 43문제
만점 : 141점
- 2점짜리 문제 수는 3점짜리 문제 수보다 12문제 적다.
- 5점짜리 문제 수는 3점짜리 문제 수의 절반이다.

- 최대리가 맞힌 2점짜리 문제의 개수는 김대리와 동일하며, 이는 2점짜리 문제 가운데 80%이다.
- 최대리의 점수는 총 38점이다.

① 23개
② 25개
③ 26개
④ 28개
⑤ 30개

정답 ②

최대리는 2점짜리 문제를 김대리가 맞힌 개수만큼 맞혔으므로 8개, 즉 16점을 획득했다. 최대리가 맞힌 3점짜리와 5점짜리 문제를 합하면 38−16=22점이 나와야 한다. 3점과 5점의 합으로 22가 나오기 위해서는 3점짜리는 4문제, 5점짜리는 2문제를 맞혀야한다. 그러므로 최대리가 맞힌 문제의 총개수는 8개(2점짜리)+4개(3점짜리)+2개(5점짜리)=14개이다. 또한 김대리와 최대리가 맞힌 2점짜리 문제의 개수는 8개이고 이때 8개가 80%라고 했으므로 2점짜리 문제는 모두 10문제이다. 따라서 3점짜리 문제 수는 10+12=22개이고, 5점짜리 문제 수는 22×0.5=11개이다.
따라서 5점짜리 문제의 총개수와 최대리가 맞힌 문제의 총개수를 더하면 11+14=25개이다.

풀이 전략!

문제에서 묻고자 하는 바를 정확히 파악하는 것이 중요하다. 문제에서 제시한 물적 자원의 정보를 문제의 의도에 맞게 선별하면서 풀어 간다.

01 신입사원 J씨는 A ~ E 총 5개의 과제 중 어떤 과제를 먼저 수행해야 할지를 결정하기 위해 평가표를 작성하였다. 다음 자료를 근거로 할 때 가장 먼저 수행할 과제는?(단, 평가 항목 점수를 합산하여 최종 점수가 가장 높은 과제부터 수행한다)

〈과제별 평가표〉

(단위 : 점)

구분	A	B	C	D	E
중요도	84	82	95	90	94
긴급도	92	90	85	83	92
적용도	96	90	91	95	83

※ 과제당 다음과 같은 가중치를 별도로 부여하여 계산함
  [(중요도)×0.3]+[(긴급도)×0.2]+[(적용도)×0.1]
※ 항목별로 최하위 점수에 해당하는 과제는 선정하지 않음

① A

② B

③ C

④ D

⑤ E

02 다음 중 물적 자원 관리의 과정에 대한 설명으로 옳지 않은 것은?

① 물품의 정리 및 보관 시 물품을 앞으로 계속 사용할 것인지 아닌지를 구분해야 한다.

② 유사성의 원칙은 유사품을 같은 장소에 보관하는 것을 말하며, 이는 보관한 물품을 보다 쉽고 빠르게 찾을 수 있도록 하기 위해서 필요하다.

③ 물품이 특성에 맞는 보관 장소를 선정해야 하므로, 종이류와 유리 등은 그 재질의 차이로 인해서 보관 장소의 차이를 두는 것이 바람직하다.

④ 물품의 정리 시 회전대응 보관의 원칙은 입출하의 빈도가 높은 품목은 출입구 가까운 곳에 보관하는 것을 말한다.

⑤ 물품의 무게와 부피에 따라서 보관 장소를 달리해야 하므로, 무게가 무겁거나 부피가 큰 것은 별도로 취급하여 개별 물품의 훼손이 생기지 않게 보관한다.

03 K공사에서 근무하는 A사원은 새로 도입되는 교통 관련 정책 홍보 자료를 만들어서 배포하려고 한다. 다음 중 가장 저렴한 비용으로 인쇄할 수 있는 업체로 옳은 것은?

〈인쇄업체별 비용 견적〉

(단위 : 원)

구분	페이지당 비용	표지 가격		권당 제본 비용	할인
		유광	무광		
A인쇄소	50	500	400	1,500	-
B인쇄소	70	300	250	1,300	-
C인쇄소	70	500	450	1,000	100부 초과 시 초과 부수만 총비용에서 5% 할인
D인쇄소	60	300	200	1,000	
E인쇄소	100	200	150	1,000	총 인쇄 페이지 5,000페이지 초과 시 총비용에서 20% 할인

※ 홍보 자료는 관내 20개 지점에 배포하고, 지점마다 10부씩 배포함
※ 홍보 자료는 30페이지 분량으로 제본하며, 표지는 유광 표지로 함

① A인쇄소 ② B인쇄소
③ C인쇄소 ④ D인쇄소
⑤ E인쇄소

04 다음은 바코드 원리를 활용하여 물품을 기호화하고 관리한 자료이다. 이와 같은 방식의 특징으로 옳지 않은 것은?

① 물품의 위치를 쉽게 파악할 수 있다.
② 동일성의 원칙과 유사성의 원칙을 기반으로 분류한 것이다.
③ 보유하고 있는 물품에 대한 정보를 쉽게 확인할 수 있다.
④ 지속적으로 확인해서 개정해야 하는 번거로움이 없다.
⑤ 물품을 관리하는 데 관심을 기울일 수 있게 한다.

05 K회사 마케팅 팀장은 팀원 50명에게 연말 선물을 하기 위해 물품을 구매하려고 한다. 아래는 업체별 품목 가격과 팀원들의 품목 선호도를 나타낸 자료이다. 다음 〈조건〉에 따라 팀장이 구매하는 물품과 업체를 순서대로 바르게 나열한 것은?

〈업체별 품목 가격〉

구분		한 벌당 가격(원)
A업체	티셔츠	6,000
	카라 티셔츠	8,000
B업체	티셔츠	7,000
	후드 집업	10,000
	맨투맨	9,000

〈팀원 품목 선호도〉

순위	품목
1	카라 티셔츠
2	티셔츠
3	후드 집업
4	맨투맨

> **조건**
> • 팀원의 선호도를 우선으로 품목을 선택한다.
> • 총구매금액이 30만 원 이상이면 총금액에서 5%를 할인해 준다.
> • 차순위 품목이 1순위 품목보다 총금액이 20% 이상 저렴하면 차순위를 선택한다.

① 티셔츠, A업체   ② 카라 티셔츠, A업체
③ 티셔츠, B업체   ④ 후드 집업, B업체
⑤ 맨투맨, B업체

06 K공사는 직원용 컴퓨터를 교체하려고 한다. 다음 〈조건〉을 만족하는 컴퓨터로 옳은 것은?

〈컴퓨터별 가격 현황〉

구분	A컴퓨터	B컴퓨터	C컴퓨터	D컴퓨터	E컴퓨터
모니터	20만 원	23만 원	20만 원	19만 원	18만 원
본체	70만 원	64만 원	60만 원	54만 원	52만 원
세트 (모니터+본체)	80만 원	75만 원	70만 원	66만 원	65만 원
성능 평가	중	상	중	중	하
할인 혜택	–	세트로 15대 이상 구매 시 총금액에서 100만 원 할인	모니터 10대 초과 구매 시 초과 대수 15% 할인	–	–

조건

- 예산은 1,000만 원이다.
- 교체할 직원용 컴퓨터는 모니터와 본체 각각 15대이다.
- 성능 평가에서 '중' 이상을 받은 컴퓨터로 교체한다.
- 컴퓨터 구매는 세트 또는 모니터와 본체 따로 구매할 수 있다.

① A컴퓨터   ② B컴퓨터
③ C컴퓨터   ④ D컴퓨터
⑤ E컴퓨터

07 K사진관은 올해 찍은 사진을 모두 모아서 한 개의 USB에 저장하려고 한다. 사진의 용량 및 찍은 사진 수가 자료와 같을 때, 최소 몇 GB의 USB가 필요한가?(단, 1MB=1,000KB, 1GB=1,000MB이며, USB 용량은 소수점 자리는 버림한다)

〈올해 찍은 사진 자료〉

구분	크기(cm)	용량	개수
반명함	3×4	150KB	8,000개
신분증	3.5×4.5	180KB	6,000개
여권	5×5	200KB	7,500개
단체사진	10×10	250KB	5,000개

① 3GB   ② 4GB
③ 5GB   ④ 6GB
⑤ 7GB

08 K공사는 직원들의 교양 증진을 위해 사내 도서관에 도서를 추가로 구비하고자 한다. 새로 구매할 도서는 직원들을 대상으로 한 사전조사 결과를 바탕으로 선정 점수를 결정한다. 〈조건〉에 따라 추가로 구매할 도서를 선정할 때, 다음 중 최종 선정될 도서가 바르게 연결된 것은?

〈후보 도서 사전조사 결과〉

도서명	저자	흥미도 점수(점)	유익성 점수(점)
재테크, ○○○	정○○	6	8
여행◇◇◇	K. Ga○○	7	6
CEO의 수첩	김○○	6	7
IT혁명, △△△	정○○, 유○○	5	8
경제×××	T. Ci○○	4	5
건강공화국	임○○	8	5

조건

- K공사는 전 직원들을 대상으로 후보 도서들에 대한 사전조사를 하였다. 각 후보 도서에 대한 흥미도 점수와 유익성 점수는 전 직원들이 10점 만점으로 부여한 점수의 평균값이다.
- 흥미도 점수와 유익성 점수를 3 : 2의 가중치로 합산하여 1차 점수를 산정하고, 1차 점수가 높은 후보 도서 3개를 1차 선정한다.
- 1차 선정된 후보 도서 중 해외 저자의 도서는 가점 1점을 부여하여 2차 점수를 산정한다.
- 2차 점수가 가장 높은 2개의 도서를 최종 선정한다. 만일 선정된 후보 도서들의 2차 점수가 모두 동일한 경우, 유익성 점수가 가장 낮은 후보 도서는 탈락시킨다.

① 재테크, ○○○ / 여행◇◇◇
② 재테크, ○○○ / 건강공화국
③ 여행◇◇◇ / CEO의 수첩
④ 여행◇◇◇ / 건강공화국
⑤ IT혁명, △△△ / 경제×××

09 다음 중 물적 자원의 관리를 방해하는 요인에 대한 사례로 적절하지 않은 것은?

① A대리는 부서 예산으로 구입한 공용 노트북을 분실하였다.
② B주임은 세미나를 위해 회의실의 의자를 옮기던 중 의자를 훼손하였다.
③ C대리는 예산의 목적과 달리 겨울에 사용하지 않는 선풍기를 구입하였다.
④ D주임은 사내 비품을 구매하는 과정에서 필요 수량을 초과하여 구입하였다.
⑤ E사원은 당장 필요한 서류철들의 보관 장소를 파악하지 못하였다.

│유형분석│

- 인적 자원과 관련된 다양한 정보를 활용하여 풀어 가는 문제이다.
- 주로 근무명단, 휴무일, 업무할당 등의 주제로 다양한 정보를 활용하여 종합적으로 풀어 가는 문제가 출제된다.

다음은 K공사 사원들의 주말 당직 일정표이다. 오전 9시부터 오후 4시까지 반드시 한 명 이상이 사무실에 당직을 서야 하며, 한 사람이 토요일과 일요일 연속하여 당직을 설 수는 없다. 또 월 2회 이상 월 최대 10시간 미만으로 당직을 서야 한다. 다음 중 당직 일정을 수정해야 하는 사람은?(단, 점심시간 12 ~ 13시는 당직 시간에서 제외한다)

〈주말 당직 일정표〉

당직일	당직자	당직일	당직자
첫째 주 토요일	유지선 9시 ~ 14시 이윤미 12시 ~ 16시	첫째 주 일요일	임유리 9시 ~ 16시 정지수 13시 ~ 16시 이준혁 10시 ~ 14시
둘째 주 토요일	정지수 9시 ~ 13시 이윤미 12시 ~ 16시 길민성 12시 ~ 15시	둘째 주 일요일	이선옥 9시 ~ 12시 최기태 10시 ~ 16시 김재욱 13시 ~ 16시
셋째 주 토요일	최기태 9시 ~ 12시 김재욱 13시 ~ 16시	셋째 주 일요일	유지선 9시 ~ 12시 서유진 13시 ~ 16시
넷째 주 토요일	이윤미 9시 ~ 13시 임유리 10시 ~ 16시 서유진 9시 ~ 16시	넷째 주 일요일	이선옥 9시 ~ 12시 길민성 9시 ~ 14시 이준혁 14시 ~ 16시

① 유지선
② 임유리
③ 이준혁
④ 길민성
⑤ 서유진

정답 ②

임유리 직원은 첫째 주 일요일 6시간, 넷째 주 토요일 5시간으로 월 최대 10시간 미만인 당직 규정에 어긋나므로 당직 일정을 수정해야 한다.

풀이 전략!

문제에서 신입사원 채용이나 인력배치 등의 주제가 출제될 경우에는 주어진 규정 혹은 규칙을 꼼꼼히 확인하여야 한다. 이를 근거로 각 선택지가 어긋나지 않는지 검토하며 문제를 풀어 간다.

01 K공사 인사부의 P사원은 직원들의 근무평정 업무를 수행하고 있다. 다음 가점평정 기준표를 참고할 때, P사원이 Q과장에게 부여해야 할 가점은?

〈가점평정 기준표〉

구분		내용	가점	인정 범위	비고
근무경력		본부 근무 1개월(본부, 연구원, 인재개발원 또는 정부부처 파견근무기간 포함)	0.03점 (최대 1.8점)	1.8점	동일 근무기간 중 다른 근무경력 가점과 원거리, 장거리 및 특수지
		지역본부 근무 1개월(지역본부 파견근무기간 포함)	0.015점 (최대 0.9점)	1.8점	가점이 중복될 경우, 원거리, 장거리 및 특수지 근무 가점은 1/2만 인정
		원거리 근무 1개월	0.035점 (최대 0.84점)		
		장거리 근무 1개월	0.025점 (최대 0.6점)		
		특수지 근무 1개월	0.02점 (최대 0.48점)		
내부평가		내부평가 결과 최상위 10%	월 0.012점	0.5점	현 직위에 누적됨 (승진 후 소멸)
		내부평가 결과 차상위 10%	월 0.01점		
제안	제안상 결정 시	금상	0.25점	0.5점	수상 당시 직위에 한정함
		은상	0.15점		
		동상	0.1점		
	시행 결과 평가	탁월	0.25점	0.5점	제안상 수상 당시 직위에 한정함
		우수	0.15점		

〈Q과장 가점평정 사항〉

- 입사 후 36개월 동안 본부에서 연구원으로 근무
- 지역본부에서 24개월 동안 근무
  - 지역본부에서 24개월 동안 근무 중 특수지에서 12개월 동안 파견근무
- 본부로 복귀 후 현재까지 총 23개월 근무
- 팀장(직위 : 과장)으로 승진 후 현재까지 업무 수행 중
  - 내부평가 결과 최상위 10% 총 12회
  - 내부평가 결과 차상위 10% 총 6회
  - 금상 2회, 은상 1회, 동상 1회 수상
  - 시행 결과 평가 탁월 2회, 우수 1회

① 3.284점
② 3.454점
③ 3.604점
④ 3.854점
⑤ 3.974점

02 K공사에서는 2개월 동안 근무할 인턴사원을 선발하고자 다음과 같은 공고를 게시하였다. A ~ E지원자 중 K공사의 인턴사원으로 가장 적절한 지원자는?

〈인턴사원 모집 공고〉

• 근무 기간 : 2개월(8 ~ 10월)
• 자격 요건
  – 1개월 이상 경력자
  – 포토샵 가능자
  – 근무 시간(9 ~ 18시) 이후에도 근무가 가능한 자
• 기타 사항
  – 경우에 따라서 인턴 기간이 연장될 수 있음

A지원자	• 경력 사항 : 출판사 3개월 근무 • 컴퓨터 활용 능력 中(포토샵, 워드 프로세서) • 대학 휴학 중(9월 복학 예정)
B지원자	• 경력 사항 : 없음 • 포토샵 능력 우수 • 전문대학 졸업
C지원자	• 경력 사항 : 마케팅 회사 1개월 근무 • 컴퓨터 활용 능력 上(포토샵, 워드 프로세서, 파워포인트) • 4년제 대학 졸업
D지원자	• 경력 사항 : 제약 회사 3개월 근무 • 포토샵 가능 • 저녁 근무 불가
E지원자	• 경력 사항 : 마케팅 회사 1개월 근무 • 컴퓨터 활용 능력 中(워드 프로세서, 파워포인트) • 대학 졸업

① A지원자   ② B지원자
③ C지원자   ④ D지원자
⑤ E지원자

03 다음 중 주어진 자료를 보고 하루 동안 고용할 수 있는 최대 인원은?

총예산	본예산	500,000원
	예비비	100,000원
고용비	1인당 수당	50,000원
	산재보험료	(수당)×0.504%
	고용보험료	(수당)×1.3%

① 10명

② 11명

③ 12명

④ 13명

⑤ 14명

04 다음은 팀원들을 적절한 위치에 효과적으로 배치하기 위한 3가지 원칙에 대한 글이다. ㉠ ~ ㉢에 들어갈 말을 바르게 연결한 것은?

> ____㉠____는 개인에게 능력을 발휘할 수 있는 기회와 장소를 부여하고, 그 성과를 바르게 평가한 뒤 평가된 실적에 대해 그에 상응하는 보상을 주는 원칙을 말한다. 이때, 미래에 개발 가능한 능력까지도 함께 고려해야 한다. 반면, ____㉡____는 팀의 효율성을 높이기 위해 팀원을 그의 능력이나 성격 등과 가장 적합한 위치에 배치하여 팀원 개개인의 능력을 최대로 발휘해 줄 것을 기대하는 것이다. 즉, 작업이나 직무가 요구하는 요건과 개인이 보유하고 있는 조건이 서로 균형 있고 적합하게 대응되어야 한다. 결국 ____㉢____는 ____㉣____의 하위 개념이라고 할 수 있다.

	㉠	㉡	㉢	㉣
①	능력주의	적재적소주의	적재적소주의	능력주의
②	능력주의	적재적소주의	능력주의	적재적소주의
③	적재적소주의	능력주의	능력주의	적재적소주의
④	적재적소주의	능력주의	적재적소주의	능력주의
⑤	능력주의	균형주의	균형주의	능력주의

05 K공사는 동절기에 인력을 감축하여 운영한다. 다음 〈조건〉을 참고할 때, 동절기 업무시간 단축 대상자는?

〈동절기 업무시간 단축 대상자 현황〉

성명	업무성과 평가	통근거리	자녀 유무
최나래	C	3km	×
박희영	B	5km	○
이지규	B	52km	×
박슬기	A	55km	○
황보연	D	30km	○
김성배	B	75km	×
이상윤	C	60km	○
이준서	B	70km	○
김태란	A	68km	○
한지혜	C	50km	×

조건
- K공사의 동절기 업무시간 단축 대상자는 총 2명이다.
- 업무성과 평가에서 상위 40% 이내에 드는 경우 동절기 업무시간 단축 대상자 후보가 된다.
  ※ 단, A>B>C>D 순서로 매기고, 동순위자 발생 시 동순위자를 모두 고려한다.
- 통근거리가 50km 이상인 경우에만 동절기 업무시간 단축 대상자가 될 수 있다.
- 동순위자 발생 시 자녀가 있는 경우에는 동절기 업무시간 단축 대상 우선순위를 준다.
- 위의 조건에서 대상자가 정해지지 않은 경우, 통근거리가 가장 먼 직원부터 대상자로 선정한다.

① 황보연, 이상윤　　　　　② 박슬기, 김태란
③ 이준서, 김태란　　　　　④ 이준서, 김성배
⑤ 김성배, 이지규

06 K공사 재무회계부에서는 주말 사무보조 직원을 채용하기 위해 공고문을 게재하였으며, 지원자 명단은 다음과 같다. 다음 자료를 참고하였을 때, 최소비용으로 가능한 한 많은 인원을 채용하고자 한다면 총 몇 명의 지원자를 채용할 수 있겠는가?(단, 급여는 지원자가 희망하는 금액으로 지급한다)

〈사무보조 직원 채용 공고문〉

- 업무내용 : 문서수발, 전화응대 등
- 지원자격 : 경력, 성별, 나이, 학력 무관
- 근무조건 : 장기(6개월 이상, 협의 불가) / 주말 11:00 ~ 22:00(협의 가능)
- 급여 : 협의 후 결정
- 연락처 : 02-000-0000

〈지원자 명단〉

성명	희망근무기간	근무가능시간	최소근무시간 (하루 기준)	희망임금 (시간당 / 원)
박소다	10개월	11:00 ~ 18:00	3시간	7,500
서창원	12개월	12:00 ~ 20:00	2시간	8,500
한승희	8개월	18:00 ~ 22:00	2시간	7,500
김병우	4개월	11:00 ~ 18:00	4시간	7,000
우병지	6개월	15:00 ~ 20:00	3시간	7,000
김래원	10개월	16:00 ~ 22:00	2시간	8,000
최지홍	8개월	11:00 ~ 18:00	3시간	7,000

※ 지원자 모두 주말 이틀 중 하루만 출근하기를 원함
※ 하루에 2회 이상 출근은 불가함

① 2명
② 3명
③ 4명
④ 5명
⑤ 6명

기술능력

합격 Cheat Key

기술능력은 업무를 수행함에 있어 도구, 장치 등을 포함하여 필요한 기술에 어떠한 것들이 있는지 이해하고, 실제 업무를 수행함에 있어 적절한 기술을 선택하여 적용하는 능력이다.

세부 유형은 기술 이해 · 기술 선택 · 기술 적용으로 나눌 수 있다. 제품설명서나 상황별 매뉴얼을 제시하는 문제 또는 명령어를 제시하고 규칙을 대입할 수 있는지 묻는 문제가 출제되기 때문에 이런 유형들을 공략할 수 있는 전략을 세워야 한다.

---

1 긴 지문이 출제될 때는 보기의 내용을 미리 보라!

기술능력에서 자주 출제되는 제품설명서나 상황별 매뉴얼을 제시하는 문제에서는 기술을 이해하고, 상황에 알맞은 원인 및 해결방안을 고르는 문제가 출제된다. 실제 시험장에서 문제를 풀 때는 시간적 여유가 없기 때문에 보기를 먼저 읽고, 그 다음 긴 지문을 보면서 동시에 보기와 일치하는 내용이 나오면 확인해 가면서 푸는 것이 좋다.

---

2 모듈형에도 대비하라!

모듈형 문제의 비중이 늘어나는 추세이므로 공기업을 준비하는 취업준비생이라면 모듈형 문제에 대비해야 한다. 기술능력의 모듈형 이론 부분을 학습하고 모듈형 문제를 풀어보고 여러 번 읽으며 이론을 확실히 익혀두면 실제 시험장에서 이론을 묻는 문제가 나왔을 때 단번에 답을 고를 수 있다.

3 전공 이론도 익혀 두라!

지원하는 직렬의 전공 이론이 기술능력으로 출제되는 경우가 많기 때문에 전공 이론을 익혀두는 것이 좋다. 깊이 있는 지식을 묻는 문제가 아니더라도 출제되는 문제의 소재가 전공과 관련된 내용일 가능성이 크기 때문에 최소한 지원하는 직렬의 전공 용어는 확실히 익혀 두어야 한다.

4 쉽게 포기하지 말라!

직업기초능력에서 주요 영역이 아니면 소홀한 경우가 많다. 시험장에서 기술능력을 읽어 보지도 않고 포기하는 경우가 많은데 차근차근 읽어보면 지문만 잘 읽어도 풀 수 있는 문제들이 출제되는 경우가 있다. 이론을 모르더라도 풀 수 있는 문제인지 파악해보자.

01 기술 이해

| 유형분석 |

- 업무수행에 필요한 기술의 개념 및 원리, 관련 용어에 대한 문제가 자주 출제된다.
- 기술 시스템의 개념과 발전 단계에 대한 문제가 출제되므로 각 단계의 순서와 그에 따른 특징을 숙지하여야 하며, 단계별로 요구되는 핵심 역할이 다름에 유의한다.

다음 글을 읽고 추론할 수 있는 기술혁신의 특성으로 옳은 것은?

인간의 개별적인 지능과 창의성, 상호 학습을 통해 발생하는 새로운 지식과 경험은 빠른 속도로 축적되고 학습되지만, 이러한 지식은 문서화되기 어렵기 때문에 다른 사람들에게 쉽게 전파될 수 없다. 따라서 연구개발에 참가한 연구원과 엔지니어들이 그 기업을 떠나는 경우 기술과 지식의 손실이 크게 발생하여 기술개발을 지속할 수 없는 경우가 종종 발생한다.

① 기술혁신은 조직의 경계를 넘나든다.
② 기술혁신은 지식 집약적인 활동이다.
③ 기술혁신은 장기간의 시간을 필요로 한다.
④ 기술혁신은 그 과정 자체가 매우 불확실하다.
⑤ 기술혁신 과정의 불확실성과 모호함은 기업 내에서 많은 갈등을 유발할 수 있다.

정답 ②

연구개발에 참가한 연구원과 엔지니어들이 그 기업을 떠나는 경우 기술과 지식의 손실이 크게 발생하는 점을 볼 때, 기술혁신은 새로운 지식과 경험의 축적으로 나타나는 지식 집약적인 활동으로 볼 수 있다.

기술혁신의 특성
- 기술혁신은 그 과정 자체가 매우 불확실하고 장기간의 시간을 필요로 한다.
- 기술혁신은 지식 집약적인 활동이다.
- 기술혁신 과정의 불확실성과 모호함은 기업 내에서 많은 논쟁과 갈등을 유발할 수 있다.
- 기술혁신은 조직의 경계를 넘나든다.

풀이 전략!

문제에 제시된 내용만으로는 풀이가 어려울 수 있으므로, 사전에 관련 기술 이론을 숙지하고 있어야 한다. 자주 출제되는 개념을 확실하게 암기하여 빠르게 문제를 풀 수 있도록 하는 것이 좋다.

01 다음 〈보기〉 중 기술선택에 대한 설명으로 옳지 않은 것을 모두 고르면?

> **보기**
>
> ㄱ. 상향식 기술선택은 기술경영진과 기술기획자들의 분석을 통해 기업이 필요한 기술 및 기술수준
>   을 결정하는 방식이다.
> ㄴ. 하향식 기술선택은 전적으로 기술자들의 흥미 위주로 기술을 선택하여 고객의 요구사항과는 거
>   리가 먼 제품이 개발될 수 있다.
> ㄷ. 수요자 및 경쟁자의 변화와 기술 변화 등을 분석해야 한다.
> ㄹ. 기술능력과 생산능력, 재무능력 등의 내부 역량을 고려하여 기술을 선택한다.
> ㅁ. 기술선택 시 최신 기술로 진부화될 가능성이 적은 기술을 최우선순위로 결정한다.

① ㄱ, ㄴ, ㄹ   ② ㄱ, ㄴ, ㅁ
③ ㄴ, ㄷ, ㄹ   ④ ㄴ, ㄹ, ㅁ
⑤ ㄷ, ㄹ, ㅁ

02 다음 중 노하우(Know – How)와 노와이(Know – Why)에 대한 설명으로 옳은 것은?

① 노와이는 과학자, 엔지니어 등이 가지고 있는 체화된 기술이다.
② 노하우는 이론적인 지식으로서 과학적인 탐구에 의해 얻어진다.
③ 노하우는 Technique 혹은 Art라고도 부른다.
④ 기술은 원래 노와이의 개념이 강했으나, 시간이 지나면서 노와이와 노하우가 결합하게 되었다.
⑤ 노와이는 기술을 설계하고, 생산하고, 사용하기 위해 필요한 정보, 기술, 절차 등을 갖는 데 필요하다.

03 다음 글에서 설명하고 있는 것은?

> 농부는 농기계와 화학비료를 써서 밀을 재배하고 수확한다. 이렇게 생산된 밀은 보관업자, 운송업자, 제분회사, 제빵 공장을 거쳐 시장으로 판매된다. 보다 높은 생산성을 위해 화학비료를 연구하고, 공장을 가동하기 위해 공작기계와 전기를 생산한다. 보다 빠른 운송을 위해서 트럭이나 기차·배가 개발되었고, 보다 효과적인 운송수단과 농기계를 운용하기 위해 증기기관에서 석유에너지로 발전하였다. 이렇듯 우리의 식탁에 올라오는 빵은 여러 기술이 네트워크로 결합하여 시너지를 내고 있는 결과물이다.

① 기술시스템
② 기술혁신
③ 기술경영
④ 기술이전
⑤ 기술경쟁

04 다음 중 기술선택을 위한 우선순위 결정 요인으로 옳지 않은 것은?

① 쉽게 구할 수 있는 기술
② 기업 간에 모방이 어려운 기술
③ 최신 기술로 진부화될 가능성이 적은 기술
④ 제품의 성능이나 원가에 미치는 영향력이 큰 기술
⑤ 기업이 생산하는 제품 및 서비스에 보다 광범위하게 활용할 수 있는 기술

05 다음 글을 읽고 기술경영자의 역할로 옳지 않은 것은?

> 기술경영자에게는 리더십, 기술적인 능력, 행정능력 외에도 다양한 도전을 해결하기 위한 여러 능력들이 요구된다. 기술개발이 결과 지향적으로 수행되도록 유도하는 능력, 기술개발 과제의 세부 사항까지도 파악할 수 있는 능력, 기술개발 과제의 전 과정을 전체적으로 조망할 수 있는 능력이 그것이다. 또한 기술개발은 기계적인 관리보다는 조직 및 인간 행동상의 요인들이 더 중요하게 작용되는 사람 중심의 진행이기 때문에 이 밖에도 기술의 성격 및 이와 관련된 동향·사업 환경 등을 이해할수 있는 능력과 기술적인 전문성을 갖춰 팀원들의 대화를 효과적으로 이끌어낼 수 있는 능력 등 다양한 능력을 필요로 하고 있다. 이와는 달리 중간급 매니저라 할 수 있는 기술관리자에게는 기술경영자와는 조금 다른 능력이 필요한데, 이는 기술적 능력에 대한 것과 계획서 작성, 인력 관리, 예산관리, 일정 관리 등 행정능력에 대한 것이다.

① 시스템적인 관점에서 인식하는 능력
② 기술을 효과적으로 평가할 수 있는 능력
③ 조직 내의 기술 이용을 수행할 수 있는 능력
④ 새로운 제품개발 시간을 단축할 수 있는 능력
⑤ 기술을 기업의 전반적인 전략 목표에 통합시키는 능력

06 다음 글에서 설명하는 기술혁신의 특성으로 가장 적절한 것은?

> 새로운 기술을 개발하기 위한 아이디어의 원천이나 신제품에 대한 소비자의 수요, 기술개발의 결과등은 예측하기가 매우 어렵기 때문에 기술개발의 목표나 일정, 비용, 지출, 수익 등에 대한 사전계획을 세우기란 쉽지 않다. 또 이러한 사전계획을 세운다고 하더라도 모든 기술혁신의 성공이 사전의도나 계획대로 이루어지진 않는다. 때로는 그러한 성공들은 우연한 기회에 이루어지기도 하기 때문이다.

① 장기간의 시간을 필요로 한다.
② 매우 불확실하다.
③ 지식 집약적인 활동이다.
④ 기업 내에서 많은 논쟁을 유발한다.
⑤ 부서 단독으로 수행되지 않으며, 조직의 경계를 넘나든다.

| 유형분석 |

- 주어진 자료를 해석하고 기술을 적용하여 풀어가는 문제이다.
- 꼼꼼하고 분석적인 접근이 필요한 논리연산, 사용설명서 등의 문제들이 출제된다.

회사의 기기를 관리하는 업무를 맡은 E사원은 전자레인지를 사용할 때 가끔씩 불꽃이 튀고 음식이 잘 데워지지 않는다는 이야기를 들었다. 다음 중 서비스를 접수하기 전에 점검할 사항으로 옳지 않은 것은?

증상	원인	조치 방법
전자레인지가 작동하지 않는다.	• 전원 플러그가 콘센트에 바르게 꽂혀 있나요? • 문이 확실히 닫혀 있나요? • 배전판 퓨즈나 차단기가 끊어지지 않았나요? • 조리 방법을 제대로 선택하셨나요? • 혹시 정전은 아닌가요?	• 전원 플러그를 바로 꽂아 주세요. • 문을 다시 닫아 주세요. • 끊어졌으면 교체하고 연결시켜 주세요. • 취소를 누르고 다시 시작하세요.
동작 시 불꽃이 튄다.	• 조리실 내벽에 금속 제품 등이 닿지 않았나요? • 금선이나 은선으로 장식된 그릇을 사용하고 계신가요? • 조리실 내에 찌꺼기가 있나요?	• 벽에 닿지 않도록 하십시오. • 금선이나 은선으로 장식된 그릇은 사용하지 마세요. • 깨끗이 청소해 주세요.
조리 상태가 나쁘다.	• 조리 순서, 시간 등 사용 방법을 잘 선택하셨나요?	• 요리책을 다시 확인하고 사용하세요.
접시가 불균일하게 돌거나 돌지 않는다.	• 회전 접시와 회전 링이 바르게 놓여 있나요?	• 각각을 정확한 위치에 놓아 주세요.
불의 밝기나 동작 소리가 불균일하다.	• 출력의 변화에 따라 일어날 수 있는 현상이니 안심하고 사용하셔도 됩니다.	

① 조리실 내 위생 상태 점검
② 사용 가능 용기 확인
③ 사무실, 전자레인지 전압 확인
④ 조리실 내벽 확인
⑤ 조리 순서, 시간 확인

정답 ③

전자레인지를 사용하면서 불꽃이 튀는 경우와 조리 상태에 만족하지 않을 때 확인해야 할 사항에 사무실, 전자레인지의 전압을 확인해야 한다는 내용은 명시되어 있지 않다.

풀이 전략!

문제 해결을 위해 필요한 정보와 기술능력이 무엇인지 먼저 파악한 후, 제시된 자료를 분석적으로 읽고 문제를 풀이한다.

01 K사원은 다음 제품 설명서의 내용을 토대로 직원들을 위해 '사용 전 꼭 읽어야 할 사항'을 만들려고 한다. 작성할 내용으로 적절하지 않은 것은?

[사용 전 알아두어야 할 사항]

1. 물통 또는 제품 내부에 의류 외에 다른 물건을 절대 넣지 마십시오.
2. 제품을 작동시키기 전 문이 제대로 닫혔는지 확인하십시오.
3. 필터는 제품 사용 전후로 반드시 청소해 주십시오.
4. 제품의 성능 유지를 위해서 물통을 자주 비워 주십시오.
5. 겨울철이거나 건조기가 설치된 곳의 기온이 낮을 경우 건조 시간이 길어질 수 있습니다.
6. 과도한 건조물을 넣고 기계를 작동시키면 완벽하게 건조되지 않거나 의류에 구김이 생길 수 있습니다. 최대용량 5kg 이내로 의류를 넣어 주십시오.
7. 가죽, 슬립, 전기담요, 마이크로파이버(Microfiber) 소재 의류, 이불, 동·식물성 충전재 사용 제품은 사용을 피해 주십시오.

[동결 시 조치 방법]

1. 온도가 낮아지게 되면 물통이나 호스가 얼 수 있습니다.
2. 동결 시 작동 화면에 'ER' 표시가 나타납니다. 이 경우 일시정지 버튼을 눌러 작동을 멈춰 주세요.
3. 물통이 얼었다면 물통을 꺼내 따뜻한 물에 20분 이상 담가 주세요.
4. 호스가 얼었다면 호스 안의 이물질을 모두 꺼내고, 호스를 따뜻한 물 또는 따뜻한 수건으로 20분 이상 녹여 주세요.

---

① 사용 전후로 필터는 꼭 청소해 주세요.
② 건조기에 넣은 의류는 5kg 이내로 해 주세요.
③ 사용이 불가한 의류 제품 목록을 꼭 확인해 주세요.
④ 화면에 ER 표시가 떴을 때는 전원을 끄고 작동을 멈춰 주세요.
⑤ 호스가 얼었다면 호스를 따뜻한 물 또는 따뜻한 수건으로 20분 이상 녹여 주세요.

※ K씨는 이번 달 내로 모든 사무실의 복합기를 ★★복합기로 교체하라는 지시를 받았다. 모든 사무실의 복합기를 교체하였지만, 추후 문제가 생길 것을 대비해 신형 복합기의 문제 해결법을 인트라넷에 게시하였다. 이어지는 질문에 답하시오. [2~3]

〈문제 해결법〉

Q. 복합기가 비정상적으로 종료됩니다.

A. 제품의 전원 어댑터가 전원 콘센트에 정상적으로 연결되었는지 확인하십시오.

Q. 제품에서 예기치 못한 소음이 발생합니다.

A. 복합기의 자동 서비스 기능으로 프린트 헤드의 수명을 관리할 때에 제품에서 예기치 못한 소음이 발생할 수 있습니다.
　▲ 참고
　　• 프린트 헤드의 손상을 방지하려면, 복합기에서 인쇄하는 동안에는 복합기를 끄지 마십시오.
　　• 복합기의 전원을 끌 때에는 반드시 전원 버튼을 사용하고, 복합기가 정지할 때까지 기다린 후 전원을 끄십시오.
　　• 잉크 카트리지를 모두 바르게 장착했는지 확인합니다.
　　• 잉크 카트리지가 하나라도 없을 경우, 복합기는 프린트 헤드를 보호하기 위해 자동으로 서비스 기능을 수행할 수 있습니다.

Q. 복합기가 응답하지 않습니다(인쇄되지 않음).

A. 1. 인쇄 대기열에 걸려 있는 인쇄 작업이 있는지 확인하십시오.
　　• 인쇄 대기열을 열어 모든 문서 작업을 취소한 다음 PC를 재부팅합니다.
　　• PC를 재부팅한 후 인쇄를 다시 시작합니다.
　2. ★★소프트웨어 설치를 확인하십시오.
　　• 인쇄 도중 복합기가 꺼지면 PC 화면에 경고 메시지가 나타납니다.
　　• 메시지가 나타나지 않을 경우 ★★소프트웨어가 제대로 설치되지 않았을 수 있습니다.
　　• ★★소프트웨어를 완전히 제거한 다음 다시 설치합니다. 자세한 내용은 [프린터 소프트웨어 삭제하기]를 참고하십시오.
　3. 케이블 및 연결 상태를 확인하십시오.
　　• USB 케이블이 복합기와 PC에 제대로 연결되었는지 확인합니다.
　　• 복합기가 무선 네트워크에 연결되어 있을 경우 복합기와 PC의 네트워크 연결 상태를 확인합니다.
　　• PC에 개인 방화벽 소프트웨어가 설치되어 있는지 확인합니다.
　　　– 개인 방화벽 소프트웨어는 외부 침입으로부터 PC를 보호하는 보안 프로그램입니다.
　　　– 방화벽으로 인해 PC와 복합기의 통신이 차단될 수 있습니다.
　　　– 복합기와 통신이 문제가 될 경우에는 방화벽을 일시적으로 해제하십시오. 해제 후에도 문제가 발생하면 방화벽에 의한 문제가 아니므로 방화벽을 다시 실행하십시오.

> Q. 인쇄 속도가 느립니다.
>
> A. 1. 인쇄 품질 설정을 확인하십시오.
>   • 인쇄 품질(해상도)이 최상 및 최대 DPI로 설정되었을 경우 인쇄 품질이 향상되나 인쇄 속도가 느려질 수 있습니다.
>   2. 잉크 카트리지의 잉크 잔량을 확인하십시오.
>   • 잉크 카트리지에 남아 있는 예상 잉크량을 확인합니다.
>   • 잉크 카트리지가 소모된 상태에서 인쇄를 할 경우 인쇄 속도가 느려질 수 있습니다.
>   • 위와 같은 방법으로 해결되지 않을 경우 복합기에 문제가 있을 수 있으므로, ★★서비스 센터에 서비스를 요청하십시오.

02 A사원은 ★★복합기에서 소음이 발생하자 문제 해결법을 통해 복합기의 자동 서비스 기능으로 프린트 헤드의 수명을 관리할 때 소음이 발생할 수 있다는 것을 알았다. 다음 중 A사원이 숙지할 수 있는 참고 사항으로 옳지 않은 것은?

① 프린트 헤드의 손상을 방지하려면, 복합기에서 인쇄하는 동안에는 복합기를 끄지 않는다.

② 복합기의 전원을 끌 때에는 반드시 전원 버튼을 사용하고, 복합기가 정지할 때까지 기다린 후 전원을 끈다.

③ 잉크 카트리지를 모두 바르게 장착했는지 확인한다.

④ 프린트 헤드 정렬 및 청소를 불필요하게 실시하면 많은 양의 잉크가 소모된다.

⑤ 잉크 카트리지가 하나라도 없을 경우, 복합기는 프린트 헤드를 보호하기 위해 자동으로 서비스 기능을 수행하게 된다.

03 팀장에게 보고서를 제출하기 위해 인쇄를 하려던 Z사원은 보고서가 인쇄되지 않는다는 것을 알았다. 다음 중 Z사원이 복합기 문제를 해결할 수 있는 방안으로 옳지 않은 것은?

① 인쇄 작업이 대기 중인 문서가 있는지 확인한다.

② 복합기 소프트웨어를 완전히 제거한 다음 다시 설치한다.

③ USB 케이블이 복합기와 PC에 제대로 연결되었는지 확인한다.

④ 잉크 카트리지에 남아 있는 예상 잉크량을 확인한다.

⑤ 대기 문서를 취소한 후 PC를 재부팅한다.

※ K레스토랑에서는 영유아 손님들을 위해 유아용 식탁 의자를 구비하였다. 다음 자료를 보고 이어지는 질문에 답하시오. [4~5]

우리 식당의 유아용 식탁 의자는 아이가 도움 없이 혼자 앉을 수 있는 6 ~ 7개월부터 사용할 수 있습니다.

■ 안전에 대한 유의사항
 – 압사의 위험 방지를 위해 사용 전 모든 플라스틱 커버를 제거하고, 유아 및 아동의 손이 미치지 않는 곳에 두세요.
 – 항상 벨트를 채워 주세요.
 – 아이가 혼자 있지 않도록 해 주세요.
 – 모든 구성 요소가 제대로 장착되어 있지 않으면 의자 사용을 삼가세요.
 – 부품이 망가지거나 부서지면 의자 사용을 삼가세요.
 – 강한 열원이나 난로가 있는 곳에서는 의자 사용을 삼가세요.
 – 아이가 의자 근처에서 놀거나 의자에 올라가지 못하도록 해 주세요.
 – 의자가 항상 평평하고 안정된 상태에서 사용될 수 있도록 해 주세요.
 – 식탁 의자는 계단, 층계, 창문, 벽과는 거리를 두고 비치해 주세요.
 – 의자에 충격이 가해지면 안정성을 해칠 우려가 있고 의자가 뒤집어질 수 있어요.
 – 아이가 앉아 있는 동안에는 의자의 높낮이를 조정하지 마세요.

■ 청소 및 유지
 – 젖은 천이나 중성 세제로 유아용 의자나 액세서리를 청소할 수 있습니다.
 – 재료를 손상시킬 수 있는 연마 세제나 용제는 사용하지 마세요.
 – 알루미늄 식탁 다리는 부식이 되지 않지만, 충격이나 긁힘으로 손상될 수 있습니다.
 – 햇빛에 지속적으로 장시간 노출되면 여러 부품의 색이 변할 수 있습니다.
 – 손상을 파악하기 위해 정기적으로 검사하십시오.

04 다음 중 레스토랑 내 유아용 식탁 의자를 비치하기 위한 장소 선정 시 고려해야 할 사항으로 적절하지 않은 것은?

① 난방기구가 있는 곳은 피하도록 한다.
② 바닥이 평평하여 안정된 상태로 의자가 서 있을 수 있는지 확인한다.
③ 아이를 식탁 의자에 혼자 두지 않으며, 항상 벨트를 채워야 한다.
④ 계단이나 창문이 있는 곳은 피하도록 한다.
⑤ 의자에 충격이 가해질 수 있는 장소는 피하도록 한다.

05 다음 중 직원들에게 안내할 유아용 식탁 의자 청소 및 관리법으로 적절하지 않은 것은?

① 식탁 의자 사용 후에는 햇볕이 들지 않는 곳에 보관한다.
② 사용 후 젖은 천을 사용해 깨끗하게 닦는다.
③ 이동 시 식탁 다리가 부딪히거나 긁히지 않도록 주의한다.
④ 더러운 부분은 연마 세제를 사용해서 닦는다.
⑤ 정기적인 검사를 통해 손상 여부를 확인한다.

PART 2

최종점검 모의고사

제1회
최종점검 모의고사

※ 한국공항공사 최종점검 모의고사는 최신 채용공고와 후기를 기준으로 구성한 것으로, 실제 시험과 다를 수 있습니다.

■ 취약영역 분석

| 01 | 공통영역

번호	O/×	영역	번호	O/×	영역	번호	O/×	영역
01		의사소통능력	16		수리능력	31		정보능력
02			17			32		
03			18			33		
04			19			34		
05			20			35		
06			21		문제해결능력	36		
07			22			37		
08			23			38		
09			24			39		
10			25			40		
11		수리능력	26					
12			27					
13			28					
14			29					
15			30					

| 02 | 개별영역

번호	41	42	43	44	45	46	47	48	49	50
O/×	자원관리능력(행정) / 기술능력(전산 · 시설 · 기술)									

평가 문항	50문항	평가 시간	60분
시작시간	:	종료시간	:
취약 영역			

🕐 응시시간 : 60분　　📋 문항 수 : 50문항　　　　　　　　　　　　　정답 및 해설 p.048

01　다음 글에서 추론할 수 없는 것은?

> 동물의 행동을 선하다거나 악하다고 평가할 수 없는 이유는 동물이 단지 본능적 욕구에 따라 행동할 뿐이기 때문이다. 오직 인간만이 욕구와 감정에 맞서서 행동할 수 있다. 인간만이 이성을 가지고 있다. 그러나 인간이 전적으로 이성적인 존재는 아니다. 다른 동물과 마찬가지로 인간 또한 감정과 욕구를 가진 존재이다. 그래서 인간은 이성과 감정의 갈등을 겪게 된다.
> 그러한 갈등에도 불구하고 인간이 도덕적 행위를 할 수 있는 까닭은 이성이 우리에게 도덕적인 명령을 내리기 때문이다. 도덕적 명령에 따를 때에야 비로소 우리는 의무에서 비롯된 행위를 한 것이다. 만약 어떤 행위가 이성의 명령에 따른 것이 아닐 경우 그것이 결과적으로 의무와 부합할지라도 의무에서 나온 행위는 아니다. 의무에서 나온 행위가 아니라면 심리적 성향에서 비롯된 행위가 되는데, 심리적 성향에서 비롯된 행위는 도덕성과 무관하다. 불쌍한 사람을 보고 마음이 아파서 도움을 주었다면 이는 결국 심리적 성향에 따라 행동한 것이다. 그것은 감정과 욕구에 따른 것이기 때문에 도덕적 행위일 수가 없다.
> 감정이나 욕구와 같은 심리적 성향에 따른 행위가 도덕적일 수 없는 또 다른 이유는 그것이 상대적이기 때문이다. 감정이나 욕구는 주관적이어서 사람마다 다르며, 같은 사람이라도 상황에 따라 변하기 마련이다. 이 때문에 이는 시공간을 넘어 모든 인간에게 적용될 수 있는 보편적인 도덕의 원리가 될 수 없다. 감정이나 욕구가 어떠하든지 간에 이성의 명령에 따르는 것이 도덕이다. 이러한 입장이 사랑이나 연민과 같은 감정에서 나온 행위를 인정하지 않는다거나 가치가 없다고 평가하는 것은 아니다. 단지 사랑이나 연민은 도덕적 차원의 문제가 아닐 뿐이다.

① 동물의 행위는 도덕적 평가의 대상이 아니다.
② 감정이나 욕구는 보편적인 도덕의 원리가 될 수 없다.
③ 심리적 성향에서 비롯된 행위는 도덕적 행위일 수 없다.
④ 이성의 명령에 따른 행위가 심리적 성향에 따른 행위와 일치하는 경우는 없다.
⑤ 인간의 행위 중에는 심리적 성향에서 비롯된 것도 있고 의무에서 나온 것도 있다.

02 다음 밑줄 친 어휘의 관계와 같은 것은?

> 민주주의의 핵심인 선거에서 사람의 신원을 확인하지 않는 것이 가능한가? 그 나라 국민들이 직접 대표를 뽑는 것이 선거의 <u>맹점</u>인데, 신원 확인을 하지 않고서 <u>무결한</u> 선거가 가능하다는 말인가?

① 이번 출장지는 홍콩으로 <u>기정</u>되었으며, 자세한 일정은 <u>미정</u>이므로 추후 안내하겠습니다.
② 기계를 다루기 전에는 반드시 사용상의 <u>유의</u> 사항을 확인하고, 언제나 안전 수칙을 <u>유념</u>하여야 합니다.
③ 불공정한 계약 내용을 수정하지 않을 경우 법적 <u>조치</u>를 취할 예정이라고 하니, 이에 대한 <u>대처</u> 방안을 마련해야 합니다.
④ 얼마 전 미인 대회에서 여러 후보를 제치고 <u>선발</u>된 그녀는 이번에 새로 출시된 화장품의 광고 모델로 <u>발탁</u>되었다.
⑤ 지난달 과소비로 인해 당분간 <u>긴축</u> 생활을 해야 할 필요가 있으므로 불필요한 돈부터 <u>절약</u>해 보자.

03 다음 제시된 단락에 이어질 문단을 논리적 순서대로 바르게 나열한 것은?

> 미적 판단은 대상에 대한 경험에서 생겨나며 감상자의 주관적 반응에 밀접하게 관련되기 때문에, 동일한 대상에 대한 미적 판단은 감상자에 따라 다양하게 나타날 수 있다. 이러한 미적 판단의 차이로 인해 실재론자와 반실재론자 사이에 열띤 논쟁이 벌어지기도 한다.

(가) 예컨대 '베토벤의 운명 교향곡이 웅장하다.'는 판단이 객관적 참이라면 '웅장함'이라는 미적 속성이 실재한다는 식이다. 이 경우 '웅장하다'는 미적 판단은 '웅장함'이라는 객관적으로 실재하는 미적 속성에 대한 기술이다. 동일한 미적 대상에 대한 감상자들 간의 판단이 일치하지 않는 것은 그 미적 판단 간에 옳고 그름이 존재한다는 것이며, 그 옳고 그름의 여부는 실재하는 미적 속성에 대한 확인을 통해 밝힐 수 있다.

(나) 그러나 반실재론자들은 미적 판단이 단순한 객관적 실재의 기술이라기보다는 이미 주관적 평가가 개입된 경우가 많다는 점을 근거로 실재론에 반론을 제기한다. 이들의 주장에 따르면 미적 판단은 감상자의 주관적 반응에 의존하는 것으로, 음악의 '웅장함'이라는 미적 속성은 '웅장하다'는 미적 판단을 내리는 감상자에 의해 발견되는 것이다.

(다) 실재론자들은 '미적 속성이 존재한다는 전제하에 이것이 대상에 실재한다.'는 주장을 내세우면서, 미적 판단의 객관성을 지지한다. 이들에 의하면 미적 속성 P에 대한 진술인 미적 판단 J가 객관적으로 참일 때, 미적 속성 P가 실재한다.

(라) 이 주장은 미적 판단의 주관성과 경험성에 주목한다는 점에서 미적 판단의 다양성을 설명하는 데 용이하다. 이에 따르면 미적 판단의 불일치란 굳이 해소해야 하는 문제적 현상이라기보다는 개인의 다양한 경험, 취미와 감수성의 차이에 따라 발생하는 자연스러운 현상이다.

① (가) - (나) - (다) - (라)
② (나) - (가) - (라) - (다)
③ (다) - (가) - (나) - (라)
④ (다) - (나) - (가) - (라)
⑤ (다) - (라) - (나) - (가)

04 다음 밑줄 친 ㉠ ~ ㉤ 중 글의 전체 흐름과 맞지 않는 한 곳을 찾아 수정하려고 할 때, 가장 적절한 것은?

'단일환자방식'은 숫자가 아닌 문자를 암호화하는 가장 기본적인 방법이다. 이는 문장에 사용된 문자를 일정한 규칙에 따라 일대일 대응으로 재배열하여 문장을 암호화하는 방법이다. 예를 들어, 철수가 이 방법에 따라 영어 문장 'I LOVE YOU'를 암호화하여 암호문으로 만든다고 하자. 철수는 먼저 알파벳을 일대일 대응으로 재배열하는 규칙을 정하고, 그 규칙에 따라 'I LOVE YOU'를 'Q RPDA LPX'와 같이 암호화하게 될 것이다. 이때 철수가 사용한 규칙에는 ㉠ 'I를 Q로 변경한다.', 'L을 R로 변경한다.' 등이 포함되어 있는 셈이다.

우리가 단일환자방식에 따라 암호화한 영어 문장을 접한다고 하자. 그 암호문을 어떻게 해독할 수 있을까? ㉡ 우리가 그 암호문에 단일환자방식의 암호화 규칙이 적용되어 있다는 것을 알고 있다면 문제가 쉽게 해결될 수도 있다. 알파벳의 사용 빈도를 파악하여 일대일 대응의 암호화 규칙을 추론해낼 수 있기 때문이다. 만약 통계 자료를 통해 영어에서 사용되는 알파벳의 사용 빈도를 조사해 보니 E가 12.51%로 가장 많이 사용되었고, 그 다음 빈도는 T, A, O, I, N, S, R, H의 순서라는 것이 밝혀졌다고 하자. ㉢ 물론 이러한 통계 자료를 확보했다고 해도 암호문이 한두 개 밖에 없다면 암호화 규칙을 추론하기는 힘들 것이다. 그러나 암호문을 많이 확보하면 할수록 암호문을 해독할 수 있는 가능성이 높아질 것이다.

이제 누군가가 어떤 영자 신문에 포함되어 있는 모든 문장을 단일환자방식의 암호화 규칙 α에 따라 암호문들로 만들었다고 하자. 그 신문 전체에 사용된 알파벳 수는 충분히 많기 때문에 우리는 암호문들에 나타난 알파벳 빈도의 순서에 근거하여 규칙 α가 무엇인지 추론할 수 있다. ㉣ 만일 규칙 α가 앞서 예로 든 철수가 사용한 규칙과 동일하다면, 암호문들에 가장 많이 사용된 알파벳은 E일 가능성이 높을 것이다. 그런데 조사 결과 암호문들에는 영어 알파벳 26자가 모두 사용되었는데, 그 중 W가 25,021자로 가장 많이 사용되었고, 이후의 빈도는 P, F, C, H, Q, T, N의 순서라는 것이 밝혀졌다. 이에 따라 우리는 철수가 정한 규칙은 규칙 α가 아니라고 추론할 수 있다. 또한 규칙 α에 대해 추론하면서 암호문들을 해독할 수 있다. 예를 들어, ㉤ 암호문 'H FPW HP'는 'I ATE IT'를 암호화한 것이라는 사실을 알 수 있게 된다.

① ㉠을 'Q를 I로 변경한다.', 'R을 L로 변경한다.'로 수정한다.
② ㉡을 '우리가 그 암호문에 단일환자방식의 암호화 규칙이 적용되어 있지 않다고 생각한다 해도 문제는 쉽게 해결될 수 있다.'로 수정한다.
③ ㉢을 '이러한 통계 자료를 확보하게 되면 자동적으로 암호화 규칙을 추론할 수 있게 될 것이다.'로 수정한다.
④ ㉣을 '만일 규칙 α가 앞서 철수가 사용한 규칙과 동일하다면, 암호문들에 가장 많이 사용된 알파벳은 A일 가능성이 높을 것이다.'로 수정한다.
⑤ ㉤을 "암호문 'I ATE IT'는 'H FPW HP'를 암호화한 것이라는 사실을 알 수 있게 된다."로 수정한다.

05 다음 글의 빈칸에 들어갈 문장을 〈보기〉에서 찾아 순서대로 바르게 나열한 것은?

요즘에는 낯선 곳을 찾아갈 때 지도를 해석하며 어렵게 길을 찾지 않아도 된다. 이는 기술력의 발달에 따라 제공되는 공간 정보를 바탕으로 최적의 경로를 탐색할 수 있게 되었기 때문이다. _____ 이처럼 공간 정보가 시간에 따른 변화를 반영할 수 있게 된 것은 정보를 수집하고 분석하는 정보 통신 기술의 발전과 밀접한 관련이 있다.

공간 정보의 활용은 '위치정보 시스템(GPS)'과 '지리정보 시스템(GIS)' 등의 기술적 발전과 휴대전화나 태블릿 PC 등 정보 통신 기기의 보급을 기반으로 한다. 위치정보 시스템은 공간에 대한 정보를 수집하고, 지리정보 시스템은 정보를 저장·분류·분석한다. 이렇게 분석된 정보는 사용자의 요구에 따라 휴대전화나 태블릿 PC 등을 통해 최적화되어 전달된다.

길 찾기를 예로 들어 이 과정을 살펴보자. 휴대전화 애플리케이션을 이용해 사용자가 가려는 목적지를 입력하고 이동 수단으로 버스를 선택하였다면, 우선 사용자의 현재 위치가 위치정보 시스템에 의해 실시간으로 수집된다. 그리고 목적지와 이동 수단 등 사용자의 요구와 실시간으로 수집된 정보에 따라 지리정보 시스템은 탑승할 버스 정류장의 위치, 다양한 버스 노선, 최단 시간 등을 분석하여 제공한다. _____ _____ 예를 들어 여행지와 관련한 공간 정보는 여행자의 요구와 선호에 따라 선별적으로 분석되어 활용된다. 나아가 유동 인구를 고려한 상권 분석과 교통의 흐름을 고려한 도시 계획 수립에도 공간 정보 활용이 가능하게 되었다. 획기적으로 발전되고 있는 첨단 기술이 적용된 공간 정보가 국가 차원의 자연재해 예측 시스템에도 활발히 활용된다면 한층 정밀한 재해 예방 및 대비가 가능해질 것이다. 이로 인해 우리의 삶도 더 편리하고 안전해질 것으로 기대된다.

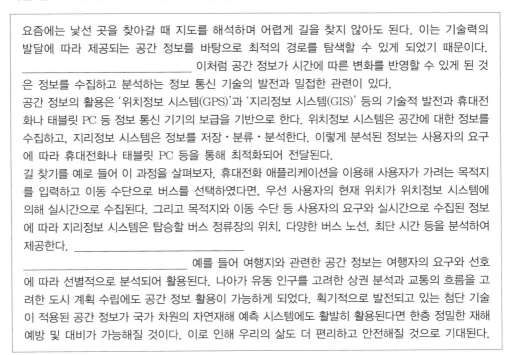

> **보기**
>
> ㉠ 어떤 곳의 위치 좌표나 지리적 형상에 대한 정보뿐만 아니라 시간에 따른 공간의 변화를 포함한 공간 정보를 이용할 수 있게 되면서 가능해진 것이다.
> ㉡ 더 나아가 교통 정체와 같은 돌발 상황과 목적지에 이르는 경로의 주변 정보까지 분석하여 제공한다.
> ㉢ 공간 정보의 활용 범위는 계속 확대되고 있다.

① ㉠, ㉡, ㉢
② ㉠, ㉢, ㉡
③ ㉡, ㉠, ㉢
④ ㉡, ㉢, ㉠
⑤ ㉢, ㉠, ㉡

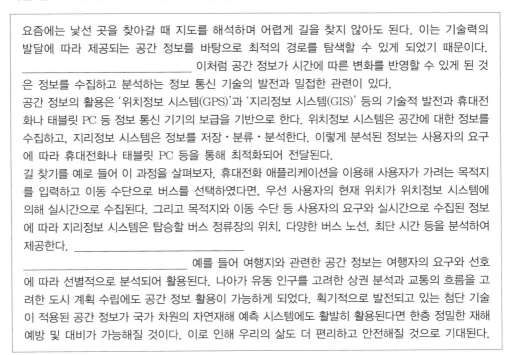

PART 2

06 다음 글의 내용으로 적절하지 않은 것은?

> 최저임금제도는 정부가 근로자들을 보호하고 일자리의 질을 향상시키기 위해 근로자들이 임금을 일정 수준 이하로 받지 않도록 보장하여 경제적인 안정성을 제공하는 제도이다.
>
> 최저임금제도는 일자리의 안정성과 경제의 포용성을 촉진한다. 일정 수준 이상으로 설정된 최저임금은 근로자들에게 최소한의 생계비를 보장하고 근로 환경에서의 안정성을 확보할 수 있게 한다. 이는 근로자들의 생활의 질과 근로 만족도를 향상시키는 데 기여한다.
>
> 최저임금제도는 불공정한 임금구조를 해소하고 경제적인 격차를 완화하는 데 도움을 준다. 일부 기업에서는 경쟁력 확보나 이윤 극대화를 위해 근로자들에게 낮은 임금을 지불하는 경우가 있다. 최저임금제도는 이런 부당한 임금 지급을 방지하고 사회적인 형평성을 증진시킨다.
>
> 또한 최저임금제도는 소비 활성화와 경기 부양에도 기여한다. 근로자들이 안정된 임금을 받게 되면 소비력이 강화되고, 소비 지출이 증가한다. 이는 장기적으로 기업의 생산과 판매를 촉진시켜 경기를 활성화한다.
>
> 그러나 최저임금제도는 일부 기업들에게 추가적인 경제적 부담으로 다가올 수 있다. 인건비 인상으로 인한 비용 부담 증가는 일자리의 제약이나 물가 상승으로 이어질 수 있다. 그러므로 정부는 적절한 최저임금 수준을 설정하고 기업의 경쟁력을 고려하여 적절한 대응 방안을 모색해야 한다.
>
> 이와 같이 최저임금제도는 노동자 보호와 경제적 포용성을 위한 중요한 정책 수단이다. 그러나 최저임금제도만으로는 모든 경제적 문제를 해결할 수 없으며 근로시간, 근로조건 등 다른 노동법과의 조화가 필요하다.

① 최저임금제도는 기업 입장에서 아무런 이득이 없다.
② 최저임금제도는 기업의 경제적 부담을 증가시킬 수 있다.
③ 최저임금제도는 근로자의 소비를 증가시킨다.
④ 최저임금제도는 경제적 격차를 완화하는 데 도움을 준다.
⑤ 최저임금제도를 통해 근로자들은 최소한의 생계비를 보장받을 수 있다.

07 다음 글의 내용을 지지하지 않는 것은?

> 지구와 태양 사이의 거리와 지구가 태양 주위를 도는 방식은 인간의 생존에 유리한 여러 특징을 지니고 있다. 인간을 비롯한 생명이 생존하려면 행성이 액체 상태의 물을 포함하면서 너무 뜨겁거나 차갑지 않아야 한다. 이를 위해 행성은 태양과 같은 별에서 적당히 떨어져 있어야 한다. 이 적당한 영역을 '골디락스 영역'이라고 한다. 또한 지구가 태양의 중력장 주위를 도는 타원 궤도는 충분히 원에 가깝다. 따라서 연중 태양에서 오는 열에너지가 비교적 일정하게 유지될 수 있다. 만약 태양과의 거리가 일정하지 않았다면 지구는 여름에는 바다가 모두 끓어 넘치고, 겨울에는 거대한 얼음덩어리가 되는 불모의 행성이었을 것이다.
>
> 우리 우주에 작용하는 근본적인 힘의 세기나 물리법칙도 인간을 비롯한 생명의 탄생에 유리하도록 미세하게 조정되어 있다. 예를 들어 근본적인 힘인 강한 핵력이나 전기력의 크기가 현재 값에서 조금만 달랐다면, 별의 내부에서 탄소처럼 무거운 원소는 만들어질 수 없었고 행성도 만들어질 수 없었을 것이다. 최근 들어 물리학자들은 이들 힘을 지배하는 법칙이 현재와 다르다면 우주는 구체적으로 어떤 모습이 될지 컴퓨터 모형으로 계산했다. 그 결과를 보면 강한 핵력의 강도가 겨우 0.5% 다르거나 전기력의 강도가 겨우 4% 다를 경우에도 탄소나 산소는 우주에서 합성되지 않는다. 따라서 생명 탄생의 가능성도 사라진다. 결국, 강한 핵력이나 전기력을 지배하는 법칙들을 조금이라도 건드리면 우리가 존재할 가능성은 사라지는 것이다.
>
> 결론적으로 지구 주위 환경뿐만 아니라 보편적 자연법칙까지도 인류와 같은 생명이 진화해 살아가기에 알맞은 범위 안에 제한되어 있다고 할 수 있다. 만일 그러한 제한이 없었다면 태양계나 지구가 탄생할 수 없었을 뿐만 아니라 생명 또한 진화할 수 없었을 것이다. 우리가 아는 행성이나 생명이 탄생할 가능성을 열어두면서 물리법칙을 변경할 수 있는 폭은 매우 좁다.

① 탄소가 없는 상황에서도 생명은 자연적으로 진화할 수 있다.
② 중력법칙이 현재와 조금만 달라도 지구는 태양으로 빨려 들어간다.
③ 원자핵의 질량이 현재보다 조금 더 크다면 우리 몸을 이루는 원소는 합성되지 않는다.
④ 별 주위의 '골디락스 영역'에 행성이 위치할 확률은 매우 낮지만, 지구는 그 영역에 위치한다.
⑤ 핵력의 강도가 현재와 약간만 달라도 별의 내부에서 무거운 원소가 거의 전부 사라진다.

※ 다음은 색채심리학을 소개하는 기사 내용이다. 이어지는 질문에 답하시오. [8~9]

색채는 상징성과 이미지를 지니는 동시에 인간과 심리적 교감을 나눈다. 과거 노란색은 중국 황제를 상징했고, 보라색은 로마 황제의 색이었다. 또한 붉은색은 공산주의의 상징이었다. 백의민족(白衣民族)이라 불린 우리 민족은 태양의 광명인 흰색을 숭상했던 것으로 보인다. 이처럼 각 색채는 희망·열정·사랑·생명·죽음 등 다양한 상징을 갖고 있다. 여기에 각 색깔이 주는 독특한 자극은 인간의 감성과 심리에 큰 영향을 미치고 있으며, 이는 색채심리학이라는 학문의 등장으로 이어졌다.

색채심리학이란 색채와 관련된 인간의 행동(반응)을 연구하는 심리학을 말한다. 색채심리학에서는 색각(色覺)의 문제로부터, 색채가 가지는 인상·조화감 등에 이르는 여러 문제를 다룬다. 그뿐만 아니라, 생리학·예술·디자인·건축 등과도 관계를 가진다. 특히, 색채가 어떠하며, 우리 눈에 그것이 어떻게 보이고, 어떤 느낌을 주는지는 색채심리학이 다루는 연구 대상 중 가장 주요한 부분이다.

우리는 보통 몇 가지의 색을 동시에 보게 된다. 이럴 경우 몇 가지의 색이 상호작용을 하므로, 한 가지의 색을 볼 때와는 다른 현상이 일어난다. 그 대표적인 것이 대비(對比) 현상이다. 색채의 대비는 2개 이상의 색을 동시에 보거나, 계속해서 볼 때 일어나는 현상이다. 전자를 '동시대비', 후자를 '계속대비'라 한다. 이때 제시되는 색은 서로 영향을 미치며, 각기 지니고 있는 색의 특성을 더욱더 강조하는 경향이 생긴다.

이러한 색의 대비 현상을 살펴보면, 색에는 색상·명도(색의 밝기 정도)·채도(색의 선명도)의 3가지 속성이 있으며, 이에 따라 색상대비·명도대비·채도대비의 3가지 대비를 볼 수 있다. 색상대비는 색상이 다른 두 색을 동시에 이웃하여 놓았을 때 두 색이 서로의 영향으로 색상 차가 나는 현상이다. 다음으로 명도대비는 명도가 다른 두 색을 이웃하거나 배색하였을 때 밝은색은 더욱 밝게, 어두운색은 더욱 어둡게 보이는 현상으로 볼 수 있다. 그리고 채도대비는 채도가 다른 두 색을 인접시켰을 때 서로의 영향을 받아 채도가 높은 색은 더욱 높아 보이고 채도가 낮은 색은 더욱 낮아 보이는 현상을 말한다.

오늘날 색의 대비 현상은 일상생활에서 많이 활용되고 있다. 색채를 활용하여 먼 거리에서 더 잘 보이게 하거나 뚜렷하게 보이도록 해야 할 때가 있는데, 그럴 경우에는 배경과 그 앞에 놓이는 그림의 속성 차를 크게 해야 한다. 일반적으로 배경색과 그림색의 속성이 다르면 다를수록 그림은 명확하게 인지되고, 멀리서도 잘 보인다. 색의 대비 중 이와 같은 현상에 가장 영향을 미치는 것은 명도대비이며 그다음이 색상대비, 채도대비의 순이다. 특히, 멀리서도 잘 보여야 하는 표지판 등은 대비량이 큰 색을 사용한다.

색이 우리 눈에 보이는 현상으로는 이 밖에도 잔상색·순응색 등이 있다. 흰 종이 위에 빨간 종이를 놓고 잠깐 동안 주시한 다음 빨간 종이를 없애면 흰 종이 위에 빨간 청록색이 보인다. 이것이 이른바 보색잔상으로서 비교적 밝은 면에서 잔상을 관찰했을 때 나타나는 현상이다. 그러나 암흑 속이나 백광색의 자극을 받을 때는 매우 복잡한 양상을 띤다. 또한 조명광이나 물체색(物體色)을 오랫동안 계속 쳐다보고 있으면 그 색에 순응되어 색의 지각이 약해진다. 그래서 조명에 의해 물체색이 바뀌어도 자신이 알고 있는 고유의 색으로 보이게 되는데, 이러한 현상을 '색순응'이라고 한다.

08 다음 중 윗글을 읽고 이해한 내용으로 적절하지 않은 것은?

① 색채의 대비 중 2개 이상의 색을 계속 보는 경우를 계속대비라고 한다.

② 색을 계속 응시하면 색의 보이는 상태가 변화됨을 알 수 있다.

③ 색채심리학은 색채가 우리에게 어떤 느낌을 주는지도 연구한다.

④ 배경과 그림의 속성 차를 작게 할수록 뚜렷하게 보이는 효과가 있다.

⑤ 멀리서도 잘 보여야 하는 경우는 대비량이 큰 색을 사용한다.

PART 2

09 다음 중 윗글을 읽고 추론한 내용으로 가장 적절한 것은?

① 어두운 밝기의 회색이 검은색 바탕 위에 놓일 경우 밝아 보이는데, 이는 채도대비로 볼 수 있다.

② 연두색 배경 위에 놓인 노란색은 좀 더 붉은색을 띠게 되는데, 이는 색상대비로 볼 수 있다.

③ 파란색 선글라스를 통해 푸르게 보이던 것이 곧 익숙해져서 본래의 색으로 느끼는 것은 보색잔상으로 볼 수 있다.

④ 색의 물체를 응시한 후 흰 벽으로 시선을 옮기면 전자의 색에 칠하여진 동형의 상을 볼 수 있는데, 이는 색순응으로 볼 수 있다.

⑤ 무채색 위에 둔 유채색이 훨씬 선명하게 보이는 현상은 명도대비로 볼 수 있다.

10 다음 글의 결론으로 가장 적절한 것은?

경제 활동 주체들은 이윤이 극대화될 수 있는 지점을 찾아 입지하려는 경향을 지닌다. 이를 설명하는 이론이 '산업입지론'인데, 고전적인 산업입지 이론으로는 '최소비용입지론'과 '최대수요입지론'이 있다.

최소비용입지론은 산업의 입지에 관계없이 수요는 고정되어 있고 수입은 일정하다고 가정한다. 다른 비용들이 동일하다면 운송비가 최소화되는 지점이 최적 입지가 되며, 최소 운송비 지점을 바탕으로 다른 비용 요소들을 고려한다. 운송비는 원료 등 생산투입요소를 공장까지 운송하는 데 소요되는 '원료 운송비'와 생산한 제품을 시장까지 운송하는 데 소요되는 '제품 운송비'로 구성된다. 최소비용입지론에서는 원료지수(MI)를 도입하여 사용된 원료의 무게와 생산된 제품의 무게를 따진다. 그 결과 원료 산지와 시장 중 어느 쪽으로 가까이 입지할 때 운송비가 유리해지는가를 기준으로 산업의 입지를 판단한다.

[원료지수(MI)]=(사용된 원료의 무게)÷(생산된 제품의 무게)

MI>1일 때는 시장까지 운송해야 하는 제품의 무게에 비해 사용되는 원료의 무게가 더 큰 경우로, 공정 과정에서 원료의 무게가 줄어든다. 이런 상황에서는 가능하면 원료 산지에 가깝게 입지할수록 운송비의 부담을 줄일 수 있어 원료 지향적 입지가 이루어진다. 반대로 MI<1인 경우는 산지에서 운송해 온 재료 외에 생산 공정에서 재료가 더해져 제품의 무게가 늘어나는 경우인데, 이때는 제품 운송비의 부담이 더 크므로 시장에 가까이 입지할수록 운송비 부담이 줄게 되어 시장 지향적인 입지 선택을 하게 된다. MI=1인 경우는 원료 산지와 시장 사이 어느 지점에 입지하든 운송비에 차이는 없게 된다.

최대수요입지론은 산업입지와 상관없이 비용은 고정되어 있다고 가정한다. 이 이론에서는 경쟁 업체와 가격 변동을 고려하여 수요가 극대화되는 입지를 선정한다. 최초로 입지를 선정하는 업체는 시장의 어디든 입지할 수 있으나 소비자의 이동 거리를 최소화하기 위하여 시장의 중심에 입지한다. 그다음 입지를 선정해야 하는 경쟁 업체는 가격 변화에 따라 수요가 변하는 정도가 크지 않은 경우, 시장의 중심에서 멀어질수록 시장을 뺏기게 되므로 경쟁 업체가 있더라도 가능한 중심에 가깝게 입지하려고 한다. 하지만 가격 변화에 따라 수요가 크게 변하는 경우, 두 경쟁자는 서로 적절히 떨어져 입지하여 보다 낮은 가격으로 제품을 공급하려고 한다.

① 소비자의 수요는 가격보다 업체의 서비스에 의해 결정된다.
② 업체끼리 서로 경쟁하기보다는 상생하는 것이 더 중요하다.
③ 경제 활동 주체가 언제나 합리적인 선택을 할 수 없다.
④ 시장의 경쟁자가 많지 않은 상황에서는 효과적인 입지 선정이 힘들다.
⑤ 여러 요소를 감안하더라도 최적의 입지 선택을 위해서는 거리에 따른 경제적 효과를 고려해야 된다.

11 다음과 같이 일정한 규칙으로 수를 나열할 때, 빈칸에 들어갈 알맞은 수는?

51	58	42	49	( )	40	24	

① 31 ② 33

③ 35 ④ 36

⑤ 39

12 희경이의 회사는 본사에서 A지점까지의 거리가 총 50km이다. 본사에서 근무하는 희경이가 A지점에서의 미팅을 위해 버스를 타고 60km/h의 속력으로 20km를 갔더니 미팅 시간이 얼마 남지 않아 택시로 바꿔 타고 90km/h의 속력으로 갔더니 오후 3시에 도착할 수 있었다. 희경이가 본사에서 나온 시각은 언제인가?(단, 본사에서 나와 버스를 기다린 시간과 버스에서 택시로 바꿔 탄 시간은 고려하지 않는다)

① 오후 1시 40분 ② 오후 2시

③ 오후 2시 20분 ④ 오후 2시 40분

⑤ 오후 3시

13 은경이는 태국 여행에서 A~D 네 종류의 손수건을 총 9장 구매했으며, 그중 B손수건은 3장, 나머지는 각각 같은 개수를 구매했다. 기념품으로 친구 3명에게 종류가 다른 손수건을 3장씩 나눠줬을 때, 가능한 경우의 수는?

① 5가지 ② 6가지

③ 7가지 ④ 8가지

⑤ 9가지

14 농도가 20%인 설탕물 400g에 각설탕 10개를 넣었더니 농도가 25%인 설탕물이 되었다. 이때 각설탕 3개의 무게는?

① $\dfrac{5}{2}$ g

② $\dfrac{8}{3}$ g

③ 5.2g

④ 7g

⑤ 8g

15 다음은 권장 소비자 가격과 판매 가격 차이를 조사한 자료이다. 〈조건〉을 적용했을 때, 할인가 판매 시 괴리율이 가장 높은 품목은?(단, 괴리율은 소수점 둘째 자리에서 버림한다)

〈권장 소비자 가격 및 판매 가격 정보〉

(단위 : 원, %)

상품	판매 가격		권장 소비자 가격과의 괴리율	
	정상가	할인가	권장 소비자 가격	정상가 판매 시 괴리율
세탁기	600,000	580,000	640,000	6.2
무선전화기	175,000	170,000	181,000	3.3
오디오세트	470,000	448,000	493,000	4.6
골프채	750,000	720,000	786,000	4.5
운동복	195,000	180,000	212,500	8.2

조건

- [권장 소비자 가격과의 괴리율(%)]= $\dfrac{(권장 \ 소비자 \ 가격)-(판매 \ 가격)}{(권장 \ 소비자 \ 가격)} \times 100$
- 정상가 : 할인 판매를 하지 않는 상품의 판매 가격
- 할인가 : 할인 판매를 하는 상품의 판매 가격

① 세탁기

② 무선전화기

③ 오디오세트

④ 골프채

⑤ 운동복

16 다음은 OECD 국가의 대학졸업자 취업에 대한 자료이다. A~L국가 중 전체 대학졸업자 대비 대학 졸업자 중 취업자 비율이 OECD 평균보다 높은 국가가 바르게 연결된 것은?

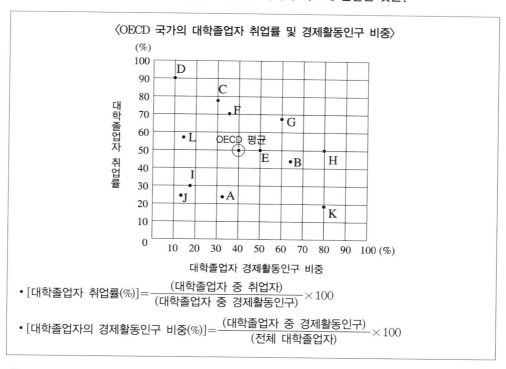

〈OECD 국가의 대학졸업자 취업률 및 경제활동인구 비중〉

- [대학졸업자 취업률(%)]$=\dfrac{(\text{대학졸업자 중 취업자})}{(\text{대학졸업자 중 경제활동인구})}\times 100$

- [대학졸업자의 경제활동인구 비중(%)]$=\dfrac{(\text{대학졸업자 중 경제활동인구})}{(\text{전체 대학졸업자})}\times 100$

① A, D
② B, C
③ D, H
④ G, K
③ H, L

17 소비자물가지수란 가계가 일상생활을 영위하기 위해 구입하는 상품 가격과 서비스 요금의 변동을 종합적으로 측정하기 위해 작성하는 지수를 의미한다. K국가에서는 국민들이 오로지 보리와 쌀만을 사고팔고 서비스는 존재하지 않는다고 가정할 때, 2022 ~ 2024년 보리와 쌀의 가격은 아래의 표와 같다. 매년 K국가 국민은 보리 200g, 쌀 300g을 소비한다고 가정했을 때, 2024년도 물가상승률은 얼마인가?(단, 기준 연도는 2022년으로, 소비자물가지수는 100으로 가정한다)

〈1g당 보리 및 쌀 가격〉

(단위 : 원)

구분	보리	쌀
2022년	120	180
2023년	150	220
2024년	180	270

※ [물가상승률(%)] $= \dfrac{(\text{해당 연도 소비자물가지수}) - (\text{기준 연도 소비자물가지수})}{(\text{기준 연도 소비자물가지수})} \times 100$

※ 소비자물가는 연간 국민이 소비한 상품 및 서비스의 총가격임

① 10%

② 30%

③ 50%

④ 100%

⑤ 150%

18 다음은 우리나라의 예산분야별 재정지출 추이를 나타낸 자료이다. 이에 대한 설명으로 옳은 것은?

〈우리나라 예산분야별 재정지출 추이〉

(단위 : 조 원, %)

구분	2020년	2021년	2022년	2023년	2024년	연평균 증가율
예산	137.3	147.5	153.7	165.5	182.8	7.4
기금	59.0	61.2	70.4	72.9	74.5	6.0
교육	24.5	27.6	28.8	31.4	35.7	9.9
사회복지 · 보건	32.4	49.6	56.0	61.4	67.5	20.1
R&D	7.1	7.8	8.9	9.8	10.9	11.3
SOC	27.1	18.3	18.4	18.4	18.9	−8.6
농림 · 해양 · 수산	12.3	14.1	15.5	15.9	16.5	7.6
산업 · 중소기업	11.4	11.9	12.4	12.6	12.6	2.5
환경	3.5	3.6	3.8	4.0	4.4	5.9
국방비	18.1	21.1	22.5	24.5	26.7	10.2
통일 · 외교	1.5	2.0	2.6	2.4	2.6	16.7
문화 · 관광	2.3	2.6	2.8	2.9	3.1	7.7
공공질서 · 안전	7.6	9.4	11.0	10.9	11.6	11.2
균형발전	5.0	5.5	6.3	7.2	8.1	12.8
기타	43.5	35.2	35.1	37.0	38.7	−2.9
총지출	196.3	208.7	224.1	238.4	257.3	7.0

※ (총지출)＝(예산)＋(기금)

① 총지출에 대한 기금의 비중이 가장 컸던 해는 2020년이다.
② 교육 분야의 지출 증가율이 전년 대비 가장 높은 해는 2021년이다.
③ 전년과 지출액이 동일한 해가 있는 분야는 2개이다.
④ 사회복지 · 보건 분야가 차지하는 비율은 매년 가장 높다.
⑤ 기금의 연평균 증가율보다 낮은 연평균 증가율을 보이는 분야는 3개이다.

19 다음은 2024년 K국의 강수량에 대한 자료이다. 이를 그래프로 바르게 변환한 것은?

〈연 강수량〉

(단위 : mm, 위)

구분	1월	2월	3월	4월	5월	6월	7월	8월	9월	10월	11월	12월
강수량	15.3	29.8	24.1	65.0	29.5	60.7	308.0	241.0	92.1	67.6	12.7	21.9
역대순위	32	23	39	30	44	43	14	24	26	13	44	27

①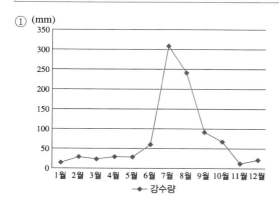

②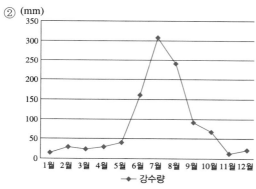

③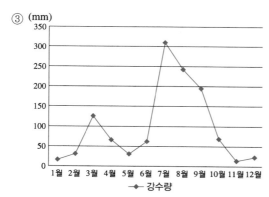

④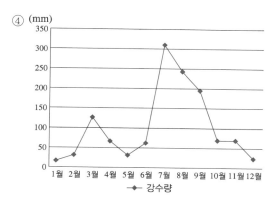

⑤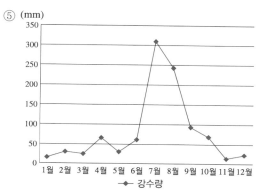

20 다음은 2024년 국내 신규 박사학위 취득자 분포에 대한 자료이다. 이에 대한 〈보기〉 중 옳은 것을 모두 고르면?

〈연령별 박사학위 취득자 분포〉

(단위 : 명)

구분	남성	여성
30세 미만	196	141
30세 이상 35세 미만	1,811	825
35세 이상 40세 미만	1,244	652
40세 이상 45세 미만	783	465
45세 이상 50세 미만	577	417
50세 이상	1,119	466
합계	5,730	2,966

〈전공계열별 박사학위 취득자 분포〉

(단위 : 명)

구분	남성	여성
인문계열	357	368
사회계열	1,024	649
공학계열	2,441	332
자연계열	891	513
의약계열	581	537
교육·사범계열	172	304
예술·체육계열	266	260
합계	5,732	2,963

보기

ㄱ. 남성 박사학위 취득자 중 50세 이상이 차지하는 비율은 여성 박사학위 취득자 중 50세 이상이 차지하는 비율보다 높다.

ㄴ. 전공계열별 박사학위 취득자 중 여성보다 남성의 비율이 높은 순위는 1위가 공학계열, 2위가 사회계열, 3위가 자연계열 순서이다.

ㄷ. 남성의 연령별 박사학위 취득자 수가 많은 순서와 여성의 연령별 박사학위 취득자 수가 많은 순서는 같다.

ㄹ. 연령대가 올라갈수록 남녀 박사학위 취득자 수의 차이는 점점 커지고 있다.

① ㄱ, ㄴ
② ㄱ, ㄷ
③ ㄱ, ㄹ
④ ㄴ, ㄷ
⑤ ㄴ, ㄹ

21 A~E 5명이 순서대로 퀴즈게임을 해서 벌칙을 받을 사람 1명을 선정하고자 한다. 다음 게임 규칙과 결과에 근거할 때, 〈보기〉 중 항상 옳은 것을 모두 고르면?

- 규칙
  - A → B → C → D → E 순서대로 퀴즈를 1개씩 풀고, 모두 한 번씩 퀴즈를 풀고 나면 한 라운드가 끝난다.
  - 퀴즈 2개를 맞힌 사람은 벌칙에서 제외되고, 다음 라운드부터는 게임에 참여하지 않는다.
  - 라운드를 반복하여 맨 마지막까지 남는 한 사람이 벌칙을 받는다.
  - 벌칙에서 제외되는 4명이 확정되면 라운드 중이라도 더 이상 퀴즈를 출제하지 않으며, 이 외에는 라운드 끝까지 퀴즈를 출제한다.
  - 게임 중 동일한 문제는 출제하지 않는다.
- 결과
  3라운드에서 A는 참가자 중 처음으로 벌칙에서 제외되었고, 4라운드에서는 오직 B만 벌칙에서 제외되었으며, 벌칙을 받을 사람은 5라운드에서 결정되었다.

보기
ㄱ. 5라운드까지 참가자들이 정답을 맞힌 퀴즈는 총 9개이다.
ㄴ. 게임이 종료될 때까지 총 22개의 퀴즈가 출제되었다면, E는 5라운드에서 퀴즈의 정답을 맞혔다.
ㄷ. 게임이 종료될 때까지 총 21개의 퀴즈가 출제되었다면, 퀴즈를 푸는 순서가 벌칙을 받을 사람 결정에 영향을 미친 것으로 볼 수 있다.

① ㄱ
② ㄴ
③ ㄱ, ㄷ
④ ㄴ, ㄷ
⑤ ㄱ, ㄴ, ㄷ

22 약국에 희경, 은정, 소미, 정선 4명의 손님이 방문하였다. 약사는 이들로부터 처방전을 받아 A~D 네 봉지의 약을 조제하였다. 다음 〈조건〉이 참일 때 옳은 것은?

조건
- 방문한 손님들의 병명은 몸살, 배탈, 치통, 피부병이다.
- 은정이의 약은 B에 해당하고, 은정이는 몸살이나 배탈 환자가 아니다.
- A는 배탈 환자에 사용되는 약이 아니다.
- D는 연고를 포함하고 있는데, 이 연고는 피부병에만 사용된다.
- 희경이는 임산부이고, A와 D에는 임산부가 먹어서는 안 되는 약품이 사용되었다.
- 소미는 몸살 환자가 아니다.

① 은정이는 피부병에 걸렸다.
② 정선이는 몸살이 났고, 이에 해당하는 약은 C이다.
③ 희경이는 배탈이 났다.
④ 소미는 치통 환자이다.
⑤ 소미가 처방받은 약은 A이다.

23 다음은 문제의 유형에 대한 설명이다. 〈보기〉의 사례에 해당하는 문제유형을 바르게 구분한 것은?

> 업무 수행 과정 중 발생한 문제를 효과적으로 해결하기 위해서는 문제의 유형을 파악하는 것이 우선
> 시되어야 하며, 이러한 문제의 유형은 발생형 문제, 탐색형 문제, 설정형 문제의 세 가지로 분류할
> 수 있다.

> **보기**
> ㉠ 지속되는 경기 악화에 따라 새로운 신약 개발에 사용되는 원료 중 일부의 단가가 상승할 것으로
>   예상되어 다른 공급처를 물색할 필요성이 대두되고 있다.
> ㉡ 새로운 신약 개발 과정에서의 임상시험 중 임상시험자의 다수가 부작용을 보이고 있어 신약 개발
>   이 전면 중단되었다.
> ㉢ 현재는 신약 개발이 주 업무인 제약회사이지만, 매년 새로운 감염병이 발생하고 있는 현 실정에
>   진단키트 개발도 추진한다면, 회사의 성장 가능성은 더 커질 것으로 보고 있다.

	발생형 문제	탐색형 문제	설정형 문제
①	㉠	㉡	㉢
②	㉠	㉢	㉡
③	㉡	㉠	㉢
④	㉡	㉢	㉠
⑤	㉢	㉡	㉠

24 자선 축구대회에 한국, 일본, 중국, 미국 대표팀이 초청되었다. 각 팀은 〈조건〉에 따라 월요일부터
금요일까지 서울, 수원, 인천, 대전 경기장을 돌아가며 사용한다고 할 때, 다음 중 옳지 않은 것은?

> **조건**
> • 각 경기장에는 한 팀씩 연습하며 연습을 쉬는 팀은 없다.
> • 모든 팀은 모든 경기장에서 적어도 한 번 이상 연습을 해야 한다.
> • 외국에서 온 팀의 첫 훈련은 공항에서 가까운 수도권 지역에 배정한다.
> • 이동거리 최소화를 위해 각 팀은 한 번씩 경기장 한 곳을 이틀 연속해서 사용해야 한다.
> • 미국은 월요일, 화요일에 수원에서 연습을 한다.
> • 목요일에 인천에서는 아시아 팀이 연습을 할 수 없다.
> • 금요일에 중국은 서울에서, 미국은 대전에서 연습을 한다.
> • 한국은 인천에서 연속으로 연습을 한다.

① 목요일, 금요일에 연속으로 같은 지역에서 연습하는 팀은 없다.
② 수요일에 대전에서는 일본이 연습을 한다.
③ 대전에서는 한국, 중국, 일본, 미국의 순서로 연습을 한다.
④ 한국은 화요일, 수요일에 같은 지역에서 연습을 한다.
⑤ 미국과 일본은 한 곳을 연속해서 사용하는 날이 같다.

25 A ~ D 4명이 다음 〈조건〉에 따라 구두를 샀다고 할 때, A는 주황색 구두를 포함하여 어떤 색의 구두를 샀는가?(단, 빨간색 – 초록색, 주황색 – 파란색, 노란색 – 남색은 보색 관계이다)

> **조건**
> • 세일하는 품목은 빨간색, 주황색, 노란색, 초록색, 파란색, 남색, 보라색으로 각 한 켤레씩 남았다.
> • A는 주황색을 포함하여 두 켤레를 샀다.
> • C는 빨간색 구두를 샀다.
> • B, D는 파란색을 사지 않았다.
> • C, D는 같은 수의 구두를 샀다.
> • B는 C가 산 구두와 보색 관계인 구두를 샀다.
> • D는 B가 산 구두와 보색 관계인 구두를 샀다.
> • 모두 한 켤레 이상씩 샀으며, 네 사람은 세일 품목을 모두 샀다.

① 노란색   ② 초록색
③ 파란색   ④ 남색
⑤ 보라색

26 국내 금융그룹의 SWOT 분석 결과가 다음과 같을 때, 분석 결과에 대응하는 전략과 그 내용이 바르게 짝지어진 것은?

국내 금융그룹 SWOT 분석 결과	
〈S(강점)〉	〈W(약점)〉
• 탄탄한 국내 시장 지배력 • 뛰어난 위기관리 역량 • 우수한 자산건전성 지표 • 수준 높은 금융 서비스	• 은행과 이자수익에 편중된 수익구조 • 취약한 해외 비즈니스와 글로벌 경쟁력 • 낙하산식 경영진 교체와 관치금융 우려 • 외화 자금 조달 리스크
〈O(기회)〉	〈T(위협)〉
• 해외 금융시장 진출 확대 • 기술 발달에 따른 핀테크의 등장 • IT 인프라를 활용한 새로운 수익 창출 • 계열사 간 협업을 통한 금융 서비스	• 새로운 금융 서비스의 등장 • 은행의 영향력 약화 가속화 • 글로벌 금융사와의 경쟁 심화 • 비용 합리화에 따른 고객 신뢰 저하

① SO전략 : 해외 비즈니스TF팀 신설로 상반기 해외 금융시장 진출 대비
② ST전략 : 금융 서비스를 다방면으로 확대해 글로벌 경쟁사와의 경쟁에서 우위 차지
③ WO전략 : 국내의 탄탄한 시장점유율을 기반으로 핀테크 사업 진출
④ WT전략 : 국내 금융사의 우수한 자산건전성 지표를 홍보하여 고객 신뢰 회복
⑤ WT전략 : 해외 금융시장 진출을 확대하여 안정적인 외화 자금 조달을 통한 위기관리

27 귀하는 점심식사 중 식당에 있는 TV에서 정부의 정책에 대한 뉴스가 나오는 것을 보았다. 함께 점심을 먹는 동료들과 뉴스를 보고 나눈 대화의 내용으로 적절하지 않은 것은?

〈뉴스〉

앵커 : 저소득층에게 법률서비스를 제공하는 정책을 구상 중입니다. 정부는 무료로 법률자문을 하겠다고 자원하는 변호사를 활용하는 자원봉사제도, 정부에서 법률구조공단 등의 기관을 신설하고 변호사를 유급으로 고용하여 법률서비스를 제공하는 유급법률구조제도, 정부가 법률서비스의 비용을 대신 지불하는 법률보호제도 등의 세 가지 정책대안 중 하나를 선택할 계획입니다.
이 정책대안을 비교하는 데 고려해야 할 정책목표는 비용저렴성, 접근용이성, 정치적 실현가능성, 법률서비스의 전문성입니다. 정책대안과 정책목표의 상관관계는 화면으로 보여드립니다. 각 대안이 정책목표를 달성하는 데 유리한 경우는 (+)로, 불리한 경우는 (−)로 표시하였으며, 유·불리 정도는 같습니다. 정책목표에 대한 가중치의 경우, '0'은 해당 정책목표를 무시하는 것을, '1'은 해당 정책목표를 고려하는 것을 의미합니다.

〈정책대안과 정책목표의 상관관계〉

정책목표	가중치		정책대안		
	A안	B안	자원봉사제도	유급법률구조제도	법률보호제도
비용저렴성	0	0	+	−	−
접근용이성	1	0	−	+	−
정치적 실현가능성	0	0	+	−	+
법률서비스의 전문성	1	1	−	+	−

① 아마도 법률서비스의 전문성 면에서는 유급법률구조제도가 자원봉사제도보다 더 좋은 정책 대안으로 평가받게 되겠군.
② A안에 가중치를 적용할 경우 유급법률구조제도가 가장 적절한 정책대안으로 평가받게 되지 않을까?
③ 반대로 B안에 가중치를 적용할 경우 자원봉사제도가 가장 적절한 정책대안으로 평가받게 될 것 같아.
④ A안과 B안 중 어떤 것을 적용하더라도 정책대안 비교의 결과는 달라지지 않을 것으로 보여.
⑤ 비용저렴성을 달성하기에 가장 유리한 정책대안은 자원봉사제도로군.

28 귀하는 자동차도로 고유번호 부여 규정을 근거로 하여 도로에 노선번호를 부여할 계획이다. 다음 그림에서 점선은 '영토'를, 실선은 '고속국도'를 표시한 것이며, (가), (나), (다), (라)는 '간선노선'을, (마), (바)는 '보조간선노선'을 나타낸 것이다. 다음 중 노선번호를 올바르게 부여한 것은?

〈자동차도로 고유번호 부여 규정〉

자동차도로는 관리상 고속국도, 일반국도, 특별광역시도, 지방도, 시도, 군도, 구도의 일곱 가지로 구분된다. 이들 각 도로에는 고유번호가 부여되어 있고, 이는 지형도 상의 특정 표지판 모양 안에 표시되어 있다. 그러나 군도와 구도는 구간이 짧고 노선 수가 많아 노선번호가 중복될 우려가 있어 표지 상에 번호를 표기하지 않는다.

고속국도 가운데 간선노선의 경우 두 자리 숫자를 사용하며, 남북을 연결하는 경우는 서에서 동으로 가면서 숫자가 증가하는데 끝자리에 5를 부여하고, 동서를 연결하는 경우는 남에서 북으로 가면서 숫자가 증가하는데 끝자리에 0을 부여한다.

보조간선노선은 간선노선 사이를 연결하는 고속국도로서 이 역시 두 자리 숫자로 표기한다. 그런데 보조간선노선이 남북을 연결하는 모양에 가까우면 첫자리는 남쪽 시작점의 간선노선 첫자리를 부여하고 끝자리에는 5를 제외한 홀수를 부여한다. 한편 동서를 연결하는 모양에 가까우면 첫자리는 동서를 연결하는 간선노선 가운데 해당 보조간선노선의 바로 아래쪽에 있는 간선노선의 첫자리를 부여하며, 이때 끝자리는 0을 제외한 짝수를 부여한다.

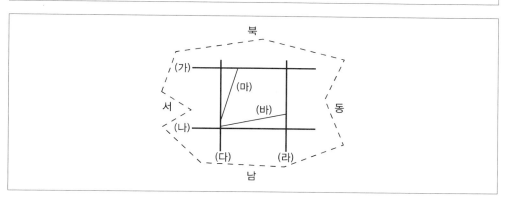

	(가)	(나)	(다)	(라)	(마)	(바)
①	25	15	10	20	19	12
②	20	10	15	25	18	14
③	25	15	20	10	17	12
④	20	10	15	25	17	12
⑤	20	15	15	25	17	14

29

K공단에서는 지역가입자의 생활수준 및 연간 자동차세액 점수표를 기준으로 지역보험료를 산정한다. 지역가입자 A ~ E의 조건을 보고 보험료를 바르게 계산한 것은?(단, 원 단위 이하는 절사한다)

〈생활수준 및 경제활동 점수표〉

구분		1구간	2구간	3구간	4구간	5구간	6구간	7구간
가입자 성별 및 연령별	남성	20세 미만 / 65세 이상	60세 이상 65세 미만	20세 이상 30세 미만 / 50세 이상 60세 미만	30세 이상 50세 미만	–	–	–
	점수	1.4점	4.8점	5.7점	6.6점			
	여성	20세 미만 / 65세 이상	60세 이상 65세 미만	25세 이상 30세 미만 / 50세 이상 60세 미만	20세 이상 25세 미만 / 30세 이상 50세 미만	–	–	–
	점수	1.4점	3점	4.3점	5.2점			
재산 정도 (만 원)		450 이하	450 초과 900 이하	900 초과 1,500 이하	1,500 초과 3,000 이하	3,000 초과 7,500 이하	7,500 초과 15,000 이하	15,000 초과
점수		1.8점	3.6점	5.4점	7.2점	9점	10.9점	12.7점
연간 자동차세액 (만 원)		6.4 이하	6.4 초과 10 이하	10 초과 22.4 이하	22.4 초과 40 이하	40 초과 55 이하	55 초과 66 이하	66 초과
점수		3점	6.1점	9.1점	12.2점	15.2점	18.3점	21.3점

※ (지역보험료)=[(생활수준 및 경제활동 점수)+(재산등급별 점수)+(자동차등급별 점수)]×(부과점수당 금액)
※ 모든 사람의 재산등급별 점수는 200점, 자동차등급별 점수는 100점으로 가정함
※ 부과점수당 금액은 183원임

	성별	연령	재산 정도	연간 자동차세액	지역보험료
① A씨	남성	32세	2,500만 원	12.5만 원	57,030원
② B씨	여성	56세	5,700만 원	35만 원	58,130원
③ C씨	남성	55세	20,000만 원	43만 원	60,010원
④ D씨	여성	23세	1,400만 원	6만 원	57,380원
⑤ E씨	남성	47세	13,000만 원	37만 원	59,350원

30 다음은 K구청의 민원사무처리규정 일부이다. A ～ C씨가 요청한 민원이 처리·완료되는 시점을 각각 바르게 구한 것은?

■ 민원사무처리기본표(일부)

소관별	민원명	처리기간(일)	수수료(원)
공통	진정, 단순질의, 건의	7	없음
	법정질의	14	없음
주민복지	가족, 종중, 법인묘지설치허가	7 ～ 30	없음
	개인묘지설치(변경)신고	5	없음
	납골시설(납골묘, 납골탑)설치신고	7 ～ 21	없음
종합민원실	토지(임야)대장등본	즉시	500
	지적(임야)도등본	즉시	700
	토지이용계획확인서	1	1,000
	등록사항 정정	3	없음
	토지거래계약허가	15	없음
	부동산중개사무소 등록	7	개인 : 20,000 / 법인 : 3,000
	토지(임야)분할측량	7	별도

■ 민원사무처리기간 산정 방식(1일 근무시간은 8시간으로 한다)
- 민원사무처리기간을 "즉시"로 정한 경우
  - 정당한 사유가 없으면 접수 후 3근무시간 내에 처리하여야 한다.
- 민원사무처리기간을 "5일" 이하로 정한 경우
  - 민원 접수 시각부터 "시간" 단위로 계산한다.
  - 토요일과 공휴일은 산입하지 않는다.
- 민원사무처리기간을 "6일" 이상으로 정한 경우
  - 초일을 산입하여 "일" 단위로 계산한다.
  - 토요일은 산입하되, 공휴일은 산입하지 않는다.
- 신청서의 보완이 필요한 기간은 처리기간에 포함되지 않는다.

[4월 29일(금) 민원실 민원접수 현황]

01. 10시 / A씨 / 부동산중개사무소 개점으로 인한 등록신청서 제출
02. 12시 / B씨 / 토지의 소유권을 이전하는 계약을 체결하고자 허가서 제출
03. 14시 / C씨 / 토지대장에서 잘못된 부분이 있어 정정요청서 제출
※ 공휴일 : 5/5 어린이날, 5/6 임시공휴일, 5/14 석가탄신일

	A씨	B씨	C씨
①	5/9(월)	5/19(목)	5/4(수) 10시
②	5/9(월)	5/19(목)	5/4(수) 14시
③	5/9(월)	5/23(월)	5/10(월) 14시
④	5/10(화)	5/19(목)	5/3(화) 14시
⑤	5/10(화)	5/23(월)	5/4(수) 14시

31 다음 중 정보의 가공 및 활용에 대한 설명으로 옳지 않은 것은?

① 정보는 원래의 형태 그대로 혹은 가공해 활용할 수 있다.
② 비디오테이프에 저장된 영상 정보는 동적 정보에 해당한다.
③ 수집된 정보를 가공하여 다른 형태로 재표현하는 방법도 가능하다.
④ 동적 정보는 입수하여 처리 후에는 해당 정보를 즉시 폐기해도 된다.
⑤ 정적 정보의 경우 이용한 이후에도 장래 활용을 위해 정리하여 보존한다.

32 다음 중 컴퓨터 바이러스에 대한 설명으로 옳지 않은 것은?

① 소프트웨어뿐만 아니라 하드웨어의 성능에도 영향을 미칠 수 있다.
② 보통 소프트웨어 형태로 감염되나, 메일이나 첨부파일은 감염의 확률이 매우 낮다.
③ 인터넷의 공개 자료실에 있는 파일을 다운로드하여 설치할 때 감염될 수 있다.
④ 온라인 채팅이나 인스턴트 메신저 프로그램을 통해서 전파되기도 한다.
⑤ 사용자가 인지하지 못한 사이 자가 복제를 통해 다른 정상적인 프로그램을 감염시켜 해당 프로그램이나 다른 데이터 파일 등을 파괴한다.

33 귀하는 주변 동료로부터 컴퓨터 관련 능력이 우수하다고 평가받고 있다. 최근 옆 부서의 A대리로부터 "곧 신입사원이 들어와요. 그래서 컴퓨터 설치를 했는데, 프린터 연결은 어떻게 해야 하는지 몰라서 설정을 못 했어요. 좀 부탁드립니다."라는 요청을 받았다. 다음 중 윈도우 운영체제에서 프린터를 연결할 때, 옳지 않은 것은?

① 한 대의 프린터를 네트워크로 공유하면 여러 대의 PC에서 사용할 수 있다.
② 네트워크 프린터를 사용할 때, 프린터의 공유 이름과 프린터가 연결된 PC 이름을 알아야 한다.
③ [프린터 추가 마법사]를 실행하면 로컬 프린터와 네트워크 프린터로 구분하여 새로운 프린터를 설치할 수 있다.
④ 한 대의 PC에는 로컬 프린터를 한 대만 설치할 수 있으며, 여러 대의 프린터가 설치되면 충돌이 일어나 올바르게 작동하지 못한다.
⑤ 네트워크 프린터를 설치하면 다른 PC에 연결된 프린터를 내 PC에 연결된 것과 같이 사용할 수 있다.

34 다음 중 빈칸 ㉠, ㉡에 들어갈 기능으로 옳은 것은?

> ___㉠___ 은/는 특정 값의 변화에 따른 결괏값의 변화 과정을 한 번의 연산으로 빠르게 계산하여 표의
> 형태로 표시해 주는 도구이고, ___㉡___ 은/는 비슷한 형식의 여러 데이터의 결과를 하나의 표로 통합
> 하여 요약해 주는 도구이다.

	㉠	㉡
①	데이터 표	통합
②	정렬	시나리오 관리자
③	데이터 표	피벗 테이블
④	해 찾기	데이터 유효성 검사
⑤	통합	정렬

35 파이썬 프로그램에서 다음 리스트의 최댓값과 최솟값을 출력하려고 한다. 빈칸에 들어갈 알맞은
함수를 순서대로 나열한 것은?

```
>>> data = [1, 2, 3, 4, 5, 6, 7]
>>> a = [    ㉠    ]
>>> b = [    ㉡    ]
>>> print("최댓값은", a, "이고, 최솟값은", b, "이다.")
```

	㉠	㉡
①	maximum(data)	minimum(data)
②	maximum(a.data)	minimum(b.data)
③	max(data)	min(data)
④	max(a.data)	min(b.data)
⑤	max(a)	min(b)

36 다음 시트에서 판매수량과 추가판매의 합계를 구하기 위해서 [B6] 셀에 들어갈 수식으로 옳은 것은?

	A	B	C
1	일자	판매수량	추가판매
2	06월19일	30	8
3	06월20일	48	
4	06월21일	44	
5	06월22일	42	12
6	합계	184	

① =SUM(B2,C2,C5)

② =LEN(B2:B5,3)

③ =COUNTIF(B2:B5, ">=12")

④ =SUM(B2:B5)

⑤ =SUM(B2:B5,C2,C5)

37 다음은 K사의 신입공채 지원자들에 대한 평가점수를 정리한 자료이다. 다음 자료에서 [B9] 셀에 보기와 같은 함수를 실행하였을 때, [B9] 셀의 결괏값으로 옳지 않은 것은?

	A	B	C	D	E
1	이름	협동점수	태도점수	발표점수	필기점수
2	부경필	75	80	92	83
3	김효남	86	93	74	95
4	박현정	64	78	94	80
5	백자영	79	86	72	97
6	이병현	95	82	79	86
7	노경미	91	86	80	79
8					
9	점수				

	[B9]에 입력된 함수		[B9]의 결괏값
①	=AVERAGE(LARGE(B2:E2,3),SMALL(B5:E5,2))	→	79.5
②	=SUM(MAX(B3:E3),MIN(B7:E7))	→	174
③	=AVERAGE(MAX(B7:E7),COUNTA(B6:E6))	→	50
④	=SUM(MAXA(B4:E4),COUNT(B3:E3))	→	98
⑤	=AVERAGE(SMALL(B3:E3,3),LARGE(B7:E7,3))	→	86.5

38 다음 프로그램의 실행 결과로 옳은 것은?

```c
#include <stdio.h>
#define XN(n) x ## n

int main(void)
{
        int XN(1) = 10;
        int XN(2) = 20;
        printf("%d", x2);

        return 0;
}
```

① 1   ② 2
③ 10   ④ 20
⑤ 0

39 다음 파이썬 프로그램의 실행 결과로 옳은 것은?

```
>>> print(int(50/5))
```

① 50   ② 5
③ 1   ④ 10
⑤ 0

40 다음 프로그램의 실행 결과로 옳은 것은?

```c
#include <stdio.h>
int main()
{
        for(int i = 0; i < 5; i++) {
                for(int j = 0; j <= i; j++) {
                        printf("*");
                }
                printf("\n");
        }
}
```

①
```
*
**
***
****
*****
```

②
```
*****
*****
*****
*****
*****
```

③
```
*****
****
***
**
*
```

④
```
*
***
***
*****
*****
```

⑤
```
*
**
***
****
```

| 01 | 자원관리능력(행정)

41 다음은 K기업의 여비규정이다. 대구로 출장을 다녀 온 B과장의 지출내역을 토대로 여비를 정산했을 때, B과장은 총 얼마를 받는가?

여비의 종류(제1조)
여비는 운임 · 숙박비 · 식비 · 일비 등으로 구분한다.
1. 운임 : 여행 목적지로 이동하기 위해 교통수단을 이용할 때 소요되는 비용을 충당하기 위한 여비
2. 숙박비 : 여행 중 숙박에 소요되는 비용을 충당하기 위한 여비
3. 식비 : 여행 중 식사에 소요되는 비용을 충당하기 위한 여비
4. 일비 : 여행 중 출장지에서 소요되는 교통비 등 각종 비용을 충당하기 위한 여비

운임의 지급(제2조)
1. 운임은 철도운임 · 선박운임 · 항공운임으로 구분한다.
2. 국내운임은 [별표 1]에 따라 지급한다.

일비 · 숙박비 · 식비의 지급(제3조)
1. 국내 여행자의 일비 · 숙박비 · 식비는 국내 여비 지급표에 따라 지급한다.
2. 일비는 여행일수에 따라 지급한다.
3. 숙박비는 숙박하는 밤의 수에 따라 지급한다. 다만, 출장 기간이 2일 이상인 경우의 지급액은 출장기간 전체의 총액 한도 내 실비로 계산한다.
4. 식비는 여행일수에 따라 지급한다.

〈국내 여비 지급표〉

철도운임	선박운임	항공운임	일비(1인당)	숙박비(1박당)	식비(1일당)
실비 (일반실)	실비 (2등급)	실비	20,000원	실비 (상한액 40,000원)	20,000원

〈B과장의 지출내역〉

항목	1일 차	2일 차	3일 차	4일 차
KTX운임(일반실)	43,000원	–	–	43,000원
대구 시내 버스요금	5,000원	4,000원	–	2,000원
대구 시내 택시요금	–	–	10,000원	6,000원
식비	15,000원	45,000원	35,000원	15,000원
숙박비	45,000원	30,000원	35,000원	–

① 304,000원
② 328,000원
③ 356,000원
④ 366,000원
⑤ 374,000원

42 K사에서는 A ~ N직원 중 면접위원을 선발하고자 한다. 면접위원의 구성 조건이 다음과 같을 때, 옳지 않은 것은?

〈면접위원 구성 조건〉

- 면접관은 총 6명으로 구성한다.
- 이사 이상의 직급으로 50% 이상 구성해야 한다.
- 인사팀을 제외한 모든 부서는 두 명 이상 선출할 수 없고, 인사팀은 반드시 두 명 이상을 포함한다.
- 모든 면접위원의 입사 후 경력은 3년 이상으로 한다.

직원	직급	부서	입사 후 경력
A	대리	인사팀	2년
B	과장	경영지원팀	5년
C	이사	인사팀	8년
D	과장	인사팀	3년
E	사원	홍보팀	6개월
F	과장	홍보팀	2년
G	이사	고객지원팀	13년
H	사원	경영지원	5개월
I	이사	고객지원팀	2년
J	과장	영업팀	4년
K	대리	홍보팀	4년
L	사원	홍보팀	2년
M	과장	개발팀	3년
N	이사	개발팀	8년

① N이사는 반드시 면접위원으로 선출된다.
② L사원은 면접위원으로 선출될 수 없다.
③ 과장은 두 명 이상 선출된다.
④ 모든 부서에서 면접위원이 선출될 수는 없다.
⑤ B과장이 면접위원으로 선출됐다면 K대리도 선출된다.

43 K구청은 주민들의 정보화 교육을 위해 정보화 교실을 동별로 시행하고 있고, 주민들은 각자 일정에 맞춰 정보화 교육을 수강하려고 한다. 다음 중 개인 일정상 신청과목을 수강할 수 없는 사람은?(단, 하루라도 수강을 빠진다면 수강이 불가능하다)

〈정보화 교육 일정표〉

교육 날짜	교육 시간	장소	과정명	장소	과정명
화, 목	09:30 ~ 12:00	A동	인터넷 활용하기	C동	스마트한 클라우드 활용
	13:00 ~ 15:30		그래픽 초급 픽슬러 에디터		스마트폰 SNS 활용
	15:40 ~ 18:10		ITQ한글2010(실전반)		–
수, 금	09:30 ~ 12:00		한글 문서 활용하기		Windows10 활용하기
	13:00 ~ 15:30		스마트폰 / 탭 / 패드(기본앱)		스마트한 클라우드 활용
	15:40 ~ 18:10		컴퓨터 기초(윈도우 및 인터넷)		–
월	09:30 ~ 15:30		포토샵 기초		사진 편집하기
화 ~ 금	09:30 ~ 12:00	B동	그래픽 편집 달인되기	D동	한글 시작하기
	13:00 ~ 15:30		한글 활용 작품 만들기		사진 편집하기
	15:40 ~ 18:10		–		엑셀 시작하기
월	09:30 ~ 15:30		Windows10 활용하기		스마트폰 사진 편집&앱 배우기

〈개인 일정 및 신청과목〉

구분	개인 일정	신청과목
D동의 홍길동 씨	• 매주 월 ~ 금 08:00 ~ 15:00 편의점 아르바이트 • 매주 월요일 16:00 ~ 18:00 음악학원 수강	엑셀 시작하기
A동의 이몽룡 씨	• 매주 화, 수, 목 09:00 ~ 18:00 학원 강의 • 매주 월 16:00 ~ 20:00 배드민턴 동호회 활동	포토샵 기초
C동의 성춘향 씨	• 매주 수, 금 17:00 ~ 22:00 호프집 아르바이트 • 매주 월 10:00 ~ 12:00 과외	스마트한 클라우드 활용
B동의 변학도 씨	• 매주 월, 화 08:00 ~ 15:00 카페 아르바이트 • 매주 수, 목 18:00 ~ 20:00 요리학원 수강	그래픽 편집 달인되기
A동의 김월매 씨	• 매주 월, 수, 금 10:00 ~ 13:00 필라테스 수강 • 매주 화 14:00 ~ 17:00 제빵학원 수강	인터넷 활용하기

① 홍길동 씨

② 변학도 씨

③ 이몽룡 씨

④ 성춘향 씨

⑤ 김월매 씨

44 다음 중 K씨가 시간 관리를 통해 일상에서 얻을 수 있는 효과로 적절하지 않은 것은?

> K씨는 일과 생활의 균형을 유지하기 위해 항상 노력한다. 매일 아침 가족들과 함께 아침 식사를 하며 대화를 나눈 후 출근 준비를 한다. 출근길 지하철에서는 컴퓨터 자격증 공부를 틈틈이 하고 있다. 업무를 진행하는 데 있어서 컴퓨터 사용 능력이 부족하다는 것을 스스로 느꼈기 때문이다. 회사에 출근 시간보다 여유롭게 도착하면 먼저 오늘의 업무 일지를 작성하여 무슨 일을 해야 하는지 파악한다. 근무 시간에는 일정표를 바탕으로 정해진 순서대로 일을 진행한다. 퇴근 후에는 가족과 영화를 보거나 저녁 식사를 하며 시간을 보낸다. K씨는 철저한 시간 관리를 통해 후회 없는 생활을 하고 있다.

① 스트레스 감소
② 균형적인 삶
③ 생산성 향상
④ 목표 성취
⑤ 사회적 인정

45 K무역회사는 유럽의 P회사와 체결한 수출계약 건으로 물품을 보내려고 한다. 물품은 20ft 컨테이너로 내부에 가득 채워 보낼 예정이다. 물품은 A와 B로 구성되어 있어 개별로 포장되며, 물품 A 2박스와 물품 B 1박스가 결합했을 때 완제품이 된다. 정확하게 파악하기 위해서 컨테이너에는 한 세트를 이루도록 넣고자 한다. 물품 A와 B의 포장 규격과 20ft 컨테이너 내부 규격이 다음과 같다면, 총 몇 박스의 제품이 실리겠는가?

> • 20ft 컨테이너 내부 규격 : (L)6,000mm×(W)2,400mm×(H)2,400mm
> • 물품 A의 포장 규격 : (L)200mm×(W)200mm×(H)400mm
> • 물품 B의 포장 규격 : (L)400mm×(W)200mm×(H)400mm

① 1,470박스
② 1,580박스
③ 1,620박스
④ 1,680박스
⑤ 1,710박스

46 대한민국의 A사, 오스트레일리아의 B사, 아랍에미리트의 C사, 러시아의 D사는 상호협력 프로젝트를 추진하고자 화상회의를 하려고 한다. 한국 시각을 기준해 화상회의 가능 시각으로 옳은 것은?

<국가별 시간>

국가(도시)	현지 시각
오스트레일리아(시드니)	2025. 02. 15 10:00am
대한민국(서울)	2025. 02. 15 08:00am
아랍에미리트(두바이)	2025. 02. 15 03:00am
러시아(모스크바)	2025. 02. 15 02:00am

※ 각 회사의 위치는 위 자료에 있는 도시에 있음
※ 모든 회사의 근무시간은 현지 시각으로 오전 9시 ~ 오후 6시임
※ A, B, D사의 식사시간은 현지 시각으로 오후 12시 ~ 오후 1시임
※ C사의 식사시간은 현지 시각으로 오전 11시 30분 ~ 오후 12시 30분이고, 오후 12시 30분부터 오후 1시까지 전 직원이 종교 활동을 함
※ 화상회의에 소요되는 시간은 1시간임

① 오후 1시 ~ 오후 2시
② 오후 2시 ~ 오후 3시
③ 오후 3시 ~ 오후 4시
④ 오후 4시 ~ 오후 5시
⑤ 오후 5시 ~ 오후 6시

47 K공단에서는 사업주의 직업능력개발훈련 시행을 촉진하기 위해 훈련 방법과 기업 규모에 따라 지원금을 차등 지급하고 있다. 다음 자료를 토대로 원격훈련으로 직업능력개발훈련을 시행하는 X ~ Z 세 기업과 각 기업의 원격훈련 지원금을 바르게 짝지은 것은?

〈기업 규모별 지원 비율〉

기업	훈련	지원 비율
우선지원대상 기업	향상·양성훈련 등	100%
대규모 기업	향상·양성훈련	60%
	비정규직대상훈련 / 전직훈련	70%
상시근로자 1,000인 이상 대규모 기업	향상·양성훈련	50%
	비정규직대상훈련 / 전직훈련	70%

〈원격훈련 종류별 지원금〉

심사등급 \ 훈련 종류	인터넷	스마트	우편
A등급	5,600원	11,000원	3,600원
B등급	3,800원	7,400원	2,800원
C등급	2,700원	5,400원	1,980원

※ 인터넷·스마트 원격훈련 : 정보통신 매체를 활용하여 훈련이 시행되고 훈련생 관리 등이 웹상으로 이루어지는 훈련
※ 우편 원격훈련 : 인쇄매체로 된 훈련 교재를 이용하여 훈련이 시행되고 훈련생 관리 등이 웹상으로 이루어지는 훈련
※ (원격훈련 지원금)＝(원격훈련 종류별 지원금)×(훈련 시간)×(훈련 수료인원)×(기업 규모별 지원 비율)

〈세 기업의 원격훈련 시행 내역〉

구분	기업 규모	종류	내용	시간	등급	수료인원
X기업	우선지원대상 기업	스마트	향상·양성훈련	6시간	C등급	7명
Y기업	대규모 기업	인터넷	비정규직대상훈련 / 전직훈련	3시간	B등급	4명
Z기업	상시근로자 1,000인 이상 대규모 기업	스마트	향상·양성훈련	4시간	A등급	6명

① X기업 : 201,220원
② X기업 : 226,800원
③ Y기업 : 34,780원
④ Y기업 : 35,120원
⑤ Z기업 : 98,000원

48 다음은 개발부에서 근무하는 K사원의 4월 근태기록이다. 다음 규정을 참고하여 K사원이 받을 시간외근무수당은 얼마인가?(단, 정규근로시간은 09:00 ~ 18:00이다)

〈시간외근무 규정〉

• 시간외근무(조기출근 포함)는 1일 4시간, 월 57시간을 초과할 수 없다.
• 시간외근무수당은 1일 1시간 이상 시간외근무를 한 경우에 발생하며, 1시간을 공제한 후 매분 단위까지 합산하여 계산한다(단, 월 단위 계산 시 1시간 미만은 절사함).
• 시간외근무수당 지급단가 : 사원(7,000원), 대리(8,000원), 과장(10,000원)

〈K사원의 4월 근태기록(출근시간 / 퇴근시간)〉

• 4월 1일부터 4월 15일까지의 시간외근무시간은 12시간 50분(1일 1시간 공제 적용)이다.

18일(월)	19일(화)	20일(수)	21일(목)	22일(금)
09:00 / 19:10	09:00 / 18:00	08:00 / 18:20	08:30 / 19:10	09:00 / 18:00
25일(월)	26일(화)	27일(수)	28일(목)	29일(금)
08:00 / 19:30	08:30 / 20:40	08:30 / 19:40	09:00 / 18:00	09:00 / 18:00

※ 주말 특근은 고려하지 않음

① 112,000원

② 119,000원

③ 126,000원

④ 133,000원

⑤ 140,000원

49 K기업에서는 이번 달 셋째 주에 연속 이틀에 걸쳐 본사에 있는 B강당에서 인문학 특강을 진행하려고 한다. 강당을 이용할 수 있는 날과 강사의 스케줄을 고려할 때 섭외 가능한 강사는?

〈B강당 이용 가능 날짜〉

구분	월요일	화요일	수요일	목요일	금요일
오전(9시 ~ 12시)	×	○	×	○	○
오후(13시 ~ 14시)	×	×	○	○	×

※ 가능 : ○, 불가능 : ×

〈섭외 강사 후보 스케줄〉

A강사	매주 수 ~ 목요일 10 ~ 14시 문화센터 강의
B강사	첫째 주, 셋째 주 화요일, 목요일 10시 ~ 14시 대학교 강의
C강사	매월 첫째 주 ~ 셋째 주 월요일, 수요일 오후 12시 ~ 14시 면접 강의
D강사	매주 수요일 오후 13시 ~ 16시, 금요일 오전 9시 ~ 12시 도서관 강좌
E강사	매월 첫째, 셋째 주 화 ~ 목요일 오전 9시 ~ 11시 강의

※ K기업 본사까지의 이동거리와 시간은 고려하지 않음
※ 강의는 연속 이틀로 진행되며 강사는 동일해야 함

① A, B강사
② B, C강사
③ C, D강사
④ C, E강사
⑤ D, E강사

50 다음은 K공사 인사팀의 하계휴가 스케줄이다. A사원은 휴가를 신청하기 위해 하계휴가 스케줄을 확인하였다. 인사팀 팀장인 P부장이 25 ~ 28일은 하계워크숍 기간이므로 휴가 신청이 불가능하며, 하루에 6명 이상은 사무실에 반드시 있어야 한다고 팀원들에게 공지했다. A사원이 휴가를 쓸 수 있는 기간으로 올바른 것은?

구분	8월 휴가																			
	3	4	5	6	7	10	11	12	13	14	17	18	19	20	21	24	25	26	27	28
	월	화	수	목	금	월	화	수	목	금	월	화	수	목	금	월	화	수	목	금
P부장	■	■																		
K차장								■	■	■										
J과장		■	■	■	■															
H대리										■	■	■	■							
A주임													■	■	■	■				
B주임											■	■	■							
A사원																				
B사원						■	■	■												

※ 색칠된 부분은 다른 팀원의 휴가기간임
※ A사원은 4일 이상 휴가를 사용해야 함(토, 일 제외)

① 8월 7 ~ 11일
② 8월 6 ~ 11일
③ 8월 11 ~ 16일
④ 8월 13 ~ 18일
⑤ 8월 19 ~ 24일

| 02 | 기술능력(전산 · 시설 · 기술)

※ 귀하는 사무실에서 사용 중인 기존 공유기에 새로운 공유기를 추가하여 무선 네트워크 환경을 개선하려고 한다. 다음 자료를 보고 이어지는 질문에 답하시오. **[41~42]**

〈공유기를 AP / 스위치(허브)로 변경하는 방법〉

[안내]
공유기 2대를 연결하기 위해서는 각각의 공유기가 다른 내부 IP를 사용하여야 하며, 이를 위해 스위치(허브)로 변경하고자 하는 공유기에 내부 IP 주소를 변경하고 DHCP 서버 기능을 중단해야 합니다.

[절차 요약]
- 스위치(허브)로 변경하고자 하는 공유기의 내부 IP 주소 변경
- 스위치(허브)로 변경하고자 하는 공유기의 DHCP 서버 기능 중지
- 인터넷에 연결된 공유기에 스위치(허브)로 변경한 공유기를 연결

[세부 절차 설명]
(1) 공유기의 내부 IP 주소 변경
  - 공유기의 웹 설정화면에 접속하여 [관리도구] – [고급설정] – [네트워크관리] – [내부 네트워크 설정]을 클릭합니다.
  - 내부 IP 주소의 끝자리를 임의적으로 변경한 후 [적용 후 시스템 다시 시작] 버튼을 클릭합니다.
(2) 공유기의 DHCP 서버 기능 중지
  - 변경된 내부 IP 주소로 재접속 후 [관리도구] – [고급설정] – [네트워크관리] – [내부 네트워크 설정]을 클릭합니다.
  - 하단의 [DHCP 서버 설정]을 [중지]로 체크한 후 [적용]을 클릭합니다.
(3) 스위치(허브)로 변경된 공유기의 연결

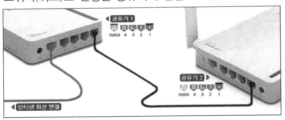

  - 위의 그림과 같이 스위치로 변경된 〈공유기 2〉의 LAN 포트 1 ~ 4 중 하나를 원래 인터넷에 연결되어 있던 〈공유기 1〉의 LAN 포트 1 ~ 4 중 하나에 연결합니다.
  - 〈공유기 2〉는 스위치로 동작하게 되므로 〈공유기 2〉의 WAN 포트에는 아무것도 연결하지 않습니다.

[최종 점검]
이제 스위치(허브)로 변경된 공유기를 기존 공유기에 연결하는 모든 과정이 완료되었습니다. 설정이 완료된 상태에서 정상적으로 인터넷 연결이 되지 않는다면 상단 네트워크 〈공유기 1〉에서 IP 할당이 정상적으로 이루어지지 않는 경우입니다. 이와 같은 경우 PC에서 IP 갱신을 해야 하며 PC를 재부팅하거나 공유기를 재시작하시기 바랍니다.

[참고]

(1) Alpha3 / Alpha4의 경우는 간편 설정이 가능하므로 (1) ~ (2) 과정을 쉽게 할 수 있습니다.

(2) 스위치(허브)로 변경되어 연결된 공유기가 무선 공유기로, 필요에 따라 무선 연결 설정이 필요한 경우 〈공유기 1〉 또는 〈공유기 2〉에 연결된 PC 어디에서나 〈공유기 2〉의 변경된 IP 주소를 인터넷 탐색기의 주소란에 입력하면 공유기 관리도구에 쉽게 접속할 수 있으며, 필요한 무선 설정을 진행할 수 있습니다.

[경고]

(1) 상단 공유기에도 "내부 네트워크에서 DHCP 서버 발견 시 공유기의 DHCP 서버 기능 중단" 설정이 되어 있을 경우 문제가 발생할 수 있으므로 상단 공유기의 설정을 해제하시기 바랍니다.

(2) 일부 환경에서 공유기를 스위치(허브)로 변경한 후, UPNP 포트포워딩 기능이 실행 중이라면 네트워크 장애를 유발할 수 있으므로 해당 기능을 중단해 주시기 바랍니다.

41 귀하는 새로운 공유기를 추가로 설치하기 전 판매업체에 문의하여 위와 같은 설명서를 전달받았다. 다음 중 설명서를 이해한 내용으로 적절하지 않은 것은?

① 새로 구매한 공유기가 Alpha3 또는 Alpha4인지 먼저 확인한다.

② 기존 공유기와 새로운 공유기를 연결할 때, 새로운 공유기의 LAN 포트에 연결한다.

③ 네트워크를 접속할 때 IP를 동적으로 할당받을 수 있도록 하는 DHCP 서버 기능을 활성화한다.

④ 기존에 있는 공유기의 내부 IP 주소와 새로운 공유기의 내부 IP 주소를 서로 다르게 설정한다.

⑤ 설명서와 동일하게 설정한 뒤에도 인터넷이 정상적으로 작동하지 않을 경우에는 PC를 재부팅하거나 공유기를 재시작한다.

42 귀하는 설명서 내용을 토대로 새로운 공유기를 기존 공유기와 연결하고 설정을 마무리하였는데 제대로 작동하지 않았다. 귀하의 동료 중 IT기술 관련 능력이 뛰어난 A주임에게 문의를 한 결과 다음과 같은 답변을 받았을 때, 적절하지 않은 것은?

① 기존 공유기와 새로운 공유기를 연결하는 LAN선이 제대로 연결되어 있지 않네요.

② PC에서 IP 갱신이 제대로 되지 않은 것 같습니다. 공유기와 PC 모두 재시작해 보는 게 좋을 것 같습니다.

③ 새로운 공유기를 설정할 때, UPNP 포트포워딩 기능이 중단되어 있지 않아서 오작동을 일으킨 것 같아요. 중단되도록 설정하면 될 것 같습니다.

④ 기존 공유기에서 DHCP 서버가 발견될 경우 DHCP 서버 기능을 중단하도록 설정되어 있어서 오작동한 것 같아요. 해당 설정을 해제하면 될 것 같습니다.

⑤ 기존 공유기로부터 연결된 LAN선이 새로운 공유기에 LAN 포트에 연결되어 있네요. 이를 WAN 포트에 연결하면 될 것 같습니다.

43 다음은 벤치마킹을 수행 방식에 따라 분류한 자료이다. 빈칸 (A) ~ (E)에 들어갈 내용으로 적절하지 않은 것은?

〈벤치마킹의 수행 방식에 따른 분류〉

구분	직접적 벤치마킹	간접적 벤치마킹
정의	• 벤치마킹 대상을 직접 방문하여 조사 · 분석하는 방법	• 벤치마킹 대상을 인터넷 및 문서 형태의 자료 등을 통해서 간접적으로 조사 · 분석하는 방법
장점	• 필요로 하는 정확한 자료의 입수 및 조사가 가능하다. • _____(A)	• 벤치마킹 대상의 수에 제한이 없고 다양하다. • _____(C)
단점	• 벤치마킹 수행과 관련된 비용 및 시간이 많이 소요된다. • _____(B)	• _____(D) • _____(E)

① (A) : 벤치마킹의 이후에도 계속적으로 자료의 입수 및 조사가 가능하다.
② (B) : 벤치마킹 결과가 피상적일 수 있다.
③ (C) : 비용과 시간을 상대적으로 많이 절감할 수 있다.
④ (D) : 핵심 자료의 수집이 상대적으로 어렵다.
⑤ (E) : 정확한 자료 확보가 어렵다.

44 다음 중 기술능력이 뛰어난 사람의 특징에 대한 설명으로 적절하지 않은 것은?

① 인식된 문제를 위한 다양한 해결책을 개발, 평가한다.
② 지식이나 기타 자원을 선택, 최적화시키며 적용한다.
③ 주어진 한계 속에서 제한된 자원을 사용한다.
④ 여러 상황 속에서 기술의 체계와 도구를 사용하고 습득한다.
⑤ 불가능한 부분의 해결을 필요로 하는 문제를 인식한다.

45 다음 중 빈칸에 들어갈 용어로 가장 적절한 것은?

> _____ 분야에서 유망한 기술로 전망되는 것은 지능형 로봇 분야이다. 지능형 로봇이란 외부 환경
> 을 인식하여 스스로 상황을 판단하여 자율적으로 동작하는 기계 시스템을 말한다. 지능형 로봇은
> 소득 2만 달러 시대를 선도할 미래 유망 산업으로 발전할 것이며, 타 분야에 대한 기술적 파급 효과
> 가 큰 첨단 기술의 복합체이다. 산업적 측면에서 볼 때 지능형 로봇 분야는 자동차 산업 규모 이상의
> 성장 잠재력을 가지고 있으며, 기술 혁신과 신규 투자가 유망한 신산업으로, 국내 로봇 산업은 2022
> 년 기준으로 국내 시장 규모는 거의 6조 원에 육박했으며, 2026년 세계 지능형 로봇 시장 규모는
> 1,420억 달러에 가까워질 것으로 예측되고 있다.
> 최근에는 기술혁신과 사회적 패러다임의 변화에 따라 인간 공존, 삶의 질 향상을 이룩하기 위한 새
> 로운 '지능형 로봇'의 개념이 나타나고 있다. 지능형 로봇은 최근 IT기술의 융·복합화, 지능화 추세
> 에 따라 점차 네트워크를 통한 로봇의 기능 분산, 가상 공간 내에서의 동작 등 IT와 융합한 '네트워
> 크 기반 로봇'의 개념을 포함하고 있다.
> 일본이 산업형 로봇 시장을 주도하였다면, IT기술이 접목되는 지능형 로봇은 우리나라가 주도하기
> 위해 국가 발전 전략에 따라 국가 성장 동력 산업으로 육성하고 있다.

① 토목공학

② 환경공학

③ 전기전자공학

④ 생체공학

⑤ 자원공학

※ K유치원에서는 유아 교육자료 제작을 위해 코팅기를 구입하였다. 다음 설명서를 참고하여 이어지는 질문에 답하시오. **[46~47]**

■ **사용 방법**
1) 앞면에 있는 스위치를 'ON'으로 돌리면 파란불이 들어오며 예열을 시작합니다.
2) 3~5분 정도의 예열이 끝나면 예열표시등이 빨간불로 바뀌고 코팅을 할 수 있습니다.
3) 코팅할 서류를 코팅지에 넣어주시고, 봉합된 변까지 밀어 넣습니다.
   - 각 변에 최소 3~5mm 여유 공간을 남겨 주세요.
   - 두께가 160micron 이상이거나 100micron 이하인 코팅지를 사용하지 마세요.
4) 서류를 넣은 코팅지는 봉합된 부분부터 평행으로 코팅 투입구에 넣어주세요.
5) 코팅지는 코팅기를 통과하며 기기 뒷면 코팅 배출구에서 나옵니다.
   - 임의로 코팅지를 잡아당기면 안 됩니다.
6) 코팅지가 전부 나온 후 기기에서 분리해주세요.
7) 사용 완료 후 스위치를 'OFF'로 돌려주세요.
   - 사용 후 1~2시간 정도 열을 식혀 주세요.

■ **코팅지 걸림 발생 시**
1) 코팅지가 기기에 걸렸을 경우 앞면의 스위치를 'OFF'로 돌린 다음 기기 전원을 차단합니다.
2) 기기 뒷면에 있는 'REMOVE' 스위치를 화살표 방향으로 밀면서 코팅 서류를 조심스럽게 당겨 뽑아 주세요.

■ **주의사항**
- 기기가 작동 중일 때 표면이 매우 뜨거우므로 손으로 만지지 마십시오.
- 기기를 사용한 후, 기계 플러그를 뽑고 열이 충분히 식은 후에 이동 및 보관을 합니다.
- 기기 위에 무겁거나 날카로운 물건을 두지 마십시오.
- 기기의 내부에 물을 떨어뜨리지 마십시오.
- 기기에 다른 물질을 넣지 마십시오.
- 전문가의 도움 없이 절대 분해하거나 재조립 또는 수리하지 마십시오.
- 기기를 장시간 사용하지 않을 경우 전원 코드를 뽑아주세요.
- 사용 중 기기가 과열되거나 이상한 냄새가 나거나 종이 걸림이 있을 경우 신속히 전원을 끕니다.

■ **문제 해결**

고장	원인	해결
코팅 중에 코팅물이 나오지 않을 때	• 필름을 잘라서 사용했을 경우 • 두께를 초과하는 용지로 코팅했을 경우 • 과도하게 용지를 투입했을 경우 • 코팅지가 롤러에 말린 경우	전원을 끄고 'REMOVE' 스위치를 화살표 방향으로 밀면서 말린 필름을 제거합니다.
필름을 투입했지만, 필름이 들어가지 않고 멈춰있을 때	• 투입 불량으로 접착액이 다량으로 붙어 있는 경우	전원을 끄고 냉각시킨 다음 다시 시도해 봅니다.
전원 지시등이 켜지지 않을 때	• 기기 전원 스위치가 접속되어 있지 않은 경우	전원 코드 및 기기 스위치가 'ON'으로 되어 있는지 확인합니다.

46 A교사는 연구수업에 쓰일 교육자료 제작을 위해 코팅기를 사용하였다. 다음 중 A교사의 행동으로 적절한 것은?

① 코팅기기 앞면의 스위치를 'ON'으로 놓자마자 코팅지를 투입하였다.

② 코팅지를 평행으로 놓고, 봉합된 부분의 반대 방향부터 투입구에 넣었다.

③ 120micron 코팅지에 코팅할 서류를 넣었다.

④ 코팅기를 통과하면서 나오는 코팅지를 뒷면에서 잡아당겼다.

⑤ 사용 완료 후 기기 전원을 끄고 바로 보관함 상자에 넣었다.

47 B원장은 기기 관리를 위해 교사들에게 코팅기 사용 시 주의사항에 대해 안내하고자 한다. 다음 중 코팅기 사용 시 주의해야 할 사항으로 적절하지 않은 것은?

① 기기 사용 중에는 표면이 많이 뜨거우므로 아이들의 손이 닿지 않도록 주의하세요.

② 사용 중 기기에 코팅지가 걸릴 경우 기기 앞면에서 코팅 서류를 조심스럽게 꺼냅니다.

③ 기기 위에 무거운 물건이나 날카로운 물건을 올리지 마세요.

④ 사용 중 이상한 냄새가 날 경우 신속히 전원을 끄도록 합니다.

⑤ 사용 후에는 스위치를 'OFF'로 돌려놓고, 퇴근 시에는 전원 코드를 뽑아주세요.

※ 다음은 컴퓨터 설치 방법 및 주의사항이다. 이어지는 질문에 답하시오. [48~49]

<설치 방법>

1. 통풍이 잘 되고 화기와 멀리 있는 장소에 컴퓨터를 설치하십시오(기기 주변에 충분한 공간을 확보하지 않으면 본체 및 모니터가 과열됩니다).
2. 모니터 전원과 본체 전원 총 2개의 전원이 필요합니다.
3. 모니터와 본체를 연결해 주세요.
4. 본체를 작동시키면 팬 소리가 들립니다.

<주의사항>

1. 전원은 반드시 교류 220V에 연결하십시오(반드시 전용 콘센트를 사용하십시오).
2. 본체 주변을 자주 청소하십시오(먼지나 이물질로 인해 본체 내부에 먼지가 쌓여 성능에 문제가 생깁니다).
3. 안정된 곳에 설치하십시오(무게로 인해 떨어질 수 있습니다).

<A/S 신청 전 확인사항>

현상	원인	조치 방법
모니터 전원은 들어오나 화면이 나오지 않음	본체와 모니터 연결선의 문제	연결선을 재결합하거나 고정시켜 주십시오. 또는 맞는 위치에 선을 연결했는지 확인해 주세요.
본체에서 소리가 너무 많이 남	본체 내부에 먼지가 쌓여 팬이 과도하게 돌아감	본체 내부를 바람으로 청소해 주세요(물청소 금지).
모니터 화면이 기울어져서 송출됨	모니터 설정 문제	모니터 하단부의 'AUTO' 버튼을 누르거나, 'MENU' 버튼을 눌러 수동 설정해 주세요.
부팅이 되지 않고 '띠띠' 소리가 남	본체 내부 연결선 접촉 불량	본체를 열어 참고자료에 나와 있는 선들이 잘 연결되었는지 확인해 주세요.
모니터 스크린상에 영상이 깜빡거리면서 나타남	모니터 액정의 고장	모니터 액정 불량이므로 A/S 센터에 연락하세요.

48 P주임은 컴퓨터를 설치한 후, 모니터 전원은 들어오나 화면이 나오지 않는 원인을 파악하려고 한다. 다음 중 문제의 원인을 파악하기 위해 반드시 확인해야 할 사항은?

① 본체 내부 청결 상태
② 모니터 설정
③ 본체와 모니터 연결선
④ 본체 내부 연결선
⑤ 설치된 장소

49 다음 중 컴퓨터 설치 방법 및 주의사항에 따르지 않은 사람은?

① A사원 : 모니터와 본체의 전원을 연결하기 위해 4구 멀티탭을 구매하였다.
② B주임 : 컴퓨터 유지·보수를 위해 주변을 깔끔하게 정리하고 주기적으로 청소하였다.
③ C대리 : 본체에서 소음이 심각하게 발생하여 물청소 대신 공기청소를 하였다.
④ D팀장 : 더러운 바닥보다 조금 불안정하지만 깨끗한 책상에 설치하였다.
⑤ E과장 : 밀폐되지 않은 장소에 설치하고 주위에 화기가 없는 것을 확인하였다.

50 다음은 기술의 특징을 설명하는 글이다. 이를 이해한 내용으로 적절하지 않은 것은?

> 일반적으로 기술에 대한 특징은 다음과 같이 정의될 수 있다.
> 첫째, 하드웨어나 인간에 의해 만들어진 비자연적인 대상, 혹은 그 이상을 의미한다.
> 둘째, 기술은 '노하우(Know-How)'를 포함한다. 즉, 기술을 설계하고, 생산하고, 사용하기 위해 필요한 정보·기술·절차를 갖는 데 노하우(Know-How)가 필요한 것이다.
> 셋째, 기술은 하드웨어를 생산하는 과정이다.
> 넷째, 기술은 인간의 능력을 확장하기 위한 하드웨어와 그것의 활용을 뜻한다.
> 다섯째, 기술은 정의 가능한 문제를 해결하기 위해 순서화되고 이해 가능한 노력이다.
> 이와 같은 기술이 어떻게 형성되는가를 이해하는 것과 사회에 의해 형성되는 방법을 이해하는 것은 두 가지 원칙에 근거한다. 먼저 기술은 사회적 변화의 요인이다. 기술체계는 의사소통의 속도를 증가시켰으며, 이것은 개인으로 하여금 현명한 의사결정을 할 수 있도록 도와준다. 또한 사회는 기술개발에 영향을 준다. 사회적·역사적·문화적 요인은 기술이 어떻게 활용되는가를 결정한다.
> 기술은 두 개의 개념으로 구분될 수 있으며, 하나는 모든 직업 세계에서 필요로 하는 기술적 요소들로 이루어지는 광의의 개념이고, 다른 하나는 구체적 직무수행능력 형태를 의미하는 협의의 개념이다.

① 기술은 건물, 도로, 교량, 전자장비 등 인간이 만들어낸 모든 물질적 창조물을 생산하는 과정으로 볼 수 있다.
② 전기산업기사, 건축산업기사, 정보처리산업기사 등의 자격 기술은 기술의 광의의 개념으로 볼 수 있다.
③ 영국에서 시작된 산업혁명 역시 기술 개발에 영향을 주었다고 볼 수 있다.
④ 컴퓨터의 발전은 기술체계가 개인으로 하여금 현명한 의사결정을 할 수 있는 사례로 볼 수 있을 것이다.
⑤ 미래 산업을 위해 인간의 노동을 대체할 로봇을 활용하는 것 역시 기술이라고 볼 수 있다.

PART 2

제2회
최종점검 모의고사

※ 한국공항공사 최종점검 모의고사는 최신 채용공고와 후기를 기준으로 구성한 것으로, 실제 시험과 다를 수 있습니다.

■ 취약영역 분석

| 01 | 공통영역

번호	O/×	영역	번호	O/×	영역	번호	O/×	영역
01			16			31		
02			17			32		
03			18		수리능력	33		
04			19			34		
05		의사소통능력	20			35		
06			21			36		정보능력
07			22			37		
08			23			38		
09			24			39		
10			25			40		
11			26		문제해결능력			
12			27					
13		수리능력	28					
14			29					
15			30					

| 02 | 개별영역

번호	41	42	43	44	45	46	47	48	49	50
O/×	자원관리능력(행정) / 기술능력(전산 · 시설 · 기술)									

평가 문항	50문항	평가 시간	60분
시작시간	:	종료시간	:
취약 영역			

응시시간 : 60분   문항 수 : 50문항

정답 및 해설 p.062

01   다음 글의 제목으로 가장 적절한 것은?

> 4차 산업혁명은 인공지능이 기존의 자동화 시스템과 연결되어 효율이 극대화되는 산업 환경의 변화를 의미한다. 2016년 세계경제포럼에서 언급되어, 유행처럼 번지는 용어가 되었다. 학자에 따라 바라보는 견해는 다르지만 대체로 기계학습과 인공지능의 발달이 그 수단으로 꼽힌다.
> 2010년대 중반부터 드러나기 시작한 4차 산업혁명은 현재진행형이며, 그 여파는 사회 곳곳에서 드러나고 있다. 현재도 기계와 인공지능이 사람을 대체하고 있으며, 현재 일자리의 80 ~ 99%까지 대체될 것이라고 보는 견해도 있다.
> 만약 우리가 현재의 경제 구조를 유지한 채로 이와 같은 극단적인 노동 수요 감소를 맞게 된다면, 전후 미국의 대공황 등과는 차원이 다른 끔찍한 대공황이 발생할 것이다. 일자리가 줄어들수록 중・하위 계층은 사회에서 밀려날 수밖에 없는데, 자본주의 사회의 특성상 많은 비용을 수반하는 과학기술의 연구는 자본에 종속될 수밖에 없기 때문이다. 물론 지금도 이러한 현상이 없는 것은 아니지만, 아직까지는 단순노동이 필요하기 때문에 노동력을 제공하는 중・하위층들도 불합리한 부분들에 파업과 같은 실력 행사를 할 수 있었다. 그러나 앞으로 자동화가 더욱 진행되어 노동의 필요성이 사라진다면 그들을 배려해야 할 당위성은 법과 제도가 아닌 도덕이나 인권과 같은 윤리적인 영역에만 남게 되는 것이다.
> 반면에 이를 긍정적으로 생각한다면 이처럼 일자리가 없어졌을 때 극소수에 해당하는 경우를 제외한 나머지 사람들은 노동에서 완전히 해방되어, 인공지능이 제공하는 무제한적인 자원을 마음껏 향유할 수도 있을 것이다. 하지만 이러한 미래는 지금의 자본주의보다는 사회주의 경제 체제에 가깝다. 이 때문에 많은 경제학자와 미래학자들은 4차 산업혁명 이후의 미래를 장밋빛으로 바꿔나가기 위해 기본소득제 도입 등과 같은 고민들을 이어가고 있다.

① 4차 산업혁명의 의의
② 4차 산업혁명의 빛과 그늘
③ 4차 산업혁명의 위험성
④ 4차 산업혁명에 대한 준비
⑤ 4차 산업혁명의 시작

02 다음 중 제시된 단어의 유형이 다른 하나는?

① 논밭
② 발목
③ 큰집
④ 오가다
⑤ 주식회사

03 다음 문단을 논리적 순서대로 바르게 나열한 것은?

(가) 여기에 반해 동양에서는 보름달에 좋은 이미지를 부여한다. 예를 들어, 우리나라의 처녀귀신이나 도깨비는 달빛이 흐린 그믐 무렵에나 활동하는 것이다. 그런데 최근에는 동서양의 개념이 마구 뒤섞여 보름달을 배경으로 악마의 상징인 늑대가 우는 광경이 동양의 영화에 나오기도 한다.

(나) 동양에서 달은 '음(陰)'의 기운을, 해는 '양(陽)'의 기운을 상징한다는 통념이 자리를 잡았다. 그래서 달을 '태음', 해를 '태양'이라고 불렀다. 동양에서는 해와 달의 크기가 같은 덕에 음과 양도 동등한 자격을 갖춘다. 즉, 음과 양은 어느 하나가 좋고 다른 하나는 나쁜 것이 아니라 서로 보완하는 관계를 이루는 것이다.

(다) 옛날부터 형성된 이러한 동서양 간의 차이는 오늘날까지 영향을 끼치고 있다. 동양에서는 달이 밝으면 달맞이를 하는데, 서양에서는 달맞이를 자살 행위처럼 여기고 있다. 특히 보름달은 서양인들에게 거의 공포의 상징과 같은 존재이다. 예를 들어, 13일의 금요일에 보름달이 뜨게 되면 사람들은 외출조차 꺼린다.

(라) 하지만 서양의 경우는 다르다. 서양에서 낮은 신이, 밤은 악마가 지배한다는 통념이 자리를 잡았다. 따라서 밤의 상징인 달에 좋지 않은 이미지를 부여하게 되었다. 이는 해와 달의 명칭을 보면 알 수 있다. 라틴어로 해를 'Sol', 달을 'Luna'라고 하는데 정신병을 뜻하는 단어 'Lunacy'의 어원이 바로 'Luna'이다.

① (가) – (나) – (라) – (다)
② (나) – (다) – (가) – (라)
③ (나) – (라) – (가) – (다)
④ (나) – (라) – (다) – (가)
⑤ (다) – (나) – (라) – (가)

04 다음 글로부터 알 수 있는 내용으로 적절하지 않은 것은?

모든 동물들은 생리적 장치들이 제대로 작동하기 위해서 체액의 농도를 어느 정도 일정하게 유지해야 한다. 이를 위해 수분의 획득과 손실의 균형을 조절하는 작용을 삼투 조절이라 한다. 동물은 서식지와 체액의 농도, 특히 염도 차이가 있을 경우에 삼투 현상에 따라 체내 수분의 획득과 손실이 발생하기 때문에, 이러한 상황에서 체액의 농도를 일정하게 유지하는 것이 중요한 생존 과제이다.

삼투 현상이란 반(半)투과성 막을 사이에 두고 농도가 다른 양쪽의 용액 중에 농도가 낮은 쪽의 용매가 농도가 높은 쪽으로 옮겨 가는 현상이다. 소금물에서는 물에 녹아 있는 소금을 용질, 그 물을 용매라고 할 수 있는데, 반투과성 막의 양쪽에 농도가 다른 소금물이 있다면 농도가 낮은 쪽의 물이 높은 쪽으로 이동하게 된다. 이때 양쪽의 농도가 같다면 용매의 순이동은 없다고 한다.

동물들은 이러한 삼투 현상에 대응하여 수분 균형을 어떻게 유지하느냐에 따라 삼투 순응형과 삼투 조절형으로 분류된다. 먼저 삼투 순응형 동물은 모두 해수(海水) 동물로 체액과 해수의 염분 농도, 즉 염도가 같기 때문에 수분의 순이동은 없다. 게나 홍합, 갯지네 등이 여기에 해당한다. 이와 달리 삼투 조절형 동물은 체액의 염도와 서식지의 염도가 달라, 체액의 염도가 변하지 않도록 삼투 조절을 하며 살아간다.

삼투 조절형 동물 중 해수에 사는 대다수 어류의 체액은 해수에 비해 염도가 낮기 때문에 체액의 수분이 빠져나갈 수 있다. 그래서 표피는 비투과성이지만, 아가미의 상피 세포를 통해 물을 쉽게 빼앗긴다. 이렇게 삼투 현상에 의해 빼앗긴 수분을 보충하기 위하여 이들은 계속 바닷물을 마시게 된다. 이로 인해 이들의 창자에서 바닷물의 $70 \sim 80\%$가 혈관 속으로 흡수되는데, 이때 염분도 혈관 속으로 들어간다. 그러면 아가미의 상피 세포에 있는 염분 분비 세포를 작동시켜 과도해진 염분을 밖으로 내보낸다.

담수에 사는 동물들이 직면한 삼투 조절의 문제는 해수 동물과 정반대이다. 담수 동물의 체액은 담수에 비해 염도가 높기 때문에 아가미를 통해 수분이 계속 유입될 수 있다. 그래서 담수 동물들은 물을 거의 마시지 않고 많은 양의 오줌을 배출하여 문제를 해결하고 있다. 이들의 비투과성 표피는 수분의 유입을 막기 위한 것이다.

한편 육상에 사는 동물들 또한 다양한 경로를 통해 수분이 밖으로 빠져나간다. 오줌, 대변, 피부, 가스 교환 기관의 습한 표면 등을 통해 수분을 잃기 때문이다. 그래서 육상 동물들은 물을 마시거나 음식을 통해, 그리고 세포 호흡으로 물을 생성하여 부족한 수분을 보충한다.

① 동물들은 체액의 농도가 크게 달라지면 생존하기 어렵다.
② 동물들이 삼투 현상에 대응하는 방법은 서로 다를 수 있다.
③ 동물의 체액과 서식지 물의 농도가 같으면 삼투 현상에 의한 수분의 순이동은 없다.
④ 담수 동물은 육상 동물과 마찬가지로 많은 양의 오줌을 배출하여 체내 수분을 일정하게 유지한다.
⑤ 육상 동물들은 세포 호흡을 통해서도 수분을 보충할 수 있다.

05 다음 글의 주장에 대한 비판으로 가장 적절한 것은?

사회 현상을 볼 때는 돋보기로 세밀하게, 그리고 때로는 멀리 떨어져서 전체 속에 어떻게 위치하고 있는가를 동시에 봐야 한다. 숲과 나무는 서로 다르지만 따로 떼어 생각할 수 없기 때문이다. 현대 사회 현상의 최대 쟁점인 과학 기술을 평가할 때도 마찬가지이다. 로봇 탄생의 숲을 보면, 그 로봇 개발에 투자한 사람과 로봇을 개발한 사람들의 의도가 드러난다. 그리고 나무인 로봇을 세밀히 보면, 그 로봇이 생산에 이용되는지 아니면 감옥의 죄수들을 감시하기 위한 것인지 그 용도를 알 수가 있다. 이 광범한 기술의 성격을 객관적이고 물질적이어서 가치관이 없다고 쉽게 생각하면 로봇에 당하기 십상이다.

자동화는 자본주의의 실업을 늘려 실업자에게 생계의 위협을 가하는 측면뿐 아니라, 기존 근로자에 대한 감시를 더욱 효율적으로 해내는 역할도 수행한다. 자동화를 적용하는 기업 측에서는 자동화가 인간의 삶을 증대시키는 이미지로 일반 사람들에게 인식되기를 바란다. 그래야 자동화 도입에 대한 노동자의 반발을 무마하고 기업가의 구상을 관철할 수 있기 때문이다. 그러나 자동화나 기계화 도입으로 인해 실업을 두려워하고, 업무 내용이 바뀌는 것을 탐탁해 하지 않았던 유럽의 노동자들은 자동화 도입에 대해 극렬히 반대했던 경험들을 갖고 있다.

지금도 자동화·기계화는 좋은 것이라는 고정관념을 가진 사람들이 많고, 현실에서 이러한 고정관념이 가져오는 파급 효과는 의외로 크다. 예를 들어 은행에 현금을 자동으로 세는 기계가 등장하면 은행원들이 현금을 세는 작업량은 줄어든다. 손님들도 기계가 현금을 재빨리 세는 것을 보고 감탄해 하면서 행원이 세는 것보다 더 많은 신뢰를 보낸다. 그러나 현금 세는 기계의 도입에는 이익 추구라는 의도가 숨어 있다. 현금 세는 기계는 행원의 수고를 덜어 준다. 그러나 현금 세는 기계를 들여옴으로써 실업자가 생기고 만다. 사람이 잘만 이용하면 잘 써먹을 수 있을 것만 같은 기계가 엄청나게 혹독한 성품을 지닌 프랑켄슈타인으로 돌변하는 것이다.

자동화와 정보화를 추진하는 핵심 조직이 기업이란 것에서도 알 수 있듯이 기업은 이윤 추구에 도움이 되지 않는 행위는 무가치하다고 판단한다. 그러므로 자동화는 그 계획 단계에서부터 기업의 의도가 스며들어가 탄생된다. 또한 그 의도대로 자동화나 정보화가 진행되면, 다른 한편으로 의도하지 않은 결과를 초래한다. 자동화와 같은 과학 기술이 풍요를 생산하는 수단이라고 생각하는 것은 하나의 고정관념에 불과하다.

채플린이 제작한 영화 〈모던 타임즈〉에 나타난 것처럼 초기 산업화 시대에는 기계에 종속된 인간의 모습이 가시적으로 드러날 수밖에 없었다. 그래서 이러한 종속에 저항하고자 하는 인간의 노력도 적극적인 모습을 보였다. 그러나 현대의 자동화 기기는 그 첨병이 정보 통신 기기로 바뀌면서 문제는 질적으로 달라진다. 무인 생산까지 진전된 자동화나 정보 통신화는 인간에게 단순노동을 반복시키는 그런 모습을 보이지 않는다. 그래서인지는 몰라도 정보 통신은 별 무리 없이 어느 나라에서나 급격하게 개발·보급되고 보편화되어 있다. 그런데 문제는 이 자동화 기기가 생산에만 이용되는 것이 아니라 노동자를 감시하거나 관리하는 데도 이용될 수 있다는 것이다. 오히려 정보 통신의 발달로 이전보다 사람들은 더 많은 감시와 통제를 받게 되었다.

① 기업의 이윤 추구가 사회 복지 증진과 직결될 수 있음을 간과하고 있다.
② 기계화·정보화가 인간의 삶의 질 개선에 기여하고 있음을 경시하고 있다.
③ 기계화를 비판하는 주장만 되풀이할 뿐, 구체적인 근거를 제시하지 않고 있다.
④ 화제의 부분적 측면에 관계된 이론을 소개하여 편향적 시각을 갖게 하고 있다.
⑤ 현대의 기술 문명이 가져다 줄 수 있는 긍정적인 측면을 과장하여 강조하고 있다.

이미지란 우리가 세계에 대해 시각을 통해 얻는 표상을 가리킨다. 상형문자나 그림문자를 통해서 얻은 표상도 여기에 포함된다. 이미지는 세계의 실제 모습과 아주 많이 닮았으며, 그러한 모습을 우리 뇌 속에 복제한 결과이다. 그런데 우리의 뇌는 시각적 신호를 받아들일 때 시야에 들어온 세계를 한꺼번에 하나의 전체로 받아들이게 된다. 즉, 대다수의 이미지는 한꺼번에 지각된다. 예를 들어 우리는 새의 모습을 한꺼번에 지각하지 머리, 날개, 꼬리 등을 개별적으로 지각한 후 이를 머릿속에서 조합하는 것이 아니다.

표음문자로 이루어진 글을 읽는 것은 이와는 다른 과정이다. 표음문자로 구성된 문장에 대한 이해는 그 문장의 개별적인 문법적 구성 요소들로 이루어진 특정한 수평적 연속에 의존한다. 문장을 구성하는 개별 단어들, 혹은 각 단어를 구성하는 개별 문자들이 하나로 결합하여 비로소 의미 전체가 이해되는 것이다. 비록 이 과정이 너무도 신속하고 무의식적으로 이루어지기는 하지만 말이다. 알파벳을 구성하는 기호들은 개별적으로는 아무런 의미도 가지지 않으며 어떠한 이미지도 나타내지 않는다. 일련의 단어군은 한꺼번에 파악될 수도 있겠지만, 표음문자의 경우 대부분 언어는 개별 구성 요소들이 하나의 전체로 결합하는 과정을 통해 이해된다.

남성적인 사고는 사고 대상 전체를 구성 요소 부분으로 분해한 후 그들 각각을 개별화하고 이를 다시 재조합하는 과정으로 진행된다. 그에 비해 여성적인 사고는 분해되지 않은 전체 이미지를 통해서 의미를 이해하는 특징을 지닌다. 그림문자로 구성된 글의 이해는 여성적인 사고 과정을, 표음문자로 구성된 글의 이해는 남성적인 사고 과정을 거친다. 여성은 대체로 여성적 사고를, 남성은 대체로 남성적 사고를 한다는 점을 고려할 때 <u>표음문자 체계의 보편화는 여성의 사회적 권력을 약화하는 결과를 낳게 된다.</u>

> **보기**
>
> ㄱ. 그림문자를 쓰는 사회에서는 남성의 사회적 권력이 여성의 그것보다 우월하였다.
> ㄴ. 표음문자 체계는 기능적으로 분화된 복잡한 의사소통을 가능하도록 하였다.
> ㄷ. 글을 읽고 이해하는 능력은 사회적 권력에 영향을 미친다.

① ㄱ   ② ㄴ
③ ㄷ   ④ ㄱ, ㄴ
⑤ ㄴ, ㄷ

07 다음 중 밑줄 친 ㉠~㉤에 대한 설명이 잘못 연결된 것은?

사유 재산 제도와 시장 경제가 자본주의의 양대 축을 이루기 때문에 토지 또한 민간의 소유이어야만 한다고 하는 이들이 많다. 토지사유제의 정당성을 그것이 자본주의의 성립 근거라는 점에서 찾고자 하는 학자도 있다. 토지에 대해서는 절대적이고 배타적인 소유권을 인정할 수 없다고 하면 이들은 신성불가침 영역에 대한 도발이라며 이에 반발한다. 토지가 일반 재화나 자본에 비해 지닌 근본적인 차이는 무시하고 말이다. 과연 자본주의 경제는 토지사유제 없이 성립할 수 없는 것일까?

싱가포르, 홍콩, 대만, 핀란드 등의 사례는 위의 물음에 직접적인 답변을 제시한다. 이들은 토지공유제를 시행하였거나 토지의 공공성을 인정했음에도 불구하고 자본주의 경제를 모범적으로 발전시켜온 사례이다. 물론 토지사유제를 당연하게 여기는 사람들이 이런 사례들을 토지 공공성을 인정해야만 하는 당위의 근거로서 받아들이는 것은 아니다. 그들은 오히려 토지의 공공성 강조가 사회주의적 발상이라고 비판한다. 하지만 이와 같은 비판은 토지와 관련된 권리 제도에 대한 무지에 기인한다.

토지 소유권은 사용권, 처분권, 수익권의 세 가지 권리로 구성된다. 각각의 권리를 누가 갖느냐에 따라 토지 제도는 다음과 같이 분류된다. 세 권리 모두 민간이 갖는 ㉠ 토지사유제, 세 권리 모두 공공이 갖는 ㉡ 사회주의적 토지공유제, 그리고 사용권은 민간이 갖고 수익권은 공공이 갖는 ㉢ 토지가치공유제이다. 한편, 토지가치공유제는 처분권을 누가 갖느냐에 따라 두 가지 제도로 분류된다. 처분권을 완전히 민간이 갖는 ㉣ 토지가치세제와, 공공이 처분권을 갖지만 사용권을 가진 자에게 한시적으로 처분권을 맡기는 ㉤ 토지공공임대제이다. 토지 소유권을 구성하는 세 가지 권리를 민간과 공공이 적당히 나누어 갖는 경우가 많으므로 실제의 토지 제도는 이 분류보다 훨씬 더 다양하다. 이 중 자본주의 경제와 결합될 수 없는 토지 제도는 사회주의적 토지공유제뿐이다. 물론 어느 토지 제도가 더 나은 경제적 성과를 보이는가는 그 이후의 문제이다. 토지사유제 옹호론에 따르면 토지 자원의 효율적 배분이 가능하기 위해 토지에 대한 절대적·배타적 소유권을 인정해야만 한다. 토지 사유제만이 토지의 오용을 막을 수 있으며, 나아가 토지 사용의 안정성을 보장할 수 있다는 것이다. 하지만 토지 자원의 효율적 배분을 위해 토지의 사용권, 처분권, 수익권 모두를 민간이 가져야 할 필요는 없다. 토지 위 시설물에 대한 소유권을 민간이 갖고, 토지에 대해서 민간은 배타적 사용권만 가지면 충분하다.

① ㉠ : 토지 소유권을 민간이 갖는다.
② ㉡ : 자본주의 경제와 결합될 수 없다.
③ ㉢ : 처분권을 누가 갖느냐에 따라 ㉣과 ㉤으로 구분된다.
④ ㉣ : 사용권과 처분권은 민간이 갖고, 수익권은 공공이 갖는다.
⑤ ㉤ : 처분권은 민간이 갖고, 사용권과 수익권은 공공이 갖는다.

08 다음 글에서 밑줄 친 ㉠이 높게 나타나는 상황으로 가장 적절한 것은?

사람들은 종종 미래의 행동을 결정할 때 매몰비용, 즉 이미 지출되었기 때문에 회수가 불가능한 비용에 집착하는 경우를 볼 수 있다. 합리적으로 의사 결정을 하기 위해서는 오직 추가적인 비용과 이익만 고려해야 한다. 그러나 많은 사람들은 매몰비용을 과대평가하여 결과적으로 이에 대한 투자를 지속하려는 경향을 보인다. 예를 들면, 공짜였다면 가지 않았을 농구 경기를 이미 지불한 티켓 값이 아까워서 경기 당일 눈보라를 무릅쓰고 경기장에 간다는 것이다. 이와 같이 한 번 투자한 시간, 돈, 또는 노력에 대한 시도를 지속적으로 유지하려는 경향을 ㉠ '매몰비용 효과'라 한다.

이러한 매몰비용 효과는 '심적 회계 이론'으로 설명할 수 있다. 심적 회계 이론에서는 소비자들이 거래를 할 때, 지불한 비용과 얻게 될 이익 사이에서 손해를 보지 않으려는 심리가 있다고 본다. 이 이론에서는 비용과 이익의 심리적 연결인 '커플링'의 개념을 사용하는데, 이때 비용과 이익이 심리적으로 연결되는 경우를 '거래커플링'이라 하고, 반대로 비용과 이익이 심리적으로 분리되는 경우를 '디커플링'이라 한다. 비용과 이익이 심리적으로 명백하게 연결된 거래커플링의 경우, 소비자의 매몰비용에 대한 주의가 높아지게 된다. 따라서 남아 있는 이익을 소비하고자 하는 의지가 강하므로 매몰비용 효과는 높게 나타난다. 즉, 위의 농구 경기 사례처럼 하나의 비용에 하나의 이익이 연결될 때는 거래커플링이 야기되어 눈보라를 무릅쓰고 경기를 관람하러 간다는 것이다.

반면 하나의 비용이 여러 이익과 연결될 때, 예를 들어 서로 기능이나 가격이 다른 상품을 묶어 파는 경우에는 총비용을 여러 개의 이익에 어떻게 나눠야 할지 모르는 어려움을 겪게 된다. 이때 소비자들에게는 심리적인 디커플링이 야기되어, 이미 지불한 비용에 대한 주의력이 낮아지게 되므로 매몰비용 효과는 낮게 나타나는 것이다. 이외에도 선불이나 정액 요금같이, 지불한 시점과 소비 시점 간의 거리가 먼 경우 디커플링의 수준이 높아질 수 있다.

① 데이터 정액 요금제 가입자 중 데이터 사용량을 다 쓰지 못하는 사람은 90% 이상이지만, 같은 요금제를 계속 이용한다.

② 새로 산 구두가 신을 때마다 발이 아파 걷기가 힘들지만 비싸게 지불한 신발 값이 아까워 버리지 못하고 계속 신고 다닌다.

③ 같은 월급을 받는 독신자들은 기혼자들에 비해 남는 돈이 많다고 생각해서 지갑을 여는 것에 과감한 경우가 많아 충동구매가 잦은 편이다.

④ 10만 원 이상 물건을 구입하면 5,000원에 해당하는 상품권을 지급한다는 A백화점의 추석 맞이 이벤트 때문에 지금 당장 필요하지 않은 물건을 구입하게 되었다.

⑤ 5km 떨어져 있는 가게에서 110,000원의 옷을 100,000원에 판매할 경우에는 굳이 가지 않지만, 20,000원의 계산기를 10,000원에 판매할 경우에는 많은 사람들이 그 가게를 찾아간다.

09 다음은 '밀그램 실험'에 대한 글이다. 이를 바탕으로 〈보기〉와 같이 요약했을 때, 빈칸에 들어갈 단어로 가장 적절한 것은?

> 사람이 얼마나 권위 있는 잔인한 명령에 복종하는지를 알아보는 악명 높은 실험이 있었다. 예일대학교 사회심리학자인 스탠리 밀그램(Stanley Milgram)이 1961년에 한 실험이다. 권위를 가진 주체가 말을 하면 아주 잔인한 명령이라도 기꺼이 복종하는 것을 알아보는, 인간의 연약함과 악함을 보여주는 그런 종류의 실험이다.
>
> 밀그램 실험에서는 피실험자에게 매우 강력한 전기충격을 가해야 한다는 명령을 내린다. 그 전기충격의 강도는 최고 450V로, 사람에게 치명적인 피해를 입힐 수 있다. 물론 이 실험에서 실제로 전기가 통하게 하지는 않았다. 전기충격을 받은 사람은 고통스럽게 비명을 지르며 그만하라고 소리치게 했지만, 이 역시 전문 배우가 한 연극이었다. 밀그램은 실험 참가자에게 과학적 발전을 위한 실험이며, 4달러를 제공하고, 중간에 중단해서는 안 된다는 지침을 내렸다.
>
> 인간성에 대한 근원적인 의문을 탐구하기 위해 밀그램은 특수한 실험 장치를 고안했다. 실험에 참가한 사람들은 실험자의 명령에 따라 옆방에 있는 사람에게 전기충격을 주는 버튼을 누르도록 했다. 30개의 버튼은 비교적 해가 안 되는 15V에서 시작해 최고 450V까지 올라간다. 450V까지 높아지면 사람들은 치명적인 상처를 입는데, 실험 참가자들은 그러한 위험성에 대한 주의를 받았다.
>
> 실제로는 전기충격 버튼을 눌러도 약간의 무서운 소리와 빛이 번쩍이는 효과만 날 뿐 실제로 전기가 흐르지는 않았다. 다만 옆방에서 전기충격을 받는 사람은 실험 참가자들이 전기버튼을 누를 때마다 마치 진짜로 감전되는 것 같이 소리를 지르고 대가를 받는 훈련된 배우였다.
>
> 밀그램 실험에 참가한 40명 중 65%는 명령에 따라 가장 높은 450V의 버튼을 눌렀다. 감전된 것처럼 연기한 배우가 고통스럽게 소리를 지르면서 그만하라고 소리를 지르는데도 말이다. 일부 사람들은 실험실에서 나와서는 이러한 잔인한 실험을 계속하는 데 대해 항의했다. 밀그램은 실험 전에는 단 0.1%만이 450V까지 전압을 올릴 것이라 예상했으나, 실제 실험 결과는 무려 65%의 참가자들이 450V까지 전압을 올렸다. 이들은 상대가 죽을 수 있다는 걸 알고 있었고, 비명도 들었으나 모든 책임은 연구원이 지겠다는 말에 복종했다.

보기

> 밀그램이 시행한 전기충격 실험은 사람들이 권위를 가진 명령에 어디까지 복종하는지를 알아보기 위한 실험이다. 밀그램이 예상한 것과 달리 아주 일부의 사람만 _____을/를 하였다.

① 이타적 행동　　　　　　　　② 순응

③ 고민　　　　　　　　　　　　④ 불복종

⑤ 참가

10 다음 중 밑줄 친 ㉠ ~ ㉤의 수정 방안으로 적절하지 않은 것은?

㉠ 일반적인 사전적 의미의 '취미'는 '전문적으로 하는 것이 아니라 즐기기 위하여 하는 일'이지만 좀 더 철학적 관점에서 본다면 취미(Geschmack)는 주관적인 인간의 감정적 영역으로, 미적 대상을 감상하고 비판하는 능력이다. 발타사르 그라시안(Baltasar Gracian)에 따르면 취미는 충동과 자유, 동물성과 정신의 중간적인 것으로, 각종 일에 대해 거리를 취하고 구별하여 선택하는 능력으로 일종의 인식 방식이다.

취미에 대한 정의와 관점은 다양하다. 취미를 감각 판단으로 바라볼 것인가에 대해 서로 맞서고 있는 감각주의 전통과 합리주의 전통의 논쟁이 있어 왔으며, 현대 사회에서는 취미 연구를 심리학적・사회적 두 가지 관점에서 본다. 심리학적인 관점에서 취미는 개인의 생애를 통해서 변화하며 동시에 개인, 시대, 민족, 지역 등에 따라 ㉡ 틀리다. 개인의 취미는 넓고 깊은 교양에 의한 것이며, 통속적으로는 여가나 오락을 뜻하는 것으로 쓰이기도 한다. ㉢ 하지만 이와 동시에 일정한 시대, 민족에 있어서는 공통된 취미가 '객관적 정신'으로 전체를 지배하기도 한다. ㉣ 따라서 취미는 그 누구도 '취미란 이런 것이다.'라고 정의내려서는 안 된다.

이 과정에서 우리는 '한 사회 내에서 일정 기간 동안 유사한 문화 양식과 행동 양식이 일정 수의 사람들에게 공유되는 사회적 동조 현상'인 유행과의 차이에 대해 의문을 가지게 된다. 유행은 취미와 아주 밀접하게 결부된 현상이다. ㉤ 그러나 유행은 경험적 일반성에 의존하는 공동체적 감각이고, 취미는 경험보다는 규범적 일반성에 의존하는 감각이다. 다시 말해 유행은 공동체 속에서 활동하고 또 그것에 종속되지만, 취미는 그것에 종속되지 않는다. 취미는 자신의 판단력에 의존한다는 점에서 유행과 구별된다.

① ㉠ : 문장이 너무 길어 호흡이 길어지므로 '…하는 일'이다. 하지만…'으로 수정한다.
② ㉡ : 의미상 '비교가 되는 대상이 서로 같지 아니하다.'라는 뜻의 '다르다'로 바꾼다.
③ ㉢ : 자연스러운 연결을 위해 '또한'으로 바꾼다.
④ ㉣ : 글의 전개상 불필요한 내용이므로 삭제한다.
⑤ ㉤ : 앞뒤 내용의 자연스러운 흐름을 위해 '그래서'로 바꾼다.

11 다음과 같이 일정한 규칙으로 수를 나열할 때, 빈칸에 들어갈 알맞은 수는?

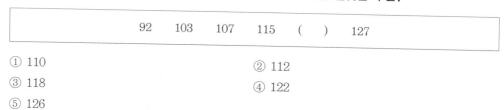

| 92 | 103 | 107 | 115 | ( ) | 127 |

① 110

② 112

③ 118

④ 122

⑤ 126

12 대학 서적을 도서관에서 빌리면 10일간 무료이고, 그 이상은 하루에 100원의 연체료가 부과되며 한 달 단위로 연체료는 두 배로 늘어난다. 1학기 동안 대학 서적을 도서관에서 빌려 사용하는 데 얼마의 비용이 드는가?(단, 1학기의 기간은 15주이고, 한 달은 30일로 정한다)

① 8,000원

② 20,000원

③ 23,000원

④ 25,000원

⑤ 28,000원

13 첫째와 둘째, 둘째와 셋째의 터울이 각각 3세인 A~C 삼형제가 있다. 3년 후면 막내 C의 나이는 첫째 A 나이의 $\frac{2}{3}$ 가 된다고 한다. A~C의 현재 나이를 모두 더하면 얼마인가?

① 33

② 36

③ 39

④ 45

⑤ 48

14 다음은 산업 및 가계별 대기배출량과 기체별 지구온난화 유발 확률에 대한 자료이다. 어느 부문의 대기배출량을 줄여야 지구온난화 예방에 가장 효과적인가?

〈산업 및 가계별 대기배출량〉

(단위 : 천 톤 CO_2 eq)

구분		이산화탄소	아산화질소	메탄	수소불화탄소
산업 부문	전체	45,950	3,723	17,164	0.03
	농업, 임업 및 어업	10,400	810	12,000	0
	석유, 화학 및 관련 제품	6,350	600	4,800	0.03
	전기, 가스, 증기 및 수도사업	25,700	2,300	340	0
	건설업	3,500	13	24	0
가계 부문		5,400	100	390	0

〈기체별 지구온난화 유발 확률〉

(단위 : %)

구분	이산화탄소	아산화질소	메탄	수소불화탄소
유발 확률	30	20	40	10

① 농업, 임업 및 어업
② 석유, 화학 및 관련 제품
③ 전기, 가스, 증기 및 수도사업
④ 건설업
⑤ 가계 부문

15 투자가 A ~ D는 각자 투자한 금액의 비율만큼 기업의 영업이익에 따라 배당금을 받는다. 2024년 상반기를 기준으로 영업이익이 3억 원이었고, 그중 B와 C가 받은 금액은 총 1억 원이었다. 또한 A가 받은 금액과 C가 받은 금액의 2배의 합은 $\frac{28}{9}$ 억 원이었다. C가 투자한 금액의 2배가 A가 투자한 금액과 같고, 하반기 영업이익이 2.7억 원일 때, B가 하반기에 받을 배당금은 얼마인가?

① 0.1억 원
② 0.2억 원
③ 0.3억 원
④ 0.4억 원
⑤ 0.5억 원

16 다음은 세계 로봇산업 시장과 국내 로봇산업 시장 규모에 대한 자료이다. 이에 대한 설명으로 옳지 않은 것은?

<세계 로봇산업 시장 규모>

(단위 : 백만 달러)

구분	2020년	2021년	2022년	2023년	2024년
개인 서비스용 로봇산업	636	1,224	1,704	2,134	2,216
전문 서비스용 로봇산업	3,569	3,636	3,661	4,040	4,600
제조용 로봇산업	8,278	8,496	9,507	10,193	11,133
합계	12,483	13,356	14,872	16,367	17,949

<국내 로봇산업 시장 규모>

(단위 : 억 원)

구분	생산			수출			수입		
	2022년	2023년	2024년	2022년	2023년	2024년	2022년	2023년	2024년
개인 서비스용 로봇산업	2,973	3,247	3,256	1,228	944	726	156	181	232
전문 서비스용 로봇산업	1,318	1,377	2,629	163	154	320	54	182	213
제조용 로봇산업	20,910	24,671	25,831	6,324	6,694	6,751	2,635	2,834	4,391
합계	25,201	29,295	31,716	7,715	7,792	7,797	2,845	3,197	4,836

※ (전체 서비스용 로봇산업)=(개인 서비스용 로봇산업)+(전문 서비스용 로봇산업)

① 2024년 세계 개인 서비스용 로봇산업 시장 규모는 전년 대비 약 3.8% 성장한 22억 1,600만 달러이다.

② 세계 전문 서비스용 로봇산업 시장 규모는 2022년 이후 꾸준히 성장하는 추세를 보이고 있으며, 2024년 세계 전문 서비스용 로봇산업 시장 규모는 전체 세계 로봇산업 시장 규모의 약 27% 이상을 차지하고 있다.

③ 2024년 세계 제조용 로봇산업 시장은 전년 대비 약 9.2% 성장한 111억 3,300만 달러로 세계 로봇산업 시장에서 가장 큰 시장 규모를 차지하고 있다.

④ 2024년의 국내 전문 서비스용 로봇의 생산 규모는 전년보다 약 91.0%가 증가했으며, 2024년의 국내 전체 서비스용 로봇의 생산 규모도 전년 대비 약 27.3% 증가했다.

⑤ 2024년의 국내 개인 서비스용 로봇의 수출 규모는 전년 대비 약 23.1% 정도 감소했으며, 2024년의 국내 전체 서비스용 로봇의 수출 규모도 전년 대비 약 4.7% 정도 감소했다.

17 다음은 연도별 국가지정문화재 현황에 대한 자료이다. 〈보기〉 중 이에 대한 설명으로 옳은 것을 모두 고르면?

〈연도별 국가지정문화재 현황〉

(단위 : 건)

구분	2019년	2020년	2021년	2022년	2023년	2024년
합계	3,385	3,459	3,513	3,583	3,622	3,877
국보	314	315	315	315	317	328
보물	1,710	1,758	1,774	1,813	1,842	2,060
사적	479	483	485	488	491	495
명승	82	89	106	109	109	109
천연기념물	422	429	434	454	455	456
국가무형문화재	114	116	119	120	122	135
중요민속문화재	264	269	280	284	286	294

보기

ㄱ. 2020년에서 2024년 사이 전년 대비 전체 국가지정문화재 건수가 가장 많이 증가한 해는 2024년이다.

ㄴ. 국보 문화재는 2019년보다 2024년에 지정된 건수가 증가했으며, 전체 국가지정문화재에서 차지하는 비중 또한 증가했다.

ㄷ. 2019년 대비 2024년 국가지정문화재 건수의 증가율이 가장 높은 문화재 종류는 명승 문화재이다.

ㄹ. 조사기간 중 사적 문화재 지정 건수는 매년 국가무형문화재 지정 건수의 4배가 넘는 수치를 보이고 있다.

① ㄱ, ㄴ
② ㄱ, ㄷ
③ ㄴ, ㄷ
④ ㄴ, ㄹ
⑤ ㄷ, ㄹ

※ 다음은 경지면적 및 수리답률에 대한 자료이다. 이어지는 질문에 답하시오. [18~19]

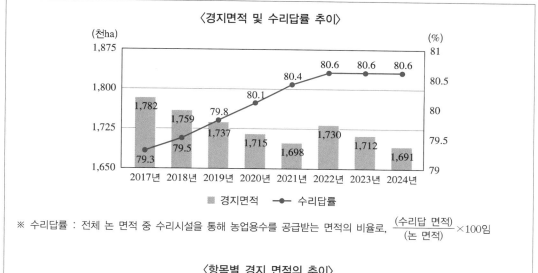

〈경지면적 및 수리답률 추이〉

※ 수리답률 : 전체 논 면적 중 수리시설을 통해 농업용수를 공급받는 면적의 비율로, $\dfrac{(수리답\ 면적)}{(논\ 면적)} \times 100$임

〈항목별 경지 면적의 추이〉

(단위 : 천ha)

구분	2017년	2018년	2019년	2020년	2021년	2022년	2023년	2024년
논	1,070	1,046	1,010	984	960	966	964	934
밭	712	713	727	731	738	764	748	757

18 다음 중 2024년의 수리답 면적으로 옳은 것은?(단, 백의 자리에서 반올림한다)

① 753천ha
② 758천ha
③ 763천ha
④ 768천ha
⑤ 772천ha

19 다음 〈보기〉 중 자료에 대한 설명으로 옳은 것을 모두 고르면?(단, 비율은 소수점 셋째 자리에서 반올림한다)

보기

ㄱ. 2017 ~ 2022년 전체 경지 면적에서 밭이 차지하는 비율은 계속 증가하고 있다.
ㄴ. 논 면적이 2017 ~ 2024년 전체의 평균 논 면적보다 줄어든 것은 2020년부터이다.
ㄷ. 전체 논 면적 중 수리시설로 농업용수를 공급받지 않는 면적만 줄어들고 있다.

① ㄱ, ㄴ
② ㄷ
③ ㄱ, ㄷ
④ ㄴ, ㄷ
⑤ ㄱ, ㄴ, ㄷ

20 다음은 도로별 일평균 교통량에 대한 자료이다. 이에 대한 설명으로 옳지 않은 것은?

〈고속국도의 일평균 교통량〉

(단위 : 대)

구분	2020년	2021년	2022년	2023년	2024년
승용차	28,864	31,640	32,593	33,605	35,312
버스	1,683	1,687	1,586	1,594	1,575
화물차	13,142	11,909	12,224	13,306	13,211
합계	43,689	45,236	46,403	48,505	50,098

〈일반국도의 일평균 교통량〉

(단위 : 대)

구분	2020년	2021년	2022년	2023년	2024년
승용차	7,951	8,470	8,660	8,988	9,366
버스	280	278	270	264	256
화물차	2,945	2,723	2,657	2,739	2,757
합계	11,176	11,471	11,587	11,991	12,379

〈국가지원지방도의 일평균 교통량〉

(단위 : 대)

구분	2020년	2021년	2022년	2023년	2024년
승용차	5,169	5,225	5,214	5,421	5,803
버스	230	219	226	231	240
화물차	2,054	2,126	2,059	2,176	2,306
합계	7,453	7,570	7,499	7,828	8,349

① 조사기간 중 고속국도의 일평균 승용차 교통량은 일반국도와 국가지원지방도의 일평균 승용차 교통량의 합보다 항상 많았다.

② 전년 대비 일반국도의 일평균 화물차 교통량은 2022년까지 감소하다가 2023년부터 다시 증가하고 있다.

③ 2021 ~ 2024년 중 국가지원지방도의 일평균 버스 교통량의 전년 대비 증가율이 가장 큰 해는 2024년이다.

④ 조사기간 중 고속국도와 일반국도의 일평균 버스 교통량의 증감추이는 같다.

⑤ 2024년 고속국도의 일평균 화물차 교통량은 2024년 일반국도와 국가지원지방도의 일평균 화물차 교통량의 합의 2.5배 이상이다.

21 K기업은 인사팀, 영업팀, 홍보팀, 기획팀, 개발팀, 디자인팀의 신입사원 20명을 대상으로 보고서 작성 교육과 사내 예절 교육을 실시하였다. 다음 〈조건〉을 참고할 때, 교육에 참석한 홍보팀 신입사원은 모두 몇 명인가?

> **조건**
> • 보고서 작성 교육에 참석한 신입사원의 수는 총 14명이다.
> • 영업팀 신입사원은 중요한 팀 회의로 인해 모든 교육에 참석하지 못했다.
> • 인사팀 신입사원은 사내 예절 교육에만 참석하였다.
> • 디자인팀 신입사원의 인원수는 인사팀 신입사원의 2배로, 모든 교육에 참석하였다.
> • 최다 인원 참석팀은 개발팀이고, 인사팀과 홍보팀의 사내 예절 교육 참석인원 합과 동일하다.
> • 기획팀 신입사원의 수와 인사팀 신입사원의 수는 같다.
> • 사내 예절 교육에 참석한 팀은 총 다섯 팀으로, 16명이 참석했다.

① 2명   ② 3명
③ 4명   ④ 5명
⑤ 6명

22 카드게임을 하기 위해 A∼F 6명이 원형 테이블에 앉고자 한다. 다음 〈조건〉에 따라 이들의 좌석을 배치하고자 할 때, F와 이웃하여 앉을 사람은?(단, 좌우 방향은 원탁을 바라보고 앉은 상태를 기준으로 한다)

> **조건**
> • B는 C와 이웃하여 앉는다.
> • A는 E와 마주보고 앉는다.
> • C의 오른쪽에는 E가 앉는다.
> • F는 A와 이웃하여 앉지 않는다.

① B, C
② B, D
③ C, D
④ C, E
⑤ D, E

23 K기업의 영업팀과 홍보팀에서 근무 중인 총 9명(A ~ I)의 사원은 워크숍을 가려고 하는데, 한 층당 4개의 객실로 이루어져 있는 호텔을 1층부터 3층까지 사용한다. 다음 〈조건〉을 참고할 때, 항상 옳은 것은?(단, 직원 한 명당 하나의 객실을 사용하며, 2층 이상의 객실은 반드시 엘리베이터를 이용해야 한다)

> **조건**
> • 202호는 현재 공사 중이라 사용할 수 없다.
> • 영업팀 A사원은 홍보팀 B, E사원과 같은 층에 묵는다.
> • 3층에는 영업팀 직원 C, D, F가 묵는다.
> • 홍보팀 G사원은 같은 팀 H사원의 바로 아래층 객실에 묵는다.
> • I사원은 101호에 배정받았다.

① 영업팀은 총 5명의 직원이 워크숍에 참석했다.
② 홍보팀 G사원은 2층에 묵는다.
③ 영업팀 C사원의 객실 바로 아래층은 빈 객실이다.
④ 엘리베이터를 이용해야 하는 사람의 수는 영업팀보다 홍보팀이 더 많다.
⑤ 홍보팀 E사원이 객실에 가기 위해서는 반드시 엘리베이터를 이용해야 한다.

24 다음 중 밑줄 친 ㉠에서 나타난 논리적 오류는?

> K기업 기획팀의 이현수 대리는 금일 오후 5시까지 전산시스템을 통해 제출해야 하는 사업계획서를 제출하지 못하였다. 이는 K기업이 정부로부터 지원금을 받을 수 있는 매우 중요한 사안으로, 이번 사건으로 K기업 전체에 비상이 걸렸다. 이현수 대리를 비롯하여 사업계획서와 관련된 담당자들은 금일 오후 4시 30분까지 제출 준비를 모두 마쳤으나, 회사 전산망 마비로 전산시스템 접속이 불가능해 사업계획서를 제출하지 못하였다. 이들은 정부 기관 측 담당자에게 사정을 설명하였으나, 담당자는 예외는 없다고 답변하였다. 이를 지켜본 강민호 부장은 '㉠ 이현수 대리는 기획팀을 대표하는 인재인데 이런 실수를 하다니 기획팀이 하는 업무는 모두 실수투성이일 것이 분명할 것'이라고 말하였다.

① 무지의 오류
② 애매성의 오류
③ 연역법의 오류
④ 허수아비 공격의 오류
⑤ 권위나 인신공격에 의존한 논증

25 다음 자료와 상황을 근거로 판단할 때, 〈보기〉에서 옳은 것을 모두 고르면?

K국에서는 모든 법인에 대하여 다음과 같이 구분하여 주민세를 부과하고 있다.

구분	세액(원)
• 자본금액 100억 원을 초과하는 법인으로서 종업원 수가 100명을 초과하는 법인	500,000
• 자본금액 50억 원 초과 100억 원 이하 법인으로서 종업원 수가 100명을 초과하는 법인	350,000
• 자본금액 50억 원을 초과하는 법인으로서 종업원 수가 100명 이하인 법인 • 자본금액 30억 원 초과 50억 원 이하 법인으로서 종업원 수가 100명을 초과하는 법인	200,000
• 자본금액 30억 원 초과 50억 원 이하 법인으로서 종업원 수가 100명 이하인 법인 • 자본금액 10억 원 초과 30억 원 이하 법인으로서 종업원 수가 100명을 초과하는 법인	100,000
• 그 밖의 법인	50,000

〈상황〉

법인	자본금액(억 원)	종업원 수(명)
갑	200	?
을	20	?
병	?	200

보기

ㄱ. 갑이 납부해야 할 주민세 최소 금액은 20만 원이다.

ㄴ. 을의 종업원이 50명인 경우 10만 원의 주민세를 납부해야 한다.

ㄷ. 병이 납부해야 할 주민세 최소 금액은 10만 원이다.

ㄹ. 갑, 을, 병이 납부해야 할 주민세 금액의 합계는 최대 110만 원이다.

① ㄱ, ㄴ

② ㄱ, ㄷ

③ ㄱ, ㄹ

④ ㄴ, ㄷ

⑤ ㄴ, ㄹ

26 갑은 효율적인 월급 관리를 위해 펀드에 가입하고자 한다. A ~ D펀드 중에 하나를 골라 가입하려고 하는데, 안정적이고 우수한 펀드에 가입하기 위해 〈조건〉에 따라 비교하여 다음과 같은 결과를 얻었다. 〈보기〉에서 옳은 것을 모두 고르면?

조건

- 둘을 비교하여 우열을 가릴 수 있으면 우수한 쪽에는 5점, 아닌 쪽에는 2점을 부여한다.
- 둘을 비교하여 어느 한 쪽이 우수하다고 말할 수 없는 경우에는 둘 다 0점을 부여한다.
- 각 펀드는 다른 펀드 중 두 개를 골라 총 4번의 비교를 했다.
- 총합의 점수로는 우열을 가릴 수 없으며 각 펀드와의 비교를 통해서만 우열을 가릴 수 있다.

〈결과〉

A펀드	B펀드	C펀드	D펀드
7점	7점	4점	10점

보기

ㄱ. D펀드는 C펀드보다 우수하다.
ㄴ. B펀드가 D펀드보다 우수하다고 말할 수 없다.
ㄷ. A펀드와 B펀드의 우열을 가릴 수 있으면 A ~ D까지의 우열순위를 매길 수 있다.

① ㄱ
② ㄱ, ㄴ
③ ㄱ, ㄷ
④ ㄴ, ㄷ
⑤ ㄱ, ㄴ, ㄷ

27 다음은 SWOT 분석에 대한 설명과 유전자 관련 업무를 수행 중인 K사의 SWOT 분석 자료이다. 〈보기〉 중 빈칸 (A), (B)에 들어갈 내용으로 가장 적절한 것은?

SWOT 분석은 기업의 내부환경과 외부환경을 분석하여 강점(Strength), 약점(Weakness), 기회(Opportunity), 위협(Threat) 요인을 규정하고 이를 토대로 경영전략을 수립하는 기법으로, 미국의 경영컨설턴트인 앨버트 험프리(Albert Humphrey)에 의해 고안되었다.
- 강점(Strength) : 내부환경(자사 경영자원)의 강점
- 약점(Weakness) : 내부환경(자사 경영자원)의 약점
- 기회(Opportunity) : 외부환경(경쟁, 고객, 거시적 환경)에서 비롯된 기회
- 위협(Threat) : 외부환경(경쟁, 고객, 거시적 환경)에서 비롯된 위협

〈K사 SWOT 분석 결과〉

강점(Strength)	약점(Weakness)
• 유전자 분야에 뛰어난 전문가로 구성 • _____(A)_____	• 유전자 실험의 장기화
기회(Opportunity)	위협(Threat)
• 유전자 관련 업체 수가 적음 • _____(B)_____	• 고객들의 실험 부작용에 대한 두려움 인식

보기
㉠ 투자 유치의 어려움
㉡ 특허를 통한 기술 독점 가능
㉢ 점점 증가하는 유전자 의뢰
㉣ 높은 실험 비용

	(A)	(B)		(A)	(B)
①	㉠	㉣	②	㉡	㉠
③	㉠	㉢	④	㉡	㉢
⑤	㉢	㉣			

28 K사는 워크숍에서 팀을 나눠 배드민턴 게임을 하기로 했다. 배드민턴 규칙은 실제 복식경기 방식을 따르기로 하고, 전략팀 직원 A, B와 총무팀 직원 C, D가 먼저 대결을 한다고 할 때, 다음과 같은 경기 상황에 이어질 서브 방향 및 선수 위치로 가능한 것은?

〈배드민턴 복식 경기 방식〉

• 점수를 획득한 팀이 서브권을 갖는다. 다만 서브권이 상대팀으로 넘어가기 전까지는 팀 내에서 같은 선수가 연속해서 서브권을 갖는다.
• 서브하는 팀은 자신의 팀 점수가 0이거나 짝수인 경우는 우측에서, 점수가 홀수인 경우는 좌측에서 서브한다.
• 서브하는 선수로부터 코트의 대각선 위치에 선 선수가 서브를 받는다.
• 서브를 받는 팀은 자신의 팀으로 서브권이 넘어오기 전까지는 팀 내에서 선수끼리 서로 코트 위치를 바꾸지 않는다.
※ 좌측, 우측은 각 팀이 네트를 바라보고 인식하는 좌, 우임

〈경기 상황〉

• 전략팀(A·B), 총무팀(C·D) 간 복식경기 진행
• 3:3 동점 상황에서 A가 C에게 서브하고 전략팀(A·B)이 1점 득점

점수	서브 방향 및 선수 위치	득점한 팀
3 : 3		전략팀

①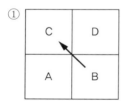

②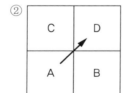

③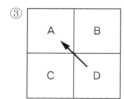

④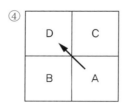

⑤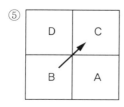

29 A고객은 3일 후 떠날 3주간의 제주도 여행에 대비하여 가족 모두 여행자 보험에 가입하고자 K은행에 방문하였다. 이에 E사원이 A고객에게 여행자 보험 상품을 추천하고자 할 때, E사원의 설명으로 적절하지 않은 것은?(단, A고객 가족의 나이는 만 14세, 17세, 45세, 51세, 75세이다)

〈K은행 여행자 보험〉

• 가입 연령 : 만 1 ~ 79세(인터넷 가입 만 19 ~ 70세)
• 납입 방법 : 일시납
• 납입 기간 : 일시납
• 보험 기간 : 2일 ~ 최대 1개월
• 보장 내용

보장의 종류	보험금 지급사유	지급금액
상해사망 및 후유장해	여행 중 사고로 상해를 입고 그 직접적인 결과로 사망하거나 후유장해 상태가 되었을 때	- 사망 시 가입금액 전액 지급 - 후유장해 시 장해 정도에 따라 가입금액의 30 ~ 100% 지급
질병사망	여행 중 발생한 질병으로 사망 또는 장해지급률 80% 이상의 후유장해가 남았을 경우	가입금액 전액 지급
휴대품 손해	여행 중 우연한 사고로 휴대품이 도난 또는 파손되어 손해를 입은 경우	가입금액 한도 내에서 보상하되 휴대품 1개 또는 1쌍에 대하여 20만 원 한도로 보상(단, 자기부담금 1만 원 공제)

• 유의사항
  - 보험계약 체결일 기준 만 15세 미만자의 경우 사망은 보장하지 않음
  - 보장금액과 상해, 질병 의료실비에 관한 보장 내용은 S은행 홈페이지 참조

---

① 고객님, 가족 모두 가입하시려면 반드시 은행에 방문해주셔야 합니다.
② 고객님, 만 14세 자녀의 경우 본 상품에 가입하셔도 사망보험금은 지급되지 않습니다.
③ 고객님, 여행 도중 귀중품을 분실하셨을 경우에 분실물의 수량과 관계없이 최대 20만 원까지 보상해드립니다.
④ 고객님, 후유장해 시 보험금은 장해 정도에 따라 차등지급됩니다.
⑤ 고객님, 보험가입 시 보험금은 한 번만 납입하시면 됩니다.

30 애플리케이션을 개발 중인 K사는 올해 새로 개발 중인 애플리케이션에 대한 영향도를 평가하고자 한다. 애플리케이션 영향도 판단 기준이 아래와 같을 때, 〈보기〉에 제시된 애플리케이션에 대한 판단 (A), (B)의 영향도 값으로 옳은 것은?

〈애플리케이션 영향도 판단 기준〉

보정 요소		판단 기준	영향도
분산 처리	애플리케이션이 구성 요소 간에 데이터를 전송하는 정도	분산처리에 대한 요구사항이 명시되지 않음	0
		클라이언트 / 서버 및 웹 기반 애플리케이션과 같이 분산처리와 자료 전송이 온라인으로 수행됨	1
		애플리케이션상의 처리기능이 복수 개의 서버 또는 프로세서상에서 동적으로 상호 수행됨	2
성능	응답시간 또는 처리율에 대한 사용자 요구 수준	성능에 대한 특별한 요구사항이나 활동이 명시되지 않으며, 기본적인 성능이 제공됨	0
		응답시간 또는 처리율이 피크타임 또는 모든 업무시간에 중요하고, 연동 시스템의 처리 마감시간에 대한 제한이 있음	1
		성능 요구사항을 만족하기 위해 설계 단계에서부터 성능 분석이 요구되거나, 설계·개발·구현 단계에서 성능 분석도구가 사용됨	2
신뢰성	장애 시 미치는 영향의 정도	신뢰성에 대한 요구사항이 명시되지 않으며, 기본적인 신뢰성이 제공됨	0
		고장 시 쉽게 복구 가능한 수준의 약간 불편한 손실이 발생함	1
		고장 시 복구가 어려우며, 재정적 손실이 많이 발생하거나, 인명피해 위험이 있음	2
다중 사이트	상이한 하드웨어와 소프트웨어 환경을 지원하도록 개발되는 정도	설계 단계에서 하나의 설치 사이트에 대한 요구사항만 고려되며, 애플리케이션이 동일한 하드웨어 또는 소프트웨어 환경하에서만 운영되도록 설계됨	0
		설계 단계에서 하나 이상의 설치 사이트에 대한 요구사항만 고려되며, 애플리케이션이 유사한 하드웨어 또는 소프트웨어 환경하에서만 운영되도록 설계됨	1
		설계 단계에서 하나 이상의 설치 사이트에 대한 요구사항만 고려되며, 애플리케이션이 상이한 하드웨어 또는 소프트웨어 환경하에서만 운영되도록 설계됨	2

보기

(A) 애플리케이션의 응답시간에 대한 사용자 요구 수준을 볼 때, 기본적인 성능이 잘 제공되는 것으로 판단된다. 그러나 고장 시 불편한 손실이 발생되며, 다행히 쉽게 복구가 가능하다. 설계 단계에서 하나 이상의 설치 사이트에 대한 요구사항이 고려되며, 유사한 하드웨어나 소프트웨어 환경하에서만 운영되도록 설계되었다. 그리고 데이터를 전송하는 정도를 보면 분산처리에 대한 요구사항이 명시되지 않은 것으로 판단된다.

(B) 애플리케이션에서 발생할 수 있는 장애에 있어서는 기본적인 신뢰성이 제공된다. 응답시간 또는 처리율이 피크타임에 중요하며, 애플리케이션의 처리기능은 복수 개의 서버상에서 동적으로 상호 수행된다. 그리고 이 애플리케이션은 동일한 소프트웨어 환경하에서만 운영되도록 설계되었다.

	(A)의 영향도	(B)의 영향도		(A)의 영향도	(B)의 영향도
①	2	1	②	3	2
③	2	3	④	3	4
⑤	2	5			

31 A사원은 최근 회사 내 업무용 개인 컴퓨터의 보안을 강화하기 위하여 다음과 같은 메일을 받았다. 메일 내용을 토대로 A사원이 취해야 할 행동으로 옳지 않은 것은?

발신 : 전산보안팀

수신 : 전 임직원

제목 : 업무용 개인 컴퓨터 보안대책 공유

내용 :
안녕하십니까. 전산팀 ○○○ 팀장입니다.
최근 개인정보 유출 등 전산보안 사고가 자주 발생하고 있어 각별한 주의가 필요한 상황입니다. 이에 따라 자사에서도 업무상 주요 정보가 유출되지 않도록 보안프로그램을 업그레이드하는 등 전산보안을 더욱 강화하고 있습니다. 무엇보다 업무용 개인 컴퓨터를 사용하는 분들이 특히 신경을 많이 써주셔야 철저한 보안이 실천됩니다. 번거로우시더라도 아래와 같은 사항을 따라주시기 바랍니다.

• 인터넷 익스플로러를 종료할 때마다 검색기록이 삭제되도록 설정해주세요.
• 외출 또는 외근으로 장시간 컴퓨터를 켜두어야 하는 경우에는 인터넷 검색기록을 직접 삭제해주세요.
• 인터넷 검색기록 삭제 시, 기본 설정되어 있는 항목 외에도 '다운로드 기록', '양식 데이터', '암호', '추적방지, ActiveX 필터링 및 Do Not Track 데이터'를 모두 체크하여 삭제해주세요(단, 즐겨찾기 웹사이트 데이터 보존 부분은 체크 해제할 것).
• 인터넷 익스플로러에서 방문한 웹 사이트 목록을 저장하는 기간을 5일로 변경해주세요.
• 자사에서 제공 중인 보안프로그램은 항시 업데이트하여 최신 상태로 유지해주세요.

위 사항을 적용하는 데 어려움이 있을 경우에는 이미지와 함께 설명이 친절하게 되어 있는 아래의 첨부파일을 참고하시기 바랍니다.

〈첨부〉 업무용 개인 컴퓨터 보안대책 적용 방법 설명(이미지).zip

---

① 장시간 외출할 경우에는 [인터넷 옵션]의 '일반' 카테고리에 있는 [삭제]를 클릭해 직접 삭제한다.
② 인터넷 익스플로러에서 [도구(또는 톱니바퀴 모양)]를 클릭하여 [인터넷 옵션]의 '일반' 카테고리에 있는 [종료할 때 검색기록 삭제]를 체크한다.
③ 검색기록 삭제 시 [인터넷 옵션]의 '일반' 카테고리에 있는 [삭제]를 클릭하여 기존에 설정되어 있는 항목을 포함한 모든 항목을 체크하여 삭제한다.
④ [인터넷 옵션]의 '일반' 카테고리 중 검색기록 부분에서 [설정]을 클릭하고, '기록' 카테고리의 [페이지 보관일수]를 5일로 설정한다.
⑤ 자사의 보안프로그램을 실행하고 [설정]에서 업데이트를 실행한다.

32 다음 중 빈칸에 들어갈 용어로 가장 적절한 것은?

> 이것은 기업이 경쟁에서 우위를 확보하려고 구축·이용하는 것이다. 기존의 정보 시스템이 기업 내 업무의 합리화·효율화에 역점을 두었던 것에 반해, 기업이 경쟁에서 승리해 살아남기 위한 필수적 인 시스템이라는 뜻에서 _____(이)라고 한다. 그 요건으로는 경쟁 우위의 확보, 신규 사업의 창출이나 상권의 확대, 업계 구조의 변혁 등을 들 수 있다. 실례로는 금융 기관의 대규모 온라인 시스템, 체인점 등의 판매시점관리(POS)를 들 수 있다.

① 비지니스 프로세스 관리(BPM; Business Process Management)
② 전사적 자원 관리(ERP; Enterprise Resource Planning)
③ 경영정보 시스템(MIS; Management Information System)
④ 전략정보 시스템(SIS; Strategic Information System)
⑤ 의사결정지원 시스템(DSS; Decision Support System)

33 다음 중 차트에 대한 설명으로 옳지 않은 것은?

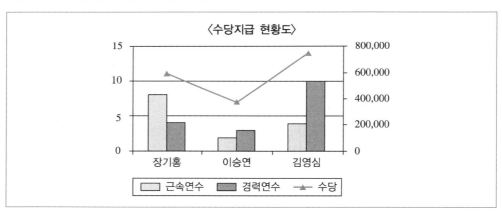

① 두 개의 차트 종류가 혼합되어 있으며, 값 축이 두 개로 설정된 이중 축 혼합형 차트이다.
② 막대그래프 계열 옵션의 계열 겹치기는 0%로 설정되었다.
③ 데이터 레이블이 표시되어 있는 차트이다.
④ 기본 가로축 제목이 표시되어 있지 않은 차트이다.
⑤ 막대그래프는 왼쪽 세로축 기준이다.

34 다음 상황에서 B사원이 제시해야 할 해결 방안으로 가장 적절한 것은?

> A팀장 : 어제 부탁한 보고서 작성은 다 됐나?
> B사원 : 네, 제 컴퓨터의 '문서' 폴더를 공유해 놓았으니 보고서를 내려받으시면 됩니다.
> A팀장 : 내 컴퓨터의 인터넷은 잘 되는데, 혹시 자네 인터넷이 지금 문제가 있나?
> B사원 : (모니터를 들여다보며) 아닙니다. 잘 되는데요?
> A팀장 : 네트워크 그룹에서 자네의 컴퓨터만 나타나지 않네. 어떻게 해야 하지?

① 공유폴더의 사용권한 수준을 '소유자'로 지정해야 합니다.
② 화면 보호기를 재설정해야 합니다.
③ 디스크 검사를 실행해야 합니다.
④ 네트워크상의 작업 그룹명을 동일하게 해야 합니다.
⑤ 컴퓨터를 다시 시작해야 합니다.

35 다음 시트에서 [E10] 셀에 수식 「=INDEX(E2:E9,MATCH(0,D2:D9,0))」를 입력했을 때, [E10] 셀에 표시되는 결괏값으로 옳은 것은?

	A	B	C	D	E
1	부서	직위	사원명	근무연수	근무월수
2	재무팀	사원	이수연	2	11
3	교육사업팀	과장	조민정	3	5
4	신사업팀	사원	최지혁	1	3
5	교육컨텐츠팀	사원	김다연	0	2
6	교육사업팀	부장	민경희	8	10
7	기구설계팀	대리	김형준	2	1
8	교육사업팀	부장	문윤식	7	3
9	재무팀	대리	한영혜	3	0
10					

① 0
② 1
③ 2
④ 3
⑤ 4

36 다음 워크시트에서 성별이 '남'인 직원들의 근속연수 합계를 구하는 수식으로 옳지 않은 것은?

	A	B	C	D	E	F
1	사원번호	이름	생년월일	성별	직위	근속연수
2	E5478	이재홍	1980-02-03	남	부장	8
3	A4625	박언영	1985-04-09	여	대리	4
4	B1235	황준하	1986-08-20	남	대리	3
5	F7894	박혜선	1983-12-13	여	과장	6
6	B4578	이애리	1990-05-06	여	사원	1
7	E4562	김성민	1986-03-08	남	대리	4
8	A1269	정태호	1991-06-12	남	사원	2
9	C4567	김선정	1990-11-12	여	사원	1

① =SUMIFS(F2:F9,D2:D9,남)

② =DSUM(A1:F9,F1,D1:D2)

③ =DSUM(A1:F9,6,D1:D2)

④ =SUMIF(D2:D9,D2,F2:F9)

⑤ =SUMIFS(F2:F9,D2:D9,D2)

37 다음 [C2:C3] 셀과 같이 함수식을 작성한 셀에 결과가 아니라 함수식 자체가 출력되도록 하는 방법으로 옳은 것은?

	A	B	C
1	국어	국사	총점
2	93	94	=SUM(A2:B2)
3	92	88	=SUM(A3:B3)

① [수식] 탭 - [수식 분석] 그룹 - [수식 표시] 클릭

② [보기] 탭 - [표시 / 숨기기] 그룹 - [수식 입력줄] 클릭

③ [셀 서식] - [표시 형식] 탭 - [수식] 선택

④ [셀 서식] - [표시 형식] 탭 - [계산식] 선택

⑤ [수식] 탭 - [수식 분석] 그룹 - [수식 계산] 클릭

38 K중학교에서 근무하는 P교사는 반 학생들의 과목별 수행평가 제출 여부를 확인하기 위해 아래와 같이 자료를 정리하였다. P교사가 [D11] ~ [D13] 셀에 〈보기〉와 같이 함수를 입력하였을 때, [D11] ~ [D13] 셀에 나타날 결괏값으로 옳은 것은?

	A	B	C	D
1				(제출했을 경우 '1'로 표시)
2	이름	A과목	B과목	C과목
3	김혜진	1	1	1
4	이방숙	1		
5	정영교	재제출 요망	1	
6	정혜운		재제출 요망	1
7	이승준		1	
8	이혜진			1
9	정영남	1		1
10				
11				
12				
13				

보기

- [D11] 셀에 입력한 함수 → 「=COUNTA(B3:D9)」
- [D12] 셀에 입력한 함수 → 「=COUNT(B3:D9)」
- [D13] 셀에 입력한 함수 → 「=COUNTBLANK(B3:D9)」

	[D11]	[D12]	[D13]
①	12	10	11
②	12	10	9
③	10	12	11
④	10	12	9
⑤	10	10	9

39 아래와 같이 문자열의 좌우 공백이 있을 때 이를 제거하는 방법으로 옳은 것은?

```
>>> data = "    ABCDE    "
```

①
```
>>> data = "    ABCDE    "
>>> data.split()
>>> print(data)
```

②
```
>>> data = "    ABCDE    "
>>> data1 = "ABCDE"
>>> print(data)
```

③
```
>>> data = "    ABCDE    "
>>> print(f"data")
```

④
```
>>> data = "    ABCDE    "
>>> data = data.strip()
>>> print(data)
```

⑤
```
>>> data = "    ABCDE    "
>>> data = ticker.upper()
>>> print(data)
```

40 다음 프로그램의 실행 결과에 대한 설명으로 옳은 것은?

```
#include <stdio.h>
main()
{
        int num = 1234567891011121314151617181920;

        printf("%d", num);

}
```

① 실행 결과는 1234567891011121314151617181920으로 출력된다.
② 실행 결과는 1234567891로 출력된다.
③ 실행 결과는 num이 출력된다.
④ 입력 값을 넣을 수 있다.
⑤ 오류 발생으로 실행이 되지 않는다.

| 01 | 자원관리능력(행정)

41 K공사는 상수원의 여과기 정비 업체를 새로 선정하려고 한다. 입찰 업체 A ~ E의 1년 계약금 및 수질개선 효과는 다음과 같다. 수질개선 점수 산출 방식에 따라 점수가 가장 큰 업체 두 곳을 선정한다고 할 때, 선정될 업체는?(단, 모든 계산 시 소수점은 생략한다)

〈업체별 계약금 및 수질개선 효과〉

업체	1년 계약금 (만 원)	정비 1회당 수질개선 효과		
		장비수명 개선(점)	여과효율 개선(점)	관리효율 개선(점)
A	3,950	75	65	80
B	4,200	79	68	84
C	4,800	74	62	84
D	4,070	80	55	90
E	5,100	83	70	86

※ 항목별 개선 효과는 여과업체선정위원회에서 심사위원들이 업체별로 1 ~ 100점을 부과한 점수의 평균값임

〈수질개선 점수 산출 방식〉

- (수질개선 점수)=(정비 1회당 수질개선 효과)×(분기별 정비횟수)÷100
- (정비 1회당 수질개선 효과)=(장비수명 개선)+(여과효율 개선)+(관리효율 개선)
- (분기별 정비횟수)= $\dfrac{[\text{1년 정비비용(만 원)}]}{30}$
- (1년 정비비용)=6,000만 원−(1년 계약금)

① A업체, B업체 ② A업체, D업체
③ B업체, C업체 ④ C업체, E업체
⑤ D업체, E업체

42 K공사는 신축 체육관 건설을 위해 입찰 공고를 하였다. 다음은 입찰에 참여한 업체들의 항목별 점수를 나타낸 자료이다. 〈조건〉에 따라 업체를 선정할 때, 선정될 업체는?

〈업체별 점수 현황〉

(단위 : 점)

구분	점수(만점) 기준	A업체	B업체	C업체	D업체	E업체
디자인	15	6	8	7	7	9
건축안정성	30	23	25	21	17	24
경영건전성	20	16	17	17	19	16
시공실적	20	11	16	15	17	14
입찰가격	15	11	9	12	12	10

〈업체별 내진설계 포함 여부〉

구분	A업체	B업체	C업체	D업체	E업체
내진설계	○	○	×	○	○

조건

• 선정점수가 가장 높은 업체를 선정한다.
• 선정점수는 항목별 점수를 동일한 가중치로 합산하여 산출한다.
• 건축안정성 점수가 17점 미만인 업체는 입찰에서 제외한다.
• 반드시 입찰가격 점수가 10점 이상인 업체 중에서 선정한다.
• 내진설계를 포함하는 업체를 선정한다.

① A업체
② B업체
③ C업체
④ D업체
⑤ E업체

43 K공사 인재개발원에 근무하고 있는 A대리는 〈조건〉에 따라 신입사원 교육을 위한 스크린을 구매하려고 한다. 다음 중 가장 적절한 제품은 무엇인가?

> **조건**
> - 조명도는 5,000lx 이상이어야 한다.
> - 예산은 150만 원이다.
> - 제품에 이상이 생겼을 때 A/S가 신속해야 한다.
> - 위 조건을 모두 충족할 시 가격이 저렴한 제품을 가장 우선으로 선정한다.
> ※ lux(럭스) : 조명이 밝은 정도를 말하는 조명도에 대한 실용단위로, 기호는 lx임

	제품	가격(만 원)	조명도(lx)	특이사항
①	A	180	8,000	2년 무상 A/S 가능
②	B	120	6,000	해외직구(해외 A/S)
③	C	100	3,500	미사용 전시 제품
④	D	150	5,000	미사용 전시 제품
⑤	E	130	7,000	2년 무상 A/S 가능

44 K공사는 적합한 인재를 채용하기 위하여 NCS 기반 능력중심 공개채용을 시행하였다. 1차 서류전형, 2차 직업기초능력평가, 3차 직무수행능력평가, 4차 면접전형을 모두 마친 면접자들의 평가점수를 '최종 합격자 선발기준'에 따라 판단하여 A ~ E 중 상위자 2명을 최종 합격자로 선정하고자한다. 다음 중 최종 합격자들로 바르게 짝지어진 것은?

〈최종 합격자 선발기준〉

평가요소	의사소통능력	문제해결능력	조직이해능력	대인관계능력	합계
평가비중	40%	30%	20%	10%	100%

〈면접평가 결과〉

구분	A	B	C	D	E
의사소통능력	A^+	A^+	A^+	B^+	C
문제해결능력	B^+	B+5	A^+	B+5	A+5
조직이해능력	A+5	A	C^+	A^+	A
대인관계능력	C	A^+	B^+	C^+	B^++5

※ 등급별 변환 점수 : $A^+=100$, A=90, $B^+=80$, B=70, $C^+=60$, C=50
※ 면접관의 권한으로 등급별 점수에 5점을 가점할 수 있음

① A, B
② B, C
③ C, D
④ C, E
⑤ D, E

45 K공사 인사팀의 11월 월간 일정표와 〈조건〉을 고려하여 인사팀의 1박 2일 워크숍 날짜를 결정하려고 한다. 다음 중 인사팀의 워크숍 날짜로 적절한 것은?

〈11월 월간 일정표〉

월	화	수	목	금	토	일
	1	2 오전 10시 연간 채용계획 발표(A팀장)	3	4 오전 10시 주간업무보고 오후 7시 B대리 송별회	5	6
7	8 오후 5시 총무팀과 팀 연합회의	9	10	11 오전 10시 주간업무보고	12	13
14 오전 11시 승진대상자 목록 취합 및 보고(C차장)	15	16	17 A팀장 출장	18 오전 10시 주간업무보고	19	20
21 오후 1시 팀미팅(30분 소요 예정)	22	23 D사원 출장	24 외부인사 방문 일정	25 오전 10시 주간업무보고	26	27
28 E대리 휴가	29	30				

조건

- 워크숍은 평일로 한다.
- 워크숍에는 모든 팀원들이 빠짐없이 참석해야 한다.
- 워크숍 일정은 첫날 오후 3시 출발부터 다음날 오후 2시까지이다.
- 다른 팀과 함께 하는 업무가 있는 주에는 워크숍 일정을 잡지 않는다.
- 매월 말일에는 월간 업무 마무리를 위해 워크숍 일정을 잡지 않는다.

① 11월 9 ~ 10일
② 11월 18 ~ 19일
③ 11월 21 ~ 22일
④ 11월 28 ~ 29일
⑤ 11월 29 ~ 30일

46 귀하의 팀은 출장근무를 마치고 서울로 복귀하고자 한다. 다음의 대화를 고려했을 때, 서울에 가장 일찍 도착할 수 있는 예정시각은 언제인가?

〈상황〉

- 귀하가 소속된 팀원은 총 4명이다.
- 대전에서 출장을 마치고 서울로 돌아가려고 한다.
- 고속버스터미널에는 은행, 편의점, 화장실, 패스트푸드점 등이 있다.

※ 시설별 소요시간 : 은행 30분, 편의점 10분, 화장실 20분, 패스트푸드점 25분

〈대화 내용〉

A과장 : 긴장이 풀려서 그런가? 배가 출출하네. 햄버거라도 사 먹어야겠어.
B대리 : 저도 출출하긴 한데 그것보다 화장실이 더 급하네요. 금방 다녀오겠습니다.
C주임 : 그럼 그사이에 버스표를 사야 하니 은행에 들러 현금을 찾아오겠습니다.
 귀하 : 저는 그동안 버스 안에서 먹을 과자를 편의점에서 사 오겠습니다.
A과장 : 지금이 16시 50분이니까 다들 각자 볼일 보고 빨리 돌아와. 다 같이 타고 가야 하니까.

〈시외버스 배차정보〉

대전 출발	서울 도착	잔여좌석 수
17:00	19:00	6
17:15	19:15	8
17:30	19:30	3
17:45	19:45	4
18:00	20:00	8
18:15	20:15	5
18:30	20:30	6
18:45	20:45	10
19:00	21:00	16

① 17:45
② 19:15
③ 19:45
④ 20:15
⑤ 20:45

47 육아휴직급여를 담당하는 인사부 K사원은 최근 신청인원 명단을 받아 휴직기간 동안 지급될 급여를 계산해 보고해야 한다. 육아휴직급여 지원이 아래와 같을 때, 신청인 A ~ C 세 사람이 받을 수 있는 급여액을 모두 더한 것은?

〈육아휴직급여〉

근로자가 만 8세 이하 또는 초등학교 2학년 이하의 자녀를 양육하기 위하여 남녀고용평등과 일·가정 양립 지원에 관한 법률 제19조에 의한 육아휴직을 30일 이상 부여받은 경우 지급되는 급여입니다.

■ 해당 조건 및 혜택
- 육아휴직 기간 : 1년 이내
- 육아휴직 개시일 이전에 피보험단위기간이 180일 이상
- 육아휴직 개시일 이후 1월부터 종료일 이후 12월 이내 신청
- 육아휴직 첫 3개월 동안은 월 통상임금의 100분의 80(상한액 : 월 150만 원, 하한액 : 월 70만 원), 나머지 기간에 대해서는 월 통상임금의 100분의 40(상한액 : 월 100만 원, 하한액 : 월 50만 원)을 지급함
- 아빠의 달 : 동일한 자녀에 대하여 부모가 순차적으로 휴직할 경우 두 번째 사용자의 첫 3개월 급여는 통상임금의 100%(최대 150만 원, 둘째 아이에 대해서는 200만 원)를 지원

〈신청 인원〉

신청인	성별	자녀	통상임금	육아휴직 기간	비고
A씨	여	6살(첫째)	220만 원	8개월	–
B씨	남	3살(둘째)	300만 원	1년	아빠의 달
C씨	남	8살(첫째)	90만 원	6개월	–

① 2,580만 원
② 2,739만 원
③ 2,756만 원
④ 2,912만 원
⑤ 3,121만 원

48 다음은 한 달 동안 K사원의 야근 및 휴일근무를 기록한 것이다. 회사의 초과근무수당 규정을 참고하여 K사원이 이번 달 받을 수 있는 야근 및 특근수당을 바르게 구한 것은?(단, K사원의 세전 연봉은 3,000만 원이고, 시급 산정 시 월평균 근무시간은 200시간으로 계산한다)

일	월	화	수	목	금	토
	1 (18 ~ 21시)	2	3	4 (18 ~ 22시)	5	6
7	8	9 (18 ~ 24시)	10	11	12	13
14 (09 ~ 12시)	15	16	17	18	19	20
21	22	23	24	25	26 (18 ~ 21시)	27 (13 ~ 18시)
28	29 (18 ~ 19시)	30				

〈초과근무수당 규정〉

• 시급 환산 시 세전 연봉으로 계산한다.
• 평일 야근수당은 시급에 5,000원을 가산하여 지급한다.
• 주말 특근수당은 시급에 10,000원을 가산하여 지급한다.
• 식대는 10,000원을 지급하며, 식대는 야근·특근수당에 포함되지 않는다.
• 야근시간은 오후 7시부터 적용되며 10시를 초과할 수 없다(초과시간 수당 미지급).

① 355,000원
② 405,000원
③ 420,000원
④ 442,500원
⑤ 512,000원

49 K회사에서는 신입사원 2명을 채용하기 위하여 서류와 필기 전형을 통과한 갑 ~ 정 네 명의 최종 면접을 실시하려고 한다. 아래 표와 같이 네 개 부서의 팀장이 각각 네 명을 모두 면접하여 채용 우선순위를 결정하였다. 면접 결과에 대한 〈보기〉의 설명 중 옳은 것을 모두 고르면?

〈면접 결과〉

순위 \ 면접관	인사팀장	경영관리팀장	영업팀장	회계팀장
1순위	을	갑	을	병
2순위	정	을	병	정
3순위	갑	정	정	갑
4순위	병	병	갑	을

※ 우선순위가 높은 사람 순으로 2명을 채용함
※ 동점자는 인사, 경영관리, 영업, 회계팀장 순서로 부여한 고순위자로 결정함
※ 각 팀장이 매긴 순위에 대한 가중치는 모두 동일함

보기

ㄱ. '을' 또는 '정' 중 한 명이 입사를 포기하면 '갑'이 채용된다.
ㄴ. 인사팀장이 '을'과 '정'의 순위를 바꿨다면 '갑'이 채용된다.
ㄷ. 경영관리팀장이 '갑'과 '병'의 순위를 바꿨다면 '정'은 채용되지 못한다.

① ㄱ
② ㄱ, ㄴ
③ ㄱ, ㄷ
④ ㄴ, ㄷ
⑤ ㄱ, ㄴ, ㄷ

50 K사는 자사의 진급 규정에 따라 2025년 5월 1일자로 진급 대상자를 진급시키기로 결정하였다. 다음 중 진급하는 사원은 총 몇 명이고, 가장 높은 점수를 받은 직원은 누구인가?

〈K사 진급 규정〉

• 진급 대상자
  − 사원 : 2년 이상 재직
  − 대리 : 5년 이상 재직
• 내용
  − 각 항목에 따른 점수 합산 결과, 최고점자 순으로 최대 5명의 진급을 결정함
  − 각 항목당 최소 조건을 미달하는 경우 진급자에서 제외됨
• 진급 점수 항목

구분	내용	비고
총 재직기간	− 3년 이내 : 2점 − 3년 초과 7년 이내 : 5점 − 7년 초과 : 10점	진급일을 기준으로 함
공인영어시험	− 770점 이내 : 3점 − 880점 이내 : 5점 − 880점 초과 : 10점	최소 점수 : 660
필기시험	− 80점 미만 : 10점 − 80점 이상 90점 미만 : 15점 − 90점 이상 : 20점	최소 점수 : 70점
면접시험	− 70점 미만 : 5점 − 70점 이상 80 미만 : 10점 − 80점 이상 90점 미만 : 20점 − 90점 이상 : 30점	최소 점수 : 60점
인사평가점수	− 85점 미만 : 5점 − 85점 이상 90점 미만 : 10점 − 90점 이상 : 20점	최소 점수 : 80점

〈K사 진급 대상자〉

성명	직위	입사일	점수(점)			
			공인영어	필기	면접	인사평가
최근원	사원	2022.3.1.	680	75	88	81
김재근	대리	2015.5.1.	720	72	78	78
이윤결	대리	2018.8.1.	590	73	81	90
정리사	사원	2020.6.1.	820	81	68	88
류이현	사원	2019.8.1.	910	79	66	86
정연지	사원	2019.3.1.	690	82	82	86
이지은	대리	2018.2.1.	870	66	79	92
이윤미	사원	2020.3.1.	460	91	67	92
최지나	대리	2019.5.1.	690	89	55	77
류미래	사원	2022.9.1.	710	90	59	91

① 3명, 정연지
② 3명, 정리사
③ 4명, 최근원
④ 4명, 정연지
⑤ 5명, 정리사

※ 다음 글을 읽고 이어지는 질문에 답하시오. [41~42]

박사원은 반도체 생산기업에 기술직으로 입사한 신입사원이다. 기술 시스템 관련 교육에 참석한 박사원은 기술직뿐만 아니라 다양한 직무의 신입사원들이 함께 교육받는다는 것을 알고 의아해했다. 그러나 기술 시스템의 발전 단계를 보고 각 단계에서 중요한 역할을 하는 직무 및 사람이 다르다는 것을 알게 되어 의문이 풀렸다. 아래는 박사원이 교육받은 내용이다.

• 기술 시스템의 의미
　개별 기술이 네트워크와 결합하여 만들어진 것으로, 인공물의 집합체만이 아니라 회사, 투자회사, 법적 제도, 더 나아가 정치, 과학, 자연자원을 모두 포함하는 개념이다. 기술적인 것과 사회적인 것이 결합하여 공존하므로 사회기술 시스템이라고 불리기도 한다.

• 기술 시스템의 발전 단계
　1) 발명 · 개발 · 혁신의 단계 : 기술 시스템이 탄생하고 성장
　2) ㉠ : 성공적인 기술이 다른 지역으로 이동
　3) ㉡ : 기술 시스템 사이의 경쟁
　4) 기술 공고화 단계 : 경쟁에서 승리한 기술 시스템의 관성화

41 다음 발전 단계 중 ㉠에 해당하는 내용으로 옳은 것은?

① 기술 상세화 단계
② 기술 이전의 단계
③ 기술 이후의 단계
④ 기술 경쟁의 단계
⑤ 기술 공고화 단계

42 다음 중 ㉡ 단계에서 중요한 역할을 하는 사람은?

① 자문 엔지니어
② 기술자
③ 금융 전문가
④ 정치인
⑤ 기업가

※ 다음 글을 읽고 이어지는 질문에 답하시오. [43~44]

- 인쇄기기 제조업체 A사는 타 업체에 시장점유율이 밀리자 해당 업체의 프린터기를 구입하여 분해한 뒤 분석하여, 성공 요인을 도출하였다. 이러한 성공 요인을 신제품 개발에 활용하거나 기존 제품에 적용함으로써 자사의 제품 경쟁력을 향상시켰다.
- 대형 유통판매업체 B사는 해외 대형 할인점을 따라 다수의 패션브랜드를 매장 안에 입점시킴으로써 매장의 분위기를 전환하였다. B사의 관계자는 해외 대형 할인점을 참고한 것은 맞으나, 구체적인 방법은 국내 현실 및 소비자 성향에 맞게 조정하였다고 밝혔다.
- 국내 금융업체인 C금융사의 본사에는 대형 디스플레이가 설치되어 있다. 이 디스플레이에는 C금융사 고객이 남긴 불만사항이 실시간으로 업데이트되고 있다. 이러한 방식은 뉴욕의 한 신문사의 본사에 설치된 모니터에 독자의 댓글들이 실시간으로 나타나는 것을 보게 된 경영진이 C금융사에도 도입한 것이다. 그러나 디스플레이 도입 후, 직원들은 디스플레이가 부담스럽고 심리적 압박감을 유발한다고 불만사항을 제기하였다. 예상치 못한 결과에 C금융사의 경영진들은 직원들의 불만을 잠재우면서도 디스플레이의 설치 목적은 그대로 유지할 수 있는 방안을 마련하고자 한다.

43 다음 중 A ~ C사가 수행한 기술선택의 방법에 대한 설명으로 옳지 않은 것은?

① 수행 방식에 따른 분류에는 직·간접적 방법이 있다.
② 특정 분야에서 뛰어난 업체나 상품, 기술, 경영 방식 등을 배워 합법적으로 응용하는 것이다.
③ 계획 단계, 자료 수집 단계, 분석 단계, 개선 단계로 진행될 수 있다.
④ 비교 대상에 따른 분류와 수행 방식에 따른 분류로 그 종류를 나눌 수 있다.
⑤ 우수 기업이나 성공 사례의 장점을 자사에 그대로 적용하는 방법이다.

44 다음 중 C금융사가 수행한 기술선택의 방법으로 옳은 것을 〈보기〉에서 모두 고르면?

> **보기**
> ㉠ 대상을 직접 방문하여 수행하는 기술선택 방법이다.
> ㉡ 같은 기업 내의 다른 지역, 타 부서, 국가 간의 유사한 활용을 대상으로 하는 기술선택 방법이다.
> ㉢ 동일 업종에서 고객을 직접적으로 공유하는 경쟁기업을 대상으로 하는 기술선택 방법이다.
> ㉣ 인터넷 및 문서 형태의 자료를 통해서 수행하는 기술선택 방법이다.
> ㉤ 제품, 서비스 및 프로세스의 단위 분야에 있어 가장 우수한 실무를 보이는 비경쟁적 기업 내의 유사 분야를 대상으로 하는 기술선택 방법이다.

① ㉠, ㉡
② ㉠, ㉤
③ ㉡, ㉤
④ ㉢, ㉣
⑤ ㉣, ㉤

※ 다음은 정수기 사용 설명서이다. 이어지는 질문에 답하시오. [45~47]

〈제품 규격〉

모델명	SDWP-8820
전원	AC 220V/60Hz
외형 치수	260(W)×360(D)×1100(H)(단위 : mm)

〈설치 시 주의사항〉

• 낙수, 우수, 목욕탕, 샤워실, 옥외 등 제품에 물이 닿거나 습기가 많은 장소에는 설치하지 마십시오.
• 급수 호스가 꼬이거나 꺾이게 하지 마십시오.
• 화기나 직사광선은 피하십시오.
• 단단하고 수평한 곳에 설치하십시오.
• 제품은 반드시 냉수배관에 연결하십시오.
• 정수기를 벽면에서 20cm 이상 띄워 설치하십시오.

〈필터 종류 및 교환 시기〉

구분	1단계	2단계	3단계	4단계
필터	세디먼트	프리카본	UF중공사막	실버블록카본
교환 시기	약 4개월	약 8개월	약 20개월	약 12개월

〈청소〉

세척 부분	횟수	세척 방법
외부	7일 1회	플라스틱 전용 세척제 및 젖은 헝겊으로 닦습니다(시너 및 벤젠은 제품의 변색이나 표면이 상할 우려가 있으므로 사용하지 마십시오).
물받이통	수시	중성세제로 닦습니다.
취수구	1일 1회	히든코크를 시계 반대 방향으로 돌려서 분리하고 취수구를 멸균 면봉을 사용하여 닦습니다. 히든코크는 젖은 헝겊을 사용하여 닦습니다.
피팅(연결구)	2년 1회 이상	필터 교환 시 피팅 또는 튜빙을 점검하고 필요 시 교환합니다.
튜빙(배관)		

〈제품 이상 시 조치 방법〉

현상	예상 원인	조치 방법
온수 온도가 낮음	공급 전원 낮음	공급 전원이 220V인지 확인하고 아니면 전원을 220V로 맞춰주십시오.
	온수 램프 확인	온수 램프에 전원이 들어오는지 확인하고 제품 뒷면의 온수 스위치가 켜져 있는지 확인하십시오.
냉수가 안 됨	공급 전원 낮음	공급 전원이 220V인지 확인하고 아니면 전원을 220V로 맞춰주십시오.
	냉수 램프 확인	냉수 램프에 전원이 들어오는지 확인하고 제품 뒷면의 냉수 스위치가 켜져 있는지 확인하십시오.
물이 나오지 않음	필터 수명 종료	필터 교환 시기를 확인하고 서비스센터에 연락하십시오.
	연결 호스 꺾임	연결 호스가 꺾인 부분이 있으면 그 부분을 펴 주십시오.

냉수는 나오는데 온수 안 됨	온도 조절기 차단	제품 뒷면의 온수 스위치를 끄고 서비스센터에 연락하십시오.
	히터 불량	
정수물이 너무 느리게 채워짐	필터 수명 종료	서비스센터에 연락하고 필터를 교환하십시오.
제품에서 누수 발생	조립 부위 불량	원수 밸브를 잠근 후 작동을 중지시키고 서비스센터에 연락하십시오.
불쾌한 맛이나 냄새 발생	냉수 탱크 세척 불량	냉수 탱크를 세척하여 주십시오.

45 위 설명서를 기준으로 판단할 때 정수기에 대한 설명으로 옳지 않은 것은?

① 습기가 많은 곳에는 설치하면 안 된다.

② 불쾌한 맛이나 냄새가 발생하면 냉수 탱크를 세척하면 된다.

③ 정수기 청소는 하루에 최소 2곳을 해야 한다.

④ 정수기의 크기는 가로 26cm, 깊이 36cm, 높이 110cm이다.

⑤ 적정 시기에 필터를 교환하지 않으면 발생할 수 있는 문제는 2가지이다.

46 위 설명서를 기준으로 판단할 때, 〈보기〉 중 정수기에 대한 설명으로 옳은 것을 모두 고르면?

> **보기**
> ㄱ. 정수기에 사용되는 필터는 총 4개이다.
> ㄴ. 급한 경우에는 시너나 벤젠을 사용하여 정수기 외부를 청소해도 된다.
> ㄷ. 3년 사용할 경우 프리카본 필터는 3번 교환해야 한다.
> ㄹ. 벽면과의 간격을 10cm로 하여 정수기를 설치하면 문제가 발생할 수 있다.

① ㄱ, ㄴ   ② ㄱ, ㄷ

③ ㄱ, ㄹ   ④ ㄴ, ㄹ

⑤ ㄷ, ㄹ

47 제품에 문제가 발생했을 때, 서비스센터에 연락해야만 해결이 가능한 현상이 아닌 것은?

① 정수물이 너무 느리게 채워진다.

② 제품에서 누수가 발생한다.

③ 물이 나오지 않는다.

④ 냉수는 나오는데 온수가 나오지 않는다.

⑤ 연결 호스가 꺾이지 않았는데 물이 나오지 않는다.

※ 다음은 K전자의 어떤 제품에 대한 사용설명서이다. 이어지는 질문에 답하시오. [48~50]

〈사용 시 주의사항〉

- 운전 중에 실내기나 실외기의 흡입구를 열지 마십시오.
- 침수가 되었을 때에는 반드시 서비스센터에 의뢰하십시오.
- 청소 시 전원 플러그를 뽑아 주십시오.
- 세척 시 부식을 발생시키는 세척제를 사용하지 마십시오. 특히 내부 세척은 전문가의 도움을 받으십시오.
- 필터는 반드시 끼워서 사용하고 2주에 1회가량 필터를 청소해 주십시오.
- 운전 중에 가스레인지 등 연소 기구 이용 시 수시로 환기를 시키십시오.
- 어린이가 제품 위로 올라가지 않도록 해 주십시오.

〈문제 발생 시 확인사항〉

발생 문제	확인사항	조치
제품이 작동하지 않습니다.	전원 플러그가 뽑혀 있지 않습니까?	전원 플러그를 꽂아 주십시오.
	전압이 너무 낮지 않습니까?	공급 전력이 정격 전압 220V인지 한국전력에 문의하십시오.
	리모컨에 이상이 없습니까?	건전지를 교환하거나 (＋), (－)극에 맞게 다시 투입하십시오.
찬바람이 지속적으로 나오지 않습니다.	전원을 끈 후 곧바로 운전시키지 않았습니까?	실외기의 압축기 보호 장치 작동으로 약 3분 후 다시 정상 작동됩니다.
	희망온도가 실내온도보다 높게 설정되어 있지 않습니까?	희망온도를 실내온도보다 낮게 설정하십시오.
	제습모드나 절전모드는 아닙니까?	운전모드를 냉방으로 변경하십시오.
배출구에 이슬이 맺힙니다.	실내 습도가 너무 높지 않습니까?	공기 중의 습기가 이슬로 맺히는 자연스러운 현상으로, 증상이 심한 경우 마른 수건으로 닦아 주십시오.
예약운전이 되지 않습니다.	예약시각이 올바르게 설정되었습니까?	설명서를 참고하여 올바른 방법으로 예약해 주십시오.
	현재시각이 올바르게 설정되어 있습니까?	현재시각을 다시 설정해 주십시오.
원하는 만큼 실내가 시원해지지 않습니다.	제품의 냉방 가능 면적이 실내 면적보다 작지 않습니까?	냉방 가능 면적이 실내 면적과 일치하는 성능의 제품을 사용하십시오.
	실내기와 실외기의 거리가 멀지 않습니까?	실내기와 실외기 사이가 5m 이상이 되면 냉방 능력이 다소 떨어질 수 있습니다.
	실내에 인원이 너무 많지 않습니까?	실내에 인원이 많으면 냉방 효과가 다소 떨어질 수 있습니다.
	햇빛이 실내로 직접 들어오지 않습니까?	커튼이나 블라인드 등으로 햇빛을 막아 주십시오.
	문이나 창문이 열려 있지 않습니까?	찬 공기가 실외로 빠져나가지 않도록 문을 닫아 주십시오.
	실내기 · 실외기 흡입구나 배출구가 막혀 있지 않습니까?	실내기 · 실외기 흡입구나 배출구의 장애물을 제거해 주십시오.
	필터에 먼지 등 이물질이 끼지 않았습니까?	필터를 깨끗이 청소해 주십시오.

리모컨이 작동하지 않습니다.	건전지의 수명이 다 되지 않았습니까?	새 건전지로 교체하십시오.
	주변에 너무 강한 빛이 있지 않습니까?	네온사인이나 삼파장 형광등 등 강한 빛이 발생하는 주변에서는 간혹 리모컨이 작동하지 않을 수 있으므로 실내기 수신부 앞에서 에어컨을 작동시키십시오.
	리모컨의 수신부가 가려져 있지 않습니까?	가리고 있는 물건을 치우십시오.
냄새가 나고 눈이 따갑습니다.	냄새를 유발하는 다른 요인(조리, 새집의 인테리어 및 가구, 약품 등)이 있지 않습니까?	환풍기를 작동하거나 환기를 해 주세요.
	곰팡이 냄새가 나지 않습니까?	제품에서 응축수가 생겨 잘 빠지지 않을 경우 냄새가 날 수 있습니다. 배수 호스를 점검해 주세요.
제품이 저절로 꺼집니다.	꺼짐 예약 또는 취침 예약이 되어 있지 않습니까?	꺼짐 예약이나 취침 예약을 취소하십시오.
실내기에서 안개 같은 것이 발생합니다.	습도가 높은 장소에서 사용하고 있지 않습니까?	습도가 높으면 습기가 많은 바람이 나오면서 안개 같은 것이 배출될 수 있습니다.
	기름을 많이 사용하는 장소에서 사용하고 있지 않습니까?	음식점 등 기름을 많이 사용하는 장소에서 사용할 경우 기기 내부를 정기적으로 청소해 주십시오.

48 제시된 사용설명서는 다음 중 어떤 제품에 대한 사용설명서인가?

① 에어컨　　　　　　　　　② 냉장고
③ 가스레인지　　　　　　　④ TV
⑤ 공기청정기

49 제품에서 곰팡이 냄새가 난다면, 다음 중 어떤 조치를 해야 하는가?

① 직사광선이 심한지 확인한다.
② 제품 내부를 청소해야 한다.
③ 배수 호스를 점검해야 한다.
④ 환기를 해야 한다.
⑤ 고장이므로 A/S를 맡겨야 한다.

50 귀하는 K전자 고객지원팀에서 온라인 문의에 대한 답변 업무를 하고 있다. 다음 귀하의 답변 중 잘못된 것은?

① Q : 제품이 더러워져서 청소를 하려고 해요. 마트에 갔더니 가전제품 전용 세제가 있어서 사왔는데, 이걸로 청소를 하면 괜찮을까요?
   A : 외부 청소만 하신다면 상관이 없으나, 기기 내부 청소의 경우에는 반드시 전문가의 도움을 받으셔야 합니다.

② Q : 예약시간을 매번 정확히 입력하는데도 예약운전이 되지 않아요.
   A : 기기의 현재 시간이 올바르게 설정되어 있는지 확인해 주시기 바랍니다.

③ Q : 구입한 지 시간이 좀 지나서 필터 청소를 하려고 합니다. 필터 청소는 얼마마다 해야 하나요?
   A : 필터 청소는 2주에 1회가량을 권장하고 있습니다.

④ Q : 리모컨이 작동하지 않네요. 확인해보니까 건전지 약은 아직 남아 있습니다. 고장인가요?
   A : 삼파장 형광등이나 네온사인 같은 강한 빛이 나는 물건을 주변에서 치워 보시고, 이후에도 미해결 시 서비스센터로 연락해 주십시오.

⑤ Q : 기기에 자꾸 물이 맺혀서 밑으로 떨어지는데요. 고장이 아닌가요?
   A : 실내 습도가 높을 때 발생하는 자연스러운 현상인데요. 심한 경우 물기를 수건으로 한 번씩 닦아 주십시오.

PART 3

채용 가이드

CHAPTER 01
블라인드 채용 소개

1. 블라인드 채용이란?

채용 과정에서 편견이 개입되어 불합리한 차별을 야기할 수 있는 출신지, 가족관계, 학력, 외모 등의 편견요인은 제외하고, 직무능력만을 평가하여 인재를 채용하는 방식입니다.

2. 블라인드 채용의 필요성

- 채용의 공정성에 대한 사회적 요구
  - 누구에게나 직무능력만으로 경쟁할 수 있는 균등한 고용기회를 제공해야 하나, 아직도 채용의 공정성에 대한 불신이 존재
  - 채용상 차별금지에 대한 법적 요건이 권고적 성격에서 처벌을 동반한 의무적 성격으로 강화되는 추세
  - 시민의식과 지원자의 권리의식 성숙으로 차별에 대한 법적 대응 가능성 증가
- 우수인재 채용을 통한 기업의 경쟁력 강화 필요
  - 직무능력과 무관한 학벌, 외모 위주의 선발로 우수인재 선발기회 상실 및 기업경쟁력 약화
  - 채용 과정에서 차별 없이 직무능력중심으로 선발한 우수인재 확보 필요
- 공정한 채용을 통한 사회적 비용 감소 필요
  - 편견에 의한 차별적 채용은 우수인재 선발을 저해하고 외모·학벌 지상주의 등의 심화로 불필요한 사회적 비용 증가
  - 채용에서의 공정성을 높여 사회의 신뢰수준 제고

3. 블라인드 채용의 특징

편견요인을 요구하지 않는 대신 직무능력을 평가합니다.

※ 직무능력중심 채용이란?
  기업의 역량기반 채용, NCS기반 능력중심 채용과 같이 직무수행에 필요한 능력과 역량을 평가하여 선발하는 채용방식을 통칭합니다.

4. 블라인드 채용의 평가요소

직무수행에 필요한 지식, 기술, 태도 등을 과학적인 선발기법을 통해 평가합니다.

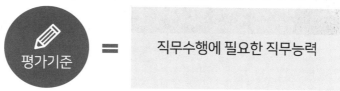

평가기준 = 직무수행에 필요한 직무능력

※ 과학적 선발기법이란?
직무분석을 통해 도출된 평가요소를 서류, 필기, 면접 등을 통해 체계적으로 평가하는 방법으로 입사지원서, 자기소개서, 직무수행능력평가, 구조화 면접 등이 해당됩니다.

5. 블라인드 채용 주요 도입 내용

- 입사지원서에 인적사항 요구 금지
  - 인적사항에는 출신지역, 가족관계, 결혼여부, 재산, 취미 및 특기, 종교, 생년월일(연령), 성별, 신장 및 체중, 사진, 전공, 학교명, 학점, 외국어 점수, 추천인 등이 해당
  - 채용 직무를 수행하는 데 있어 반드시 필요하다고 인정될 경우는 제외
    예 특수경비직 채용 시 : 시력, 건강한 신체 요구
    　　연구직 채용 시 : 논문, 학위 요구 등
- 블라인드 면접 실시
  - 면접관에게 응시자의 출신지역, 가족관계, 학교명 등 인적사항 정보 제공 금지
  - 면접관은 응시자의 인적사항에 대한 질문 금지

6. 블라인드 채용 도입의 효과성

- 구성원의 다양성과 창의성이 높아져 기업 경쟁력 강화
  - 편견을 없애고 직무능력 중심으로 선발하므로 다양한 직원 구성 가능
  - 다양한 생각과 의견을 통하여 기업의 창의성이 높아져 기업경쟁력 강화
- 직무에 적합한 인재선발을 통한 이직률 감소 및 만족도 제고
  - 사전에 지원자들에게 구체적이고 상세한 직무요건을 제시함으로써 허수 지원이 낮아지고, 직무에 적합한 지원자 모집 가능
  - 직무에 적합한 인재가 선발되어 직무이해도가 높아져 업무효율 증대 및 만족도 제고
- 채용의 공정성과 기업이미지 제고
  - 블라인드 채용은 사회적 편견을 줄인 선발 방법으로 기업에 대한 사회적 인식 제고
  - 채용과정에서 불합리한 차별을 받지 않고 실력에 의해 공정하게 평가를 받을 것이라는 믿음을 제공하고, 지원자들은 평등한 기회와 공정한 선발과정 경험

CHAPTER 02

서류전형 가이드

01 채용공고문

1. 채용공고문의 변화

기존 채용공고문	변화된 채용공고문
• 취업준비생에게 불충분하고 불친절한 측면 존재 • 모집분야에 대한 명확한 직무관련 정보 및 평가기준 부재 • 해당분야에 지원하기 위한 취업준비생의 무분별한 스펙 쌓기 현상 발생	• NCS 직무분석에 기반한 채용공고를 토대로 채용전형 진행 • 지원자가 입사 후 수행하게 될 업무에 대한 자세한 정보 공시 • 직무수행내용, 직무수행 시 필요한 능력, 관련된 자격, 직업기초능력 제시 • 지원자가 해당 직무에 필요한 스펙만을 준비할 수 있도록 안내
• 모집부문 및 응시자격 • 지원서 접수 • 전형절차 • 채용조건 및 처우 • 기타사항	• 채용절차 • 채용유형별 선발분야 및 예정인원 • 전형방법 • 선발분야별 직무기술서 • 우대사항

2. 지원 유의사항 및 지원요건 확인

채용 직무에 따른 세부사항을 공고문에 명시하여 지원자에게 적격한 지원 기회를 부여함과 동시에 채용과정에서의 공정성과 신뢰성을 확보합니다.

구성	내용	확인사항
모집분야 및 규모	고용형태(인턴 계약직 등), 모집분야, 인원, 근무지역 등	채용직무가 여러 개일 경우 본인이 해당되는 직무의 채용규모 확인
응시자격	기본 자격사항, 지원조건	지원을 위한 최소자격요건을 확인하여 불필요한 지원을 예방
우대조건	법정·특별·자격증 가점	본인의 가점 여부를 검토하여 가점 획득을 위한 사항을 사실대로 기재
근무조건 및 보수	고용형태 및 고용기간, 보수, 근무지	본인이 생각하는 기대수준에 부합하는지 확인하여 불필요한 지원을 예방
시험방법	서류·필기·면접전형 등의 활용방안	전형방법 및 세부 평가기법 등을 확인하여 지원전략 준비
전형일정	접수기간, 각 전형 단계별 심사 및 합격자 발표일 등	본인의 지원 스케줄을 검토하여 차질이 없도록 준비
제출서류	입사지원서(경력·경험기술서 등), 각종 증명서 및 자격증 사본 등	지원요건 부합 여부 및 자격 증빙서류 사전에 준비
유의사항	임용취소 등의 규정	임용취소 관련 법적 또는 기관 내부 규정을 검토하여 해당여부 확인

직무기술서란 직무수행의 내용과 필요한 능력, 관련 자격, 직업기초능력 등을 상세히 기재한 것으로 입사 후 수행하게 될 업무에 대한 정보가 수록되어 있는 자료입니다.

1. 채용분야

설명

NCS 직무분류 체계에 따라 직무에 대한「대분류 – 중분류 – 소분류 – 세분류」체계를 확인할 수 있습니다. 채용 직무에 대한 모든 직무기술서를 첨부하게 되며 실제 수행 업무를 기준으로 세부적인 분류정보를 제공합니다.

채용분야	분류체계			
사무행정	대분류	중분류	소분류	세분류
분류코드	02. 경영·회계·사무	03. 재무·회계	01. 재무	01. 예산
				02. 자금
			02. 회계	01. 회계감사
				02. 세무

2. 능력단위

설명

직무분류 체계의 세분류 하위능력단위 중 실질적으로 수행할 업무의 능력만 구체적으로 파악할 수 있습니다.

능력단위	(예산)	03. 연간종합예산수립 05. 확정예산 운영	04. 추정재무제표 작성 06. 예산실적 관리
	(자금)	04. 자금운용	
	(회계감사)	02. 자금관리 05. 회계정보시스템 운용 07. 회계감사	04. 결산관리 06. 재무분석
	(세무)	02. 결산관리 07. 법인세 신고	05. 부가가치세 신고

3. 직무수행내용

설명

세분류 영역의 기본정의를 통해 직무수행내용을 확인할 수 있습니다. 입사 후 수행할 직무내용을 구체적으로 확인할 수 있으며, 이를 통해 입사서류 작성부터 면접까지 직무에 대한 명확한 이해를 바탕으로 자신의 희망직무 인지 아닌지, 해당 직무가 자신이 알고 있던 직무가 맞는지 확인할 수 있습니다.

직무수행내용	(예산) 일정기간 예상되는 수익과 비용을 편성, 집행하며 통제하는 일
	(자금) 자금의 계획 수립, 조달, 운용을 하고 발생 가능한 위험 관리 및 성과평가
	(회계감사) 기업 및 조직 내·외부에 있는 의사결정자들이 효율적인 의사결정을 할 수 있도록 유용한 정보를 제공, 제공된 회계정보의 적정성을 파악하는 일
	(세무) 세무는 기업의 활동을 위하여 주어진 세법범위 내에서 조세부담을 최소화시키는 조세전략을 포함하고 정확한 과세소득과 과세표준 및 세액을 산출하여 과세당국에 신고·납부하는 일

4. 직무기술서 예시

태도	(예산) 정확성, 분석적 태도, 논리적 태도, 타 부서와의 협조적 태도, 설득력
	(자금) 분석적 사고력
	(회계 감사) 합리적 태도, 전략적 사고, 정확성, 적극적 협업 태도, 법률준수 태도, 분석적 태도, 신속성, 책임감, 정확한 판단력
	(세무) 규정 준수 의지, 수리적 정확성, 주의 깊은 태도
우대 자격증	공인회계사, 세무사, 컴퓨터활용능력, 변호사, 워드프로세서, 전산회계운용사, 사회조사분석사, 재경관리사, 회계관리 등
직업기초능력	의사소통능력, 문제해결능력, 자원관리능력, 대인관계능력, 정보능력, 조직이해능력

5. 직무기술서 내용별 확인사항

항목	확인사항
모집부문	해당 채용에서 선발하는 부문(분야)명 확인 예 사무행정, 전산, 전기
분류체계	지원하려는 분야의 세부직무군 확인
주요기능 및 역할	지원하려는 기업의 전사적인 기능과 역할, 산업군 확인
능력단위	지원분야의 직무수행에 관련되는 세부업무사항 확인
직무수행내용	지원분야의 직무군에 대한 상세사항 확인
전형방법	지원하려는 기업의 신입사원 선발전형 절차 확인
일반요건	교육사항을 제외한 지원 요건 확인(자격요건, 특수한 경우 연령)
교육요건	교육사항에 대한 지원요건 확인(대졸 / 초대졸 / 고졸 / 전공 요건)
필요지식	지원분야의 업무수행을 위해 요구되는 지식 관련 세부항목 확인
필요기술	지원분야의 업무수행을 위해 요구되는 기술 관련 세부항목 확인
직무수행태도	지원분야의 업무수행을 위해 요구되는 태도 관련 세부항목 확인
직업기초능력	지원분야 또는 지원기업의 조직원으로서 근무하기 위해 필요한 일반적인 능력사항 확인

1. 입사지원서의 변화

기존지원서		능력중심 채용 입사지원서	
직무와 관련 없는 학점, 개인신상, 어학점수, 자격, 수상경력 등을 나열하도록 구성	VS	해당 직무수행에 꼭 필요한 정보들을 제시할 수 있도록 구성	

직무기술서

인적사항	성명, 연락처, 지원분야 등 작성 (평가 미반영)

직무수행내용

교육사항	직무지식과 관련된 학교교육 및 직업교육 작성

요구지식 / 기술

자격사항	직무관련 국가공인 또는 민간자격 작성

관련 자격증

사전직무경험

경력 및 경험사항	조직에 소속되어 일정한 임금을 받거나(경력) 임금 없이(경험) 직무와 관련된 활동 내용 작성

2. 교육사항

- 지원분야 직무와 관련된 학교 교육이나 직업교육 혹은 기타교육 등 직무에 대한 지원자의 학습 여부를 평가하기 위한 항목입니다.
- 지원하고자 하는 직무의 학교 전공교육 이외에 직업교육, 기타교육 등을 기입할 수 있기 때문에 전공 제한 없이 직업교육과 기타교육을 이수하여 지원이 가능하도록 기회를 제공합니다.

(기타교육 : 학교 이외의 기관에서 개인이 이수한 교육과정 중 지원직무와 관련이 있다고 생각되는 교육내용)

구분	교육과정(과목)명	교육내용	과업(능력단위)

3. 자격사항

- 채용공고 및 직무기술서에 제시되어 있는 자격 현황을 토대로 지원자가 해당 직무를 수행하는 데 필요한 능력을 가지고 있는지를 평가하기 위한 항목입니다.
- 채용공고 및 직무기술서에 기재된 직무관련 필수 또는 우대자격 항목을 확인하여 본인이 보유하고 있는 자격사항을 기재합니다.

자격유형	자격증명	발급기관	취득일자	자격증번호

4. 경력 및 경험사항

- 직무와 관련된 경력이나 경험 여부를 표현하도록 하여 직무와 관련한 능력을 갖추었는지를 평가하기 위한 항목입니다.
- 해당 기업에서 직무를 수행함에 있어 필요한 사항만을 기록하게 되어 있기 때문에 직무와 무관한 스펙을 갖추지 않아도 됩니다.
- 경력 : 금전적 보수를 받고 일정기간 동안 일했던 경우
- 경험 : 금전적 보수를 받지 않고 수행한 활동

※ 기업에 따라 경력 / 경험 관련 증빙자료 요구 가능

구분	조직명	직위 / 역할	활동기간(년 / 월)	주요과업 / 활동내용

Tip

입사지원서 작성 방법

○ 경력 및 경험사항 작성
- 직무기술서에 제시된 지식, 기술, 태도와 지원자의 교육사항, 경력(경험)사항, 자격사항과 연계하여 개인의 직무역량에 대해 스스로 판단 가능

○ 인적사항 최소화
- 개인의 인적사항, 학교명, 가족관계 등을 노출하지 않도록 유의

부적절한 입사지원서 작성 사례
- 학교 이메일을 기입하여 학교명 노출
- 거주지 주소에 학교 기숙사 주소를 기입하여 학교명 노출
- 자기소개서에 부모님이 재직 중인 기업명, 직위, 직업을 기입하여 가족관계 노출
- 자기소개서에 석·박사 과정에 대한 이야기를 언급하여 학력 노출
- 동아리 활동에 대한 내용을 학교명과 더불어 언급하여 학교명 노출

1. 자기소개서의 변화

- 기존의 자기소개서는 지원자의 일대기나 관심 분야, 성격의 장·단점 등 개괄적인 사항을 묻는 질문으로 구성되어 지원자가 자신의 직무능력을 제대로 표출하지 못합니다.
- 능력중심 채용의 자기소개서는 직무기술서에 제시된 직업기초능력(또는 직무수행능력)에 대한 지원자의 과거 경험을 기술하게 함으로써 평가 타당도의 확보가 가능합니다.

1. 우리 회사와 해당 지원 직무분야에 지원한 동기에 대해 기술해 주세요.
2. 자신이 경험한 다양한 사회활동에 대해 기술해 주세요.
3. 지원 직무에 대한 전문성을 키우기 위해 받은 교육과 경험 및 경력사항에 대해 기술해 주세요.
4. 인사업무 또는 팀 과제 수행 중 발생한 갈등을 원만하게 해결해 본 경험이 있습니까? 당시 상황에 대한 설명과 갈등의 대상이 되었던 상대방을 설득한 과정 및 방법을 기술해 주세요.
5. 과거에 있었던 일 중 가장 어려웠었던(힘들었었던) 상황을 고르고, 어떤 방법으로 그 상황을 해결했는지를 기술해 주세요.

자기소개서 작성 방법
① 자기소개서 문항이 묻고 있는 평가 역량 추측하기

예시
- 팀 활동을 하면서 갈등 상황 시 상대방의 니즈나 의도를 명확히 파악하고 해결하여 목표 달성에 기여했던 경험에 대해서 작성해 주시기 바랍니다.
- 다른 사람이 생각해내지 못했던 문제점을 찾고 이를 해결한 경험에 대해 작성해 주시기 바랍니다.

② 해당 역량을 보여줄 수 있는 소재 찾기(시간×역량 매트릭스)

예시

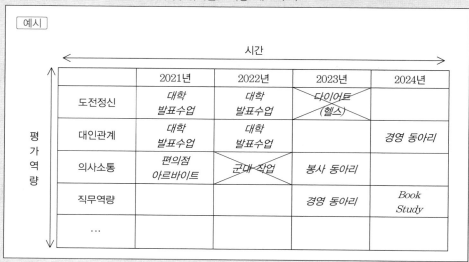

평가역량		2021년	2022년	2023년	2024년
	도전정신	대학 발표수업	대학 발표수업	~~다이어트 (헬스)~~	
	대인관계	대학 발표수업	대학 발표수업		경영 동아리
	의사소통	편의점 아르바이트	~~군대 작업~~	봉사 동아리	
	직무역량			경영 동아리	Book Study
	…				

③ 자기소개서 작성 Skill 익히기
- 두괄식으로 작성하기
- 구체적 사례를 사용하기
- '나'를 중심으로 작성하기
- 직무역량 강조하기
- 경험 사례의 차별성 강조하기

CHAPTER 03 인성검사 소개 및 모의테스트

01 인성검사 유형

인성검사는 지원자의 성격특성을 객관적으로 파악하고 그것이 각 기업에서 필요로 하는 인재상과 가치에 부합하는가를 평가하기 위한 검사입니다. 인성검사는 KPDI(한국인재개발진흥원), K-SAD(한국사회적성개발원), KIRBS(한국행동과학연구소), SHR(에스에이치알) 등의 전문기관을 통해 각 기업의 특성에 맞는 검사를 선택하여 실시합니다. 대표적인 인성검사의 유형에는 크게 다음과 같은 세 가지가 있으며, 채용 대행업체에 따라 달라집니다.

1. KPDI 검사

조직적응성과 직무적합성을 알아보기 위한 검사로 인성검사, 인성역량검사, 인적성검사, 직종별 인적성검사 등의 다양한 검사 도구를 구현합니다. KPDI는 성격을 파악하고 정신건강 상태 등을 측정하고, 직무검사는 해당 직무를 수행하기 위해 기본적으로 갖추어야 할 인지적 능력을 측정합니다. 역량검사는 특정 직무 역할을 효과적으로 수행하는 데 직접적으로 관련 있는 개인의 행동, 지식, 스킬, 가치관 등을 측정합니다.

2. KAD(Korea Aptitude Development) 검사

K-SAD(한국사회적성개발원)에서 실시하는 적성검사 프로그램입니다. 개인의 성향, 지적 능력, 기호, 관심, 흥미도를 종합적으로 분석하여 적성에 맞는 업무가 무엇인가 파악하고, 직무수행에 있어서 요구되는 기초능력과 실무능력을 분석합니다.

3. SHR 직무적성검사

직무수행에 필요한 종합적인 사고 능력을 다양한 적성검사(Paper and Pencil Test)로 평가합니다. SHR의 모든 직무능력검사는 표준화 검사입니다. 표준화 검사는 표본집단의 점수를 기초로 규준이 만들어진 검사이므로 개인의 점수를 규준에 맞추어 해석·비교하는 것이 가능합니다. S(Standardized Tests), H(Hundreds of Version), R(Reliable Norm Data)을 특징으로 하며, 직군·직급별 특성과 선발 수준에 맞추어 검사를 적용할 수 있습니다.

인성검사는 특히 면접질문과 관련성이 높습니다. 면접관은 지원자의 인성검사 결과를 토대로 질문을 하기 때문입니다. 일관적이고 이상적인 답변을 하는 것이 가장 좋지만, 실제 시험은 매우 복잡하여 전문가라 해도 일정 성격을 유지하면서 답변을 하는 것이 힘듭니다. 또한 인성검사에는 라이 스케일(Lie Scale) 설문이 전체 설문 속에 교묘하게 섞여 들어가 있으므로 겉치레적인 답을 하게 되면 회답태도의 허위성이 그대로 드러나게 됩니다. 예를 들어 '거짓말을 한 적이 한 번도 없다.'에 '예'로 답하고, '때로는 거짓말을 하기도 한다.'에 '예'라고 답하여 라이 스케일의 득점이 올라가게 되면 모든 회답의 신빙성이 사라지고 '자신을 돋보이게 하려는 사람'이라는 평가를 받을 수 있으므로 주의해야 합니다. 따라서 모의테스트를 통해 인성검사의 유형과 실제 시험 시 어떻게 문제를 풀어야 하는지 연습해 보고 체크한 부분 중 자신의 단점과 연결되는 부분은 면접에서 질문이 들어왔을 때 어떻게 대처해야 하는지 생각해 보는 것이 좋습니다.

1. 기업의 인재상을 파악하라!

인성검사를 통해 개인의 성격 특성을 파악하고 그것이 기업의 인재상과 가치에 부합하는지를 평가하는 시험이기 때문에 해당 기업의 인재상을 먼저 파악하고 시험에 임하는 것이 좋습니다. 모의테스트에서 인재상에 맞는 가상의 인물을 설정하고 문제에 답해 보는 것도 많은 도움이 됩니다.

2. 일관성 있는 대답을 하라!

짧은 시간 안에 다양한 질문에 답을 해야 하는데, 그 안에는 중복되는 질문이 여러 번 나옵니다. 이때 앞서 자신이 체크했던 대답을 잘 기억해뒀다가 일관성 있는 답을 하는 것이 중요합니다.

3. 모든 문항에 대답하라!

많은 문제를 짧은 시간 안에 풀려다 보니 다 못 푸는 경우도 종종 생깁니다. 하지만 대답을 누락하거나 끝까지 다 못했을 경우 좋지 않은 결과를 가져올 수도 있으니 최대한 주어진 시간 안에 모든 문항에 답할 수 있도록 해야 합니다.

※ 모의테스트는 질문 및 답변 유형 연습을 위한 것으로 실제 시험과 다를 수 있습니다.
※ 인성검사는 정답이 따로 없는 유형의 검사이므로 결과지를 제공하지 않습니다.

번호	내용	예	아니요
001	나는 솔직한 편이다.	☐	☐
002	나는 리드하는 것을 좋아한다.	☐	☐
003	법을 어겨서 말썽이 된 적이 한 번도 없다.	☐	☐
004	거짓말을 한 번도 한 적이 없다.	☐	☐
005	나는 눈치가 빠르다.	☐	☐
006	나는 일을 주도하기보다는 뒤에서 지원하는 것을 선호한다.	☐	☐
007	앞일은 알 수 없기 때문에 계획은 필요하지 않다.	☐	☐
008	거짓말도 때로는 방편이라고 생각한다.	☐	☐
009	사람이 많은 술자리를 좋아한다.	☐	☐
010	걱정이 지나치게 많다.	☐	☐
011	일을 시작하기 전 재고하는 경향이 있다.	☐	☐
012	불의를 참지 못한다.	☐	☐
013	처음 만나는 사람과도 이야기를 잘 한다.	☐	☐
014	때로는 변화가 두렵다.	☐	☐
015	나는 모든 사람에게 친절하다.	☐	☐
016	힘든 일이 있을 때 술은 위로가 되지 않는다.	☐	☐
017	결정을 빨리 내리지 못해 손해를 본 경험이 있다.	☐	☐
018	기회를 잡을 준비가 되어 있다.	☐	☐
019	때로는 내가 정말 쓸모없는 사람이라고 느낀다.	☐	☐
020	누군가 나를 챙겨주는 것이 좋다.	☐	☐
021	자주 가슴이 답답하다.	☐	☐
022	나는 내가 자랑스럽다.	☐	☐
023	경험이 중요하다고 생각한다.	☐	☐
024	전자기기를 분해하고 다시 조립하는 것을 좋아한다.	☐	☐

PART 3

025	감시받고 있다는 느낌이 든다.	☐	☐
026	난처한 상황에 놓이면 그 순간을 피하고 싶다.	☐	☐
027	세상엔 믿을 사람이 없다.	☐	☐
028	잘못을 빨리 인정하는 편이다.	☐	☐
029	지도를 보고 길을 잘 찾아간다.	☐	☐
030	귓속말을 하는 사람을 보면 날 비난하고 있는 것 같다.	☐	☐
031	막무가내라는 말을 들을 때가 있다.	☐	☐
032	장래의 일을 생각하면 불안하다.	☐	☐
033	결과보다 과정이 중요하다고 생각한다.	☐	☐
034	운동은 그다지 할 필요가 없다고 생각한다.	☐	☐
035	새로운 일을 시작할 때 좀처럼 한 발을 떼지 못한다.	☐	☐
036	기분 상하는 일이 있더라도 참는 편이다.	☐	☐
037	업무능력은 성과로 평가받아야 한다고 생각한다.	☐	☐
038	머리가 맑지 못하고 무거운 느낌이 든다.	☐	☐
039	가끔 이상한 소리가 들린다.	☐	☐
040	타인이 내게 자주 고민상담을 하는 편이다.	☐	☐

※ 모의테스트는 질문 및 답변 유형 연습을 위한 것으로 실제 시험과 다를 수 있습니다.
※ 인성검사는 정답이 따로 없는 유형의 검사이므로 결과지를 제공하지 않습니다.

※ 이 성격검사의 각 문항에는 서로 다른 행동을 나타내는 네 개의 문장이 제시되어 있습니다. 이 문장들을 비교하여, 자신의 평소 행동과 가장 가까운 문장을 'ㄱ' 열에 표기하고, 가장 먼 문장을 'ㅁ' 열에 표기하십시오.

01 나는 ＿＿＿＿＿＿＿＿＿＿＿＿＿＿＿＿＿＿＿＿＿

	ㄱ	ㅁ
A. 실용적인 해결책을 찾는다.	☐	☐
B. 다른 사람을 돕는 것을 좋아한다.	☐	☐
C. 세부 사항을 잘 챙긴다.	☐	☐
D. 상대의 주장에서 허점을 잘 찾는다.	☐	☐

02 나는 ＿＿＿＿＿＿＿＿＿＿＿＿＿＿＿＿＿＿＿＿＿

	ㄱ	ㅁ
A. 매사에 적극적으로 임한다.	☐	☐
B. 즉흥적인 편이다.	☐	☐
C. 관찰력이 있다.	☐	☐
D. 임기응변에 강하다.	☐	☐

03 나는 ＿＿＿＿＿＿＿＿＿＿＿＿＿＿＿＿＿＿＿＿＿

	ㄱ	ㅁ
A. 무서운 영화를 잘 본다.	☐	☐
B. 조용한 곳이 좋다.	☐	☐
C. 가끔 울고 싶다.	☐	☐
D. 집중력이 좋다.	☐	☐

04 나는 ＿＿＿＿＿＿＿＿＿＿＿＿＿＿＿＿＿＿＿＿＿

	ㄱ	ㅁ
A. 기계를 조립하는 것을 좋아한다.	☐	☐
B. 집단에서 리드하는 역할을 맡는다.	☐	☐
C. 호기심이 많다.	☐	☐
D. 음악을 듣는 것을 좋아한다.	☐	☐

05 나는 _____

	ㄱ	ㅁ
A. 타인을 늘 배려한다.	☐	☐
B. 감수성이 예민하다.	☐	☐
C. 즐겨하는 운동이 있다.	☐	☐
D. 일을 시작하기 전에 계획을 세운다.	☐	☐

06 나는 _____

	ㄱ	ㅁ
A. 타인에게 설명하는 것을 좋아한다.	☐	☐
B. 여행을 좋아한다.	☐	☐
C. 정적인 것이 좋다.	☐	☐
D. 남을 돕는 것에 보람을 느낀다.	☐	☐

07 나는 _____

	ㄱ	ㅁ
A. 기계를 능숙하게 다룬다.	☐	☐
B. 밤에 잠이 잘 오지 않는다.	☐	☐
C. 한 번 간 길을 잘 기억한다.	☐	☐
D. 불의를 보면 참을 수 없다.	☐	☐

08 나는 _____

	ㄱ	ㅁ
A. 종일 말을 하지 않을 때가 있다.	☐	☐
B. 사람이 많은 곳을 좋아한다.	☐	☐
C. 술을 좋아한다.	☐	☐
D. 휴양지에서 편하게 쉬고 싶다.	☐	☐

09 나는 _____

	ㄱ	ㅁ
A. 뉴스보다는 드라마를 좋아한다.	☐	☐
B. 길을 잘 찾는다.	☐	☐
C. 주말엔 집에서 쉬는 것이 좋다.	☐	☐
D. 아침에 일어나는 것이 힘들다.	☐	☐

10 나는 _____

	ㄱ	ㅁ
A. 이성적이다.	☐	☐
B. 할 일을 종종 미룬다.	☐	☐
C. 어른을 대하는 게 힘들다.	☐	☐
D. 불을 보면 매혹을 느낀다.	☐	☐

11 나는 _____

	ㄱ	ㅁ
A. 상상력이 풍부하다.	☐	☐
B. 예의 바르다는 소리를 자주 듣는다.	☐	☐
C. 사람들 앞에 서면 긴장한다.	☐	☐
D. 친구를 자주 만난다.	☐	☐

12 나는 _____

	ㄱ	ㅁ
A. 나만의 스트레스 해소 방법이 있다.	☐	☐
B. 친구가 많다.	☐	☐
C. 책을 자주 읽는다.	☐	☐
D. 활동적이다.	☐	☐

CHAPTER 04 면접전형 가이드

01 면접유형 파악

1. 면접전형의 변화

기존 면접전형에서는 일상적이고 단편적인 대화나 지원자의 첫인상 및 면접관의 주관적인 판단 등에 의해서 입사 결정 여부를 판단하는 경우가 많았습니다. 이러한 면접전형은 면접 내용의 일관성이 결여되거나 직무 관련 타당성이 부족하였고, 면접에 대한 신뢰도에 영향을 주었습니다.

기존 면접(전통적 면접)		능력중심 채용 면접(구조화 면접)

• 일상적이고 단편적인 대화
• 인상, 외모 등 외부 요소의 영향
• 주관적인 판단에 의존한 총점 부여
 	
⇩
 	
• 면접 내용의 일관성 결여
• 직무관련 타당성 부족
• 주관적인 채점으로 신뢰도 저하
	VS	• 일관성
		  – 직무관련 역량에 초점을 둔 구체적 질문 목록
		  – 지원자별 동일 질문 적용
		• 구조화
		  – 면접 진행 및 평가 절차를 일정한 체계에 의해 구성
		• 표준화
		  – 평가 타당도 제고를 위한 평가 Matrix 구성
		  – 척도에 따라 항목별 채점, 개인 간 비교
		• 신뢰성
		  – 면접진행 매뉴얼에 따라 면접위원 교육 및 실습

2. 능력중심 채용의 면접 유형

① 경험 면접
- 목적 : 선발하고자 하는 직무 능력이 필요한 과거 경험을 질문합니다.
- 평가요소 : 직업기초능력과 인성 및 태도적 요소를 평가합니다.

② 상황 면접
- 목적 : 특정 상황을 제시하고 지원자의 행동을 관찰함으로써 실제 상황의 행동을 예상합니다.
- 평가요소 : 직업기초능력과 인성 및 태도적 요소를 평가합니다.

③ 발표 면접
- 목적 : 특정 주제와 관련된 지원자의 발표와 질의응답을 통해 지원자 역량을 평가합니다.
- 평가요소 : 직무수행능력과 인지적 역량(문제해결능력)을 평가합니다.

④ 토론 면접
- 목적 : 토의과제에 대한 의견수렴 과정에서 지원자의 역량과 상호작용능력을 평가합니다.
- 평가요소 : 직무수행능력과 팀워크를 평가합니다.

1. 경험 면접

① 경험 면접의 특징
- 주로 직업기초능력에 관련된 지원자의 과거 경험을 심층 질문하여 검증하는 면접입니다.
- 직무능력과 관련된 과거 경험을 평가하기 위해 심층 질문을 하며, 이 질문은 지원자의 답변에 대하여 '꼬리에 꼬리를 무는 형식'으로 진행됩니다.

> - 능력요소, 정의, 심사 기준
>   - 평가하고자 하는 능력요소, 정의, 심사기준을 확인하여 면접위원이 해당 능력요소 관련 질문을 제시합니다.
> - Opening Question
>   - 능력요소에 관련된 과거 경험을 유도하기 위한 시작 질문을 합니다.
> - Follow-up Question
>   - 지원자의 경험 수준을 구체적으로 검증하기 위한 질문입니다.
>   - 경험 수준 검증을 위한 상황(Situation), 임무(Task), 역할 및 노력(Action), 결과(Result) 등으로 질문을 구분합니다.

경험 면접의 형태

[면접관 1] [면접관 2] [면접관 3]

[면접관 1] [면접관 2] [면접관 3]

[지원자]

〈일대다 면접〉

[지원자 1] [지원자 2] [지원자 3]

〈다대다 면접〉

② 경험 면접의 구조

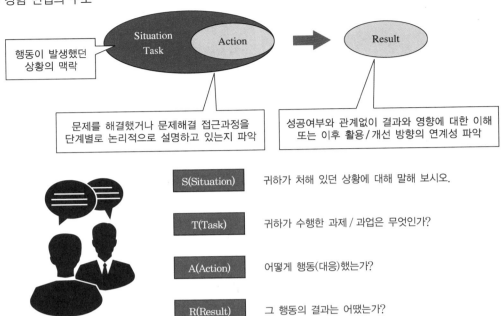

행동이 발생했던 상황의 맥락

문제를 해결했거나 문제해결 접근과정을 단계별로 논리적으로 설명하고 있는지 파악

성공여부와 관계없이 결과와 영향에 대한 이해 또는 이후 활용 / 개선 방향의 연계성 파악

S(Situation) — 귀하가 처해 있던 상황에 대해 말해 보시오.

T(Task) — 귀하가 수행한 과제 / 과업은 무엇인가?

A(Action) — 어떻게 행동(대응)했는가?

R(Result) — 그 행동의 결과는 어땠는가?

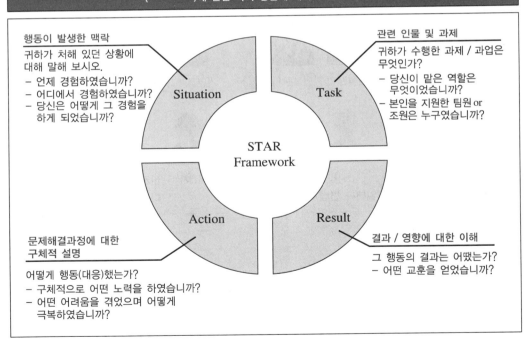

(   )에 관한 과거 경험에 대하여 말해 보시오.

행동이 발생한 맥락
귀하가 처해 있던 상황에 대해 말해 보시오.
– 언제 경험하였습니까?
– 어디에서 경험하였습니까?
– 당신은 어떻게 그 경험을 하게 되었습니까?

Situation

관련 인물 및 과제
귀하가 수행한 과제 / 과업은 무엇인가?
– 당신이 맡은 역할은 무엇이었습니까?
– 본인을 지원한 팀원 or 조원은 누구였습니까?

Task

STAR Framework

문제해결과정에 대한 구체적 설명
어떻게 행동(대응)했는가?
– 구체적으로 어떤 노력을 하였습니까?
– 어떤 어려움을 겪었으며 어떻게 극복하였습니까?

Action

Result
결과 / 영향에 대한 이해
그 행동의 결과는 어땠는가?
– 어떤 교훈을 얻었습니까?

③ 경험 면접 질문 예시(직업윤리)

시작 질문	
1	남들이 신경 쓰지 않는 부분까지 고려하여 절차대로 업무(연구)를 수행하여 성과를 낸 경험을 구체적으로 말해 보시오.
2	조직의 원칙과 절차를 철저히 준수하며 업무(연구)를 수행한 것 중 성과를 향상시킨 경험에 대해 구체적으로 말해 보시오.
3	세부적인 절차와 규칙에 주의를 기울여 실수 없이 업무(연구)를 마무리한 경험을 구체적으로 말해 보시오.
4	조직의 규칙이나 원칙을 고려하여 성실하게 일했던 경험을 구체적으로 말해 보시오.
5	타인의 실수를 바로잡고 원칙과 절차대로 수행하여 성공적으로 업무를 마무리하였던 경험에 대해 말해 보시오.

후속 질문		
상황 **(Situation)**	상황	구체적으로 언제, 어디에서 경험한 일인가?
		어떤 상황이었는가?
	조직	어떤 조직에 속해 있었는가?
		그 조직의 특성은 무엇이었는가?
		몇 명으로 구성된 조직이었는가?
	기간	해당 조직에서 얼마나 일했는가?
		해당 업무는 몇 개월 동안 지속되었는가?
	조직규칙	조직의 원칙이나 규칙은 무엇이었는가?
임무 **(Task)**	과제	과제의 목표는 무엇이었는가?
		과제에 적용되는 조직의 원칙은 무엇이었는가?
		그 규칙을 지켜야 하는 이유는 무엇이었는가?
	역할	당신이 조직에서 맡은 역할은 무엇이었는가?
		과제에서 맡은 역할은 무엇이었는가?
	문제의식	규칙을 지키지 않을 경우 생기는 문제점 / 불편함은 무엇인가?
		해당 규칙이 왜 중요하다고 생각하였는가?
역할 및 노력 **(Action)**	행동	업무 과정의 어떤 장면에서 규칙을 철저히 준수하였는가?
		어떻게 규정을 적용시켜 업무를 수행하였는가?
		규정은 준수하는 데 어려움은 없었는가?
	노력	그 규칙을 지키기 위해 스스로 어떤 노력을 기울였는가?
		본인의 생각이나 태도에 어떤 변화가 있었는가?
		다른 사람들은 어떤 노력을 기울였는가?
	동료관계	동료들은 규칙을 철저히 준수하고 있었는가?
		팀원들은 해당 규칙에 대해 어떻게 반응하였는가?
		규칙에 대한 태도를 개선하기 위해 어떤 노력을 하였는가?
		팀원들의 태도는 당신에게 어떤 자극을 주었는가?
	업무추진	주어진 업무를 추진하는 데 규칙이 방해되진 않았는가?
		업무수행 과정에서 규정을 어떻게 적용하였는가?
		업무 시 규정을 준수해야 한다고 생각한 이유는 무엇인가?

결과 (Result)	평가	규칙을 어느 정도나 준수하였는가?
		그렇게 준수할 수 있었던 이유는 무엇이었는가?
		업무의 성과는 어느 정도였는가?
		성과에 만족하였는가?
		비슷한 상황이 온다면 어떻게 할 것인가?
	피드백	주변 사람들로부터 어떤 평가를 받았는가?
		그러한 평가에 만족하는가?
		다른 사람에게 본인의 행동이 영향을 주었다고 생각하는가?
	교훈	업무수행 과정에서 중요한 점은 무엇이라고 생각하는가?
		이 경험을 통해 느낀 바는 무엇인가?

2. 상황 면접

① 상황 면접의 특징

직무 관련 상황을 가정하여 제시하고 이에 대한 대응능력을 직무관련성 측면에서 평가하는 면접입니다.

- 상황 면접 과제의 구성은 크게 2가지로 구분
  - 상황 제시(Description) / 문제 제시(Question or Problem)
- 현장의 실제 업무 상황을 반영하여 과제를 제시하므로 직무분석이나 직무전문가 워크숍 등을 거쳐 현장성을 높임
- 문제는 상황에 대한 기본적인 이해능력(이론적 지식)과 함께 실질적 대응이나 변수 고려능력(실천적 능력) 등을 고르게 질문해야 함

상황 면접의 형태

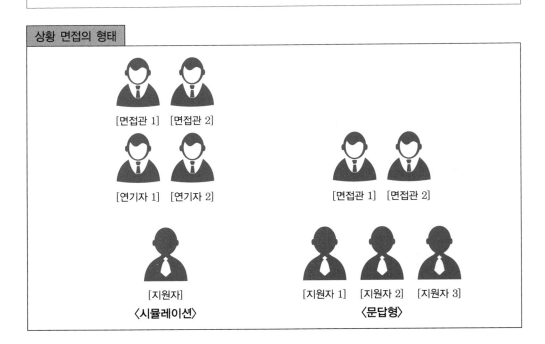

[면접관 1] [면접관 2]

[연기자 1] [연기자 2]

[지원자]

〈시뮬레이션〉

[면접관 1] [면접관 2]

[지원자 1] [지원자 2] [지원자 3]

〈문답형〉

② 상황 면접 예시

상황 제시	인천공항 여객터미널 내에는 다양한 용도의 시설(사무실, 통신실, 식당, 전산실, 창고 면세점 등)이 설치되어 있습니다.		실제 업무 상황에 기반함
	금년에 소방배관의 누수가 잦아 메인 배관을 교체하는 공사를 추진하고 있으며, 당신 은 이번 공사의 담당자입니다.		배경 정보
	주간에는 공항 운영이 이루어져 주로 야간에만 배관 교체 공사를 수행하던 중, 시공하 는 기능공의 실수로 배관 연결 부위를 잘못 건드려 고압배관의 소화수가 누출되는 사고가 발생하였으며, 이로 인해 인근 시설물에 누수에 의한 피해가 발생하였습니다.		구체적인 문제 상황
문제 제시	일반적인 소방배관의 배관연결(이음)방식과 배관의 이탈(누수)이 발생하는 원인 에 대해 설명해 보시오.		문제 상황 해결을 위한 기본 지식 문항
	담당자로서 본 사고를 현장에서 긴급히 처리하는 프로세스를 제시하고, 보수완료 후 사후적 조치가 필요한 부분 및 재발방지 방안에 대해 설명해 보시오.		문제 상황 해결을 위한 추가 대응 문항

3. 발표 면접

① 발표 면접의 특징

- 직무관련 주제에 대한 지원자의 생각을 정리하여 의견을 제시하고, 발표 및 질의응답을 통해 지원자
의 직무능력을 평가하는 면접입니다.
- 발표 주제는 직무와 관련된 자료로 제공되며, 일정 시간 후 지원자가 보유한 지식 및 방안에 대한
발표 및 후속 질문을 통해 직무적합성을 평가합니다.

- 주요 평가요소
  - 설득적 말하기 / 발표능력 / 문제해결능력 / 직무관련 전문성
- 이미 언론을 통해 공론화된 시사 이슈보다는 해당 직무분야에 관련된 주제가 발표면접의 과제로 선
정되는 경우가 최근 들어 늘어나고 있음
- 짧은 시간 동안 주어진 과제를 빠른 속도로 분석하여 발표문을 작성하고 제한된 시간 안에 면접관에
게 효과적인 발표를 진행하는 것이 핵심

발표 면접의 형태

[면접관 1]　[면접관 2]

[면접관 1]　[면접관 2]

[지원자]

〈개별 과제 발표〉

[지원자 1]　[지원자 2]　[지원자 3]

〈팀 과제 발표〉

※ 면접관에게 시각적 효과를 사용하여 메시지를 전달하는 쌍방향 커뮤니케이션 방식
※ 심층면접을 보완하기 위한 방안으로 최근 많은 기업에서 적극 도입하는 추세

② 발표 면접 예시

1. 지시문

당신은 현재 A사에서 직원들의 성과평가를 담당하고 있는 팀원이다. 인사팀은 지난주부터 사내 조직문화관련 인터뷰를 하던 도중 성과평가제도에 관련된 개선 니즈가 제일 많다는 것을 알게 되었다. 이에 팀장님은 인터뷰 결과를 종합하려 성과평가제도 개선 아이디어를 A4용지에 정리하여 신속 보고할 것을 지시하셨다. 당신에게 남은 시간은 1시간이다. 자료를 준비하는 대로 당신은 팀원들이 모인 회의실에서 5분 간 발표할 것이며, 이후 질의응답을 진행할 것이다.

2. 배경자료

〈성과평가제도 개선에 대한 인터뷰〉

최근 A사는 회사 사세의 급성장으로 인해 작년보다 매출이 두 배 성장하였고, 직원 수 또한 두 배로 증가하였다. 회사의 성장은 임금, 복지에 대한 상승 등 긍정적인 영향을 주었으나 업무의 불균형 및 성과보상의 불평등 문제가 발생하였다. 또한 수시로 입사하는 신입직원과 경력직원, 퇴사하는 직원들까지 인원들의 잦은 변동으로 인해 평가해야 할 대상이 변경되어 현재의 성과평가제도로는 공정한 평가가 어려운 상황이다.

[생산부서 김상호]
우리 팀은 지난 1년 동안 생산량이 급증했기 때문에 수십 명의 신규인력이 급하게 채용되었습니다. 이 때문에 저희 팀장님은 신규 입사자들의 이름조차 기억 못할 때가 많이 있습니다. 성과평가를 제대로 하고 있는지 의문이 듭니다.

[마케팅 부서 김흥민]
개인의 성과평가의 취지는 충분히 이해합니다. 그러나 현재 평가는 실적기반이나 정성적인 평가가 많이 포함되어 있어 객관성과 공정성에는 의문이 드는 것이 사실입니다. 이러한 상황에서 평가제도를 재수립하지 않고, 인센티브에 계속 반영한다면, 평가제도에 대한 반감이 커질 것이 분명합니다.

[교육부서 홍경민]
현재 교육부서는 인사팀과 밀접하게 일하고 있습니다. 그럼에도 인사팀에서 실시하는 성과평가제도에 대한 이해가 부족한 것 같습니다.

[기획부서 김경호 차장]
저는 저의 평가자 중 하나가 연구부서의 팀장님인데, 일 년에 몇 번 같이 일하지 않는데 어떻게 저를 평가할 수 있을까요? 특히 연구팀은 저희가 예산을 배정하는데, 저에게는 좋지만….

4. 토론 면접

① 토론 면접의 특징
- 다수의 지원자가 조를 편성해 과제에 대한 토론(토의)을 통해 결론을 도출해가는 면접입니다.
- 의사소통능력, 팀워크, 종합인성 등의 평가에 용이합니다.

> - 주요 평가요소
>   - 설득적 말하기, 경청능력, 팀워크, 종합인성
> - 의견 대립이 명확한 주제 또는 채용분야의 직무 관련 주요 현안을 주제로 과제 구성
> - 제한된 시간 내 토론을 진행해야 하므로 적극적으로 자신 있게 토론에 임하고 본인의 의견을 개진할 수 있어야 함

토론 면접의 형태

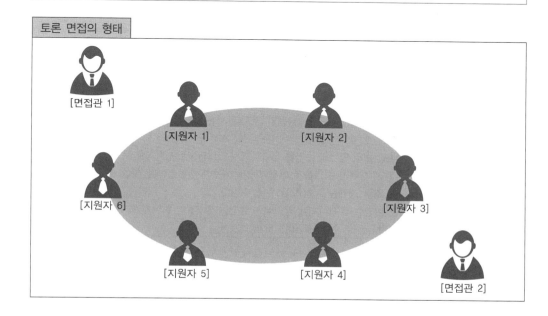

② 토론 면접 예시

고객 불만 고충처리

1. 들어가며

최근 우리 상품에 대한 고객 불만의 증가로 고객고충처리 TF가 만들어졌고 당신은 여기에 지원해 배치받았다. 당신의 업무는 불만을 가진 고객을 만나서 애로사항을 듣고 처리해 주는 일이다. 주된 업무로는 고객의 니즈를 파악해 방향성을 제시해 주고 그 해결책을 마련하는 일이다. 하지만 경우에 따라서 고객의 주관적인 의견으로 인해 제대로 된 방향으로 의사결정을 하지 못할 때가 있다. 이럴 경우 설득이나 논쟁을 해서라도 의견을 관철시키는 것이 좋을지 아니면 고객의 의견대로 진행하는 것이 좋을지 결정해야 할 때가 있다. 만약 당신이라면 이러한 상황에서 어떤 결정을 내릴 것인지 여부를 자유롭게 토론해 보시오.

2. 1분 자유 발언 시 준비사항

• 당신은 의견을 자유롭게 개진할 수 있으며 이에 따른 불이익은 없습니다.

• 토론의 방향성을 이해하고, 내용의 장점과 단점이 무엇인지 문제를 명확히 말해야 합니다.

• 합리적인 근거에 기초하여 개선방안을 명확히 제시해야 합니다.

• 제시한 방안을 실행 시 예상되는 긍정적·부정적 영향요인도 동시에 고려할 필요가 있습니다.

3. 토론 시 유의사항

• 토론 주제문과 제공해드린 메모지, 볼펜만 가지고 토론장에 입장할 수 있습니다.

• 사회자의 지정 또는 발표자가 손을 들어 발언권을 획득할 수 있으며, 사회자의 통제에 따릅니다.

• 토론회가 시작되면, 팀의 의견과 논거를 정리하여 1분간의 자유발언을 할 수 있습니다. 순서는 사회자가 지정합니다. 이후에는 자유롭게 상대방에게 질문하거나 답변을 하실 수 있습니다.

• 핸드폰, 서적 등 외부 매체는 사용하실 수 없습니다.

• 논제에 벗어나는 발언이나 지나치게 공격적인 발언을 할 경우, 위에서 제시한 유의사항을 지키지 않을 경우 불이익을 받을 수 있습니다.

1. 면접 Role Play 편성

• 교육생끼리 조를 편성하여 면접관과 지원자 역할을 교대로 진행합니다.
• 지원자 입장과 면접관 입장을 모두 경험해 보면서 면접에 대한 적응력을 높일 수 있습니다.

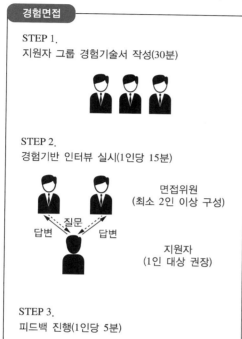

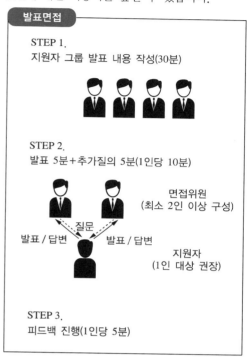

> **Tip**
>
> 면접 준비하기
> 1. 면접 유형 확인 필수
>   • 기업마다 면접 유형이 상이하기 때문에 해당 기업의 면접 유형을 확인하는 것이 좋음
>   • 일반적으로 실무진 면접, 임원면접 2차례에 거쳐 면접을 실시하는 기업이 많고 실무진 면접과 임원
>   면접에서 평가요소가 다르기 때문에 유형에 맞는 준비방법이 필요
> 2. 후속 질문에 대한 사전 점검
>   • 블라인드 채용 면접에서는 주요 질문과 함께 후속 질문을 통해 지원자의 직무능력을 판단
>   → STAR 기법을 통한 후속 질문에 미리 대비하는 것이 필요

CHAPTER

05 한국공항공사 면접 기출질문

한국공항공사의 면접은 1차 면접, 2차 면접으로 진행된다. 1차 면접에서는 직무역량능력 평가로 진행되며, 2차 면접은 인성 및 조직적응력 등 심층 평가로 진행된다. 면접에서 한국공항공사가 원하는 인재상과 직무수행능력을 보여주는 것이 중요하다.

1. 1차 면접

[영어]
- 지원동기와 입사 후 포부를 영어로 말해 보시오.
- 본인의 성격이 어떠한지 영어로 말해 보시오.
- 상사가 불합리한 일을 시킨다면 어떻게 할 것인지 영어로 말해 보시오.
- 상사와 의견 충돌 시 대응방법을 영어로 말해 보시오.
- 스트레스 해소를 위해 무엇을 하는지 영어로 말해 보시오.
- 영어로 1분 자기소개를 해 보시오.
- 한국공항공사의 비전을 영어로 말해 보시오.
- 한국공항공사를 알게 된 경로를 영어로 말해 보시오.
- 한국공항공사가 앞으로 나아가야 할 방향을 영어로 말해 보시오.
- 우리 회사의 기술을 영어로 세일즈해 보시오.
- 우리나라 공항의 현 상황에 대한 본인의 생각을 영어로 말해 보시오.
- 이직한 이유를 영어로 말해 보시오.
- 어떤 부서에서 일하고 싶은지 영어로 말해 보시오.
- 대학생활에 대해 영어로 말해 보시오.
- 오늘 기분이 어떤지 영어로 말해 보시오.
- 우리 공사의 인재상을 영어로 말해 보시오.
- 한국공항공사의 비전과 알게 된 경로에 대해 영어로 말해 보시오.
- 본인의 강점과 약점에 대해 영어로 말해 보시오.
- 여가시간에 주로 하는 것은 무엇인지 영어로 말해 보시오.
- 여행을 간다면 어디로 가고 싶은지 영어로 말해 보시오.
- 좋아하는 책은 무엇인지 영어로 말해 보시오.

[토론]
- 오늘 토론 중에 가장 좋은 의견을 낸 사람은 누구이며, 그 이유는 무엇인가? [2024년]
- 공항 이용 고객들을 위한 어플 개발의 문제점은 무엇인가?
- 임금피크제에 대한 개념과 자신의 생각을 말해 보시오.
- 정부 정책 중 공기업 복지규제에 대한 자신의 생각은?
- 지방공항 건설에 대해 찬성하는가, 반대하는가?
- 공항에 비즈니스 패스트트랙 도입을 찬성하는가, 반대하는가?
- 인천공항의 허브화 정책을 감안하여 김포공항의 국제선 확충방안에 대해 토론하시오.
- 고속무빙워크와 저속무빙워크 중 어떤 것을 도입해야 하는지에 대해 토론하시오.
- 공항 설비 무인화에 대해 토론하시오.
- 저유가현황이란 악조건과 공항입점시설의 임대료 인하요구에 대응하는 한국공항공사의 수익창출방안에 대해 토론하시오.
- 공항공사에서 이용할 수 있는 언택트 콘텐츠에 대해 토론하시오.
- 표지소 무인화에 대해 토론하시오.
- 환경문제의 인식에 발맞춰 공항공사가 취할 수 있는 방법에 대해 토론하시오.
- 지진으로 이슈가 되는데 내진공사를 당장 해야 되는가, 좀 더 신중하게 검토하고 천천히 해야 되는가?
- 지방공항을 통폐합해야 하는가?
- 김포공항 주차장의 주차료 인상을 해야 하는가?
- 주어진 자료에서 더 필요한 것은 무엇인가?
- 무인드론은 최소 몇 명이서 운용해야 효율적인가?

2. 2차 면접

[PT]
- 콘크리트의 종류와 각각에 대한 장·단점을 간략하게 설명해 보시오. [2024년]
- 공항공사는 무슨 일을 하는 곳이라 생각하는가? [2024년]
- LCC와 FSC의 차이점을 말해 보시오.
- 한국공항공사가 4차 산업혁명에 대응할 수 있는 방안을 제시해 보시오.
- 지방공항을 살리기 위한 방안을 제시해 보시오.
- 항행안전시설의 미래 발전방향을 말해 보시오.
- 공항의 소음문제를 어떻게 해소할 수 있는지 본인의 생각을 말해 보시오.
- 한국공항공사의 민영화에 대해 어떻게 생각하는가?
- 석유에너지를 신재생에너지가 대체할 수 있다고 생각하는가?
- 최근 기사 중에 공항에서 비행기를 안내하는 조명이 꺼진 기사를 본적이 있는가? 그에 대한 의견을 말해 보시오.
- 본인이 사장이라면 어떤 경영방침을 세울 것인가?
- 수익을 극대화하려면 어떻게 해야 하는가?
- 한국공항공사에서 전산시스템의 역할은 무엇이라고 생각하며, 본인의 역량을 통해서 전산시스템에 어떤 기여를 할 수 있겠는가?
- 한국공항공사에서 신기술 IT를 도입해서 할 수 있을만한 것을 제안해 보시오.
- 한국공항공사의 성공적인 마케팅 방안을 말해 보시오.

[인성]
- 입사하게 된다면 가장 하고 싶은 일은 무엇인가? [2024년]
- 개인 또는 조직의 목표 달성을 위해 가장 헌신했던 경험은 무엇인가? [2024년]
- 상급자가 비정상적이거나 상식적이지 않은 일을 지시한다면 어떻게 대처하겠는가? [2024년]
- 본인이 공직자가 된다면 최우선적으로 갖추어야 할 마음가짐은 무엇이라고 생각하는가? [2024년]
- 타인의 관점에서 자신의 장·단점을 말해 보시오.
- 본인은 리더형인가, 팔로워형인가?
- 싫어하는 사람과 같이 일을 해 본 경험에 대해 말해 보시오.
- 교대근무에 대해 어떻게 생각하는지 말해 보시오.
- 어떤 부서에서 일하고 싶은지 말해 보시오.
- 조직 내 갈등의 원인이 무엇이었는지 말해 보시오.
- 공항에서 근무하면서 겪을 수 있는 일을 설명하고, 어떻게 대응할 것인지 말해 보시오.
- 대인관계능력을 기르기 위해 어떠한 노력을 했는지 말해 보시오.
- 살면서 가장 힘들었던 경험은 무엇인가?
- 팀 활동에서 갈등 발생 시 해결한 방법에 대해 말해 보시오.
- 협업을 통해 성공적인 결과를 이끌어낸 경험이 있는가?
- 이전 방식과 차별화된 새로운 방식으로 문제를 해결한 경험이 있는가?
- 컴플레인 발생 시 어떻게 대처할 것인가?
- 가장 기억에 남았던 이론은 무엇인지 그 이유를 들어 말해 보시오.

현재 나의 실력을 객관적으로 파악해 보자!

모바일 OMR
답안채점 / 성적분석 서비스

도서에 수록된 모의고사에 대한 객관적인 결과(정답률, 순위)를 종합적으로 분석하여 제공합니다.

OMR 입력

성적분석

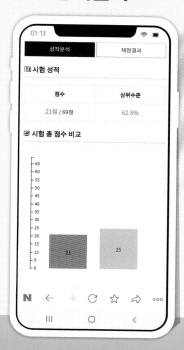

채점결과

※OMR 답안채점 / 성적분석 서비스는 등록 후 30일간 사용 가능합니다.

도서 내 모의고사 우측 상단에 위치한 QR코드 찍기 → 로그인 하기 → '시작하기' 클릭 → '응시하기' 클릭 → 나의 답안을 모바일 OMR 카드에 입력 → '성적분석 & 채점결과' 클릭 → 현재 내 실력 확인하기

시대에듀

공기업 취업을 위한 NCS
직업기초능력평가 시리즈

NCS부터 전공까지 완벽 학습 "통합서" 시리즈

공기업 취업의 기초부터 차근차근! 취업의 문을 여는 Master Key!

NCS 영역 및 유형별 체계적 학습 "집중학습" 시리즈

영역별 이론부터 유형별 모의고사까지! 단계별 학습을 통한 Only Way!

2025
최신판

판매량
1위
한국공항공사
YES24

기출복원문제부터
대표기출유형 및
모의고사까지

한 권으로
마무리!

한국
공항공사

정답 및 해설

NCS+모의고사 5회

편저 | SDC(Sidae Data Center)

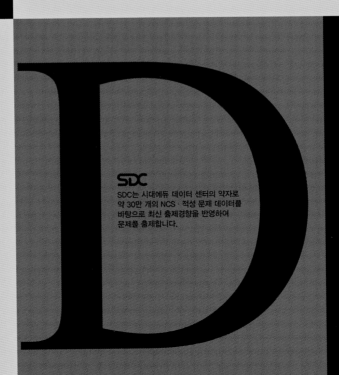

SDC

SDC는 시대에듀 데이터 센터의 약자로
약 30만 개의 NCS·적성 문제 데이터를
바탕으로 최신 출제경향을 반영하여
문제를 출제합니다.

모바일 OMR
답안채점/성적분석
서비스
—
NCS
핵심이론 및
대표유형 PDF
—
[합격시대]
온라인 모의고사
무료쿠폰
—
무료
NCS
특강

시대에듀

Add+

2024년 하반기 주요 공기업
NCS 기출복원문제

01	02	03	04	05	06	07	08	09	10	11	12	13	14	15	16	17	18	19	20
④	③	⑤	③	③	③	④	④	③	⑤	③	④	②	①	③	④	⑤	④	③	④
21	22	23	24	25	26	27	28	29	30	31	32	33	34	35	36	37	38	39	40
⑤	③	②	⑤	⑤	③	③	①	①	①	③	①	②	①	④	③	④	④	④	③
41	42	43	44	45	46	47	48	49	50										
②	③	⑤	③	①	④	④	⑤	②	②										

01

정답 ④

쉼이란 대화 도중에 잠시 침묵하는 것을 말한다. 쉼을 사용하는 대표적인 경우는 다음과 같다.
• 이야기의 전이 시(흐름을 바꾸거나 다른 주제로 넘어갈 때)
• 양해, 동조, 반문의 경우
• 생략, 암시, 반성의 경우
• 여운을 남길 때
위와 같은 목적으로 쉼을 활용함으로써 논리성, 감정 제고, 동질감 등을 확보할 수 있다.
반면, 연단공포증은 면접이나 발표 등 청중 앞에서 이야기할 때 가슴이 두근거리고, 입술이 타고, 식은땀이 나고, 얼굴이 달아오르는 생리적인 현상으로, 쉼과는 관련이 없다. 연단공포증은 90% 이상의 사람들이 호소하는 불안이므로 극복하기 위해서는 연단공포증에 대한 걱정을 떨쳐내고 이러한 심리현상을 잘 통제하여 의사 표현하는 것을 연습해야 한다.

02

정답 ③

미국의 심리학자인 도널드 키슬러는 대인관계 의사소통 방식을 체크리스트로 평가하여 8가지 유형으로 구분하였다. 이 중 친화형은 따뜻하고 배려심이 깊으며, 타인과의 관계를 중시하는 유형이다. 또한 협동적이고 조화로운 성격으로, 자기희생적인 경향이 강하다.

> **키슬러의 대인관계 의사소통 유형**
> • 지배형 : 자신감이 있고 지도력이 있으나 논쟁적이고 독단이 강하여 대인 갈등을 겪을 수 있으므로 타인의 의견을 경청하고 수용하는 자세가 필요하다.
> • 실리형 : 이해관계에 예민하고 성취 지향적으로 경쟁적인 데다 자기중심적이어서 타인의 입장을 배려하고 관심을 갖는 자세가 필요하다.
> • 냉담형 : 이성적인 의지력이 강하고 타인의 감정에 무관심하며 피상적인 대인관계를 유지하므로 타인의 감정 상태에 관심을 가지고 긍정적인 감정을 표현하는 것이 필요하다.
> • 고립형 : 혼자 있는 것을 선호하고 사회적 상황을 회피하며 지나치게 자신의 감정을 억제하므로 대인관계의 중요성을 인식하고 타인에 대한 비현실적인 두려움의 근원을 성찰하는 것이 필요하다.
> • 복종형 : 수동적이고 의존적이며 자신감이 없으므로 적극적인 자기표현과 주장이 필요하다.
> • 순박형 : 단순하고 솔직하며 자기주관이 부족하므로 자기주장을 하는 노력이 필요하다.
> • 친화형 : 따뜻하고 인정이 많고 자기희생적이나 타인의 요구를 거절하지 못하므로 타인과의 정서적인 거리를 유지하는 노력이 필요하다.
> • 사교형 : 외향적이고 인정하는 욕구가 강하며, 타인에 대한 관심이 많아서 간섭하는 경향이 있고 흥분을 잘 하므로 심리적 안정과 지나친 인정욕구에 대한 성찰이 필요하다.

03

철도사고는 달리는 도중에도 발생할 수 있으므로 먼저 인터폰을 통해 승무원에게 사고를 알리고, 열차가 멈춘 후에 안내방송에 따라 비상핸들이나 비상콕크를 돌려 문을 열고 탈출해야 한다. 만일 화재가 발생했을 경우에는 승무원에게 사고를 알리고 곧바로 119에도 신고를 해야 한다.

[오답분석]
① 침착함을 잃고 패닉에 빠지게 되면, 적절한 행동요령에 따라 대피하기 어렵다. 따라서 사고현장에서 대피할 때는 승무원의 안내에 따라 질서 있게 대피해야 한다.
② 화재사고 발생 시 승객들은 여유가 있을 경우 전동차 양 끝에 비치된 소화기를 통해 초기 진화를 시도해야 한다.
③ 역이 아닌 곳에서 열차가 멈췄을 경우 감전의 위험이 있으므로 반드시 승무원의 안내에 따라 반대편 선로의 열차 진입에 유의하며 대피 유도등을 따라 침착하게 비상구로 대피해야 한다.
④ 전동차에서 대피할 때는 부상자, 노약자, 임산부 등 탈출이 어려운 사람부터 먼저 대피할 수 있도록 배려하고 도와주어야 한다.

04

하향식 읽기 모형은 독자의 배경지식을 바탕으로 글의 맥락을 먼저 파악하는 읽기 전략이다. ③의 경우 제품 설명서를 통해 세부 기능과 버튼별 용도를 파악하고 기계를 작동시켰으므로 상향식 읽기를 수행한 사례이다. 제품 설명서를 하향식으로 읽는다면 제품 설명서를 읽기 전 제품을 보고 배경지식을 바탕으로 어떤 기능이 있는지 예측하고, 해당 기능을 수행하는 세부 방법을 제품 설명서를 통해 찾아봐야 한다.

[오답분석]
① 회의의 주제에 대한 배경지식을 가지고 회의 안건을 예상한 후 회의 자료를 파악하였으므로 하향식 읽기 모형에 해당한다.
② 헤드라인을 먼저 읽어 배경지식을 바탕으로 전체적인 내용을 파악하고 상세 내용을 읽었으므로 하향식 읽기 모형에 해당한다.
④ 요리에 대한 경험과 지식을 바탕으로 요리 과정을 파악하였으므로 하향식 읽기 모형에 해당한다.
⑤ 해당 분야에 대한 기본적인 지식을 바탕으로 서문이나 목차를 통해 책의 전체적인 흐름을 파악하였으므로 하향식 읽기 모형에 해당한다.

05

농도가 15%인 소금물 200g의 소금의 양은 $200 \times \frac{15}{100} = 30$g이고, 농도가 20%인 소금물 300g의 소금의 양은 $300 \times \frac{20}{100} = 60$g이다.

따라서 두 소금물을 섞었을 때의 농도는 $\frac{30+60}{200+300} \times 100 = \frac{90}{500} \times 100 = 18$%이다.

06

여직원끼리 인접하지 않는 경우는 남직원과 여직원이 번갈아 앉는 경우뿐이다. 이때 여직원 D의 자리를 기준으로 남직원 B가 옆에 앉는 경우를 다음과 같이 나눌 수 있다.
• 첫 번째, 여섯 번째 자리에 여직원 D가 앉는 경우
  남직원 B가 여직원 D 옆에 앉는 경우는 1가지뿐으로, 남은 자리에 남직원, 여직원이 번갈아 앉아 경우의 수는 $2 \times 1 \times 2! \times 2! = 8$가지이다.
• 두 번째, 세 번째, 네 번째, 다섯 번째 자리에 여직원 D가 앉는 경우
  각 경우에 대하여 남직원 B가 여직원 D 옆에 앉는 경우는 2가지이다. 남은 자리에 남직원, 여직원이 번갈아 앉으므로 경우의 수는 $4 \times 2 \times 2! \times 2! = 32$가지이다.
따라서 구하고자 하는 경우의 수는 $8+32=40$가지이다.

07

정답 ④

제시된 수열은 홀수 항일 때 $+12$, $+24$, $+48$, …씩 증가하고, 짝수 항일 때 $+20$씩 증가하는 수열이다.
따라서 빈칸에 들어갈 수는 $13+48=61$이다.

08

정답 ④

2022년에 중학교에서 고등학교로 진학한 학생의 비율은 99.7%이고, 2023년 중학교에서 고등학교로 진학한 학생의 비율은 99.6%이다. 따라서 진학한 비율이 감소하였으므로 중학교에서 고등학교로 진학하지 않은 학생의 비율은 증가하였음을 알 수 있다.

오답분석
① 중학교의 취학률이 가장 낮은 해는 97.1%인 2020년이다. 이는 97% 이상이므로 중학교의 취학률은 매년 97% 이상이다.
② 매년 초등학교의 취학률이 가장 높다.
③ 고등교육기관의 취학률은 2020년 이후로 계속해서 70% 이상을 기록하였다.
⑤ 고등교육기관의 취학률이 가장 낮은 해는 2016년이고, 고등학교의 상급학교 진학률이 가장 낮은 해 또한 2016년이다.

09

정답 ③

오답분석
① B기업의 매출액이 가장 많은 때는 2024년 3월이지만, 그래프에서는 2024년 4월의 매출액이 가장 많은 것으로 나타났다.
② 2024년 2월에는 A기업의 매출이 더 많지만, 그래프에서는 B기업이 더 많은 것으로 나타났다.
④ A기업의 매출액이 가장 적은 때는 2024년 4월이지만, 그래프에서는 2024년 3월의 매출액이 가장 적은 것으로 나타났다.
⑤ A기업과 B기업의 매출액의 차이가 가장 큰 때는 2024년 1월이지만, 그래프에서는 2024년 5월과 6월의 매출액 차이가 더 큰 것으로 나타났다.

10

정답 ⑤

스마트 팜 관련 정부 사업 참여 경험은 K사의 강점 요인이다. 또한 정부의 적극적인 지원은 스마트 팜 시장 성장에 따른 기회 요인이다. 따라서 스마트 팜 관련 정부 사업 참여 경험을 바탕으로 정부의 적극적인 지원을 확보하는 것은 내부의 강점을 통해 외부의 기회 요인을 극대화하는 SO전략에 해당한다.

오답분석
① · ② · ③ · ④ 외부의 기회를 이용하여 내부의 약점을 보완하는 WO전략에 해당한다.

11

정답 ③

A ~ F 모두 문맥을 무시하고 일부 문구에만 집착하여 뜻을 해석하고 있으므로 '과대해석의 오류'를 범하고 있다. 과대해석의 오류는 전체적인 상황이나 맥락을 고려하지 않고 특정 단어나 문장에만 집착하여 의미를 해석하는 오류로, 글의 의미를 지나치게 확대하거나 축소하여 생각하고, 문자 그대로의 의미에만 너무 집착하여 다른 가능성이나 해석을 배제하게 되는 논리적 오류이다.

오답분석
① 무지의 오류 : '신은 존재하지 않는다가 증명되지 않았으므로 신은 존재한다.'처럼 증명되지 않았다고 해서 그 반대의 주장이 참이라고 생각하는 오류이다.
② 연역법의 오류 : '조류는 날 수 있다. 펭귄은 조류이다. 따라서 펭귄은 날 수 있다.'처럼 잘못된 삼단논법에 의해 발생하는 논리적 오류이다.
④ 허수아비 공격의 오류 : '저 사람은 과거에 거짓말을 한 적이 있으니 이번에 일어난 사기 사건의 범인이다.'처럼 개별적 인과관계를 입증하지 않고 전혀 상관없는 별개의 논리를 만들어 공격하는 논리적 오류이다.
⑤ 권위나 인신공격에 의존한 논증 : '제정신을 가진 사람이면 그런 주장을 할 수가 없다.'처럼 상대방의 주장 대신 인격을 공격하거나, '최고 권위자인 A교수도 이런 말을 했습니다.'처럼 자신의 논리적인 약점을 권위자를 통해 덮으려는 논리적 오류이다.

12

A ~ E열차의 운행시간 단위를 시간 단위로, 평균 속력의 단위를 시간당 운행거리로 통일하여 정리하면 다음과 같다.

구분	운행시간	평균 속력	운행거리
A열차	900분=15시간	50m/s=(50×60×60)m/h=180km/h	15×180=2,700km
B열차	10시간 30분=10.5시간	150km/h	10.5×150=1,575km
C열차	8시간	55m/s=(55×60×60)m/h=198km/h	8×198=1,584km
D열차	720분=12시간	2.5km/min=(2.5×60)km/h=150km/h	12×150=1,800km
E열차	10시간	2.7km/min=(2.7×60)m/h=162km/h	10×162=1,620km

따라서 C열차의 운행거리는 네 번째로 길다.

13

K대학교 기숙사 운영위원회는 단순히 '기숙사에 문제가 있다.'라는 큰 문제에서 벗어나 식사, 시설, 통신환경이라는 세 가지 주요 문제를 파악하고 문제별로 다시 세분화하여 더욱 구체적으로 인과관계 및 구조를 파악하여 분석하고 있다. 따라서 제시문에서 나타난 문제해결 절차는 '문제 도출'이다.

문제해결 절차 5단계
1. 문제 인식 : 해결해야 할 전체 문제를 파악하여 우선순위를 정하고 선정 문제에 대한 목표를 명확히 하는 단계
2. 문제 도출 : 선정된 문제를 분석하여 해결해야 할 것이 무엇인지를 명확히 하는 단계로, 현상에 대한 문제를 분해하여 인과관계 및 구조를 파악하는 단계
3. 원인 분석 : 파악된 핵심 문제에 대한 분석을 통해 근본 원인을 도출해 내는 단계
4. 해결안 개발 : 문제로부터 도출된 근본 원인을 효과적으로 해결할 수 있는 최적의 해결 방안을 수립하는 단계
5. 실행 및 평가 : 해결안 개발을 통해 만들어진 실행 계획을 실제 상황에 적용하는 단계로, 해결안을 통해 문제의 원인들을 제거해 나가는 단계

14

공공사업을 위해 투입된 세금을 본래의 목적에 사용하지 않고 무단으로 다른 곳에 쓴 상황이므로 '예정되어 있는 곳에 쓰지 아니하고 다른 데로 돌려서 씀'을 의미하는 '전용(轉用)'이 가장 적절한 단어이다.

오답분석

② 남용(濫用) : 일정한 기준이나 한도를 넘어서 함부로 씀
③ 적용(適用) : 알맞게 이용하거나 맞추어 씀
④ 활용(活用) : 도구나 물건 따위를 충분히 잘 이용함
⑤ 준용(遵用) : 그대로 좇아서 씀

15

시조새는 비대칭형 깃털을 가진 최초의 동물로, 현대의 날 수 있는 조류처럼 바람을 맞는 곳의 깃털은 짧고, 뒤쪽은 긴 형태로 이루어졌으며, 이와 같은 비대칭형 깃털이 양력을 제공하여 짧은 거리의 활강을 가능하게 하였다. 따라서 비행을 하기 위한 시조새의 신체 조건은 날개의 깃털이 비대칭 구조로 형성되어 있는 것이다.

오답분석

① 제시문에서 언급하지 않은 내용이다.
②·④ 세 개의 갈고리 발톱과 척추뼈가 꼬리까지 이어지는 구조는 공룡의 특징을 보여주는 신체 조건이다.
⑤ 시조새는 현대 조류처럼 가슴뼈가 비행에 최적화된 형태로 발달되지 않았다고 언급하고 있다.

16

제시문은 서양의학에 중요한 영향을 준 히포크라테스와 갈레노스에 대해 소개하고 있다. 히포크라테스는 자연적 관찰을 통해 의사를 과학적인 기반 위의 직업으로 만들었으며, 히포크라테스 선서와 같이 전문직업으로써의 윤리적 기준을 마련한 서양의학의 상징이라고 소개하고 있으며, 갈레노스는 실제 해부와 임상 실험을 통해 의학 이론을 증명하고 방대한 저술을 남겨 후대 의학 발전에 큰 영향을 주었음을 설명하고 있다. 따라서 '히포크라테스와 갈레노스가 서양의학에 끼친 영향과 중요성'이 제시문의 주제이다.

[오답분석]
① 갈레노스의 의사로서의 이력은 언급하고 있지만, 생애에 대해 구체적으로 밝히는 글은 아니다.
② 갈레노스가 해부와 실험을 통해 의학 이론을 증명하였음을 설명할 뿐이며, 해부학의 발전 과정에 대해 설명하는 글은 아니다.
③ 히포크라테스 선서는 히포크라테스가 서양의학에 남긴 중요한 윤리적 기준이지만, 이를 중심으로 설명하는 글은 아니다.
⑤ 히포크라테스와 갈레노스 모두 4체액설과 같은 부분에서는 현대 의학과는 거리가 있었음을 밝히고 있다.

17

'비상구'는 '화재나 지진 따위의 갑작스러운 사고가 일어날 때에 급히 대피할 수 있도록 특별히 마련한 출입구'이다. 따라서 이와 가장 비슷한 단어는 '갇힌 곳에서 빠져나가거나 도망하여 나갈 수 있는 출구'를 의미하는 '탈출구'이다.

[오답분석]
① 진입로 : 들어가는 길
② 출입구 : 나갔다가 들어왔다가 하는 어귀나 문
③ 돌파구 : 가로막은 것을 쳐서 깨뜨려 통과할 수 있도록 뚫은 통로나 목
④ 여울목 : 여울물(강이나 바다 따위의 바닥이 얕거나 폭이 좁아 물살이 세게 흐르는 곳의 물)이 턱진 곳

18

A열차의 속력을 V_a, B열차의 속력을 V_b라 하고, 터널의 길이를 l, 열차의 전체 길이를 x라 하자.

A열차가 터널을 진입하고 빠져나오는 데 걸린 시간은 $\dfrac{l+x}{V_a}=14$초이다. B열차가 A열차보다 5초 늦게 진입하고 5초 빠르게 빠져나왔으므로 터널을 진입하고 빠져나오는 데 걸린 시간은 $14-5-5=4$초이다. 그러므로 $\dfrac{l+x}{V_b}=4$초이다.

따라서 $V_a=14(l+x)$, $V_b=4(l+x)$이므로 $\dfrac{V_a}{V_b}=\dfrac{14(l+x)}{4(l+x)}=3.5$배이다.

19

A팀은 5일마다, B팀은 4일마다 회의실을 사용하므로 두 팀이 회의실을 사용하고자 하는 날은 20일마다 겹친다. 첫 번째 겹친 날에 A팀이 먼저 사용했으므로 20일 동안 A팀이 회의실을 사용한 횟수는 4회이다. 두 번째 겹친 날에는 B팀이 사용하므로 40일 동안 A팀이 회의실을 사용한 횟수는 7회이고, 세 번째로 겹친 날에는 A팀이 회의실을 사용하므로 60일 동안 A팀은 회의실을 11회 사용하였다. 이를 표로 정리하면 다음과 같다.

겹친 횟수	첫 번째	두 번째	세 번째	네 번째	다섯 번째	…	$(n-1)$번째	n번째
회의실 사용 팀	A팀	B팀	A팀	B팀	A팀	…	A팀	B팀
A팀의 회의실 사용 횟수	4회	7회	11회	14회	18회	…		

겹친 날을 기준으로 A팀은 9회, B팀은 8회를 사용하였으므로 다음으로는 B팀이 회의실을 사용할 순서이다. 이때, B팀이 m번째로 회의실을 사용할 순서라면 A팀이 이때까지 회의실을 사용한 횟수는 $7m$회이다. 따라서 B팀이 겹친 날을 기준으로 회의실을 8회까지 사용하였고, 9번째로 사용할 순서이므로 이때까지 A팀이 회의실을 사용한 횟수는 최대 $7\times9=63$회이다.

20

마지막 조건에 따라 광물 B는 인회석이고, 광물 B로 광물 C를 긁었을 때 긁힘 자국이 생기므로 광물 C는 인회석보다 무른 광물이다. 한편, 광물 A로 광물 C를 긁었을 때 긁힘 자국이 생기므로 광물 A는 광물 C보다 단단하고, 광물 A로 광물 B를 긁었을 때 긁힘 자국이 생기지 않으므로 광물 A는 광물 B보다는 무른 광물이다. 따라서 가장 단단한 광물은 B이며, 그다음으로 A, C 순으로 단단하다.

[오답분석]

① 광물 C는 인회석보다 무른 광물이므로 석영이 아니다.
② 광물 A는 인회석보다 무른 광물이지만, 방해석인지는 확인할 수 없다.
③ 가장 무른 광물은 C이다.
⑤ 광물 B는 인회석이므로 모스 굳기 단계는 5단계이다.

21

J공사의 지점 근무 인원이 71명이므로 가용 인원수가 부족한 B오피스는 제외된다. 또한 시설 조건에서 스튜디오와 회의실이 필요하다고 했으므로 스튜디오가 없는 D오피스도 제외된다. 나머지 A, C, E오피스는 모두 교통 조건을 충족하므로 임대비용만 비교하면 된다. A, C, E오피스의 5년 임대비용은 다음과 같다.

• A오피스 : 600만×71×5＝213,000만 원 → 21억 3천만 원
• C오피스 : 3,600만×12×5＝216,000만 원 → 21억 6천만 원
• E오피스 : (3,800만×12×0.9)×5＝205,200만 원 → 20억 5천 2백만 원

따라서 사무실 이전 조건을 바탕으로 가장 저렴한 공유 오피스인 E오피스로 이전한다.

22

에너지바우처를 신청하기 위해서는 소득기준과 세대원 특성기준을 모두 충족해야 한다. C는 생계급여 수급자이므로 소득기준을 충족하고, 65세 이상이므로 세대원 특성기준도 충족한다. 그러나 C의 경우 보장시설인 양로시설에 거주하는 보장시설 수급자이므로 지원 제외 대상이다. 따라서 C는 에너지바우처를 신청할 수 없다.

[오답분석]

① A의 경우 의료급여 수급자이므로 소득기준을 충족하고, 7세 이하의 영유아가 있으므로 세대원 특성기준도 충족한다. 따라서 에너지바우처를 신청할 수 있다.
② B의 경우 교육급여 수급자이므로 소득기준을 충족하고, 한부모가족이므로 세대원 특성기준도 충족한다. 또한 4인 이상 세대에 해당하므로 바우처 지원금액은 716,300원으로 70만 원 이상이다.
④ 동절기 에너지바우처 지원 방법은 요금차감과 실물카드 2가지 방법이 있다. 이 중 D의 경우 연탄보일러를 이용하고 있으므로 실물카드를 받아 연탄을 직접 결제하는 방식으로 지원받아야 한다.
⑤ E의 경우 생계급여 수급자이므로 소득기준을 충족하고, 희귀질환을 앓고 있는 어머니가 세대원으로 있으므로 세대원 특성기준도 충족한다. 또한 2인 세대에 해당하므로 하절기 바우처 지원금액인 73,800원이 지원된다. 이때, 하절기는 전기요금 고지서에서 요금을 자동으로 차감해 주므로 전기비에서 73,800원이 차감될 것이다.

23

A가족과 B가족 모두 소득기준과 세대원 특성기준이 에너지바우처 신청기준을 충족한다. A가족의 경우 5명이므로 총 716,300원을 지원받을 수 있다. 그러나 이미 연탄쿠폰을 발급받았으므로 동절기 에너지바우처는 지원받을 수 없다. 따라서 하절기 지원금액인 117,000원을 지원받는다. B가족의 경우 2명이므로 총 422,500원을 지원받을 수 있으며, 지역난방을 이용 중이므로 하절기와 동절기 모두 요금차감의 방식으로 지원받는다. 따라서 두 가족의 에너지바우처 지원 금액은 117,000＋422,500＝539,500원이다.

24

정답 ⑤

제시된 프로그램은 'result'의 초기 값을 0으로 정의한 후 'result' 값이 2를 초과할 때까지 하위 명령을 실행하는 프로그램이다. 이때 'result' 값을 1 증가시킨 후 그 값을 출력하고, 다시 1을 빼므로 0 → 1 → 1 출력 → 0 → 1 → 1 출력 → 0 → 1 → 1 출력 → …과정을 무한히 반복하게 된다. 따라서 1이 무한히 출력된다.

25

정답 ⑤

ROUND 함수는 인수를 지정한 자릿수로 반올림한 값을 구하는 함수로, 「=ROUND(인수, 자릿수)」로 표현한다. 이때 자릿수는 다음과 같이 나타낸다.

만의 자리	천의 자리	백의 자리	십의 자리	일의 자리	소수점 첫째 자리	소수점 둘째 자리	소수점 셋째 자리
-4	-3	-2	-1	0	1	2	3

따라서 「=ROUND(D2, −1)」는 [D2] 셀에 입력된 117.3365의 값을 십의 자리로 반올림하여 나타내므로, 출력되는 값은 120이다.

26

정답 ③

제시문은 ADHD의 원인과 치료 방법에 대한 글이다. 첫 번째 문단에서는 ADHD가 유전적 원인에 의해 발생한다고 설명하고, 두 번째 문단에서는 환경적 원인에 의해 발생한다고 설명하고 있다. 이를 종합하면 ADHD가 다양한 원인이 복합적으로 작용하는 질환임을 알 수 있다. 또한 빈칸 뒤에서도 다양한 원인에 부합하는 맞춤형 치료와 환경 조성이 필요하다고 하였으므로 빈칸에 들어갈 내용으로 가장 적절한 것은 ③이다.

27

정답 ③

~율/률의 앞 글자가 'ㄱ' 받침을 가지고 있으므로 '출석률'이 옳은 표기이다.

> **~율과 ~률의 구별**
> • ~율 : 앞 글자의 받침이 없거나 받침이 'ㄴ'인 경우 → 비율, 환율, 백분율
> • ~률 : 앞 글자의 받침이 있는 경우(단, 'ㄴ' 받침 제외) → 능률, 출석률, 이직률, 합격률

28

정답 ③

남성 합격자 수와 여성 합격자 수의 비율이 2 : 3이므로 여성 합격자는 48명이다.
남성 불합격자 수와 여성 불합격자 수가 모두 a명이라 하면 다음과 같이 정리할 수 있다.

(단위 : 명)

구분	합격자	불합격자	전체 지원자
남성	$2b=32$	a	$a+2b$
여성	$3b=48$	a	$a+3b$

남성 전체 지원자 수는 $(a+32)$명이고, 여성 전체 지원자 수는 $(a+48)$명이다.
$(a+32):(a+48)=6:7$
→ $6\times(a+48)=7\times(a+32)$
→ $a=(48\times6)-(32\times7)$
∴ $a=64$
따라서 전체 지원자 수는 $2a+5b=(64\times2)+(16\times5)=128+80=208$명이다.

29

①

A씨는 2023년에는 9개월 동안 K공사에 근무하였다. (건강보험료)=(보수월액)×(건강보험료율)이고, 2023년 1월 1일 이후 (장기요양보험료)=(건강보험료)×$\dfrac{(장기요양보험료율)}{(건강보험료율)}$이므로 (장기요양보험료)=(보수월액)×(건강보험료율)×$\dfrac{(장기요양보험료율)}{(건강보험료율)}$이다.

그러므로 (보수월액)=$\dfrac{(장기요양보험료)}{(장기요양보험료율)}$이다.

따라서 A씨의 2023년 장기요양보험료는 35,120원이므로 보수월액은 $\dfrac{35,120}{0.9082\%}=\dfrac{35,120}{0.9082}\times100 ≒ 3,866,990$원이다.

30

정답 ①

'가명처리'란 개인정보의 일부를 삭제하거나 일부 또는 전부를 대체하는 등의 방법으로 추가 정보가 없이는 특정 개인을 알아볼 수 없도록 처리하는 것을 말한다(개인정보보호법 제2조 제1의2호).

오답분석

② 개인정보보호법 제2조 제3호에 해당한다.
③ 개인정보보호법 제2조 제1호 가목에 해당한다.
④ 개인정보보호법 제2조 제2호에 해당한다.

31

정답 ③

「=COUNTIF(범위,조건)」 함수는 조건을 만족하는 범위 내 인수의 개수를 셈하는 함수이다. 이때, 열 전체에 적용하려면 해당 범위에서 숫자를 제외하면 된다. 따라서 B열에서 값이 100 이하인 셀의 개수를 구하는 함수는 「=COUNTIF(B:B,"<=100")」이다.

32

정답 ①

• 초등학생의 한 달 용돈의 합계는 B열부터 E행까지 같은 열에 있는 금액의 합이다. 따라서 (A)에 들어갈 함수는 「=SUM(B2:E2)」이다.
• 한 달 용돈이 150,000원 이상인 학생 수는 [F2] 셀부터 [F7] 셀까지 금액이 150,000원 이상인 셀의 개수로 구할 수 있다. 따라서 (B)에 들어갈 함수는 「=COUNTIF(F2:F7,">=150,000」이다.

33

정답 ②

빅데이터 분석을 기획하고자 할 때는 먼저 범위를 설정한 다음 프로젝트를 정의해야 한다. 그 후에 수행 계획을 수립하고 위험 계획을 수립해야 한다.

34

정답 ①

㉠ 짜깁기 : 기존의 글이나 영화 따위를 편집하여 하나의 완성품으로 만드는 일
㉡ 뒤처지다 : 어떤 수준이나 대열에 들지 못하고 뒤로 처지거나 남게 되다.

오답분석

• 짜집기 : 짜깁기의 비표준어형
• 뒤쳐지다 : 물건이 뒤집혀서 젖혀지다.

35

공문서에서 날짜를 작성할 때 날짜 다음에 괄호를 사용할 경우에는 마침표를 찍지 않아야 한다.

> **공문서 작성 시 유의사항**
> • 한 장에 담아내는 것이 원칙이다.
> • 마지막엔 반드시 '끝'자로 마무리한다.
> • 날짜 다음에 괄호를 사용할 경우에는 마침표를 찍지 않는다.
> • 복잡한 내용은 항목별로 구분한다('-다음-', 또는 '-아래-').
> • 대외문서이며 장기간 보관되는 문서이므로 정확하게 기술한다.

36

영서가 1시간 동안 빚을 수 있는 만두의 수를 x개, 어머니가 1시간 동안 만두를 빚을 수 있는 만두의 수를 y개라 할 때 다음 식이 성립한다.

$\frac{2}{3}(x+y)=60 \cdots \bigcirc$

$y=x+10 \cdots \bigcirc$

$\bigcirc \times \frac{3}{2}$ 에 $\bigcirc$을 대입하면

$x+(x+10)=90$

$\rightarrow 2x=80$

$\therefore x=40$

따라서 영서는 혼자서 1시간 동안 40개의 만두를 빚을 수 있다.

37

• 1,000 이상 10,000 미만
  맨 앞과 맨 뒤의 수가 같은 경우는 1 ~ 9의 수가 올 수 있으므로 9가지이고, 각각의 경우에 따라 두 번째 수와 네 번째 수로 0 ~ 9의 수가 올 수 있으므로 경우의 수는 10가지이다. 그러므로 모든 네 자리 대칭수의 개수는 9×10=90개이다.
• 10,000 이상 50,000 미만
  맨 앞과 맨 뒤의 수가 같은 경우는 1, 2, 3, 4의 수가 올 수 있으므로 4가지이고, 각각의 경우에 따라 두 번째 수와 네 번째 수로 0 ~ 9의 수가 올 수 있으므로 경우의 수는 10가지, 그 각각의 경우에 따라 세 번째에 올 수 있는 수 또한 0 ~ 9의 수가 올 수 있으므로 경우의 수는 10가지이다. 그러므로 10,000 ~ 50,000 사이의 대칭수의 개수는 4×10×10=400개이다.
따라서 1,000 이상 50,000 미만의 모든 대칭수의 개수는 90+400=490개이다.

38

어떤 자연수의 모든 자릿수의 합이 3의 배수일 때, 그 자연수는 3의 배수이다. 그러므로 2+5+□의 값이 3의 배수일 때, 25□는 3의 배수이다. 2+5=7이므로, 7+□의 값이 3의 배수가 되도록 하는 □의 값은 2, 5, 8이다. 따라서 가능한 모든 수의 합은 2+5+8=15이다.

39

정답 ④

바이올린(V), 호른(H), 오보에(O), 플루트(F) 중 첫 번째 조건에 따라 호른과 바이올린을 묶었을 때 가능한 경우는 3!＝6가지로 다음과 같다.

- (HV) − O − F
- (HV) − F − O
- F − (HV) − O
- O − (HV) − F
- F − O − (HV)
- O − F − (HV)

이때 두 번째 조건에 따라 오보에는 플루트 왼쪽에 위치하지 않으므로 (HV) − O − F, O − F − (HV) 2가지는 제외된다.
따라서 왼쪽에서 두 번째 칸에는 바이올린, 호른, 오보에만 위치할 수 있으므로 플루트는 배치할 수 없다.

40

정답 ③

사회적 기업은 수익 창출을 통해 자립적인 운영을 추구하고, 사회적 문제 해결과 경제적 성장을 동시에 달성하려는 특징을 가진 기업 모델로, 영리 조직에 해당한다.

> **영리 조직과 비영리 조직**
> - 영리 조직 : 이윤 추구를 주된 목적으로 하는 집단으로, 일반적인 사기업이 해당된다.
> - 비영리 조직 : 사회적 가치 실현을 위해 공익을 추구하는 집단으로 자선단체, 의료기관, 교육기관, 비정부기구(NGO) 등이 해당된다.

41

정답 ②

(영업이익률)＝$\dfrac{(영업이익)}{(매출액)}$×100이고, 영업이익을 구하기 위해서는 매출총이익을 먼저 계산해야 한다. 따라서 2022년 4분기의

매출총이익은 60−80＝−20십억 원이고, 영업이익은 −20−7＝−27십 억 원이므로 영업이익률은 −$\dfrac{27}{60}$×100＝−45%이다.

42

정답 ③

1시간은 3,600초이므로 36초는 36초×$\dfrac{1시간}{3,600초}$＝0.01시간이다. 그러므로 무빙워크의 전체 길이는 5×0.01＝0.05km이다.

따라서 무빙워크와 같은 방향으로 4km/h의 속력으로 걸을 때의 속력은 5+4＝9km/h이므로 걸리는 시간은 $\dfrac{0.05}{9}＝\dfrac{5}{900}＝\dfrac{5}{900}$

×$\dfrac{3,600초}{1시간}$＝20초이다.

43

정답 ⑤

제시된 순서도는 result 값이 6을 초과할 때까지 2씩 증가하고, result 값이 6을 초과하면 그 값을 출력하는 순서도이다.
따라서 result 값이 5일 때 2를 더하여 5+2＝7이 되어 6을 초과하므로 출력되는 값은 7이다.

44

방문 사유 → 파손 관련(NO) → 침수 관련(NO) → 데이터 복구 관련(YES) → ◎ 출력 → STOP
따라서 출력되는 도형은 ◎이다.

45

상품코드의 맨 앞 자릿수가 '9'이므로 2 ~ 7번째 자릿수의 이진코드 변환 규칙은 'ABBABA'를 따른다. 이를 변환하면 다음과 같다.

3	8	7	6	5	5
A	B	B	A	B	A
0111101	0001001	0010001	0101111	0111001	0110001

따라서 주어진 수를 이진코드로 바르게 변환한 것은 ①이다.

46

안전 스위치를 누르는 동안에만 스팀이 나온다고 하였으므로 안전 스위치를 누르는 등의 외부 입력이 없다면 스팀은 발생하지 않는다.

오답분석

① 기본형 청소구로 카펫을 청소하면 청소 효율이 떨어질 뿐이며, 카펫 청소는 가능하다고 언급되어 있다.
② 스팀 청소 완료 후 충분히 식지 않은 상태에서 통을 분리하면 뜨거운 물이 새어 나와 화상의 위험이 있다고 언급되어 있다.
③ 기본형 청소구의 돌출부를 누른 상태에서 잡아당기면 좁은 흡입구를 꺼낼 수 있다고 언급되어 있다.
⑤ 스팀 청소구의 물통에 물을 채우는 작업, 걸레판에 걸레를 부착하는 작업 모두 반드시 전원을 분리한 상태에서 진행해야 한다고 언급되어 있다.

47

바닥에 물이 남는다면 스팀 청소구를 좌우로 자주 기울이지 않도록 주의하거나 젖은 걸레를 교체해야 한다.

48

팀 목표를 달성하도록 팀원을 격려하는 환경을 조성하기 위해서는 동료의 피드백이 필요하다. 긍정이든 부정이든 피드백이 없다면 팀원들은 개선을 이루거나 탁월한 성과를 내고자 하는 노력을 게을리하게 된다.

동료의 피드백을 장려하는 4단계
1. 간단하고 분명한 목표와 우선순위를 설정하라.
2. 행동과 수행을 관찰하라.
3. 즉각적인 피드백을 제공하라.
4. 뛰어난 수행성과에 대해 인정하라.

49

정답 ②

업무적으로 내적 동기를 유발하기 위해서는 업무 관련 교육을 꾸준히 하여야 한다.

내적 동기를 유발하는 방법
- 긍정적 강화법 활용하기
- 새로운 도전의 기회 부여하기
- 창의적인 문제해결법 찾기
- 자신의 역할과 행동에 책임감 갖기
- 팀원들을 지도 및 격려하기
- 변화를 두려워하지 않기
- 지속적인 교육 실시하기

50

정답 ②

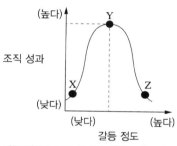

갈등 정도와 조직 성과에 대한 그래프에서 갈등이 X점 수준일 때에는 조직 내부의 의욕이 상실되고 환경의 변화에 대한 적응력도 떨어져 조직 성과가 낮아진다. 갈등이 Y점 수준일 때에는 갈등의 순기능이 작용하여 조직 내부에 생동감이 넘치고 변화 지향적이며 문제해결능력이 발휘되어 조직 성과가 높아진다. 반면, 갈등이 Z점 수준일 때에는 오히려 갈등의 역기능이 작용하여 조직 내부에 혼란과 분열이 발생하고 조직 구성원들이 비협조적이 되어 조직 성과는 낮아지게 된다.

모든 전사 중 가장 강한 전사는
이 두 가지, 시간과 인내다.

– 레프 톨스토이 –

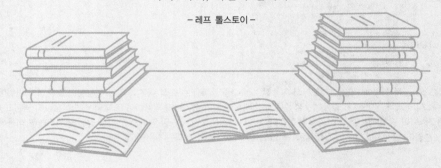

PART 1

직업기초능력평가

대표기출유형 01 · 기출응용문제

01

정답 ①

제6조에 따르면 지역본부장은 부당이득 관리를 수관한 1월 3일에 납입고지를 하여야 하며, 이 경우 납부기한은 1월 13일에서 2월 2일 중에 해당될 것이므로 A는 늦어도 2월 2일에는 납부하여야 한다.

[오답분석]

ㄴ. 제7조에 따르면 지역본부장은 4월 16일 납부기한 내에 완납하지 않은 B에 대하여 납부기한으로부터 10일 이내인 4월 26일까지 독촉장을 발급하여야 한다. 이 독촉장에 따른 납부기한은 5월 6일에서 5월 16일 중에 해당될 것이므로 B는 늦어도 5월 16일까지 납부하여야 한다.

ㄷ. 제9조 제1항에 따르면 체납자가 주민등록지에 거주하지 않는 경우, 관계공부열람복명서를 작성하거나 체납자 주민등록지 관할 동장의 행방불명확인서를 발급받는 것은 지역본부장이 아닌 담당자이다.

ㄹ. 제10조 제1항에 따르면 관할 지역본부장은 체납정리의 신속 및 업무폭주 등을 방지하기 위하여 재산 및 행방에 대한 조사업무를 체납 발생 시마다 수시로 실시하여야 한다.

02

정답 ⑤

네 번째 문단에 따르면 클라우지우스는 열기관의 열효율은 열기관이 고온에서 열을 흡수하고 저온에 방출할 때의 두 작동 온도에만 관계된다는 카르노의 이론을 증명하였다. 이로써 열효율에 관한 카르노의 이론은 클라우지우스의 증명으로 유지될 수 있었다.

[오답분석]

① 두 번째 문단에 따르면 열기관은 높은 온도의 열원에서 열을 흡수하고 낮은 온도의 대기와 같은 열기관 외부에 열을 방출하며 일을 하는 기관이다.

② 두 번째 문단에 따르면 수력 기관에서 물이 높은 곳에서 낮은 곳으로 흐르면서 일을 할 때 물의 양과 한 일의 양의 비는 높이 차이에 의해서만 좌우된다.

③ 첫 번째 문단에 따르면 칼로릭은 질량이 없는 입자들의 모임이다. 따라서 가열된 쇠구슬의 질량은 증가하지 않는다.

④ 첫 번째 문단에 따르면 칼로릭은 온도가 높은 쪽에서 낮은 쪽으로 흐르는 성질이 있다.

03

정답 ①

세 번째 문단에 따르면 줄(Joule)은 '열과 일이 상호 전환될 때 열과 일의 에너지를 합한 양은 일정하게 보존된다.'는 사실(에너지 보존 법칙)을 알아냈다. 그런데 네 번째 문단에 나타난 칼로릭 이론에 입각한 카르노의 열기관에 대한 설명에 따르면 열기관은 높은 온도에서 흡수한 열 전부를 낮은 온도로 방출하면서 일을 한다. 이는 열기관이 한 일을 설명할 수 없다는 오류가 있다.

[오답분석]

② 세 번째 문단에 따르면 화학 에너지, 전기 에너지 등은 등가성이 있으며 상호 전환될 수 있다.

③ 마지막 문단에 따르면 클라우지우스가 증명한 내용이다.

④ 네 번째 문단에 따르면 카르노의 이론에 대해 문제가 제기되었고, 이를 클라우지우스가 증명한 것이다.

⑤ 네 번째 문단에 따르면 카르노의 이론에 대해 클라우지우스가 증명한 내용이다.

04

정답 ①

다리뼈는 연골세포의 세포분열로 인해 뼈대의 성장이 일어난다.

[오답분석]

② 뼈끝판의 세포층 중 뼈대와 경계면에 있는 세포층이 아닌 뼈끝과 경계면이 있는 세포층에서만 세포분열이 일어난다.
③ 사춘기 이후 호르몬에 의한 뼈의 길이 성장은 일어나지 않는다.
④ 뇌에서 분비하는 성장호르몬은 뼈에 직접적으로 도움을 준다.
⑤ 남성호르몬인 안드로겐은 뼈의 길이 성장에 영향을 미친다.

05

정답 ③

대화 중 손이나 다리를 꼬지 않는 개방적 자세는 상대에게 마음을 열어 놓고 있다는 표시의 경청 자세이다. 최성우 기자는 대화 중간에 다리를 꼬고 앉는 태도를 보였으므로 개방적인 자세라고 보기 어렵다.

[오답분석]

① 최성우 기자가 영업비용이라고 말한 것으로 볼 때, 메일을 제대로 읽지 않았다.
② 황윤지 사원은 최성우 기자의 맞은편에 앉아 정면으로 마주하였기 때문에 올바른 경청 자세이다.
④ 최성우 기자는 '부가세를 포함한 최종적인 계약금액이 16,500,000원이군요. 알겠습니다.'라고 하며 요약하기 경청 방법을 활용하고 있다.
⑤ 최성우 기자는 '부가세면 어쩔 수 없죠.'라며 질문을 하지 않고 수용하였다.

대표기출유형 02 | 기출응용문제

01

정답 ③

제시문의 내용은 크게 두 부분으로 나눌 수 있다. 앞부분에서는 맥주의 주원료에 대해서 설명하고, 뒷부분에서는 맥주의 제조 공정 중 발효에 대해 설명하며 이에 따른 맥주의 종류에 대해 제시하고 있다. 따라서 제시문의 제목으로 가장 적절한 것은 ③이다.

02

정답 ①

제시문의 첫 번째 문단에서는 사회적 자본이 늘어나면 정치 참여도가 높아진다는 주장을 하였고, 두 번째 문단에서는 사회적 자본의 개념을 사이버 공동체에 도입하였으나 현실과 잘 맞지 않는다고 하면서 사회적 자본의 한계를 서술했다. 그리고 마지막 문단에서는 사회적 자본만으로는 정치 참여가 늘어나기 어렵고 정치적 자본의 매개를 통해서 정치 참여가 활성화된다는 주장을 하고 있다. 따라서 ①이 제시문의 주제로 가장 적절하다.

03

정답 ⑤

제시문은 부모 사망 시 장애인 자녀의 안정적인 생활을 위해 가입할 수 있는 보험과 그와 관련된 세금 혜택, 그리고 부모 및 그 밖의 가족들의 재산 증여 시 받을 수 있는 세금 혜택에 대해 다루고 있으므로 ⑤가 글의 제목으로 가장 적절하다.

[오답분석]

① 제시문은 부모 사망 시 장애인 자녀가 직면한 상속의 어려움에 대해 언급하고 있지만, 구체적으로 유산 상속 과정을 다루고 있지는 않다.
② 제시문은 부모 사망 시 장애인 자녀가 받을 수 있는 세금 혜택을 다루고는 있으나, 단순히 '혜택'이라고 명시하기에는 글의 제목이 포괄적이므로 적절하지 않다.

③ 제시문은 부모 사망 시 장애인 자녀가 직면한 상속의 어려움과 생활 안정 방안에 대해 다루고 있으므로 '사회적 문제'는 전체적인 글의 제목으로 보기에는 적절하지 않다.

④ 제시문은 부모 사망 시 장애인 자녀가 받는 보험 혜택과 증여세 혜택보다는 수령하는 보험금에 있어서의 세금 혜택과 보험금을 어떻게 수령하여야 장애인 자녀의 생활 안정에 유리한지, 상속세 및 증여세법에 의해 받는 세금 혜택이 무엇인지에 대해 다루고 있으므로 글의 내용 전체를 담고 있지 않아 적절하지 않다.

04
정답 ②

제시문은 한국인 하루 평균 수면 시간과 수면의 질에 대한 글로, 짧은 수면 시간으로 현대인 대부분이 수면 부족에 시달리며, 낮은 수면의 질로 다양한 합병증이 발생할 수 있음을 설명하고 있다. 그러나 '수면 마취제의 부작용'에 대한 내용은 언급되어 있지 않으므로 ②는 글의 주제로 적절하지 않다.

05
정답 ②

첫 번째 문단이 도입부라 볼 수 있고, 두 번째 문단의 첫 문장이 제시문의 주제문이다. 이어서 서구와의 비교로 연고주의의 장점을 강화하고 있으므로 제시문의 핵심 내용으로는 ②가 가장 적절하다.

06
정답 ④

제시문의 주된 내용은 제1차 세계대전에 패한 독일의 국민들이 열악한 경제 상황 때문에 자유의 권리를 포기했다는 것이므로, 글의 주제로 ④가 가장 적절하다.

대표기출유형 03 | 기출응용문제

01
정답 ②

제시문은 나무를 가꾸기 위해 고려해야 하는 사항과 나무를 심을 때 자주 저지르는 실수에 대해 설명하고 있다. 따라서 (가) 나무를 가꾸기 위해 고려해야 할 사항과 생육조건 → (라) 식재 계획을 위한 올바른 나무 선정 위치 → (다) 나무 선정 위치에서 자주 발생하는 실수 → (나) 또 다른 식재 계획 시 주의점의 순서로 나열해야 한다.

02
정답 ③

첫 번째로 1965년 노벨상 수상자인 게리 베커에 대한 내용으로 이야기를 도입하며 베커가 주장한 '시간의 비용' 개념을 소개하는 (라)가 위치하고, (라)를 보충하는 내용으로 베커의 '시간의 비용이 가변적'이라는 개념을 언급한 (가), 베커와 같이 시간의 비용이 가변적이라고 주장한 경제학자 린더의 주장을 소개한 (다), 마지막으로 베커와 린더의 공통적 전제인 사람들에게 주어진 시간이 고정된 양이라는 사실과 기대수명이 늘어남으로써 시간의 가치가 달라질 것이라는 내용의 (나)가 순서대로 나열된다. 따라서 (라) − (가) − (다) − (나) 순으로 나열해야 한다.

03
정답 ①

제시문은 아리스토텔레스 목적론의 논쟁에 대해 설명하는 글이다. 따라서 (가) 근대에 등장한 아리스토텔레스의 목적론에 대한 비판 → (나) 근대 사상가들의 구체적인 비판 → (라) 근대 사상가들의 비판에 대한 반박 → (다) 근대 사상가들의 비판에 대한 현대 학자들의 비판 순으로 나열해야 한다.

04

정답 ⑤

먼저 귀납에 대해 설명하고 있는 (나) 문단이 오는 것이 적절하며, 특성으로 인한 귀납의 논리적 한계가 나타난다는 (라) 문단이 그다음으로 오는 것이 자연스럽다. 이후 이러한 한계에 대한 흄의 의견인 (다) 문단과 구체적인 흄의 주장과 이에 따라 귀납의 정당화 문제에 대해 설명하는 (가) 문단이 차례로 오는 것이 적절하다.

05

정답 ②

수직 계열화에서 사용자 중심으로 산업 패러다임이 변화되고 있음을 제시하는 (나) 문단이 가장 먼저 오는 것이 적절하며, 그 다음으로 가스 경보기를 예로 들어 수평적 연결에 대해 설명하는 (다) 문단이 적절하다. 그 뒤를 이어 이러한 수평적 연결이 사물인터넷 서비스로 새롭게 성장한다는 (가) 문단이, 마지막으로는 다양해지는 사물인터넷 서비스에 대해 설명하는 (라) 문단이 적절하다.

06

정답 ②

제시문은 세종대왕이 한글을 창제하고 반포하는 과정을 설명하고 있다. (가) 세종대왕이 글을 읽고 쓰지 못하는 백성들을 안타깝게 여김 → (라) 훈민정음을 만들었지만 신하들의 반대에 부딪힘 → (다) 훈민정음을 세상에 알림 → (나) 훈민정음의 해설서인 『훈민정음 해례본』과 『용비어천가』를 펴냄 순서로 나열되어야 한다.

07

정답 ④

제시문은 여름에도 감기에 걸리는 이유와 예방 및 치료 방법에 대해 설명하고 있다. 따라서 (마) 의외로 여름에도 감기에 걸림 → (가) 찬 음식과 과도한 냉방기 사용으로 체온이 떨어져 면역력이 약해짐 → (라) 감기 예방을 위해 찬 음식은 적당히 먹고 충분한 휴식을 취하고, 귀가 후 손발을 씻어야 함 → (나) 감기에 걸렸다면 수분을 충분히 섭취해야 함 → (다) 열이나 기침이 날 때에는 따뜻한 물을 여러 번 나눠 먹는 것이 좋음의 순서로 나열해야 한다.

대표기출유형 04 기출응용문제

01

정답 ⑤

재생에너지 사업이 기하급수적으로 늘어남에 따라 전력 계통 설비의 연계 용량 부족 문제가 발생하였는데, 이는 설비 보강만으로는 해결하기 어렵기 때문에 최소 부하를 고려한 설비 운영 방식으로 해결하고자 하였다.

오답분석

① 탄소 중립을 위해 재생에너지 발전 작업이 추진되고 있다고 하였으므로 적절한 추론이다.
② 재생에너지의 예시로 태양광이 제시되었다.
③ 재생에너지 확충으로 인해 기존 송배전 전력 설비가 과부하되는 문제가 있다고 하였다.
④ 최소 부하를 고려한 설비 운영 개념을 도입해 변전소나 배전 선로의 증설 없이 재생에너지 접속 용량을 확대하는 방안이 있다고 하였다.

02

정답 ①

기업의 입장에서 사회적 마모 기간이 짧은 게 유리하기 때문에 이를 위해 노력한다. 하지만 품질이 나빠지거나 전에 비해 발전하지 않은 것은 아니다.

03

⊙은 기업들이 더 많은 이익을 내기 위해 디자인의 향상에 몰두하는 것이 바람직하다는 판단이다. 즉, 상품의 사회적 마모를 짧게 해서 소비를 계속 증가시키려는 방안인데, 이것에 대한 반론이 되기 위해서는 ⊙의 주장이 지니고 있는 문제점을 비판하여야 한다. ⊙이 지니고 있는 가장 큰 문제점은 '과연 성능의 향상이 없는 디자인 변화가 소비를 촉진시킬 수 있는 것인가?'이다. 디자인 변화는 분명히 상품의 소비를 촉진시킬 수 있는 효과적 방법 중의 하나이지만 성능이나 기능, 내구성의 향상이 전제되지 않았을 때는 효과를 내기 힘들기 때문이다.

04

제시문은 테레민이라는 악기의 연주 원리에 대한 내용이다. 두 번째 문단에서 오른손으로는 수직 안테나와의 거리에 따라 음고를 조절하고, 왼손으로는 수평 안테나와의 거리에 따라 음량을 조절한다고 하였고, 마지막 문단에서는 이에 따라 오른손으로 음고를 조절하는 방법에 대해 설명하고 있다. 따라서 뒤에 이어질 내용은 왼손으로 음량을 조절하는 원리가 나오는 것이 가장 적절하다.

05

ㄴ. 유충호르몬은 유충의 특성이 남아 있게 하는 역할만 수행하므로 유충호르몬의 분비를 촉진하는 알로트로핀을 변태 과정 중에 있는 곤충에게 주입한다면, 유충의 특성을 갖게 되어 성체로 변태하지 않을 수 있다.
ㄷ. 유충호르몬은 탈피 촉진과 무관하므로 유충호르몬이 없더라도 탈피호르몬이 분비되면 탈피가 시작될 수 있다.

[오답분석]
ㄱ. 먹이 섭취 활동과 관련된 자극이 유충의 뇌에 전달되면 전흉선자극호르몬의 분비를 촉진하고, 이 호르몬이 전흉선으로 이동하여 탈피호르몬이 분비되도록 한다. 즉, 유충의 전흉선은 탈피호르몬을 분비하는 역할을 할 뿐, 먹이 섭취 활동과 관련된 자극을 전달하는 역할을 하는 것은 아니다.

06

ㄴ. ⊙에 따르면 성체가 된 이후 탈피하지 않는 곤충들의 경우, 마지막 탈피가 끝난 다음 탈피호르몬이 없어지며, 결과 2에 따르면 최종 탈피가 일어날 때까지는 탈피호르몬이 존재한다. 즉, ⊙과 결과 2를 통해 최종 탈피가 일어날 때까지 존재하던 탈피호르몬은 최종 탈피 이후 없어진다는 것을 알 수 있다. 따라서 최종 탈피가 끝난 후 탈피호르몬을 분비하는 전흉선이 파괴되어 사라진다는 것은 결과 2와 ⊙을 동시에 설명할 수 있다.
ㄷ. 결과 1에 따르면 유충호르몬은 성체가 되는 동안 점점 감소하며, 결과 2에 따르면 성체로의 최종 탈피가 일어날 때까지 존재하는 탈피호르몬의 혈중 농도는 변화하지 않는다. 따라서 결과 1과 결과 2를 통해 변태 과정에 있는 곤충의 경우 탈피호르몬의 양은 변하지 않으나, 유충호르몬의 양은 줄어들고 있음을 알 수 있으므로 탈피호르몬 대비 유충호르몬의 비율이 작아질수록 성체의 특성이 두드러진다는 가설을 지지할 수 있다.

[오답분석]
ㄱ. 유충호르몬 에스터라제는 유충호르몬을 분해하는 효소로 혈중 유충호르몬의 농도를 낮아지게 한다. 따라서 결과 1에 따라 유충호르몬 혈중 농도가 유충기에 가장 높고 성체가 될 때까지 점점 감소한다면, 혈중 유충호르몬 에스터라제의 양은 오히려 유충기에 가장 적고 성체기에 가장 많을 것이다.

01

㉠ 두 번째 문단의 내용처럼 디지털 환경에서는 저작물을 원본과 동일하게 복제할 수 있고 용이하게 개작할 수 있기 때문에 ㉠과 같은 문제가 생겼다. 또한 이에 대한 결과로 ㉣ 바로 뒤의 내용처럼 디지털화된 저작물의 이용 행위가 공정 이용의 범주에 드는 것인지 가늠하기가 더 어려워졌고 그에 따른 처벌 위험도 커진 것이다. 따라서 ㉠의 위치는 ㉣가 가장 적절하다.

㉡ '이들'은 저작물의 공유 캠페인을 소개하는 네 번째 문단에서 언급한 캠페인 참여자들을 가리킨다. 따라서 ㉡의 위치는 ㉢가 가장 적절하다.

02

기분조정 이론은 현재 시점에만 초점을 맞추고 있는 기분관리 이론을 보완한 이론으로, 기분조정 이론을 검증하기 위한 실험에서 피실험자들은 한 시간 후의 상황을 생각하며 미리 다른 음악을 선택하였다. 즉, 기분조정 이론은 사람들이 현재 시점뿐만 아니라 다음에 올 상황을 고려하여 현재의 기분을 조정한다는 것이다. 따라서 빈칸에 들어갈 내용으로 ③이 가장 적절하다.

03

빈칸 앞 내용은 왼손보다 오른손을 선호하는 이유에 대한 가설을 제시하고, 이러한 가설이 근본적인 설명을 하지 못한다고 말한다. 그러면서 빈칸 뒷부분에서 글쓴이는 왼손이 아닌 '오른손만을 선호'하는 이유에 대한 자신의 생각을 드러내고 있다. 즉, 앞의 가설대로 단순한 기능 분담이라면 먹는 일에 왼손을 사용하는 사회도 존재해야 하는데, 그렇지 않기 때문에 반박하고 있음을 추론해볼 수 있으므로 빈칸에는 사람들이 오른손만 선호하고 왼손을 선호하지 않는다는 주장이 나타나야 한다. 따라서 빈칸에 들어갈 문장으로는 ①이 가장 적절하다.

04

차로 유지 기능을 작동했을 때 운전자가 직접 운전을 해야 했던 '레벨 2'와 달리 '레벨 3'은 운전자가 직접 운전하지 않아도 긴급 상황에 대응할 수 있는 자동 차로 유지기능이 탑재되어 있다. 이러한 '레벨 3' 안전기준이 도입된다면, 지정된 영역 내에서 운전자가 직접 운전하지 않고도 주행이 가능해질 것이다. 따라서 빈칸에 들어갈 내용으로 운전자가 운전대에서 손을 떼고도 자율주행이 가능해진다는 ③이 가장 적절하다.

[오답분석]

① 레벨 3 부분자율주행차는 운전자 탑승이 확인된 후에만 작동할 수 있다.

②・④ 제시문에서는 레벨 3 부분자율주행차의 자동 차로 유지 기능에 관해 이야기하고 있으며, 자동 속도 조절이나 차량 간 거리 유지 기능에 관해서는 제시문을 통해 알 수 없다.

⑤ 레벨 2에 대한 설명이다. 레벨 3 부분자율주행차의 자동 차로 유지 기능은 운전자가 직접 운전하지 않아도 차선을 유지하고, 긴급 상황에 대응할 수 있다.

05

쉼의 활용

• 이야기의 전이(轉移) 시
• 양해, 동조, 반문의 경우
• 생략, 암시, 반성의 경우
• 여운을 남길 때

06

정답 ④

미생물을 끓는 물에 노출하면 영양세포나 진핵포자는 죽일 수 있으나, 세균의 내생포자는 사멸시키지 못한다. 멸균은 포자, 박테리아, 바이러스 등을 완전히 파괴하거나 제거하는 것이므로 물을 끓여서 하는 열처리 방식으로는 멸균이 불가능함을 알 수 있다. 따라서 빈칸에 들어갈 내용으로 소독은 가능하지만, 멸균은 불가능하다는 ④가 가장 적절하다.

대표기출유형 06 | 기출응용문제

01

정답 ③

제시문의 두 번째 문단은 우울증의 긍정적인 면모인 보호 기제로서의 측면에 대한 내용을 다루고 있다. ⓒ은 지금의 경쟁 사회가 정신적인 소진 상태를 초래하기 쉬운 환경이라는 내용이므로, 오늘날 우울증이 급격히 늘어나는 원인을 설명하고 있는 세 번째 문단의 마지막 문장 바로 앞에 들어가는 것이 더 적절하다.

오답분석

① 우울증과 창조성의 관계를 설명하면서 그 예시로 우울한 성향을 갖고 있었던 위대한 인물들을 들고 있다. 따라서 천재와 우울증이 동전의 양면과 같으므로 인류 문명의 진보를 이끌었다고 볼 수 있다는 내용의 ⓐ은 첫 번째 문단의 결론이므로 삭제할 필요가 없다.

② 문장의 주어가 '엄청난 에너지를 소모하는 것', 즉 행위이므로 이 행위는 어떤 상태에 이르게 '만드는' 것이 되어야 자연스럽다. 따라서 문장의 주어와 호응하는 것은 '이르게도 할 수 있다.'이다.

④ ⓔ을 기준으로 앞 문장은 새로운 조합을 만들어내는 창조성 있는 사람이 이익을 갖게 된다는 내용이고, 뒤 문장은 새로운 조합을 만들어내는 일은 많은 에너지를 요하는 어려운 일이라는 내용이다. 따라서 뒤 문장이 앞 문장의 결과라고 보기 어렵다.

⑤ 세 번째 문단 앞 부분의 내용에 따르면 경쟁 사회에서 창조성 있는 사람이 이익을 얻는다. 따라서 ⓜ을 '억제하지만'으로 바꾸는 것은 적절하지 않다.

02

정답 ②

'로써'는 어떤 일의 수단이나 도구를 나타내는 격조사이며, '로서'는 지위나 신분 또는 자격을 나타내는 격조사이다. 서비스 이용자의 증가가 오투오 서비스 운영 업체에 많은 수익을 내도록 한 수단이 되므로 ⓒ에는 '증가함으로써'가 적절하다.

03

정답 ①

건강하던 수험생의 건강이 나빠진 상황에서 다시 예전의 상태로 되돌아가려는 것이므로 '찾다'보다 '되찾다'가 더 적절하다.

04

정답 ④

중요한 내용을 두괄식으로 작성함으로써 보고받은 자가 해당 문서를 신속하게 이해하고 의사를 결정하는 데 도움을 주는 것이 중요하다.

05

정답 ④

• C사원 : 문서의 첨부 자료는 반드시 필요한 자료 외에는 첨부하지 않도록 해야 하므로 옳지 않다.
• D사원 : 문서를 작성한 후에는 다시 한 번 내용을 검토해야 하지만, 문장 표현은 작성자의 성의가 담기도록 경어나 단어 사용에 신경을 써야 하므로 낮춤말인 '해라체'로 고쳐 쓰는 것은 옳지 않다.

대표기출유형 01 기출응용문제

01

정답 ④

같은 시간 동안 혜영이와 지훈이의 이동거리의 비가 $3:4$이므로 속력의 비 또한 $3:4$이다.

따라서 혜영이의 속력을 $x/\min$이라 하면 지훈이의 속력은 $\frac{4}{3}x/\min$이다.

같은 지점에서 같은 방향으로 출발하여 다시 만날 때 두 사람의 이동거리의 차이는 $1,800\text{m}$이므로 식을 세우면 다음과 같다.

$\frac{4}{3}x\times15-x\times15=1,800$

$\rightarrow 5x=1,800$

$\therefore x=360$

따라서 혜영이가 15분 동안 이동한 거리는 $360\times15=5,400\text{m}$이고, 지훈이가 15분 동안 이동한 거리는 $480\times15=7,200\text{m}$이므로 두 사람의 이동거리의 합은 $12,600\text{m}$이다.

02

정답 ④

수건을 4개, 7개, 8개씩 포장하면 각각 1개씩 남으므로 재고량은 4, 7, 8의 공배수보다 1이 클 것이다.

4, 7, 8의 공배수는 56이므로 다음과 같이 나누어 생각해볼 수 있다.

- 재고량이 $56+1=57$개일 때 : $57=5\times11+2$
- 재고량이 $56\times2+1=113$개일 때 : $113=5\times22+3$
- 재고량이 $56\times3+1=169$개일 때 : $169=5\times33+4$

따라서 가능한 재고량의 최솟값은 169개이다.

03

정답 ②

새로 구입할 전체 모니터 개수를 a대라 가정하면 인사부는 $\frac{2}{5}a$대, 총무부는 $\frac{1}{3}a$대의 모니터를 교체한다.

연구부의 경우 인사부에서 교체할 모니터 개수의 $\frac{1}{3}$을 교체하므로 $\left(\frac{2}{5}a\times\frac{1}{3}\right)$대이고, 마케팅부는 400대를 교체한다.

이를 토대로 새로 구입할 전체 모니터 개수 a대에 대한 방정식을 세우면

$\frac{2}{5}a+\frac{1}{3}a+\left(\frac{2}{5}a\times\frac{1}{3}\right)+400=a$

$\rightarrow a\left(\frac{2}{5}+\frac{1}{3}+\frac{2}{15}\right)+400=a$

$\rightarrow 400=a\left(1-\frac{13}{15}\right)$

$\therefore a=400\times\frac{15}{2}=3,000$

따라서 K공사에서 새로 구입할 모니터 개수는 3,000대이다.

04

정답 ②

중국인 중 관광을 목적으로 온 사람의 수를 x명이라 하자. 주어진 정보를 표로 정리하면 다음과 같다.

(단위 : 명)

구분	중국인	중국인이 아닌 외국인	합계
총인원	30	70	100
관광을 목적으로 온 외국인	x	14	20

외국인 100명 중 관광을 목적으로 온 외국인은 20%이므로, 중국인 중 관광으로 온 사람은 6명이어야 한다.

따라서 중국인 중 1명을 조사할 때 관광을 목적으로 온 사람일 확률은 $\dfrac{6}{30}=\dfrac{1}{5}$ 이다.

05

정답 ③

K야구팀의 작년 총 경기 횟수를 x회, 작년 승리 횟수를 $0.4x$회라고 하면,
작년과 올해의 경기를 합하여 승률이 45%이므로

$$\frac{0.4x+65}{x+120}=0.45$$

$$\rightarrow 5x=1,100$$

$$\therefore x=220$$

작년의 총 경기 횟수는 220회이고, 승률이 40%이므로 승리한 경기는 $220\times0.4=88$회이다.
따라서 K야구팀이 작년과 올해에 승리한 총횟수는 $88+65=153$회이다.

06

정답 ⑤

10인 단체 티켓 가격은 $10\times16,000\times0.75=120,000$원이다. 놀이공원에 방문하는 부서원 수를 x명이라 할 때 부서원이 10명 이상이라면 10인 단체 티켓 1장과 개인 티켓을 구매하는 방법이 있고, 10인 단체 티켓 2장을 구매하는 방법이 있다.
이때 두 번째 방법, 즉 10인 단체 티켓 2장을 구매하는 것이 더 유리하기 위해서는 $16,000\times(x-10)>120,000$을 만족해야 하므로, $x>17.5$이다. 따라서 부서원이 18명 이상일 때, 10인 단체 티켓 2장을 구매하는 것이 더 유리하다.

07

정답 ④

사냥개의 한 걸음의 길이를 am, 토끼의 한 걸음의 길이를 bm, 사냥개와 토끼의 속력을 각각 c, dm/s라고 하자.
사냥개의 두 걸음의 길이와 토끼의 세 걸음의 길이가 같으므로

$$2a=3b \rightarrow a=\frac{3}{2}b$$

사냥개가 세 걸음 달리는 시간과 토끼가 네 걸음 달리는 시간이 같으므로

$$\frac{3a}{c}=\frac{4b}{d} \rightarrow \frac{9}{2}bd=4bc \rightarrow 8c=9d$$

사냥개가 9m를 뛸 동안 토끼는 8m를 뛰므로 사냥개가 9m를 뛰어야 토끼와의 간격이 1m 줄어든다.
따라서 사냥개가 10m 앞선 토끼를 잡으려면 사냥개는 앞으로 90m를 더 달려야 한다.

08

식물의 나이를 각각 x, y세라고 하면,

$x+y=8 \cdots \bigcirc$

$x^2+y^2=34 \cdots \bigcirc$

$\bigcirc$을 변형하면 $x^2+y^2=(x+y)^2-2xy$가 되는데, 여기에 $x+y=8$을 대입하면

$34=64-2xy \rightarrow xy=15 \cdots \bigcirc$

$\bigcirc$과 $\bigcirc$을 만족하는 자연수 순서쌍은 $(x,\ y)=(5,\ 3)$, $(3,\ 5)$이다.

따라서 두 식물의 나이 차는 2세이다.

09

감의 개수를 x개라고 하면, 사과는 $(20-x)$개이므로

$400x+700\times(20-x) \leq 10,000$

$\rightarrow 14,000-300x \leq 10,000$

$\therefore x \geq \dfrac{40}{3}=13.333\cdots$

따라서 감은 최소 14개를 사야 한다.

대표기출유형 02 　 기출응용문제

01

n을 자연수라고 하면 n항과 $(n+1)$항의 역수를 곱한 값이 $(n+2)$항인 수열이다.

따라서 (　)$=\dfrac{9}{2}\times\dfrac{81}{20}=\dfrac{729}{40}$이다.

02

앞의 항에 $+2^0\times10$, $+2^1\times10$, $+2^2\times10$, $+2^3\times10$, $+2^4\times10$, $+2^5\times10$, $\cdots$을 더한다.

따라서 (　)$=632+2^6\times10=632+640=1,272$이다.

03

제시된 수열은 -1, -6, -11, -16, -21, $\cdots$씩 더하는 수열이다.

수열의 일반항을 a_n이라 하면 $a_n=500-\displaystyle\sum_{k=1}^{n-1}(5k-4)=500-\left\{\dfrac{5n(n-1)}{2}-4(n-1)\right\}=496+4n-\dfrac{5n(n-1)}{2}$이다.

따라서 11번째 항의 값은 $a_{11}=496+(4\times11)-\dfrac{5\times11\times10}{2}=496+44-275=265$이다.

01

김진주의 점수를 ㉠, 박한열의 점수를 ㉡, 최성우의 점수를 ㉢, 정민우의 점수를 ㉣이라고 하면

ⅰ) ㉠=22

ⅱ) ㉢+㉣=22

ⅲ) ㉡=22-5=17

ⅳ) ㉢-㉣=㉠-㉡+1=6

ⅱ)와 ⅳ)를 연립하면, ㉣=8이 된다.

따라서 김진주와 정민우의 점수의 합은 22+8=30점이다.

02

검산이란 연산의 결과를 확인하는 과정을 의미하며, 제시된 검산법은 구거법이다. 구거법이란 원래의 수와 각 자릿수의 합이 9로 나눈 나머지와 같다는 원리를 이용하는 것으로, 각 수를 9로 나눈 나머지를 계산해서 좌변과 우변의 9로 나눈 나머지가 같은지 확인하는 방법이다.

오답분석

① 역연산 : 본래의 풀이와 반대로 연산을 해가면서 본래의 답이 맞는지를 확인해 나가는 검산법으로, 덧셈은 뺄셈으로, 뺄셈은 덧셈으로, 곱셈은 나눗셈으로, 나눗셈은 곱셈으로 확인한다.

② 단위환산 : 서로 다른 단위를 포함하는 계산을 동등한 양을 가진 단위로 바꾸는 것이다.

④ 사칙연산 : 수에 관한 덧셈, 뺄셈, 곱셈, 나눗셈의 네 종류의 계산법으로, 사칙계산이라고도 한다.

⑤ 산술평균 : 전체 관찰값을 모두 더한 후 관찰값의 개수로 나눈 값이다.

03

A씨는 휴일 오후 3시에 택시를 타고 서울에서 경기도 맛집으로 이동 중이다. 택시요금 계산표에 따라 경기도 진입 전까지 기본요금으로 2km까지 3,800원이며, 4.64-2=2.64km는 주간 거리요금으로 계산하면 $\frac{2,640}{132}\times100=2,000$원이 나온다. 경기도에 진입한 후 맛집까지의 거리는 12.56-4.64=7.92km로 시계외 할증이 적용되어 심야 거리요금으로 계산하면 $\frac{7,920}{132}\times120=7,200$원이고, 경기도 진입 후 택시가 멈춰 있었던 8분의 시간요금은 $\frac{8\times60}{30}\times120=1,920$원이다. 따라서 A씨가 가족과 맛집에 도착하여 지불하게 될 택시요금은 3,800+2,000+7,200+1,920=14,920원이다.

04

A, B, E구의 1인당 소비량을 각각 a, b, $e$kg이라고 하면,

제시된 조건을 식으로 나타내면 다음과 같다.

• 첫 번째 조건 : $a+b=30 \cdots$ ㉠

• 두 번째 조건 : $a+12=2e \cdots$ ㉡

• 세 번째 조건 : $e=b+6 \cdots$ ㉢

㉢을 ㉡에 대입하여 식을 정리하면, $a+12=2(b+6) \rightarrow a-2b=0 \cdots$ ㉣

㉠-㉣을 하면 $3b=30 \rightarrow b=10$, $a=20$, $e=16$

A ~ E구의 변동계수를 구하면 다음과 같다.

- A구 : $\dfrac{5}{20} \times 100 = 25\%$

- B구 : $\dfrac{4}{10} \times 100 = 40\%$

- C구 : $\dfrac{6}{30} \times 100 = 20\%$

- D구 : $\dfrac{4}{12} \times 100 \fallingdotseq 33.33\%$

- E구 : $\dfrac{8}{16} \times 100 = 50\%$

따라서 변동계수가 3번째로 큰 구는 D구이다.

05

정답 ③

2024년 방송산업 종사자 수는 모두 32,443명이다. '2024년 추세'에서는 지상파 방송사(지상파 DMB 포함)만 언급하고 있으므로 다른 분야의 인원은 고정되어 있다. 지상파 방송사(지상파 DMB 포함)는 전년보다 301명이 늘어났으므로 2023년 방송산업 종사자 수는 32,443−301=32,142명이다.

06

정답 ⑤

영업팀별 연간 매출액을 구하면 다음과 같다.
- 영업 A팀 : 50×0.1+100×0.1+100×0.3+200×0.15=75억 원
- 영업 B팀 : 50×0.2+100×0.2+100×0.2+200×0.4=130억 원
- 영업 C팀 : 50×0.3+100×0.2+100×0.25+200×0.15=90억 원
- 영업 D팀 : 50×0.4+100×0.5+100×0.25+200×0.3=155억 원

따라서 연간 매출액이 큰 순서로 팀을 나열하면 D−B−C−A이고, 이때 매출 1위인 영업 D팀의 연 매출액은 155억 원이다.

대표기출유형 04 기출응용문제

01

정답 ③

일본에 수출하는 용접 분야 기업의 수는 96개이고, 중국에 수출하는 주조 분야 기업의 수는 15개이므로 96÷15=6.4이다. 따라서 7배가 되지 않는다.

오답분석

① 열처리 분야 기업 60개 중 13개 기업으로 $\dfrac{13}{60} \times 100 \fallingdotseq 21.67\%$이므로 20% 이상이다.

② 금형 분야 기업의 수는 전체 기업 수의 40%인 1,016개보다 적으므로 옳은 설명이다.

④ 소성가공 분야 기업 중 미국에 수출하는 기업의 수(94개)가 동남아에 수출하는 기업의 수(87개)보다 많다.

⑤ 주조 분야 기업 중 일본에 24개의 기업이 수출하므로 가장 많은 기업이 수출하는 국가이다.

02

- 준엽 : 국내 열처리 분야 기업이 가장 많이 수출하는 국가는 중국(13개)이며, 가장 많이 진출하고 싶어 하는 국가도 중국(16개)으로 같다.
- 진경 : 용접 분야 기업 중 기타 국가에 수출하는 기업 수는 77개로, 용접 분야 기업 중 독일을 제외한 유럽에 수출하는 기업의 수인 49개보다 많다.

[오답분석]
- 지현 : 가장 많은 수의 금형 분야 기업이 진출하고 싶어 하는 국가는 유럽(독일 제외)이다.
- 찬영 : 표면처리 분야 기업 중 유럽(독일 제외)에 진출하고 싶어 하는 기업은 13개로, 미국에 진출하고 싶어하는 기업인 7개의 2배인 14개 미만이다.

03

ⓐ 근로자가 총 90명이고 전체에게 지급된 임금의 총액이 2억 원이므로 근로자당 평균 월 급여액은 $\frac{2억\ 원}{90명} ≒ 222$만 원이다.

따라서 평균 월 급여액은 230만 원 이하이다.

ⓑ 월 210만 원 이상 급여를 받는 근로자 수는 26+12+8+4=50명이다. 따라서 총 90명의 절반보다 많으므로 옳은 설명이다.

[오답분석]

ⓒ 월 180만 원 미만의 급여를 받는 근로자 수는 6+4=10명이다. 따라서 전체에서 $\frac{10}{90} ≒ 11\%$의 비율을 차지하고 있으므로 옳지 않은 설명이다.

ⓓ '월 240만 원 이상 270만 원 미만'의 구간에서 월 250만 원 이상 받는 근로자의 수는 주어진 자료만으로는 확인할 수 없다. 따라서 옳지 않은 설명이다.

04

2021년의 인구성장률은 0.63%, 2024년의 인구성장률 0.39%이다. 2024년의 인구성장률은 2021년의 인구성장률에서 40% 감소한 값인 0.63×(1-0.4)=0.378%보다 값이 크므로 40% 미만으로 감소하였다.

[오답분석]
① 표를 보면 2021년 이후 인구성장률이 매년 감소하고 있으므로 옳은 설명이다.
② 2019년부터 2024년까지의 인구성장률이 가장 낮았던 해는 2024년이며, 합계출산율도 2024년에 가장 낮았다.
③ 인구성장률과 합계출산율은 모두 2020년에는 전년 대비 감소하고, 2021년에는 전년 대비 증가하였으므로 옳은 설명이다.
④ 인구성장률이 높은 순서로 나열하면 2021년 - 2022년 - 2019년 - 2020년 - 2023년 - 2024년이다. 합계출산율이 높은 순서로 나열하면 2019년 - 2022년 - 2021년 - 2020년 - 2023년 - 2024년이다. 따라서 인구성장률과 합계출산율이 두 번째로 높은 해는 모두 2022년이다.

05

9월 말 이후의 그래프가 모두 하향곡선을 그리고 있다.

[오답분석]
①・③ 표를 통해 쉽게 확인할 수 있다.
② 환율이 하락하면 반대로 원화가치가 높아진다.
④ 유가 범위는 85 ~ 125 사이의 변동 폭을 보이고 있다.

06
정답 ③

2018년 대비 2019년에 생산가능인구는 12천 명 증가했다.

[오답분석]
① 2017년부터 2019년까지 고용률의 증감추이와 실업률의 증감추이는 '감소 - 감소'로 동일하다.
② 전년과 비교했을 때, 2018년에 경제활동인구가 202천 명으로 가장 많이 감소했다.
④ 분모가 작고 분자가 크면 비율이 높으므로, 고용률이 낮고 실업률이 높은 2021년과 2022년의 비율만 비교하면 된다.

- 2021년 : $\frac{8.1}{40.5}$ =0.2%

- 2022년 : $\frac{8.0}{40.3}$ ≒0.1985%

따라서 2021년의 비율이 더 크므로 옳은 설명이다.
⑤ 2022년과 2023년의 경제활동참가율은 같지만, 전체적으로는 경제활동참가율이 감소하고 있다.

07
정답 ⑤

평균 근속연수는 2019년 이후 지속적으로 감소하고 있으며, 남성 직원이 여성 직원보다 재직기간이 길다.

[오답분석]
① 기본급은 2022년에 전년 대비 감소하였다.
② 2024년에는 남성 직원과 여성 직원의 1인당 평균 보수액이 같다.
③ 1인당 평균 보수액의 증감 추이는 '증가 - 감소 - 감소 - 증가 - 감소'이므로 옳지 않은 설명이다.
④ 전체 종업원 수는 2020년 이후 지속적으로 늘고 있으며, 2024년 여성 직원의 비율은 전체 상시 종업원 580명 중 213명으로 약 37%로 32%가 넘는다.

08
정답 ③

원 그래프는 일반적으로 내역이나 내용의 구성비를 원을 분할하여 나타낸다.

[오답분석]
① 점 그래프 : 종축과 횡축에 2요소를 두고, 보고자 하는 것이 어떤 위치에 있는가를 알고자 할 때 사용한다.
② 방사형 그래프 : 원 그래프의 일종으로 레이더 차트, 거미줄 그래프라고도 한다. 비교하는 수량을 직경, 또는 반경으로 나누어 원의 중심에서의 거리에 따라 각 수량의 관계를 나타내는 그래프로, 대표적으로 비교하거나 경과를 나타내는 용도로 사용한다.
④ 막대 그래프 : 비교하고자 하는 수량을 막대 길이로 표시하고 그 길이를 비교하여 각 수량 간의 대소 관계를 나타내는 것이다. 가장 간단한 형태로, 선 그래프와 같이 각종 그래프의 기본을 이루며 내역・비교・경과・도수 등을 표시하는 용도로 사용한다.
⑤ 선 그래프 : 시간의 경과에 따른 수량의 변화를 절선의 기울기로 나타내는 그래프로, 주로 경과・비교・분포(도수・곡선 그래프)를 비롯하여 상관관계(상관선 그래프・회귀선) 등을 나타낼 때 사용한다.

대표기출유형 01 | **기출응용문제**

01
정답 ④

조건에 따르면 지하철에는 D를 포함한 두 사람이 타는데, B가 탈 수 있는 교통수단은 지하철뿐이므로 지하철에는 D와 B가 타며, 둘 중 한 명은 라 회사에 지원했다. 또한 어떤 교통수단을 선택해도 지원한 회사에 갈 수 있는 E는 버스와 택시로 서로 겹치는 회사인 가 회사에 지원했음을 알 수 있다. 한편, A는 다 회사에 지원했고 버스나 택시를 타야 하는데, 택시를 타면 다 회사에 갈 수 없으므로 A는 버스를 탄다. 즉, C는 나 또는 마 회사에 지원했음을 알 수 있으며, 택시를 타면 갈 수 있는 회사 중 가 회사를 제외하면 버스로 갈 수 있는 회사와 겹치지 않으므로, C는 택시를 이용한다. 따라서 E가 라 회사에 지원했다는 ④는 옳지 않다.

02
정답 ④

주어진 조건에 따라 수진, 지은, 혜진, 정은의 수면 시간을 정리하면 다음과 같다.
- 수진 : 22:00 ~ 07:00 → 9시간
- 지은 : 22:30 ~ 06:50 → 8시간 20분
- 혜진 : 21:00 ~ 05:00 → 8시간
- 정은 : 22:10 ~ 05:30 → 7시간 20분
따라서 수진이의 수면 시간이 가장 긴 것을 알 수 있다.

03
정답 ③

주어진 조건을 정리하면 다음과 같다.

구분	A	B	C	D
경우 1	호밀식빵	우유식빵	밤식빵	옥수수식빵
경우 2	호밀식빵	밤식빵	우유식빵	옥수수식빵

따라서 항상 참인 것은 ③이다.

[오답분석]

①·②·④·⑤ 주어진 조건만으로는 판단하기 힘들다.

04

한 번 배정받은 층은 다시 배정받을 수 없기 때문에 A는 3층, B는 2층에 배정받을 수 있다. C는 1층 또는 4층에 배정받을 수 있지만, D는 1층에만 배정받을 수 있기 때문에 C는 4층, D는 1층에 배정받는다. 이를 정리하면 다음과 같다.

A	B	C	D
3층	2층	4층	1층

따라서 항상 참인 것은 ①이다.

오답분석

②·③·④ 주어진 조건만으로는 판단하기 힘들다.

⑤ 매년 새롭게 층을 배정받기 때문에 B 또한 3년 이상 기숙사에 살았을 것이다.

05

정답 ③

주어진 조건을 정리하면 다음과 같다.

구분	월	화	수	목	금	토	일
첫째	○	×		×	○		
둘째						○	
셋째							○
넷째			○				

• 첫째는 화요일과 목요일에 병간호를 할 수 없고, 수·토·일요일은 다른 형제들이 병간호를 하므로 월요일과 금요일에 병간호를 한다.

• 둘째와 셋째에게 남은 요일은 화요일과 목요일이지만, 둘 중 누가 화요일에 병간호를 하고 목요일에 병간호를 할지는 알 수 없다.

06

정답 ③

세 번째 조건과 네 번째 조건을 기호로 나타내면 다음과 같다.

• D → ~E

• ~E → ~A

각각의 대우 E → ~D와 A → E에 따라 A → E → ~D가 성립하므로 A를 지방으로 발령한다면 E도 지방으로 발령하고, D는 지방으로 발령하지 않는다. 이때, K공사는 B와 D에 대하여 같은 결정을 하고, C와 E에 대하여는 다른 결정을 하므로 B와 C를 지방으로 발령하지 않는다. 따라서 A가 지방으로 발령된다면 지방으로 발령되지 않는 직원은 B, C, D 총 3명이다.

대표기출유형 02   기출응용문제

01

정답 ②

서울 지점의 C씨에게 배송할 제품과 경기남부 지점의 B씨에게 배송할 제품에 대한 기호를 모두 기록해야 한다.

• C씨 : MS11EISS
 - 재료 : 연강(MS)
 - 판매량 : 1box(11)
 - 지역 : 서울(E)
 - 윤활유 사용 : 윤활작용(I)
 - 용도 : 스프링(SS)

• B씨 : AHSS00SSST
 - 재료 : 초고강도강(AHSS)
 - 판매량 : 1set(00)
 - 지역 : 경기남부(S)
 - 윤활유 사용 : 밀폐작용(S)
 - 용도 : 타이어코드(ST)

CHAPTER 03 문제해결능력 · **31**

02

정답 ④

파일 이름에 주어진 규칙을 적용하여 암호를 구하면 다음과 같다.

1. 비밀번호 중 첫 번째 자리에는 파일 이름의 첫 문자가 한글일 경우 @, 영어일 경우 #, 숫자일 경우 *로 특수문자를 입력한다.
   • 2022매운전골Cset3인기준recipe8 → *
2. 두 번째 자리에는 파일 이름의 총 자리 개수를 입력한다.
   • 2022매운전골Cset3인기준recipe8 → *23
3. 세 번째 자리부터는 파일 이름 내에 숫자를 순서대로 입력한다. 숫자가 없을 경우 0을 두 번 입력한다.
   • 2022매운전골Cset3인기준recipe8 → *23202238
4. 그 다음 자리에는 파일 이름 중 한글이 있을 경우 초성만 순서대로 입력한다. 없다면 입력하지 않는다.
   • 2022매운전골Cset3인기준recipe8 → *23202238ㅁㅇㅈㄱㅇㄱㅈ
5. 그 다음 자리에는 파일 이름 중 영어가 있다면 뒤에 덧붙여 순서대로 입력하되, a, e, i, o, u만 'a=1, e=2, i=3, o=4, u=5'로 변형하여 입력한다(대문자·소문자 구분 없이 모두 소문자로 입력한다).
   • 2022매운전골Cset3인기준recipe8 → *23202238ㅁㅇㅈㄱㅇㄱㅈcs2tr2c3p2

따라서 주어진 파일 이름의 암호는 '*23202238ㅁㅇㅈㄱㅇㄱㅈcs2tr2c3p2'이다.

03

정답 ②

A, B, C를 제외한 빈칸에 적힌 수를 각각 D, E, F, G라고 하자.

F는 10의 약수이고 원 안에는 2에서 10까지의 자연수가 적혀 있으므로 F는 2이다.

10을 제외한 2의 배수는 4, 6, 8이고, A는 E와 F의 공배수이다. 즉, A는 8, E는 4이고, B는 6이다.

6의 약수는 1, 2, 3, 6이므로 G는 3이고 D는 3의 배수이므로 9이며, 남은 7은 C이다.

따라서 A ~ C에 해당하는 수의 합은 8+6+7=21이다.

01

정답 ④

ㄴ. 민간의 자율주행기술 R&D를 지원하여 기술적 안전성을 높이는 전략은 위협을 최소화하는 내용은 포함하지 않고 약점만 보완하는 전략이므로 ST전략이라 볼 수 없다.

ㄹ. 국내 기업의 자율주행기술 투자가 부족한 약점을 국가기관의 주도로 극복하려는 내용은 약점을 최소화하고 위협을 회피하려는 WT전략의 내용으로 적합하지 않다.

[오답분석]

ㄱ. 높은 수준의 자율주행기술을 가진 외국 기업과의 기술이전협약 기회를 통해 국내외에서 우수한 평가를 받는 국내 자동차기업이 국내 자율주행자동차 산업의 강점을 강화하는 전략은 SO전략에 해당한다.

ㄷ. 국가가 지속적으로 자율주행차 R&D를 지원하는 법안이 국회 본회의를 통과한 기회를 토대로 기술개발을 지원하여 국내 자율주행자동차 산업의 약점인 기술적 안전성을 확보하려는 전략은 WO전략에 해당한다.

02

정답 ①

SWOT 분석은 내부환경요인과 외부환경요인으로 구성되어 있다. 내부환경요인은 자사 내부의 환경을 분석하는 것으로, 자사의 강점과 약점으로 분석되며, 외부환경요인은 자사 외부의 환경을 분석하는 것으로, 기회와 위협으로 구분된다.

03

정답 ①

SO전략과 WO전략은 K섬유회사의 발전 방안으로서 적절하다.

[오답분석]

ㄴ. ST전략에서 경쟁업체에 특허 기술을 무상 이전하는 것은 경쟁이 더 심화될 수 있으므로 적절하지 않다.

ㄹ. WT전략에서는 기존 설비에 대한 재투자보다는 수요에 맞게 다양한 제품을 유연하게 생산할 수 있는 신규 설비에 대한 투자가 필요하다.

04

정답 ②

국내 금융기관에 대한 SWOT 분석 결과는 다음과 같다.

강점(Strength)	약점(Weakness)
• 높은 국내 시장 지배력 • 우수한 자산건전성 • 뛰어난 위기관리 역량	• 은행과 이자 이익에 편중된 수익구조 • 취약한 해외 비즈니스와 글로벌 경쟁력
기회(Opportunity)	위협(Threat)
• 해외 금융시장 진출 확대 • 기술 발달에 따른 핀테크의 등장 • IT 인프라를 활용한 새로운 수익 창출	• 새로운 금융 서비스의 등장 • 글로벌 금융기관과의 경쟁 심화

ㄱ. SO전략은 강점을 살려 기회를 포착하는 전략으로, 강점인 높은 국내 시장점유율을 기반으로 핀테크 사업에 진출하려는 ㄱ은 적절한 SO전략으로 볼 수 있다.

ㄷ. ST전략은 강점을 살려 위협을 회피하는 전략으로, 강점인 우수한 자산건전성을 강조하여 글로벌 금융기관과의 경쟁에서 우위를 차지하려는 ㄷ은 적절한 ST전략으로 볼 수 있다.

[오답분석]

ㄴ. WO전략은 약점을 보완하여 기회를 포착하는 전략이다. 그러나 위기관리 역량은 국내 금융기관이 지니고 있는 강점에 해당하므로 WO전략으로 적절하지 않다.

ㄹ. 해외 비즈니스 역량을 강화하여 해외 금융시장에 진출하는 것은 약점을 보완하여 기회를 포착하는 WO전략에 해당한다.

05

ㄴ. 다수의 풍부한 경제자유구역 성공 사례를 활용하는 것은 강점에 해당되지만, 외국인 근로자를 국내 주민과 문화적으로 동화시키려는 시도는 위협을 극복하는 것과는 거리가 멀다. 따라서 해당 전략은 ST전략으로 부적절하다.

ㄹ. 경제자유구역 인근 대도시와의 연계를 활성화하면 오히려 인근 기성 대도시의 산업이 확장된 교통망을 바탕으로 경제자유구역의 사업을 흡수할 위험이 커진다. 또한 인근 대도시와의 연계 확대는 경제자유구역 내 국내·외 기업 간의 구조 및 운영상 이질감을 해소하는 데 직접적인 도움이 된다고 보기 어렵다.

오답분석

ㄱ. 국제경제 호황으로 인해 자국을 벗어나 타국으로 진출하려는 해외기업이 증가하는 기회 상황에서, 성공적 경험에서 축적된 우리나라의 경제자유구역 조성 노하우로 이들을 유인하여 유치하는 전략은 SO전략으로 적절하다.

ㄷ. 기존에 국내에 입주한 해외기업의 동형화 사례를 활용하여 국내기업과 외국계 기업의 운영상 이질감을 해소하여 생산성을 증대시키는 전략은 WO전략에 해당한다.

06

ㄱ. LNG 구매력이 우수하다는 강점을 이용해 북아시아 가스관 사업이라는 기회를 활용하는 것은 SO전략에 해당한다.

ㄷ. 수소 자원 개발이 고도화되고 있는 기회를 이용하여 높은 공급단가라는 약점을 보완하는 것은 WO전략에 해당한다.

오답분석

ㄴ. 북아시아 가스관 사업은 강점이 아니라 기회에 해당되므로 ST전략에 해당한다고 볼 수 없다.

ㄹ. 높은 LNG 확보 능력이라는 강점을 이용해 높은 가스 공급단가라는 약점을 보완하려는 것은 WT전략에 해당한다고 볼 수 없다.

대표기출유형 01   기출응용문제

01

정답 ②

비프음이 길게 1번, 짧게 1번 울릴 때는 메인보드의 오류이므로 메인보드를 교체하거나 A/S 점검을 해야 한다.

02

정답 ④

정보의 기획은 정보처리의 첫 번째 단계로, 5W2H에 입각하여 이루어진다. 이때 5W는 What(무엇을), Where(어디에서), When(언제까지), Why(왜), Who(누가)이고, 2H는 How(어떻게), How much(얼마나)이다.

03

정답 ①

유비쿼터스(Ubiquitous)는 사용자가 컴퓨터나 통신망 따위를 의식하지 않고, 때와 장소에 상관없이 자유롭게 네트워크에 접속할 수 있는 통신 환경을 뜻한다.

오답분석

② AI(Artificial Intelligence) : 인간과 같이 사고하고, 생각하고, 학습하고, 판단하는 논리적인 방식을 사용하는 인간의 지능을 본딴 컴퓨터 시스템을 말한다.
③ 딥 러닝(Deep Learning) : 컴퓨터가 여러 데이터를 이용해 마치 사람처럼 스스로 학습할 수 있게 하기 위해 인공 신경망(ANN; Artificial Neural Network)을 기반으로 구축한 기계 학습 기술을 의미한다.
④ 블록체인(Block Chain) : 누구나 열람할 수 있는 장부에 거래 내역을 투명하게 기록하고, 여러 대의 컴퓨터에 이를 복제해 저장하는 분산형 데이터 저장 기술이다.
⑤ P2P(Peer to Peer) : 기존의 서버와 클라이언트 개념이나 공급자와 소비자 개념에서 벗어나 개인 컴퓨터끼리 직접 연결하고 검색함으로써 모든 참여자가 공급자인 동시에 수요자가 되는 형태이다.

04

정답 ③

세탁기 신상품의 콘셉트(Concept)가 중년층을 대상으로 하기 때문에 성별이 아니라 연령에 따라 자료를 분류하여 중년층의 세탁기 선호 디자인에 대한 정보가 필요함을 알 수 있다.

05

정답 ③

고객의 신상 정보의 경우 유출하거나 삭제하는 것 등의 행동을 해서는 안 되며, 거래처에서 빌린 컴퓨터에서 나왔기 때문에 거래처 담당자에게 되돌려주는 것이 가장 적절하다.

06

정보를 관리하지 않고 그저 머릿속에만 기억해 두는 것은 정보관리에 허술한 사례이다.

오답분석
① · ④ 정보검색의 바람직한 사례이다.
② · ⑤ 정보전파의 바람직한 사례이다.

대표기출유형 02　기출응용문제

01

주어진 자료에서 원하는 항목만을 골라 해당하는 금액의 합계를 구하기 위해서는 SUMIF 함수를 사용하는 것이 적절하다. SUMIF 함수는 「=SUMIF(범위,조건,합계를 구할 범위)」형식으로 작성한다. 따라서 「=SUMIF(C3:C22,"외식비",D3:D22)」함수식을 입력하면 원하는 값을 도출할 수 있다.

02

• COUNTIF : 지정한 범위 내에서 조건에 맞는 셀의 개수를 구한다.
• 함수식 : =COUNTIF(D3:D10,">=2024-01-01")

오답분석
① COUNT : 범위에서 숫자가 포함된 셀의 개수를 구한다.
② COUNTA : 범위가 비어있지 않은 셀의 개수를 구한다.
③ SUMIF : 주어진 조건에 의해 지정된 셀들의 합을 구한다.
④ MATCH : 배열에서 지정된 순서상의 지정된 값에 일치하는 항목의 상대 위치 값을 찾는다.

03

오답분석
① · ② AND 함수는 인수의 모든 조건이 참(TRUE)일 경우에 성별을 구분하여 표시할 수 있으므로 적절하지 않다.
④ 함수식에서 "남자"와 "여자"가 바뀌었다.
⑤ 함수식에서 "2"와 "3"이 아니라, "1"과 "3"이 들어가야 한다.

04

SUM 함수는 인수들의 합을 구할 수 있다.
• [B12] : SUM(B2:B11)
• [C12] : SUM(C2:C11)

오답분석
① REPT : 텍스트를 지정한 횟수만큼 반복한다.
② CHOOSE : 인수 목록 중에서 하나를 고른다.
④ AVERAGE : 인수들의 평균을 구한다.
⑤ DSUM : 지정한 조건에 맞는 데이터베이스에서 필드 값들의 합을 구한다.

05

정답 ⑤

- MAX : 최댓값을 구한다.
- MIN : 최솟값을 구한다.

대표기출유형 03   기출응용문제

01

정답 ⑤

바깥쪽 i-for문이 4번 반복되고 안쪽 j-for문이 6번 반복되므로 j-for문 안에 있는 문장은 총 24번 반복된다.

02

정답 ③

for 반복문은 i 값이 0부터 1씩 증가하면서 10보다 작을 때까지 수행하므로 i 값은 각 배열의 인덱스(0 ~ 9)를 가리키게 되고, num에는 i가 가리키는 배열 요소 값의 합이 저장된다. arr 배열의 크기는 10이고 초깃값들은 배열의 크기 10보다 작으므로 나머지 요소들은 0으로 초기화된다. 따라서 배열 arr는 {1, 2, 3, 4, 5, 0, 0, 0, 0, 아으로 초기화되므로 이 요소들의 합 15와 num의 초깃값 10에 대한 합은 25이다.

대표기출유형 01 ┃ 기출응용문제

01

정답 ②

1) K기사가 거쳐야 할 경로는 'A도시 → E도시 → C도시 → A도시'이다. A도시에서 E도시로 바로 갈 수 없으므로 다른 도시를 거쳐야 하고, 이때 가장 짧은 시간 내에 A도시에서 E도시로 갈 수 있는 경로는 B도시를 경유하는 것이다. 따라서 K기사의 운송경로는 'A도시 → B도시 → E도시 → C도시 → A도시'이며, 이동시간은 1.0+0.5+2.5+0.5=4.5시간이다.

2) P기사는 A도시에서 출발하여 모든 도시를 한 번씩 거친 뒤 다시 A도시로 돌아와야 한다. 해당 조건이 성립하는 운송경로의 경우는 다음과 같다.
   - A도시 → B도시 → D도시 → E도시 → C도시 → A도시
     - 이동시간 : 1.0+1.0+0.5+2.5+0.5=5.5시간
   - A도시 → C도시 → B도시 → E도시 → D도시 → A도시
     - 이동시간 : 0.5+2.0+0.5+0.5+1.5=5시간
   따라서 P기사가 운행할 최소 이동시간은 5시간이다.

02

정답 ④

행낭 배송 운행속도는 시속 60km로 일정하므로, A지점에서 G지점까지의 최단거리를 구한 뒤 소요 시간을 구하면 된다. 우선 배송 요청에 따라 지점 간의 순서 변경과 생략을 할 수 있으므로 거치는 지점을 최소화하여야 한다. 이를 고려하여 최단거리를 구하면 다음과 같다.

$A \rightarrow B \rightarrow D \rightarrow G \Rightarrow 6+2+8=16 \Rightarrow 16$분($\because$ 60km/h=1km/min)

$\therefore$ 대출 신청 서류가 A지점에 다시 도착할 최소시간은 16분(A → G)+30분(서류 작성)+16분(G → A)=62분=1시간 2분

03

정답 ③

자동차 부품 생산조건에 따라 반자동라인과 자동라인의 시간당 부품 생산량을 구해보면 다음과 같다.
- 반자동라인 : 4시간에 300개의 부품을 생산하므로, 8시간에 300개×2=600개의 부품을 생산한다. 하지만 8시간마다 2시간씩 생산을 중단하므로, 8+2=10시간에 600개의 부품을 생산하는 것과 같다. 따라서 시간당 부품 생산량은 $\frac{600개}{10시간}$=60개이다.

  이때 반자동라인에서 생산된 부품의 20%는 불량이므로, 시간당 정상 부품 생산량은 60개×(1-0.2)=48개이다.
- 자동라인 : 3시간에 400개의 부품을 생산하므로, 9시간에 400개×3=1,200개의 부품을 생산한다. 하지만 9시간마다 3시간씩 생산을 중단하므로, 9+3=12시간에 1,200개의 부품을 생산하는 것과 같다. 따라서 시간당 부품 생산량은 $\frac{1,200개}{12시간}$=100개이

  다. 이때 자동라인에서 생산된 부품의 10%는 불량이므로, 시간당 정상 제품 생산량은 100개×(1-0.1)=90개이다.
  따라서 반자동라인과 자동라인에서 시간당 생산하는 정상 제품의 생산량은 48+90=138개이므로, 34,500개를 생산하는 데

  $\frac{34,500개}{138개/h}$=250시간이 소요되었다.

04

두 번째 조건에서 경유지는 서울보다 +1시간, 출장지는 경유지보다 −2시간이므로 서울과 −1시간 차이다.

김대리가 서울에서 경유지를 거쳐 출장지까지 가는 과정을 서울 시간 기준으로 정리하면,

서울 5일 오후 1시 35분 출발 → 오후 1시 35분+3시간 45분=오후 5시 20분 경유지 도착 → 오후 5시 20분+3시간 50분(대기시간)=오후 9시 10분 경유지에서 출발 → 오후 9시 10분+9시간 25분=6일 오전 6시 35분 출장지 도착

따라서 출장지에 도착했을 때 현지 시각은 서울보다 1시간 느리므로 오전 5시 35분이다.

05

시간 계획에 있어서는 가장 많이 반복되는 일에 가장 많은 시간을 분배한다.

대표기출유형 02 　 기출응용문제

01

• 6월 8일

　출장지는 I시이므로 출장수당은 10,000원이고, 교통비는 20,000원이다. 그러나 관용차량을 사용했으므로 교통비에서 10,000원이 차감된다. 즉, 6월 8일의 출장여비는 10,000+(20,000−10,000)=20,000원이다.

• 6월 16일

　출장지는 S시이므로 출장수당은 20,000원이고, 교통비는 30,000원이다. 그러나 출장 시작 시각이 14시이므로 10,000원이 차감된다. 즉, 6월 16일의 출장여비는 (20,000−10,000)+30,000=40,000원이다.

• 6월 19일

　출장지는 B시이므로 출장비는 20,000원이고, 교통비는 30,000원이다. 이때, 업무추진비를 사용했으므로 10,000원이 차감된다. 즉, 6월 19일의 출장여비는 (20,000−10,000)+30,000=40,000원이다.

따라서 A사원이 6월 출장여비로 받을 수 있는 총액은 20,000+40,000+40,000=100,000원이다.

02

예산 관리는 활동이나 사업에 소요되는 비용을 산정하고, 예산을 편성하는 것뿐만 아니라 예산을 통제하는 것 모두를 포함한다고 할 수 있다. 즉, 예산을 수립하고 집행하는 모든 일을 예산 관리라고 할 수 있다.

03

예산의 구성 요소

• 직접비용 : 제품 또는 서비스를 창출하기 위해 직접 소비된 것으로 여겨지는 비용이다.

• 간접비용 : 과제를 수행하기 위해 소비된 비용 중 직접비용을 제외한 비용으로, 생산에 직접 관련되지 않은 비용이다.

04

상별로 수상 인원을 고려하여, 상패 및 물품별 총수량과 비용을 계산하면 다음과 같다.

상패 또는 물품	총수량(개)	개당 가격(원)	총비용(원)
금 도금 상패	7	49,500원(10% 할인)	7×49,500=346,500
은 도금 상패	5	42,000	42,000×4(1개 무료)=168,000
동 상패	2	35,000	35,000×2=70,000
식기 세트	5	450,000	5×450,000=2,250,000
신형 노트북	1	1,500,000	1×1,500,000=1,500,000
태블릿 PC	6	600,000	6×600,000=3,600,000
만년필	8	100,000	8×100,000=800,000
안마의자	4	1,700,000	4×1,700,000=6,800,000
합계	–	–	15,534,500

따라서 총상품구입비는 15,534,500원이다.

05

주어진 조건을 정리하면 다음과 같다.
- $(B+C+D)\times0.2=A \rightarrow B+C+D=5A \cdots$ ⓐ
- $(A+B)\times0.4=C \rightarrow A+B=2.5C \cdots$ ⓑ
- $A+B=C+D \cdots$ ⓒ
- $D-16,000=A \cdots$ ⓓ

ⓑ를 ⓒ에 대입하면 $C+D=2.5C \rightarrow D=1.5C \cdots$ ㉠
㉠을 ⓓ에 대입하면 $A=1.5C-16,000 \cdots$ ㉡
㉠을 ⓒ에 대입하면 $B=2.5C-A$, 여기에 ㉡을 대입하면 $B=2.5C-1.5C+16,000=C+16,000 \cdots$ ㉢
㉠, ㉡, ㉢을 이용해 ⓐ를 C에 대한 식으로 정리하면
$C+16,000+C+1.5C=7.5C-80,000$
$\rightarrow 3.5C+16,000=7.5C-80,000$
$\rightarrow 16,000+80,000=7.5C-3.5C$
$\rightarrow 96,000=4C$
$\therefore C=24,000$

따라서 C가 낸 금액은 24,000원이다.

06

제품군별 지급해야 할 보관료는 다음과 같다.
- A제품군 : 300억×0.01=3억 원
- B제품군 : 2,000CUBIC×20,000=4,000만 원
- C제품군 : 500톤×80,000=4,000만 원

따라서 K기업이 보관료로 지급해야 할 총금액은 3억+4,000만+4,000만=3억 8,000만 원이다.

01

정답 ③

각 과제의 최종 점수를 구하기 전에 항목별로 최하위 점수가 부여된 과제는 제외하므로, 중요도에서 최하위 점수가 부여된 B, 긴급도에서 최하위 점수가 부여된 D, 적용도에서 최하위 점수가 부여된 E를 제외한다. 나머지 두 과제에 대하여 주어진 조건에 따라 최종 점수를 구해보면 다음과 같다. 가중치는 별도로 부여되므로 추가 계산한다.

- A : $(84+92+96)+(84\times0.3)+(92\times0.2)+(96\times0.1)=325.2$점
- C : $(95+85+91)+(95\times0.3)+(85\times0.2)+(91\times0.1)=325.6$점

따라서 최종 점수가 높은 C를 가장 먼저 수행해야 한다.

02

정답 ②

유사성의 원칙은 유사품은 인접한 장소에 보관한다는 것을 말한다. 같은 장소에 보관하는 것은 동일한 물품이다.

오답분석

① 물적 자원 관리 과정에서 첫 번째로 해야 할 일은 사용 물품과 보관 물품의 구분이며, 물품 활용의 편리성과 반복 작업 방지를 위해 필요한 작업이다.
③ 물품 분류가 끝났으면 적절하게 보관 장소를 선정해야 하는데, 물품의 특성에 맞게 분류하여 보관하는 것이 바람직하다. 재질의 차이로 분류하는 방법도 옳은 방법이다.
④ 회전대응 보관 원칙에 대한 옳은 정의이다. 물품 보관 장소까지 선정이 끝나면 차례로 정리하면 된다. 여기서 회전대응 보관 원칙을 지켜야 물품 활용도가 높아질 수 있다.
⑤ 물품 보관 장소를 선정할 때 무게와 부피에 따라 분류하는 방법도 중요하다. 만약 다른 약한 물품들과 같이 놓게 되면 무게 또는 부피가 큰 물품에 의해 다른 물품이 파손될 가능성이 크기 때문이다.

03

정답 ④

인쇄할 홍보 자료는 총 $20\times10=200$부이며, $200\times30=6,000$페이지이다. 이를 활용하여 업체당 인쇄비용을 구하면 다음과 같다.

구분	페이지 인쇄 비용	유광 표지 비용	제본 비용	할인을 적용한 총비용
A	$6,000\times50=30$만 원	$200\times500=10$만 원	$200\times1,500=30$만 원	$30+10+30=70$만 원
B	$6,000\times70=42$만 원	$200\times300=6$만 원	$200\times1,300=26$만 원	$42+6+26=74$만 원
C	$6,000\times70=42$만 원	$200\times500=10$만 원	$200\times1,000=20$만 원	$42+10+20=72$만 원 → 200부 중 100부 5% 할인 → (할인 안 한 100부 비용)+(할인한 100부 비용) $=36+(36\times0.95)=70$만 2,000원
D	$6,000\times60=36$만 원	$200\times300=6$만 원	$200\times1,000=20$만 원	$36+6+20=62$만 원
E	$6,000\times100=60$만 원	$200\times200=4$만 원	$200\times1,000=20$만 원	$60+4+20=84$만 원 → 총비용 20% 할인 $84\times0.8=67$만 2,000원

따라서 가장 저렴한 비용으로 인쇄할 수 있는 업체는 D인쇄소이다.

04

정답 ④

물품출납 및 운용카드는 물품에 대한 상태를 지속적으로 확인하고 작성하여 개정할 필요가 있다.

05

정답 ①

두 번째 조건에서 총구매금액이 30만 원 이상이면 총금액에서 5%를 할인해 주므로 한 벌당 가격이 300,000÷50=6,000원 이상인 품목은 할인율을 적용한다. 업체별 품목 금액을 보면 모든 품목이 6,000원 이상이므로 5% 할인 적용 대상이다. 따라서 모든 품목에 할인율이 적용되어 정가로 비교가 가능하다.

세 번째 조건에서 차순위 품목이 1순위 품목보다 총금액이 20% 이상 저렴한 경우 차순위를 선택한다고 했으므로 한 벌당 가격으로 계산하면 1순위인 카라 티셔츠의 20% 할인된 가격은 8,000×0.8=6,400원이다. 정가가 6,400원 이하인 품목은 A업체의 티셔츠 이므로 팀장은 1순위인 카라 티셔츠보다 2순위인 A업체의 티셔츠를 구입할 것이다.

06

정답 ④

어떤 컴퓨터를 구매하더라도 각각 사는 것보다 세트로 사는 것이 한 세트(모니터＋본체)당 7만 원에서 12만 원 정도 이득이다. 하지만 세트 혜택이 아닌 다른 혜택에 해당하는 조건에서는 비용을 비교해 봐야 한다. 다음은 컴퓨터별 구매 비용을 계산한 것이다. E컴퓨터는 성능 평가에서 '하'를 받았으므로 계산에서 제외한다.

- A컴퓨터 : 80만 원×15대=1,200만 원
- B컴퓨터 : (75만 원×15대)－100만 원=1,025만 원
- C컴퓨터 : (20만 원×10대)＋(20만 원×0.85×5대)＋(60만 원×15대)=1,185만 원 또는 70만 원×15대=1,050만 원
- D컴퓨터 : 66만 원×15대=990만 원

따라서 D컴퓨터만 예산 범위인 1,000만 원 내에서 구매할 수 있으므로 조건을 만족하는 컴퓨터는 D컴퓨터이다.

07

정답 ③

사진 크기별로 개수에 따른 총용량을 구하면 다음과 같다.

- 반명함 : 150×8,000=1,200,000KB(1,200MB)
- 신분증 : 180×6,000=1,080,000KB(1,080MB)
- 여권 : 200×7,500=1,500,000KB(1,500MB)
- 단체사진 : 250×5,000=1,250,000KB(1,250MB)

모든 사진의 총용량을 더하면 1,200＋1,080＋1,500＋1,250=5,030MB이다.
5,030MB는 5.030GB이므로, 필요한 USB 최소 용량은 5GB이다.

08

정답 ①

제시된 조건에 따라 가중치를 적용한 각 후보 도서의 점수를 나타내면 다음과 같다.

도서명	흥미도 점수	유익성 점수	1차 점수	2차 점수
재테크, ○○○	6×3=18점	8×2=16점	34점	34점
여행◇◇◇	7×3=21점	6×2=12점	33점	33＋1=34점
CEO의 수첩	6×3=18점	7×2=14점	32점	－
IT혁명, △△△	5×3=15점	8×2=16점	31점	－
경제×××	4×3=12점	5×2=10점	22	－
건강공화국	8×3=24점	5×2=10점	34점	34점

1차 점수가 높은 3권은 '재테크, ○○○', '여행◇◇◇', '건강공화국'이다. 이 중 '여행◇◇◇'은 해외 저자의 서적이므로 2차 선정 에서 가점 1점을 받는다. 1차 선정된 도서 3권의 2차 점수가 34점으로 모두 동일하므로, 유익성 점수가 가장 낮은 '건강공화국'이 탈락한다. 따라서 최종 선정될 도서는 '재테크, ○○○'와 '여행◇◇◇'이다.

09

적절한 수준의 여분은 사용 중인 물품의 파손 등 잠재적 위험에 즉시 대응할 수 있어 생산성을 향상시킬 수 있다.

[오답분석]
① 물품의 분실 사례에 해당한다. 물품의 분실은 훼손과 마찬가지로 물품을 다시 구입해야 하므로 경제적인 손실을 가져올 수 있다.
② 물품의 훼손 사례에 해당한다. 물품을 제대로 관리하지 못하여 새로 구입해야 한다면 경제적인 손실이 발생할 수 있다.
③ 분명한 목적 없이 물품을 구입한 사례에 해당한다. 분명한 목적 없이 물품을 구입할 경우 관리가 소홀해지면서 분실, 훼손의 위험이 커질 수 있다.
⑤ 보관 장소를 파악하지 못한 사례에 해당한다. 물품의 위치를 제대로 파악하지 못한다면, 물품을 찾는 시간이 지체되어 어려움을 겪을 수 있다.

대표기출유형 04 | 기출응용문제

01

- 본부에서 36개월 동안 연구원으로 근무 → $0.03 \times 36 = 1.08$점
- 지역본부에서 24개월 근무 → $0.015 \times 24 = 0.36$점
- 특수지에서 12개월 동안 파견근무(지역본부 근무경력과 중복되어 절반만 인정) → $0.02 \times 12 \div 2 = 0.12$점
- 본부로 복귀 후 현재까지 총 23개월 근무 → $0.03 \times 23 = 0.69$점
- 현재 팀장(과장) 업무 수행 중
  - 내부평가 결과 최상위 10% 총 12회 → $0.012 \times 12 = 0.144$점
  - 내부평가 결과 차상위 10% 총 6회 → $0.01 \times 6 = 0.06$점
  - 금상 2회, 은상 1회, 동상 1회 수상 → $(0.25 \times 2) + (0.15 \times 1) + (0.1 \times 1) = 0.75$점 → 0.5점($\because$ 인정 범위 조건)
  - 시행 결과 평가 탁월 2회, 우수 1회 → $(0.25 \times 2) + (0.15 \times 1) = 0.65$점 → 0.5점($\because$ 인정 범위 조건)

따라서 Q과장에게 부여해야 할 가점은 3.454점이다.

02

[오답분석]
- A지원자 : 9월에 복학 예정이기 때문에 인턴 기간이 연장될 경우 근무할 수 없으므로 부적합하다.
- B지원자 : 경력 사항이 없으므로 부적합하다.
- D지원자 : 근무 시간(9 ~ 18시) 이후에 업무가 불가능하므로 부적합하다.
- E지원자 : 포토샵을 활용할 수 없으므로 부적합하다.

03

(하루 1인당 고용비)=(1인당 수당)+(산재보험료)+(고용보험료)
$$= 50,000 + (50,000 \times 0.00504) + (50,000 \times 0.013)$$
$$= 50,000 + 252 + 650 = 50,902원$$
(하루에 고용할 수 있는 인원수)=[(본예산)+(예비비)] / (하루 1인당 고용비)
$$= \frac{600,000}{50,902} ≒ 11.8$$
따라서 하루 동안 고용할 수 있는 최대 인원은 11명이다.

04

정답 ①

㉠은 능력주의, ㉡은 적재적소주의, ㉢은 적재적소주의, ㉣은 능력주의이다. 개인에게 능력을 발휘할 수 있는 기회와 장소를 부여하고, 그 성과를 바르게 평가한 뒤 평가된 능력과 실적에 대해 그에 상응하는 보상을 주는 능력주의 원칙은 적재적소주의 원칙의 상위 개념이라고 할 수 있다. 즉, 적재적소주의는 능력주의의 하위 개념에 해당한다.

05

정답 ③

최나래, 황보연, 이상윤, 한지혜는 업무성과 평가에서 상위 40%(인원이 10명이므로 4명) 이내에 해당하지 않으므로 대상자가 아니다. 업무성과 평가 결과에서 40% 이내에 드는 사람은 4명까지이지만, B를 받은 사람 4명을 동순위자로 보아 6명이 대상자 후보가 된다. 6명 중 박희영은 통근거리가 50km 미만이므로 대상자에서 제외된다. 나머지 5명 중에서 자녀가 없는 김성배·이지규는 우선순위에서 밀려나고, 나머지 3명 중에서는 통근거리가 가장 먼 순서대로 이준서·김태란이 동절기 업무시간 단축 대상자로 선정된다.

06

정답 ④

제시된 조건을 정리하면 다음과 같다.
- 최소비용으로 가능한 한 많은 인원 채용
- 급여는 희망임금으로 지급
- 6개월 이상 근무하되, 주말 근무시간은 협의 가능
- 지원자들은 주말 이틀 중 하루만 출근하기를 원함
- 하루 1회 출근만 가능

위 조건을 모두 고려하여 근무 스케줄을 작성해보면 총 5명의 직원을 채용할 수 있다.

근무시간	토요일	일요일
11:00 ~ 12:00	최지홍(7,000원)	박소다(7,500원)
12:00 ~ 13:00		
13:00 ~ 14:00		
14:00 ~ 15:00		
15:00 ~ 16:00		우병지(7,000원)
16:00 ~ 17:00		
17:00 ~ 18:00		
18:00 ~ 19:00	한승희(7,500원)	
19:00 ~ 20:00		
20:00 ~ 21:00		김래원(8,000원)
21:00 ~ 22:00		

※ 김병우 지원자의 경우에는 희망근무기간이 4개월이므로 채용하지 못함

대표기출유형 01 기출응용문제

01

정답 ②

ㄱ. 하향식 기술선택에 대한 설명이다.

ㄴ. 상향식 기술선택에 대한 설명이다.

ㄷ. 기술선택 시에 최우선순위로 꼽히는 기술은 제품의 성능 또는 원가에 끼치는 영향력이 큰 기술이다.

02

정답 ③

노하우(Know-How)는 경험적이고 반복적인 행위에 의해 얻을 수 있는 것이며, 이러한 성격의 지식을 흔히 Technique 혹은 Art라고 부른다.

[오답분석]

①・⑤ 노하우에 대한 설명이다.

② 노와이에 대한 설명이다.

④ 기술은 원래는 노하우(Know-How)의 개념이 강하였으나, 시간이 지나면서 점차 노와이(Know-Why)와 노하우가 결합하게 되었다.

03

정답 ①

기술시스템(Technological System)은 개별 기술이 네트워크로 결합하는 것을 말한다. 인공물의 집합체만이 아니라 투자회사, 법적 제도, 정치, 과학, 자연자원을 모두 포함하는 것으로, 사회기술시스템이라고도 한다.

04

정답 ①

기술선택을 위한 결정 요인 우선순위

1. 제품의 성능이나 원가에 미치는 영향력이 큰 기술
2. 기술을 활용한 제품의 매출과 이익 창출 잠재력이 큰 기술
3. 쉽게 구할 수 없는 기술
4. 기업 간에 모방이 어려운 기술
5. 기업이 생산하는 제품 및 서비스에 보다 광범위하게 활용할 수 있는 기술
6. 최신 기술로 진부화될 가능성이 적은 기술

05

정답 ①

시스템적인 관점(觀點)에서 인식(認識)하는 능력은 기술적 능력에 대한 것으로, 기술경영자의 역할보다는 기술관리자의 역할에 해당한다.

06
정답 ②

제시문은 기술혁신의 예측 어려움, 즉 불확실성에 대해 설명하고 있으므로 ②가 가장 적절하다.

[오답분석]
① 기술개발로부터 이로 인한 기술혁신의 가시적인 성과가 나타나기까지는 비교적 장시간이 필요하다.
③ 인간의 지식과 경험은 빠른 속도로 축적되고 학습되는 데 반해 기술개발에 참가한 엔지니어의 지식은 문서화되기 어렵기 때문에 다른 사람들에게 쉽게 전파될 수 없고, 해당 엔지니어들이 그 기업을 떠나는 경우 기술과 지식의 손실이 크게 발생하여 기술개발을 지속할 수 없는 경우가 종종 발생한다. 이는 기술혁신의 지식 집약적 활동이라는 특성 때문이다.
④ 기술혁신은 기업의 기존 조직 운영 절차나 제품구성, 생산방식, 나아가 조직의 권력구조 자체에도 새로운 변화를 야기함으로써 조직의 이해관계자 간의 갈등을 유발하는데, 이는 기술혁신으로 인해 조직 내에서도 이익을 보는 집단과 손해를 보는 집단이 생기기 때문이다.
⑤ 기술혁신은 연구개발 부서 단독으로 수행될 수 없다. 예를 들어 새로운 제품에 관한 아이디어는 마케팅 부서를 통해 고객으로부터 수집되었을 것이며, 원재료나 설비는 구매 부서를 통해 얻어졌을 것이기 때문이다. 이처럼 기술혁신은 부서 간의 상호의존성을 갖고 있다.

대표기출유형 02 | 기출응용문제

01
정답 ④

제시문의 동결 시 조치 방법에서는 화면에 'ER' 표시가 나타나면 전원 버튼이 아니라 일시정지 버튼을 눌러 작동을 멈추라고 설명했다.

[오답분석]
① 필터는 제품 사용 전후로 반드시 청소해 주라고 설명했다.
② 과도한 건조물을 넣고 기계를 작동시키면 완벽하게 건조되지 않거나 의류에 구김이 생길 수 있으니 최대용량 5kg 이내로 의류를 넣어 주라고 설명했다.
③ 건조기 사용이 불가한 제품 목록이 설명되어 있다.
⑤ 호스가 얼면 호스 안의 이물질을 모두 꺼내고, 호스를 따뜻한 물 또는 따뜻한 수건으로 20분 이상 녹여 주라고 설명했다.

02
정답 ④

④에 대한 내용은 문제 해결법에 나와 있지 않다.

03
정답 ④

인쇄 속도가 느릴 때 해결할 수 있는 방안이다.

04
정답 ③

아이를 혼자 두지 않고, 항상 벨트를 채워야 한다는 것은 유아용 식탁 의자의 장소 선정 시 고려해야 할 사항보다 사용 시 주의해야 할 사항으로 적절하다.

05
정답 ④

연마 세제나 용제는 유아용 식탁 의자를 손상시킬 수 있으므로 사용하지 않는다.

PART 2

최종점검 모의고사

제1회 최종점검 모의고사

01	02	03	04	05	06	07	08	09	10	11	12	13	14	15	16	17	18	19	20
④	①	③	④	①	①	①	④	②	⑤	②	③	②	⑤	⑤	②	③	③	⑤	②
21	22	23	24	25	26	27	28	29	30	31	32	33	34	35	36	37	38	39	40
④	④	②	③	②	④	②	④	④	②	②	②	④	①	③	⑤	③	④	④	①
41	42	43	44	45	46	47	48	49	50										
③	⑤	②	⑤	③	②	③	④	②											

01 공통영역

01 내용 추론
정답 ④

제시문에서는 심리적 성향에서 비롯된 행위라도 결과적으로 의무와 부합할 수 있다고 하였으므로, 이성의 명령에 따른 행위와 심리적 성향에 따른 행위가 결과적으로 일치하는 경우도 있을 수 있다.

오답분석
① 동물은 이성을 가지고 있지 않으며 단지 본능적 욕구에 따라 행동할 뿐이므로, 동물의 행동을 선하다거나 악하다고 평가할 수 없다. 즉, 동물의 행위는 도덕적 평가의 대상이 될 수 없다.
② 감정이나 욕구는 주관적이므로, 시공간을 넘어 모든 인간에게 적용될 수 있는 보편적인 도덕의 원리가 될 수 없다.
③ 상대적인 심리적 성향에서 비롯된 행위는 도덕성과 무관하기 때문에 도덕적 행위가 될 수 없다.
⑤ 인간은 이성뿐만 아니라 감정과 욕구를 가진 존재이므로, 도덕적 의무(이성)에 따라 행동하거나 심리적 성향(감정과 욕구)에 따라 행동할 수 있다.

02 어휘
정답 ①

'미처 생각이 미치지 못한, 모순되는 점이나 틈'을 뜻하는 맹점(盲點)과 '결함이나 흠이 없음'을 뜻하는 무결(無缺)은 반의 관계를 이룬다. 마찬가지로 ①의 '기정(旣定, 이미 결정되어 있음)'과 '미정(未定, 아직 정하지 못함)' 또한 반의 관계를 이룬다.

오답분석
②・③・④・⑤는 모두 유의 관계이다.
② • 유의(留意) : 마음에 새겨 두어 조심하며 관심을 가짐
  • 유념(留念) : 잊거나 소홀히 하지 않도록 마음속에 깊이 간직하여 생각함
③ • 조치(措置) : 벌어지는 사태를 잘 살펴서 필요한 대책을 세워 행함. 또는 그 대책
  • 대처(對處) : 어떤 정세나 사건에 대하여 알맞은 조치를 취함
④ • 선발(選拔) : 많은 가운데서 골라 뽑음
  • 발탁(拔擢) : 여러 사람 가운데서 쓸 사람을 뽑음
⑤ • 긴축(緊縮) : 바짝 줄이거나 조임. 또는 재정의 기초를 다지기 위하여 지출을 줄임
  • 절약(節約) : 함부로 쓰지 아니하고 꼭 필요한 데에만 써서 아낌

03 문단 나열

정답 ③

제시된 단락에서 미적 판단에 대한 논쟁이 있었음을 밝히고 있으므로 실재론자 또는 반실재론자의 주장이 이어지는 것이 가장 적절하다. 따라서 (다) 미적 판단의 객관성을 지지하는 실재론들 → (가) 주장에 대한 실재론들의 근거 → (나) 실재론자의 주장에 반박하는 반실재론들 → (라) 주장에 대한 반실재론들의 근거 순으로 나열해야 한다.

04 문서 수정

정답 ④

통계 자료에서 가장 많이 사용된 알파벳이 E이므로, 철수가 사용한 규칙 α에서는 E를 A로 변경하게 된다. 따라서 암호문에 가장 많이 사용된 알파벳은 A일 가능성이 높으므로 수정 내용으로 가장 적절하다.

05 빈칸 삽입

정답 ①

- 첫 번째 빈칸 : 공간 정보가 정보 통신 기술의 발전으로 시간에 따른 변화를 반영할 수 있게 되었다는 빈칸 뒤의 내용을 통해 빈칸에는 시간에 따른 공간의 변화를 포함한 공간 정보를 이용할 수 있게 되면서 '최적의 경로 탐색'이 가능해졌다는 내용의 ㉠이 적절함을 알 수 있다.
- 두 번째 빈칸 : ㉡은 빈칸 앞 문장의 '탑승할 버스 정류장의 위치, 다양한 버스 노선, 최단 시간 등을 분석하여 제공하는' 지리정보시스템이 '더 나아가' 제공하는 정보에 관해 이야기한다. 따라서 빈칸에는 ㉡이 적절하다.
- 세 번째 빈칸 : 빈칸 뒤의 내용에서는 공간 정보가 활용되고 있는 다양한 분야와 앞으로 활용될 수 있는 분야를 이야기하고 있으므로 빈칸에는 공간 정보의 활용 범위가 계속 확대되고 있다는 ㉢이 적절함을 알 수 있다.

06 문서 내용 이해

정답 ①

기업은 최저임금제도로 인건비가 높아지면 경제적 부담으로 다가올 수 있다. 그러나 근로자의 소비 지출 증가로 기업의 생산과 판매를 촉진시키므로 기업 입장에서 최저임금제도가 아무런 이득이 없는 것은 아니다.

오답분석

② 인건비 인상으로 인한 기업의 비용 부담 증가는 일자리의 제약이나 물가 상승으로 이어질 수 있다.
③ 근로자들이 안정된 임금을 받게 되면 소비력이 강화되고 소비 지출이 증가한다.
④ 최저임금제도는 불공정한 임금구조를 해소하고 경제적인 격차를 완화하는 데 도움을 준다.
⑤ 일정 수준 이상으로 설정된 최저임금은 근로자들의 생계비를 보장하고 근로 환경에서의 안정성을 확보할 수 있게 한다.

07 내용 추론

정답 ①

두 번째 문단에서 '핵력의 강도가 겨우 0.5% 다르거나 전기력의 강도가 4% 다를 경우에도 탄소나 산소는 우주에서 합성되지 않는다. 따라서 생명 탄생의 가능성도 사라진다.'라고 했으므로 탄소가 없어도 생명은 자연적으로 진화할 수 있다고 한 ①은 제시문을 지지하는 내용이 아니다.

08 문서 내용 이해

정답 ④

색채를 활용하여 먼 거리에서 더 잘 보이게 하거나 뚜렷하게 보이도록 해야 할 때가 있다. 그럴 경우에는 배경과 그 앞에 놓이는 그림의 속성 차를 크게 해야 한다.

오답분석

① 색채의 대비는 2개 이상의 색을 동시에 보거나, 계속해서 볼 때 일어나는 현상이다. 전자를 '동시대비', 후자를 '계속대비'라 한다.
② 어떤 색을 계속 응시하면 시간의 경과에 따라 그 색의 보이는 상태가 변화한다.
③ 색채가 어떠하며, 우리 눈에 그것이 어떻게 보이고, 어떤 느낌을 주는지는 색채심리학이 다루는 연구 대상 중 가장 주요한 부분이다.
⑤ 멀리서도 잘 보여야 하는 표지판 등은 대비량이 큰 색을 사용한다.

09 내용 추론

연두색과 노란색과 같은 두 색이 서로의 영향으로 색상 차가 나는 것으로 색상대비로 볼 수 있다.

오답분석
① 명도대비에 해당한다.
③ 색순응에 해당한다.
④ 보색잔상에 해당한다.
⑤ 채도대비에 해당한다.

10 글의 주제

최소비용입지론에서는 운송비가 최소가 되는 지점이 최적 입지가 되는데, 운송비는 일반적으로 이동 거리가 짧을수록 적게 든다. 또한 최대수요입지론에서는 소비자의 이동 거리를 최소화할 수 있는 지점에 입지를 선정한다. 결국 두 입지론 모두 최적의 입지 선택을 위해서는 거리에 따른 경제적 효과를 중시하고 있음을 알 수 있다.

11 수열 규칙

앞의 항에 $+7$, -16을 번갈아 가며 적용하는 수열이다.
따라서 (   )$=49-16=33$이다.

12 응용 수리

희경이가 본사에서 나온 시각은 오후 3시에서 본사에서 A지점까지 걸린 시간만큼을 빼면 된다. 본사에서 A지점까지 가는 데 걸린 시간은 $\frac{20}{60}+\frac{30}{90}=\frac{2}{3}$ 시간, 즉 40분 걸렸으므로 오후 2시 20분에 본사에서 나왔다는 것을 알 수 있다.

13 응용 수리

은경이는 총 9장의 손수건을 구매했으므로 B손수건 3장을 제외한 나머지 A, C, D손수건은 각각 2장씩 구매하였다. 먼저 3명의 친구들에게 서로 다른 손수건을 3장씩 나눠줘야 하므로 B손수건을 1장씩 나눠준다. 나머지 A, C, D손수건을 서로 다른 손수건으로 2장씩 나누면 (A, C), (A, D), (C, D)로 묶을 수 있다. 이 세 묶음을 3명에게 나눠주는 방법은 3!=3×2=6가지이다. 따라서 친구 3명에게 종류가 다른 손수건을 3장씩 나눠주는 경우의 수는 6가지이다.

14 응용 수리

각설탕 하나의 무게를 xg이라 하면, 각설탕 10개의 무게는 $10x$g이다. 또한 농도 20%의 설탕물 400g에 들어있던 설탕의 무게와 각설탕 10개의 무게의 합은 농도가 25%인 설탕물 $(400+10x)$g에 들어있는 설탕의 무게와 같다.

$$\frac{20}{100}\times400+10x=\frac{25}{100}\times(400+10x)$$

$\rightarrow 80+10x=100+2.5x$

$\rightarrow 7.5x=20$

$\therefore x=\frac{8}{3}$

따라서 각설탕 1개의 무게가 $\frac{8}{3}$g이므로, 각설탕 3개의 무게는 $\frac{8}{3}\times3=8$g이다.

15 자료 계산

주어진 조건에 따라 각 상품의 할인가 판매 시의 괴리율을 계산하면 다음과 같다.

- 세탁기 : $\dfrac{640,000-580,000}{640,000}\times100≒9.3\%$

- 무선전화기 : $\dfrac{181,000-170,000}{181,000}\times100≒6.0\%$

- 오디오세트 : $\dfrac{493,000-448,000}{493,000}\times100≒9.1\%$

- 골프채 : $\dfrac{786,000-720,000}{786,000}\times100≒8.3\%$

- 운동복 : $\dfrac{212,500-180,000}{212,500}\times100≒15.2\%$

따라서 운동복의 괴리율이 15.2%로 가장 높다.

16 자료 계산

$\dfrac{(대학졸업자\ 취업률)}{(전체\ 대학졸업자)}\times100=$(대학졸업자 취업률)$\times$(대학졸업자의 경제활동인구 비중)$\times\dfrac{1}{100}$

이때 OECD 평균은 $40\times50\times\dfrac{1}{100}=20\%$이고, 이보다 높은 국가는 B, C, E, F, G, H이다.

따라서 OECD 평균보다 높은 국가가 바르게 연결된 것은 ②이다.

17 자료 계산

소비자물가를 연도별로 계산해 보면 다음과 같다. 서비스는 존재하지 않기 때문에 재화만 고려한다.

구분	소비자물가	소비자물가지수
2022년	$120\times200+180\times300=78,000$원	100
2023년	$150\times200+220\times300=96,000$원	123
2024년	$180\times200+270\times300=117,000$원	150

보리와 쌀이 유일한 재화이므로, 물가지수는 보리와 쌀의 가격으로 구할 수 있다.
'기준 연도의 물가 : 기준 연도의 물가지수=해당 연도의 물가 : 해당 연도의 물가지수'이므로,
2024년 물가지수를 x로 두면,
$78,000:100=117,000:x$ → $x=150$이 된다.

따라서 2024년도 물가상승률은 $\dfrac{150-100}{100}\times100=50\%$이다.

18 자료 이해

SOC, 산업·중소기업 분야로 2개가 해당한다.

오답분석

① 2020년 약 30%, 2022년은 약 31%의 비중을 차지한다.

② 2021년의 전년 대비 증가율은 $\dfrac{27.6-24.5}{24.5}\times100≒12.7\%$이고, 2024년의 증가율은 $\dfrac{35.7-31.4}{31.4}\times100≒13.7\%$이다.

④ 2020년에는 기타 분야가 차지하고 있는 비율이 더 높았다.

⑤ SOC, 산업·중소기업, 환경, 기타 분야가 해당하므로 4개이다.

19 자료 변환 정답 ⑤

강수량의 증감추이를 나타내면 다음과 같다.

1월	2월	3월	4월	5월	6월	7월	8월	9월	10월	11월	12월
–	증가	감소	증가	감소	증가	증가	감소	감소	감소	감소	증가

이와 동일한 추이를 보이는 그래프는 ⑤이다.

오답분석

① 증감추이는 같지만 4월의 강수량이 50mm 이하로 표현되어 있다.

20 자료 이해 정답 ②

ㄱ. 남성 박사학위 취득자 중 50세 이상이 차지하는 비율은 $\frac{1,119}{5,730} \times 100 ≒ 19.5\%$이고, 여성 박사학위 취득자 중 50세 이상이 차지하는 비율은 $\frac{466}{2,966} \times 100 ≒ 15.7\%$이다. 따라서 남성 박사학위 취득자 중 50세 이상이 차지하는 비율이 더 높다.

ㄷ. 남성과 여성의 연령대별 박사학위 취득자 수가 많은 순위는 30세 이상 35세 미만>35세 이상 40세 미만>50세 이상>40세 이상 45세 미만>45세 이상 50세 미만>30세 미만 순서로 동일하다.

오답분석

ㄴ. 공학계열 박사학위 취득자 중 남성의 비율은 $\frac{2,441}{2,441+332} \times 100 ≒ 88.0\%$, 사회계열 박사학위 취득자 중 남성의 비율은 $\frac{1,024}{1,024+649} \times 100 ≒ 61.2\%$, 자연계열 박사학위 취득자 중 남성의 비율은 $\frac{891}{891+513} \times 100 ≒ 63.5\%$이므로 남성의 비율이 높은 순위는 공학계열>자연계열>사회계열 순서이다.

ㄹ. 연령별 남녀 박사학위 취득자 수의 차이를 구해보면, 30세 미만은 196−141=55명, 30세 이상 35세 미만은 1,811−825=986명, 35세 이상 40세 미만은 1,244−652=592명, 40세 이상 45세 미만은 783−465=318명, 45세 이상 50세 미만은 577−417=160명, 50세 이상은 1,119−466=653명이다. 따라서 연령대가 올라갈수록 남녀 박사학위 취득자 수의 차이가 점점 커지고 있다는 설명은 옳지 않다.

21 규칙 적용 정답 ④

게임 규칙과 결과를 토대로 경우의 수를 따져보면 다음과 같다.

라운드	벌칙 제외	총 퀴즈 개수
3	A	15
4	B	19
5	C	21
	D	
	C	22
	E	
	D	22
	E	

ㄴ. 총 22개의 퀴즈가 출제되었다면, E가 정답을 맞혀 벌칙에서 제외된 것이다.

ㄷ. 게임이 종료될 때까지 총 21개의 퀴즈가 출제되었다면 C, D가 벌칙에서 제외된 경우로 5라운드에서 E에게는 정답을 맞힐 기회가 주어지지 않았다. 따라서 퀴즈를 푸는 순서가 벌칙을 받을 사람 결정에 영향을 미친다.

오답분석

ㄱ. 5라운드까지 4명의 참가자가 벌칙에서 제외되었으므로 정답을 맞힌 퀴즈는 8개, 벌칙을 받을 사람은 5라운드까지 정답을 맞힌 퀴즈가 0개나 1개이므로 정답을 맞힌 퀴즈는 8개나 9개이다.

22 명제 추론

두 번째와 네 번째 조건에 의해 B는 치통에 사용되는 약이고, A는 세 번째와 네 번째 조건에 의해 몸살에 사용되는 약이다.
∴ A – 몸살, B – 치통, C – 배탈, D – 피부병
두 번째와 다섯 번째 조건에 의해 은정이가 처방받은 약은 B, 희경이가 처방받은 약은 C에 해당된다. 그러면 소미가 처방받은
약은 마지막 조건에 의해 D에 해당된다.
따라서 네 사람이 처방받은 약은 정선 – A(몸살), 은정 – B(치통), 희경 – C(배탈), 소미 – D(피부병)이다.

23 문제 유형

- 탐색형 문제란 눈에 보이지 않는 문제로, 이를 방치하면 뒤에 큰 손실이 따르거나 결국 해결할 수 없는 문제로 확대되게 된다.
  따라서 지금 현재는 문제가 아니지만 계속해서 현재 상태로 진행할 경우를 가정하고 앞으로 일어날 수 있는 문제로 인식하여야
  한다. 이에 해당되는 것은 ㉠으로, 지금과 같은 공급처에서 원료를 수입하게 되면 미래에는 원료의 단가가 상승하게 되어 회사
  경영에 문제가 될 것이다. 따라서 이에 대한 해결책을 갖추어야 미래에 큰 손실이 발생하지 않을 것이다.
- 발생형 문제란 눈에 보이는 이미 일어난 문제로, 당장 걱정하고 해결하기 위해 고민해야 하는 문제를 의미한다. 따라서 ㉡은
  신약의 임상시험으로 인해 임상시험자의 다수가 부작용을 보여 신약 개발이 전면 중단된 것이므로 이미 일어난 문제에 해당한다.
- 설정형 문제란 미래 상황에 대응하는 장래 경영 전략의 문제로, '앞으로 어떻게 할 것인가'에 대한 문제를 의미한다. 따라서 미래
  상황에 대한 언급이 있는 ㉢이 해당한다.

24 명제 추론

다음의 논리 순서를 따라 주어진 조건을 정리하면 쉽게 접근할 수 있다.
- 세 번째 조건 : 한국은 월요일에 대전에서 연습을 한다.
- 다섯 번째 조건 : 미국은 월요일과 화요일에 수원에서 연습을 한다.
- 여섯 번째 조건 : 미국은 목요일에 인천에서 연습을 한다.
- 일곱 번째 조건 : 금요일에 중국과 미국은 각각 서울과 대전에서 연습을 한다.
- 여덟 번째 조건 : 한국은 월요일에 대전에서 연습하므로, 화요일과 수요일에 이틀 연속으로 인천에서 연습을 한다.
이때, 미국은 자연스럽게 수요일에 서울에서 연습함을 유추할 수 있고, 한국은 금요일에 인천에서 연습을 할 수 없으므로, 목요일에
는 서울에서, 금요일에는 수원에서 연습함을 알 수 있다. 그리고 만약 중국이 수요일과 목요일에 이틀 연속으로 수원에서 연습을
하게 되면 일본은 수원에서 연습을 못하게 되므로, 중국은 월요일과 목요일에 각각 인천과 수원에서 연습하고, 화요일과 수요일에
대전에서 이틀 연속으로 연습해야 함을 유추할 수 있다. 나머지는 일본이 모두 연습하면 된다. 이 사실을 종합하여 주어진 조건을
표로 정리하면 다음과 같다.

구분	월요일	화요일	수요일	목요일	금요일
서울	일본	일본	미국	한국	중국
수원	미국	미국	일본	중국	한국
인천	중국	한국	한국	미국	일본
대전	한국	중국	중국	일본	미국

따라서 수요일에 대전에서는 중국이 연습을 한다.

25 명제 추론

- 두 번째, 세 번째, 여섯 번째 조건 : A는 주황색, B는 초록색(C와 보색), C는 빨간색 구두를 샀다.
- 일곱 번째 조건 : B와 D는 각각 노란색 / 남색 또는 남색 / 노란색(B와 D는 보색) 구두를 샀다.
- 다섯 번째 조건 : 남은 구두는 파란색과 보라색 구두인데 A가 두 켤레를 구매하였으므로, C와 D는 각각 한 켤레씩 샀다.
- 네 번째 조건 : A는 파란색, B는 보라색 구두를 샀다.

이 사실을 종합하여 주어진 조건을 표로 정리하면 다음과 같다.

A	B	C	D
주황색	초록색	빨간색	남색 / 노란색
파란색	노란색 / 남색	–	–
–	보라색	–	–

따라서 A는 주황색과 파란색 구두를 구매하였다.

26 SWOT 분석

정답 ②

수준 높은 금융 서비스를 통해 글로벌 경쟁에서 우위를 차지하는 것은 강점을 이용해 글로벌 금융사와의 경쟁 심화라는 위협을 극복하는 ST전략이다.

오답분석

① 해외 비즈니스TF팀을 신설해 해외 금융시장 진출을 확대하는 것은 글로벌 경쟁력이 낮다는 약점을 극복하고 해외 금융시장 진출 확대라는 기회를 활용하는 WO전략이다.
③ 탄탄한 국내 시장점유율이 국내 금융그룹의 핀테크 사업 진출의 기반이 되는 것은 강점을 통해 기회를 살리는 SO전략이다.
④ 우수한 자산건전성 지표를 홍보하여 고객 신뢰를 회복하는 것은 강점으로 위협을 극복하는 ST전략이다.
⑤ 외화 자금 조달 리스크가 약점이므로 기회를 통해 약점을 보완하는 WO전략이다.

27 자료 해석

정답 ③

B안의 가중치는 법률서비스의 전문성인데 자원봉사제도는 (−)이므로 적절하지 않은 판단이다.

오답분석

① 법률서비스의 전문성 면에서는 유급법률구조제도가 (+), 자원봉사제도가 (−)이므로 옳은 설명이다.
② A안에 가중치를 적용할 경우 접근용이성과 법률서비스의 전문성에 가중치를 적용하므로 두 정책목표 모두에서 (+)를 보이는 유급법률구조제도가 가장 적절하다.
④ B안에 가중치를 적용할 경우 법률서비스의 전문성에 가중치를 적용하므로 (+)를 보이는 유급법률구조제도가 가장 적절하며, A안에 가중치를 적용할 경우 ②에 의해 유급법률구조제도가 가장 적절하다. 따라서 어떤 것을 적용하더라도 결과는 같다.
⑤ 비용저렴성을 달성하려면 (+)를 보이는 자원봉사제도가 가장 유리하다.

28 규칙 적용

정답 ④

간선노선과 보조간선노선을 구분하여 노선번호를 부여하면 다음과 같다.
• 간선노선
  – 동서를 연결하는 경우 : (가)와 (나)에 해당하며, 남에서 북으로 가면서 숫자가 증가하고 끝자리에는 0을 부여하므로 (가)는 20, (나)는 10이다.
  – 남북을 연결하는 경우 : (다)와 (라)에 해당하며, 서에서 동으로 가면서 숫자가 증가하고 끝자리에는 5를 부여하므로 (다)는 15, (라)는 25이다.
• 보조간선노선
  – (마) : 남북을 연결하는 모양에 가까우므로 (마)의 첫자리는 남쪽 시작점의 간선노선인 (다)의 첫자리와 같은 1이 되어야 하고, 끝자리는 5를 제외한 홀수를 부여해야 하므로 가능한 노선번호는 11, 13, 17, 19이다.
  – (바) : 동서를 연결하는 모양에 가까우므로 (바)의 첫자리는 바로 아래쪽에 있는 간선노선인 (나)의 첫자리와 같은 1이 되어야 하고, 끝자리는 0을 제외한 짝수를 부여해야 하므로 가능한 노선번호는 12, 14, 16, 18이다.
따라서 가능한 조합은 ④이다.

29   자료 해석

지역가입자 A ~ E씨의 생활수준 및 경제활동 점수표를 정리하면 다음과 같다.

구분	성별	연령	연령 점수	재산 정도	재산 정도 점수	연간 자동차세액	연간 자동차세액 점수
A	남성	32세	6.6점	2,500만 원	7.2점	12.5만 원	9.1점
B	여성	56세	4.3점	5,700만 원	9점	35만 원	12.2점
C	남성	55세	5.7점	20,000만 원	12.7점	43만 원	15.2점
D	여성	23세	5.2점	1,400만 원	5.4점	6만 원	3점
E	남성	47세	6.6점	13,000만 원	10.9점	37만 원	12.2점

이에 따른 지역보험료를 계산하면 다음과 같다.

- A씨 : $(6.6+7.2+9.1+200+100) \times 183 ≒ 59,090$원
- B씨 : $(4.3+9+12.2+200+100) \times 183 ≒ 59,560$원
- C씨 : $(5.7+12.7+15.2+200+100) \times 183 ≒ 61,040$원
- D씨 : $(5.2+5.4+3+200+100) \times 183 ≒ 57,380$원
- E씨 : $(6.6+10.9+12.2+200+100) \times 183 ≒ 60,330$원

따라서 바르게 짝지은 것은 ④이다.

30   자료 해석

주어진 자료를 토대로 민원처리 시점을 구하면 다음과 같다.

- A씨는 4/29(금)에 '부동산중개사무소 등록'을 접수하였고 민원사무처리기간은 7일이다. 민원사무처리기간이 6일 이상일 경우, 초일을 산입하고 '일' 단위로 계산하되, 토요일은 산입하고 공휴일은 산입하지 않는다. 따라서 민원사무처리가 완료되는 시점은 5/9(월)이다.
- B씨는 4/29(금)에 '토지거래계약허가'를 접수하였고 민원사무처리기간은 15일이다. 민원사무처리기간이 6일 이상일 경우, 초일을 산입하고 '일' 단위로 계산하되, 토요일은 산입하고 공휴일은 산입하지 않는다. 따라서 민원사무처리가 완료되는 시점은 5/19(목)이다.
- C씨는 4/29(금)에 '등록사항 정정'을 접수하였고 민원사무처리기간은 3일이다. 민원사무처리기간이 5일 이하일 경우, '시간' 단위로 계산하되, 토요일과 공휴일은 산입하지 않는다. 따라서 민원사무처리가 완료되는 시점은 5/4(수) 14시이다.

일	월	화	수	목	금	토
					4/29	30
5/1	2	3	4	5	6	7
8	9	10	11	12	13	14
15	16	17	18	19	20	21
22	23	24	25	26	27	28
29	30	31				

31   정보 이해

저장 매체에 저장된 자료는 시간이 지나도 언제든지 동일한 형태로 재생이 가능하므로 정적 정보에 해당한다.

[오답분석]

① 정보는 원래 형태 그대로 활용하거나 분석, 정리 등 가공하여 활용할 수 있다.
③ 정보를 가공하는 것뿐만 아니라 일정한 형태로 재표현하는 것도 가능하다.
④ 동적 정보의 특징은 입수 후 처리한 경우에는 폐기하여도 된다는 것이다. 오히려 시간의 경과에 따라 시의성이 점점 떨어지는 동적 정보를 축적하는 것은 비효율적이다.
⑤ 시의성이 사라지면 정보의 가치가 떨어지는 동적 정보와 달리, 정적 정보는 이용 후에도 장래에 활용을 하기 위해 정리하여 보존하는 것이 좋다.

32 　정보 이해　　　　　　　　　　　　　　　　　　　　　정답 ②

바이러스에 감염되는 경로로는 불법 무단 복제, 다른 사람들과 공동으로 사용하는 컴퓨터, 인터넷, 전자우편의 첨부파일 등이 있다.

> **바이러스를 예방할 수 있는 방법**
> • 다운로드한 파일이나 외부에서 가져온 파일은 반드시 바이러스 검사를 수행한 후에 사용한다.
> • 전자우편을 통해 감염될 수 있으므로 발신자가 불분명한 전자우편은 열어보지 않고 삭제한다.
> • 중요한 자료는 정기적으로 백업한다.
> • 바이러스 예방 프로그램을 램(RAM)에 상주시킨다.
> • 백신 프로그램의 시스템 감시 및 인터넷 감시 기능을 이용해서 바이러스를 사전에 검색한다.
> • 백신 프로그램의 업데이트를 통해 주기적으로 바이러스 검사를 수행한다.

33 　정보 이해　　　　　　　　　　　　　　　　　　　　　정답 ④

프린터는 한 대의 PC에 여러 대의 프린터를 로컬로 설치할 수 있다. 여러 대의 프린터를 설치하더라도 소프트웨어가 올바르게 설치되어 있다면 프린터 간 충돌이나 오작동이 발생하지 않는다.

34 　정보 이해　　　　　　　　　　　　　　　　　　　　　정답 ①

특정 값의 변화에 따른 결괏값의 변화를 알아보는 경우는 '시나리오'와 '데이터 표' 2가지가 있는데, 이 중 표 형태로 표시해주는 것은 '데이터 표'에 해당한다. 또한 비슷한 형식의 여러 데이터 결과를 요약해주는 경우는 '부분합'과 '통합'이 있으며, 이 중 통합하여 요약해주는 것은 '통합'(데이터 통합)에 해당한다. 참고로 '부분합'은 하나로 통합하지 않고 그룹끼리 모아서 계산한다.

35 　프로그램 언어(코딩)　　　　　　　　　　　　　　　　　정답 ③

최댓값을 구하는 메소드는 max이고, 최솟값을 구하는 메소드는 min이다. data 리스트에 있는 값들에서 최댓값과 최솟값을 구하므로 max(data)와 min(data)를 사용한다.

36 　엑셀 함수　　　　　　　　　　　　　　　　　　　　　정답 ⑤

「=SUM(합계를 구할 처음 셀:합계를 구할 마지막 셀)」으로 표시해야 한다. 판매수량과 추가판매를 더하는 것은 비연속적인 셀을 더하는 것이므로 연속하는 영역을 입력하고 ','로 구분해준 뒤 다음 영역을 다시 지정해야 한다. 따라서 [B6] 셀에 들어갈 수식으로 「=SUM(B2:B5,C2,C5)」이 옳다.

37 　엑셀 함수　　　　　　　　　　　　　　　　　　　　　정답 ③

'MAX(B7:E7)' 함수 값은 [B7:E7] 범위에서 가장 큰 값인 91이며, COUNTA 함수는 범위에서 비어있지 않은 셀의 개수를 세주는 함수로 'COUNTA(B6:E6)'의 함수 값은 4가 된다. 따라서 'AVERAGE(91,4)'가 되며 91과 4의 평균인 47.5가 된다.

[오답분석]
① 'LARGE(B2:E2,3)' 함수 값은 [B2:E2] 범위에서 3번째로 큰 값인 80이며, 'SMALL(B5:E5,2)' 함수 값은 [B5:E5] 범위에서 2번째로 작은 값인 79이다. 따라서 'AVERAGE(80,79)'가 되며 80과 79의 평균인 79.5가 된다.
② 'MAX(B3:E3)' 함수 값은 [B3:E3] 범위에서 가장 큰 값인 95이며, 'MIN(B7:E7)' 함수 값은 [B7:E7] 범위에서 가장 작은 값인 79이다. 따라서 'SUM(95,79)'이 되며 95와 79의 합인 174가 된다.
④ MAXA 함수는 논리값과 텍스트도 포함하여 최댓값을 나타내는 함수로 'MAXA(B4:E4)'의 함수 값은 [B4:E4] 범위의 최댓값인 94가 된다. COUNT 함수는 범위에서 숫자가 포함된 셀의 개수를 세주는 함수로 'COUNT(B3:E3)'의 함수 값은 4가 된다. 따라서 'SUM(94,4)'이 되며 94와 4의 합인 98이 된다.
⑤ 'SMALL(B3:E3,3)' 함수 값은 [B3:E3] 범위에서 3번째로 작은 값인 93이며, 'LARGE(B7:E7,3)' 함수 값은 [B7:E7] 범위에서 3번째로 큰 값인 80이다. 따라서 'AVERAGE(93,80)'가 되며 93과 80의 평균인 86.5가 된다.

38 프로그램 언어(코딩)

#define 연산자는 두 개의 토큰을 하나의 토큰으로 결합해주는 선행처리기 연산자다. 이 연산자는 함수 같은 매크로뿐 아니라 객체 같은 매크로의 대체 리스트에도 사용할 수 있다. 이 연산자를 사용하면 변수나 함수의 이름을 프로그램의 런타임에 정의할 수 있다. XN(n)이라는 매크로 함수를 사용하여 변수의 이름을 저장한다. XN(2)에는 20이 저장되어 있다. x2에 저장되어 있는 20을 출력한다.

39 프로그램 언어(코딩)

50 나누기 5를 정수로 변환한 값인 10이 출력된다.

40 프로그램 언어(코딩)

i에 0을 저장하고, i 값이 5보다 작을 때까지 i에 1을 더한다. j에는 0부터 i 값과 같거나 작을 때까지 j 값에 1을 더한 횟수만큼 *를 출력한다. *는 5개가 될 때까지 다음 줄에 출력되어 ①처럼 출력된다.

---

02 개별영역

| 01 | 자원관리능력(행정)

41 비용 계산

B과장의 지출내역을 토대로 여비를 계산하면 다음과 같다.
- 운임 : 철도·선박·항공운임에 대해서만 지급한다고 규정하고 있으므로, 버스 또는 택시요금에 대해서는 지급하지 않는다. 따라서 철도운임만 지급되며 일반실을 기준으로 실비로 지급하므로, 여비는 43,000+43,000=86,000원이다.
- 숙박비 : 1박당 실비로 지급하되, 그 상한액은 40,000원이다. 그러나 출장기간이 2일 이상인 경우에는 출장기간 전체의 총액 한도 내에서 실비로 지급한다고 하였으므로, 3일간의 숙박비는 총 120,000원 내에서 실비가 지급된다. 따라서 B과장이 지출한 숙박비 45,000+30,000+35,000=110,000원 모두 여비로 지급된다.
- 식비 : 1일당 20,000원으로 여행일수에 따라 지급된다. 총 4일이므로 80,000원이 지급된다.
- 일비 : 1인당 20,000원으로 여행일수에 따라 지급된다. 총 4일이므로 80,000원이 지급된다.

따라서 B과장이 정산받은 여비의 총액은 86,000+110,000+80,000+80,000=356,000원이다.

42 인원 선발

먼저 모든 면접위원의 입사 후 경력은 3년 이상이어야 한다는 조건에 따라 A, E, F, H, I, L직원은 면접위원으로 선정될 수 없다. 이사 이상의 직급으로 6명 중 50% 이상 구성해야 하므로 자격이 있는 C, G, N은 반드시 면접위원으로 포함한다. 다음으로 인사팀을 제외한 부서는 두 명 이상 구성할 수 없으므로 이미 N이사가 선출된 개발팀은 더 선출할 수 없고, 인사팀은 반드시 2명을 포함해야 하므로 D과장은 반드시 선출된다. 이를 정리하면 다음과 같다.

구분	1	2	3	4	5	6
경우 1	C이사	D과장	G이사	N이사	B과장	J과장
경우 2	C이사	D과장	G이사	N이사	B과장	K대리
경우 3	C이사	D과장	G이사	N이사	J과장	K대리

따라서 B과장이 면접위원으로 선출됐더라도 K대리가 선출되지 않는 경우도 있다.

43 ⬛ 인원 선발

B동에 사는 변학도 씨는 매주 월, 화 오전 8시부터 오후 3시까지 하는 카페 아르바이트로 화 ~ 금 오전 9시 30분부터 오후 12시까지 진행되는 '그래픽 편집 달인되기'를 수강할 수 없다.

44 ⬛ 시간 계획

정답 ⑤

시간 관리를 통해 스트레스 감소, 균형적인 삶, 생산성 향상, 목표 성취 등의 효과를 얻을 수 있다.

시간 관리를 통해 얻을 수 있는 효과
- 스트레스 감소 : 사람들은 시간이 부족하면 스트레스를 받기 때문에 모든 시간 낭비 요인은 잠재적인 스트레스 유발 요인이라 할 수 있다. 따라서 시간 관리를 통해 시간을 제대로 활용한다면 스트레스 감소 효과를 얻을 수 있다.
- 균형적인 삶 : 시간 관리를 통해 일을 수행하는 시간을 줄인다면 일 외에 다양한 여가를 즐길 수 있다. 또한 시간 관리는 삶에 있어서 수행해야 할 다양한 역할들의 균형을 잡는 것을 도와준다.
- 생산성 향상 : 한정된 자원인 시간을 적절히 관리하여 효율적으로 일을 하게 된다면 생산성 향상에 큰 도움이 될 수 있다.
- 목표 성취 : 목표를 성취하기 위해서는 시간이 필요하고, 시간은 시간 관리를 통해 얻을 수 있다.

45 ⬛ 품목 확정

정답 ③

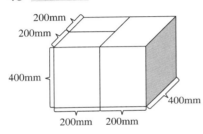

물품 A 2박스와 물품 B 1박스를 한 묶음으로 보면 옆의 그림처럼 쌓을 수 있다. 최종적으로 물품 한 세트의 규격은 (L)400mm×(W)400mm×(H)400mm로 볼 수 있다.
해당 규격으로 20ft 컨테이너에 넣게 되면
- 6,000mm÷400mm＝15세트
- 2,400mm÷400mm＝6세트
- 2,400mm÷400mm＝6세트

따라서 총 15×6×6＝540세트 → 540×3＝1,620박스이다.

46 ⬛ 시간 계획

정답 ③

대한민국(A)이 오전 8시일 때, 오스트레일리아(B)는 오전 10시(시차 : ＋2), 아랍에미리트(C)는 오전 3시(시차 : －5), 러시아(D)는 오전 2시(시차 : －6)이다. 따라서 업무가 시작되는 오전 9시를 기준으로 오스트레일리아는 이미 2시간 전에 업무를 시작했고, 아랍에미리트는 5시간 후, 러시아는 6시간 후에 업무를 시작한다. 이것을 표로 정리하면 다음과 같다(색칠한 부분이 업무시간이다).

국가＼한국시각	7am ~8am	8am ~9am	9am ~10am	10am ~11am	11am ~12pm	12pm ~1pm	1pm ~2pm	2pm ~3pm	3pm ~4pm	4pm ~5pm	5pm ~6pm	6pm ~7pm
A사 (서울)												
B사 (시드니)												
C사 (두바이)												
D사 (모스크바)												

따라서 화상회의 가능 시각은 한국 시각으로 오후 3시 ~ 오후 4시이다.

47 비용 계산

정답 ②

제시된 자료를 이용해 원격훈련 지원금 계산에 필요한 수치를 정리하면 다음과 같다.

구분	원격훈련 종류별 지원금	시간	수료인원	기업 규모별 지원 비율
X기업	5,400원	6시간	7명	100%
Y기업	3,800원	3시간	4명	70%
Z기업	11,000원	4시간	6명	50%

세 기업의 원격훈련 지원금을 계산하면 다음과 같다.
- X기업 : $5,400 \times 6 \times 7 \times 1 = 226,800$원
- Y기업 : $3,800 \times 3 \times 4 \times 0.7 = 31,920$원
- Z기업 : $11,000 \times 4 \times 6 \times 0.5 = 132,000$원

따라서 바르게 짝지어진 것은 ②이다.

48 비용 계산

정답 ③

정규시간 외에 초과근무가 있는 날의 시간외근무시간을 구하면 다음과 같다.

근무요일	초과근무시간			1시간 공제
	출근	야근	합계	
1 ~ 15일	–	–	–	770분
18(월)	–	70분	70분	10분
20(수)	60분	20분	80분	20분
21(목)	30분	70분	100분	40분
25(월)	60분	90분	150분	90분
26(화)	30분	160분	190분	130분
27(수)	30분	100분	130분	70분
합계	–	–	–	1,130분(18시간 50분)

1시간 미만은 절사하므로 $7,000$원 $\times 18$시간 $= 126,000$원이다.

49 인원 선발

정답 ④

- C강사 : 셋째 주 화요일 오전, 목요일・금요일 오전에 스케줄이 비어 있으므로 목요일과 금요일에 이틀간 강의가 가능하다.
- E강사 : 첫째, 셋째 주 화 ~ 목요일 오전에 스케줄이 있으므로 수요일과 목요일 오후에 강의가 가능하다.

[오답분석]
- A강사 : 매주 수 ~ 목요일에 스케줄이 있으므로 화요일과 금요일 오전에 강의가 가능하지만 강의가 연속 이틀에 걸쳐 진행되어야 한다는 조건에 부합하지 않는다.
- B강사 : 화요일과 목요일에 스케줄이 있으므로 수요일 오후와 금요일 오전에 강의 가능하지만 강의가 연속 이틀에 걸쳐 진행되어야 한다는 조건에 부합하지 않는다.
- D강사 : 수요일 오후와 금요일 오전에 스케줄이 있으므로 화요일 오전과 목요일에 강의가 가능하지만 강의가 연속 이틀에 걸쳐 진행되어야 한다는 조건에 부합하지 않는다.

50 시간 계획

정답 ②

하루에 6명 이상 근무해야 하므로 하루에 2명까지만 휴가를 쓸 수 있다. 따라서 A사원이 4일 이상 휴가를 쓰면서 최대 휴가 인원 2명을 유지할 수 있는 기간은 6 ~ 11일만 가능하다.

[오답분석]
① A사원은 4일 이상 휴가를 사용해야 하므로 6 ~ 11일 중 토・일요일을 제외하고 3일만 사용한 7 ~ 11일은 불가능하다.

41   기술 적용   정답 ③

세부 절차 설명 항목 중 '(2) 공유기의 DHCP 서버 기능 중지'에서 DHCP 서버 기능을 중지하도록 안내하고 있다. 그리고 안내 항목에서도 DHCP 서버 기능을 중단하도록 알려 주고 있다.

42   기술 적용   정답 ⑤

세부 절차 설명 항목 중 '(3) 스위치(허브)로 변경된 공유기의 연결' 단계를 살펴보면 스위치로 동작하는 공유기 2의 WAN 포트에 아무것도 연결하지 않도록 안내하고 있으므로, WAN 포트에 연결하라는 답변은 적절하지 않다.

43   기술 이해   정답 ②

②는 간접적 벤치마킹의 단점이다. 간접적 벤치마킹은 인터넷, 문서 자료 등 간접적인 형태로 조사·분석하게 됨으로써 대상의 본질보다는 겉으로 드러나 보이는 현상에 가까운 결과를 얻을 수 있는 단점을 가진다.

44   기술 이해   정답 ⑤

기술능력이 뛰어난 사람의 특징
1. 실질적 해결을 필요로 하는 문제를 인식한다.
2. 인식된 문제를 위한 다양한 해결책을 개발하고 평가한다.
3. 실제적 문제를 해결하기 위해 지식이나 기타 자원을 선택, 최적화시키며 적용한다.
4. 주어진 한계 속에서 제한된 자원을 가지고 일한다.
5. 기술적 해결에 대한 효용성을 평가한다.
6. 여러 상황 속에서 기술의 체계와 도구를 사용하고 배울 수 있다.

45   기술 이해   정답 ③

IT와 융합한 지능형 로봇이 유망한 기술로 전망되는 것을 볼 때, 빈칸에 들어갈 용어로 가장 적절한 것은 전기전자공학이다.

[오답분석]
① 토목공학 : 도로·하천·도시계획 등 토목에 관한 이론과 실제를 연구하는 공학의 한 부문으로, 국토를 대상으로 해서 그 보전·개수·개발 경영을 맡는 공학이다.
② 환경공학 : 대기·수질·폐기물·토양·해양 등의 오염 예방과 소음 및 진동공해 방지 등의 환경문제를 해결하기 위하여 학문적인 연구를 하는 분야이다.
④ 생체공학 : 생체의 기구·기능을 공학적으로 연구해서 얻은 지식을 기술적 문제에 응용하는 학문이다.
⑤ 자원공학 : 지구의 표면 및 내부, 즉 지하와 해저에 부존하는 유용 자원과 지하 매체를 경제적인 목적과 관련하여 각종 원리와 방법을 이용하여 다루는 학문이다.

46   기술 적용   정답 ③

두께가 100 ~ 160micron 사이의 코팅지를 사용할 수 있으므로 120micron 코팅지는 사용할 수 있다.

[오답분석]
① 스위치를 'ON'으로 놓고 3 ~ 5분 정도 예열을 해야 하며, 예열표시등이 파란불에서 빨간불로 바뀌고 코팅을 할 수 있다.
② 코팅지는 봉합된 부분부터 코팅 투입구에 넣어야 한다.
④ 코팅지는 코팅기를 통과하며 기기 뒷면 코팅 배출구에서 나오고, 임의로 코팅지를 잡아당기면 안 된다.
⑤ 사용 완료 후 1 ~ 2시간 정도 열을 충분히 식힌 후에 이동 및 보관을 해야 한다.

47 기술 적용

정답 ②

코팅지가 기기에 걸렸을 경우 앞면의 스위치를 'OFF'로 돌려 전원을 차단한 다음 기기 뒷면에 있는 'REMOVE' 스위치를 화살표 방향으로 밀면서 코팅 서류를 조심스럽게 당겨 뽑아야 한다.

48 기술 적용

정답 ③

모니터 전원은 들어오나 화면이 나오지 않는 원인은 본체와 모니터 연결선의 문제가 있을 경우이다.

49 기술 적용

정답 ④

주의사항에 따르면 불안정한 책상에 컴퓨터를 설치하면 무게로 인하여 떨어질 수도 있으므로 안정된 곳에 설치하라고 하였다. 따라서 D팀장은 이를 따르지 않았다.

오답분석
① A사원 : 모니터 전원과 본체 전원 총 2개의 전원이 필요하기 때문에 2구 이상의 멀티탭을 사용해야 한다.
② B주임 : 컴퓨터 주위를 깨끗하게 유지하여 먼지가 쌓이지 않게 해야 한다.
③ C대리 : 본체 내부의 물청소는 금해야 할 사항이다.
⑤ E과장 : 통풍이 잘 되고 화기와 멀리 있는 장소에 컴퓨터를 설치해야 한다.

50 기술 이해

정답 ②

전기산업기사, 건축산업기사, 정보처리산업기사 등의 자격 기술은 구체적 직무수행능력 형태를 의미하는 기술의 협의의 개념으로 볼 수 있다.

오답분석
① 기술은 하드웨어를 생산하는 과정이며, 하드웨어는 소프트웨어에 대비되는 용어로, 건물·도로·교량·전자장비 등 인간이 만들어 낸 모든 물질적 창조물을 뜻한다.
③ 사회는 기술 개발에 영향을 준다는 점을 볼 때, 산업혁명과 같은 사회적 요인은 기술 개발에 영향을 주었다고 볼 수 있다.
④ 컴퓨터의 발전으로 개인이 정보를 효율적으로 활용·관리하게 됨으로써 현명한 의사결정이 가능해졌음을 알 수 있다.
⑤ 로봇은 인간의 능력을 확장하기 위한 하드웨어로 볼 수 있으며, 기술은 이러한 하드웨어와 그것의 활용을 뜻한다.

최종점검 모의고사

01	02	03	04	05	06	07	08	09	10	11	12	13	14	15	16	17	18	19	20
②	④	④	④	②	③	⑤	②	④	⑤	④	④	②	③	②	②	②	①	①	④
21	22	23	24	25	26	27	28	29	30	31	32	33	34	35	36	37	38	39	40
②	⑤	②	③	③	⑤	④	④	③	③	③	④	③	④	③	①	①	②	④	⑤
41	42	43	44	45	46	47	48	49	50										
②	⑤	⑤	②	③	③	③	①	③	④										

01 공통영역

01 글의 제목
정답 ②

제시문은 4차 산업혁명으로 인한 노동 수요 감소로 인해 나타날 수 있는 문제점으로 대공황에 대한 위험을 설명하면서, 긍정적인 시각으로는 노동 수요 감소를 통해 인간적인 삶의 향유가 이루어질 수 있다고 말한다. 따라서 제4차 산업혁명의 밝은 미래와 어두운 미래를 나타내는 ②가 제목으로 가장 적절하다.

02 어휘
정답 ④

'오가다'는 연결 어미가 빠진 용언의 어간+용언(오+가다)의 형태이므로 비통사적 합성어이다.

오답분석
①・②・⑤ 명사+명사 형태의 통사적 합성어이다.
③ 관형사+명사 형태의 통사적 합성어이다.

03 문단 나열
정답 ④

제시문은 동양과 서양에서 서로 다른 의미를 부여하고 있는 달에 대해 설명하고 있는 글이다. 따라서 (나) 동양에서 나타나는 해와 달의 의미 → (라) 동양과 상반되는 서양에서의 해와 달의 의미 → (다) 최근까지 지속되고 있는 달에 대한 서양의 부정적 의미 → (가) 동양에서의 변화된 달의 이미지의 순서대로 나열하는 것이 적절하다.

04 문서 내용 이해
정답 ④

담수 동물은 육상 동물과 같이 몸 밖으로 수분을 내보내고 있지만, 육상 동물의 경우에는 수분 유지를 위한 것이 아니므로 수분 유지는 공통점이 아니다.

05 내용 추론 정답 ②

기계화·정보화의 긍정적인 측면보다는 부정적인 측면을 부각시키고 있는 제시문을 통해 기계화·정보화가 인간의 삶의 질 개선에 기여하고 있음을 경시한다고 지적할 수 있다.

06 내용 추론 정답 ③

여성적인 사고는 분해되지 않은 전체 이미지를 통해서 의미를 이해하는 특징이 있고, 남성적인 사고는 사고 대상 전체를 구성 요소 부분으로 분해한 후 그들 각각을 개별화하고 이를 다시 재조합하는 과정으로 진행한다고 하였다. 또한 제시문에서 여성들은 그림문자를, 남성들은 표음문자를 이해하는 데 유리하므로, 표음문자 체계의 보편화는 여성의 사회적 권력을 약화하는 결과를 낳았다고 주장하고 있다. 따라서 이 결론이 나오기 위해서는 글을 읽고 이해하는 능력은 사회적 권력에 영향을 미친다는 전제가 필요하다.

오답분석

ㄱ. 그림문자를 쓰는 사회에서는 여성적인 사고를 필요로 하므로 여성들의 사회적 권력이 남성보다 우월하였을 것으로 추측할 수 있다.

ㄴ. 표음문자 체계가 기능적으로 복잡한 의사소통을 가능하게 하였는지는 제시되어 있지 않다.

07 문서 내용 이해 정답 ⑤

토지공공임대제(ⓓ)는 토지가치공유제(ⓒ)의 하위 제도로, 사용권은 민간이 갖고 수익권은 공공이 갖는 제도이다. 처분권의 경우 사용권을 가진 민간에게 한시적으로 맡기는 것일 뿐이며, 처분권도 공공이 갖는다. 따라서 ⑤는 토지공공임대제(ⓓ)에 대한 설명으로 적절하지 않다.

08 내용 추론 정답 ②

매몰비용은 이미 지불한 비용에 대한 노력을 계속하려는 경향이며, 하나의 비용에 하나의 이익이 연결되어 거래커플링이 강할 때 높게 나타난다고 했다. 따라서 ②는 이 두 가지 조건을 모두 만족하고 있으므로 매몰비용 효과가 높게 나타난다.

09 빈칸 삽입 정답 ④

마지막 문단에 따르면 밀그램의 예상과 달리 65%의 사람들이 사람에게 분명히 해가 되는 450V까지 전압을 올렸고, 일부 피실험자만이 '불복종'하였다.

10 문서 수정 정답 ⑤

ⓜ의 앞뒤 내용을 살펴보면 유행은 취미와 아주 밀접하게 결부된 현상이지만, 서로 다른 특징을 가진다고 하였다. 따라서 역접 기능의 접속어 '그러나'가 오는 것이 적절하다.

11 수열 규칙 정답 ④

(앞의 항)+(앞의 항 각 자릿수의 합)=(다음 항)인 수열이다.

92
103 [=92+9+2]
107 [=103+1+0+3]
115 [=107+1+0+7]
122 [=115+1+1+5]
127 [=122+1+2+2]

12

정답 ④

- 1학기의 기간 : $15 \times 7 = 105$일
- 연체료가 부과되는 기간 : $105 - 10 = 95$일
- 연체료가 부과되는 시점에서부터 한 달 동안의 연체료 : $30 \times 100 = 3,000$원
- 첫 번째 달부터 두 번째 달까지의 연체료 : $30 \times 100 \times 2 = 6,000$원
- 두 번째 달부터 세 번째 달까지의 연체료 : $30 \times 100 \times 2 \times 2 = 12,000$원
- 95일(3개월 5일) 연체료 : $3,000 + 6,000 + 12,000 + 5 \times (100 \times 2 \times 2 \times 2) = 25,000$원

따라서 1학기 동안 대학 서적을 도서관에서 빌려 사용한다면 25,000원의 비용이 든다.

13 응용 수리

정답 ②

A와 B, B와 C가 각각 3세 차이이므로 B의 나이를 x세라 하면 A의 나이는 $(x+3)$세, C의 나이는 $(x-3)$세이다.

3년 후 C의 나이가 A 나이의 $\dfrac{2}{3}$이므로 다음 식이 성립한다.

$$\frac{2}{3}(x+3+3) = x - 3 + 3$$

$$\rightarrow \frac{1}{3}x = 4$$

$$\therefore \ x = 12$$

따라서 현재 B는 12세, A는 $12 + 3 = 15$세, C는 $12 - 3 = 9$세이므로 A ~ C의 현재 나이를 모두 더하면 $15 + 12 + 9 = 36$이다.

14 자료 이해

정답 ③

산업 및 가계별로 대기배출량을 구하면 다음과 같다.

- 농업, 임업 및 어업

$$\left(10,400 \times \frac{30}{100}\right) + \left(810 \times \frac{20}{100}\right) + \left(12,000 \times \frac{40}{100}\right) + \left(0 \times \frac{10}{100}\right) = 8,082 \text{천 톤 } CO_2\text{eq}$$

- 석유, 화학 및 관련 제품

$$\left(6,350 \times \frac{30}{100}\right) + \left(600 \times \frac{20}{100}\right) + \left(48,000 \times \frac{40}{100}\right) + \left(0.03 \times \frac{10}{100}\right) = 3,945.003 \text{천 톤 } CO_2\text{eq}$$

- 전기, 가스, 증기 및 수도사업

$$\left(25,700 \times \frac{30}{100}\right) + \left(2,300 \times \frac{20}{100}\right) + \left(340 \times \frac{40}{100}\right) + \left(0 \times \frac{10}{100}\right) = 8,306 \text{천 톤 } CO_2\text{eq}$$

- 건설업

$$\left(3,500 \times \frac{30}{100}\right) + \left(13 \times \frac{20}{100}\right) + \left(24 \times \frac{40}{100}\right) + \left(0 \times \frac{10}{100}\right) = 1,062.2 \text{천 톤 } CO_2\text{eq}$$

- 가계 부문

$$\left(5,400 \times \frac{30}{100}\right) + \left(100 \times \frac{20}{100}\right) + \left(390 \times \frac{40}{100}\right) + \left(0 \times \frac{10}{100}\right) = 1,796 \text{천 톤 } CO_2\text{eq}$$

대기배출량이 가장 많은 부문의 대기배출량을 줄여야 지구온난화 예방에 효과적이므로 '전기, 가스, 증기 및 수도사업' 부문의 대기배출량을 줄여야 한다.

15 응용 수리

정답 ②

A ~ D의 투자액의 비를 $a : b : c : d$라고 하자.

$$\frac{b+c}{a+b+c+d} \times 3 = 1 \ \rightarrow \ 2(b+c) = a + d \ \rightarrow \ 2b + 2c = a + d \ \cdots ㉠$$

$$\frac{a+2c}{a+b+c+d} \times 3 = \frac{28}{9} \ \cdots ㉡$$

$$2c = a \ \cdots ㉢$$

⊙과 ⓒ을 연립하면 $d=2b$ … ②

ⓒ과 ②을 ⓛ에 대입하면 $\dfrac{4c}{2c+b+c+2b}\times 3=\dfrac{28}{9}$ → $\dfrac{4c}{b+c}=\dfrac{28}{9}$ → $2c=7b$

네 명의 투자자들의 투자액 비율을 b로 나타내면 다음과 같다.

$a=2\times\dfrac{7}{2}b$, b, $c=\dfrac{7}{2}b$, $d=2b$ → $a:b:c:d=14:2:7:4$

따라서 B가 받을 하반기 배당금은 $\dfrac{2}{14+2+7+4}\times 2.7=\dfrac{2}{27}\times 2.7=0.2$억 원이다.

16 자료 이해

정답 ②

제시된 자료에 의하여 2022년부터 세계 전문 서비스용 로봇산업의 규모가 증가함을 알 수 있다. 2024년에 세계 전문 서비스용 로봇산업 시장 규모가 전체 세계 로봇산업 시장 규모에서 차지하는 비중을 구하면 $\dfrac{4,600}{17,949}\times 100 \fallingdotseq 25.63\%$이다.

따라서 2024년 전체 세계 로봇산업 시장 규모에서 세계 전문 서비스용 로봇산업 시장 규모가 차지하는 비중은 27% 미만이므로 옳지 않은 설명이다.

오답분석

① 2024년 세계 개인 서비스용 로봇산업 시장 규모의 전년 대비 증가율은 $\dfrac{2,216-2,134}{2,134}\times 100 \fallingdotseq 3.8\%$이다.

③ 2024년 세계 제조용 로봇산업 시장 규모의 전년 대비 증가율은 $\dfrac{11,133-10,193}{10,193}\times 100 \fallingdotseq 9.2\%$이고 제시된 자료에 의하여 2024년의 세계 제조용 로봇산업의 규모가 세계 로봇산업 시장에서 가장 큰 규모를 차지하고 있음을 확인할 수 있다.

④ • 전년 대비 2024년의 국내 전문 서비스용 로봇 생산 규모의 증가율 : $\dfrac{2,629-1,377}{1,377}\times 100 \fallingdotseq 91.0\%$

• 2023년의 국내 전체 서비스용 로봇 생산 규모 : $3,247+1,377=4,624$억 원

• 2024년의 국내 전체 서비스용 로봇 생산 규모 : $3,256+2,629=5,885$억 원

• 전년 대비 2024년의 국내 전체 서비스용 로봇 생산 규모의 증가율 : $\dfrac{5,885-4,624}{4,624}\times 100 \fallingdotseq 27.3\%$

⑤ • 전년 대비 2024년의 개인 서비스용 로봇 수출 규모의 감소율 : $\dfrac{944-726}{944}\times 100 \fallingdotseq 23.1\%$

• 2023년의 국내 전체 서비스용 로봇 수출 규모 : $944+154=1,098$억 원

• 2024년의 국내 전체 서비스용 로봇 수출 규모 : $726+320=1,046$억 원

• 전년 대비 2024년의 국내 전체 서비스용 로봇 수출 규모의 감소율 : $\dfrac{1,098-1,046}{1,098}\times 100 \fallingdotseq 4.7\%$

17 자료 이해

정답 ②

ㄱ. 2020년에서 2024년 사이 전년 대비 전체 국가지정문화재 건수의 증가폭을 구하면 다음과 같다.

• 2020년 : $3,459-3,385=74$건
• 2021년 : $3,513-3,459=54$건
• 2022년 : $3,583-3,513=70$건
• 2023년 : $3,622-3,583=39$건
• 2024년 : $3,877-3,622=255$건

따라서 전년 대비 전체 국가지정문화재 건수가 가장 많이 증가한 해는 2024년이다.

ㄷ. 2019년 대비 2024년의 문화재 종류별 건수의 증가율을 구하면 다음과 같다.

• 국보 : $\dfrac{328-314}{314}\times 100 \fallingdotseq 4.46\%$

• 보물 : $\dfrac{2,060-1,710}{1,710}\times 100 \fallingdotseq 20.47\%$

- 사적 : $\dfrac{495-479}{479}\times100 ≒ 3.34\%$

- 명승 : $\dfrac{109-82}{82}\times100 ≒ 32.93\%$

- 천연기념물 : $\dfrac{456-422}{422}\times100 ≒ 8.06\%$

- 국가무형문화재 : $\dfrac{135-114}{114}\times100 ≒ 18.42\%$

- 중요민속문화재 : $\dfrac{294-264}{264}\times100 ≒ 11.36\%$

따라서 2019년 대비 2024년 건수의 증가율이 가장 높은 문화재는 명승 문화재이다.

오답분석

ㄴ. 2024년 국보 문화재 건수는 2019년에 비해 328−314=14건 증가했다. 그러나 2019년에 전체 국가지정문화재 중 국보 문화재
가 차지하는 비율은 $\dfrac{314}{3,385}\times100 ≒ 9.28\%$, 2024년에 전체 국가지정문화재 중 국보 문화재가 차지하는 비율은 $\dfrac{328}{3,877}\times100$
≒8.46%이다. 따라서 2024년에 국보 문화재가 전체 국가지정문화재에서 차지하는 비중은 2019년에 비해 감소했다.

ㄹ. 연도별 국가무형문화재 건수의 4배의 수치를 구하면 다음과 같다.
- 2019년 : 114×4=456건
- 2020년 : 116×4=464건
- 2021년 : 119×4=476건
- 2022년 : 120×4=480건
- 2023년 : 122×4=488건
- 2024년 : 135×4=540건

2019년에서 2024년까지 사적 문화재의 지정 건수는 국가무형문화재 건수의 4배가 넘는 수치를 보이고 있지만, 2024년의 경우
국가무형문화재 건수의 4배를 넘지 못한다.

18   자료 계산   정답 ①

2024년의 수리답 면적을 $x$ha라 하면,

$$\dfrac{x}{934,000}\times100=80.6$$

$$\rightarrow \dfrac{x}{934,000}=0.806$$

$$\therefore x=752,804$$

따라서 2024년의 수리답 면적은 752,804ha이므로 약 753천ha이다.

19   자료 이해   정답 ①

ㄱ. 해당 연도별 전체 경지 면적에서 밭이 차지하는 비율은 다음과 같다.
- 2017년 : $\dfrac{712}{1,782}\times100 ≒ 39.96\%$
- 2018년 : $\dfrac{713}{1,759}\times100 ≒ 40.53\%$
- 2019년 : $\dfrac{727}{1,737}\times100 ≒ 41.85\%$
- 2020년 : $\dfrac{731}{1,715}\times100 ≒ 42.62\%$
- 2021년 : $\dfrac{738}{1,698}\times100 ≒ 43.46\%$
- 2022년 : $\dfrac{764}{1,730}\times100 ≒ 44.16\%$

따라서 전체 경지 면적에서 밭이 차지하는 비율은 계속 증가하고 있다.
2022년까지 전체 경지면적은 줄어들고 있는 반면 밭의 면적은 계속 늘어나고 있으므로, 경지면적에서 밭의 비율은 일일이
계산해보지 않더라도 증가함을 알 수 있다.

ㄴ. 2017 ~ 2024년 논 면적의 평균은 $\dfrac{1,070+1,046+1,010+984+960+966+964+934}{8}=991.75$천ha이므로 이보다 논 면
적이 줄어들기 시작한 해는 2020년부터이므로 옳은 설명이다.

ㄷ. 전체 논 면적 중 수리답 면적을 제외한 면적만 줄어들고 있다면 수리답 면적은 그대로이거나 증가해야 한다. 그런데 이는 2017년과 2018년 수리답 면적만 확인해 보아도 사실이 아님을 알 수 있다.

2017년 수리답 면적을 x천ha라 하면, $\frac{x}{1,070} \times 100 = 79.3 \rightarrow x = 848.51$천ha이고, 2018년 수리답 면적을 y천ha라 하면,

$\frac{y}{1,046} \times 100 = 79.5 \rightarrow y = 831.57$천ha이다.

따라서 논 면적이 감소하면서 수리답 면적도 함께 감소하였으므로 수리시설로 농업용수를 공급받지 않는 면적이 증가하고 있다.

20 자료 이해   정답 ④

고속국도 일평균 버스 교통량의 증감추이는 '증가 – 감소 – 증가 – 감소'이고, 일반국도 일평균 버스 교통량의 증감추이는 '감소 – 감소 – 감소 – 감소'이다. 따라서 고속국도와 일반국도의 일평균 버스 교통량의 증감추이는 같지 않다.

① 2020 ~ 2024년의 일반국도와 국가지원지방도의 일평균 승용차 교통량의 합을 구하면 다음과 같다.
- 2020년 : 7,951+5,169=13,120대
- 2021년 : 8,470+5,225=13,695대
- 2022년 : 8,660+5,214=13,874대
- 2023년 : 8,988+5,421=14,409대
- 2024년 : 9,366+5,803=15,169대

따라서 고속국도의 일평균 승용차 교통량은 일반국도와 국가지원지방도의 일평균 승용차 교통량의 합보다 항상 많음을 알 수 있다.

참고로 해당 선택지는 일일이 계산하지 않고 눈으로만 대략 합산해도 고속국도의 일평균 승용차 교통량이 훨씬 많음을 알 수 있다. 이렇게 눈으로 풀 수 있는지 확인 후 빨리 다음 선택지로 넘어가는 것이 바람직하다.

② 제시된 자료를 통해 확인할 수 있다.

③ 전년 대비 교통량이 감소한 2021년을 제외하고 국가지원지방도의 연도별 일평균 버스 교통량의 전년 대비 증가율을 구하면 다음과 같다.
- 2022년 : $\frac{226-219}{219} \times 100 ≒ 3.20\%$
- 2023년 : $\frac{231-226}{226} \times 100 ≒ 2.21\%$
- 2024년 : $\frac{240-231}{231} \times 100 ≒ 3.90\%$

따라서 2024년에 국가지원지방도의 일평균 버스 교통량의 전년 대비 증가율이 가장 컸다.

⑤ 2024년 일반국도와 국가지원지방도의 일평균 화물차 교통량의 합은 5,063대이고, 5,063×2.5=12,657.5<13,211이다. 따라서 2024년 고속국도의 일평균 화물차 교통량은 2024년 일반국도와 국가지원지방도의 일평균 화물차 교통량의 합의 2.5배 이상이다.

21 명제 추론   정답 ②

주어진 조건을 표로 정리하면 다음과 같다.

구분	인사팀	영업팀	홍보팀	기획팀	개발팀	디자인팀	참석인원
보고서 작성	× (2명)	× (4명)	○ (3명)	○ (2명)	○ (5명)	○ (4명)	14명
사내 예절	○ (2명)	× (4명)	○ (3명)	○ (2명)	○ (5명)	○ (4명)	16명

따라서 교육에 참석한 홍보팀 신입사원은 모두 3명이다.

22 명제 추론

원형 테이블은 회전시켜도 좌석 배치가 동일하다. 따라서 좌석에 인원수만큼의 번호 1 ~ 6번을 임의로 붙인 다음, A가 1번 좌석에 앉았다고 가정해 배치하면 다음과 같다.

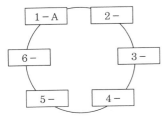

- 두 번째 조건에 따라 E는 A와 마주보는 4번 자리에 앉는다.
- 세 번째 조건에 따라 C는 E 기준으로 왼쪽인 5번 자리에 앉는다.
- 첫 번째 조건에 따라 B는 C와 이웃한 자리 중 비어 있는 6번 자리에 앉는다.
- 네 번째 조건에 따라 F는 A와 이웃하지 않는 자리인 3번 자리에 앉는다.
- D는 남은 좌석인 2번 자리에 앉게 된다.

위 내용을 정리하면 다음과 같다.

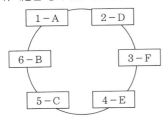

따라서 F와 이웃하여 앉는 사람은 D, E이다.

23 명제 추론

주어진 조건에 따라 배정된 객실을 정리하면 다음과 같다.

301호	302호	303호	304호
C, D, F사원(영업팀) / H사원(홍보팀)			
201호	202호	203호	204호
G사원(홍보팀)	사용 불가	G사원(홍보팀)	
101호	102호	103호	104호
I사원	A사원(영업팀) / B, E사원(홍보팀)		

먼저 주어진 조건에 따르면 A, C, D, F사원은 영업팀이며, B, E, G, H사원은 홍보팀임을 알 수 있다.
만약 H사원이 2층에 묵는다면 G사원이 1층에 묵어야 하는데, 그렇게 되면 영업팀 A사원과 홍보팀 B, E사원이 한 층을 쓸 수 없다. 따라서 H사원은 3층에 묵어야 하고, G사원은 2층에 묵어야 하므로 홍보팀 G사원은 항상 2층에 묵는다.

오답분석
① 주어진 조건만으로는 I사원의 소속팀을 확인할 수 없으므로 워크숍에 참석한 영업팀의 직원 수는 정확히 알 수 없다.
③ 주어진 조건만으로는 C사원이 사용하는 객실 호수와 2층 객실을 사용하는 G사원의 객실 호수를 정확히 알 수 없다.
④ 1층 객실을 사용하는 A, B, E, I사원을 제외한 C, D, F, G, H사원은 객실에 가기 위해 반드시 엘리베이터를 이용해야 한다. 이들 중 C, D, F사원은 영업팀이므로 영업팀의 수가 더 많다.
⑤ E사원은 1층의 숙소를 사용하므로 엘리베이터를 이용할 필요가 없다.

24 논리적 오류

정답 ③

연역법의 오류는 'A=B, B=C, so A=C'와 같은 삼단 논법에서 발생하는 오류를 의미한다.
'이현수 대리(A)는 기획팀(B)을 대표하는 인재인데(A=B) 이런 실수(C)를 하다니(A=C) 기획팀이 하는 업무는 모두 실수투성일 것이 분명할 것(B=C)'이라는 말은 'A=B, A=C, so B=C'와 같은 삼단 논법에서 발생하는 오류인 연역법의 오류에 해당한다.

[오답분석]

① 무지의 오류 : 증명되지 않았기 때문에 그 반대의 주장이 참이라는 것이다.
② 애매성의 오류 : 언어적 애매함으로 인해 이후 주장이 논리적 오류에 빠지는 경우이다.
④ 허수아비 공격의 오류 : 상대방의 주장과는 전혀 상관없는 별개의 논리를 만들어 공격하는 경우이다.
⑤ 권위나 인신공격에 의존한 논증 : 위대한 성인이나 유명한 사람의 말을 활용해 자신의 주장을 합리화하거나 상대방의 주장이 아니라 상대방의 인격을 공격하는 것이다.

25 자료 해석

정답 ③

ㄱ. 갑의 자본금액이 200억 원이므로 아무리 종업원 수가 적더라도 '자본금액 50억 원을 초과하는 법인으로서 종업원 수가 100명 이하인 법인'이 납부해야 하는 20만 원 이상은 납부해야 한다. 따라서 옳은 내용이다.
ㄹ. 갑의 종업원 수가 100명을 초과한다면 50만 원을 납부해야 하며, 을의 종업원 수가 100명을 초과한다면 10만 원을, 병의 자본금액이 100억 원을 초과한다면 50만 원을 납부해야 하므로 이들 금액의 합계는 110만 원이다.

[오답분석]

ㄴ. 을의 자본금이 20억 원이고 종업원이 50명이라면 '그 밖의 법인'에 해당하여 5만 원을 납부해야 하므로 옳지 않다.
ㄷ. 병의 종업원 수가 200명이지만 자본금이 10억 원 이하라면 '그 밖의 법인'에 해당하여 5만 원을 납부해야 하므로 옳지 않다.

26 자료 해석

정답 ⑤

각 펀드의 총점을 통해 비교 결과를 유추하면 다음과 같다.
• A펀드 : 한 번은 우수(5점), 한 번은 우수 아님(2점)
• B펀드 : 한 번은 우수(5점), 한 번은 우수 아님(2점)
• C펀드 : 두 번 모두 우수 아님(2점+2점)
• D펀드 : 두 번 모두 우수(5점+5점)

각 펀드의 비교 대상은 다른 펀드 중 두 개이며, 총 4번의 비교를 했다고 하였으므로 다음과 같은 경우를 고려할 수 있다.

i)

A		B		C		D	
B	D	A	C	B	D	A	C
5	2	2	5	2	2	5	5

표의 결과를 정리하면 D>A>B, A>B>C, B·D>C, D>A·C이므로 D>A>B>C이다.

ii)

A		B		C		D	
B	C	A	D	A	D	C	B
2	5	5	2	2	2	5	5

표의 결과를 정리하면 B>A>C, D>B>A, A·D>C, D>C·B이므로 D>B>A>C이다.

iii)

A		B		C		D	
D	C	C	D	A	B	A	B
2	5	5	2	2	2	5	5

표의 결과를 정리하면 D>A>C, D>B>C, A·B>C, D>A·B이므로 D>A·B>C이다.

ㄱ. 세 가지 경우에서 모두 D펀드는 C펀드보다 우수하다.
ㄴ. 세 가지 경우에서 모두 B펀드보다 D펀드가 우수하다.
ㄷ. 마지막 경우에서 A펀드와 B펀드의 우열을 가릴 수 있으면 A~D까지 우열순위를 매길 수 있다.

27 SWOT 분석

정답 ④

ⓒ 특허를 통한 기술 독점은 기업의 내부환경으로 볼 수 있다. 따라서 내부환경의 강점 사례이다.
ⓒ 점점 증가하는 유전자 의뢰는 기업의 외부환경(고객)으로 볼 수 있다. 따라서 외부환경에서 비롯된 기회 사례이다.

오답분석

㉠ 투자 유치의 어려움은 기업의 외부환경(거시적 환경)으로 볼 수 있다. 따라서 외부환경에서 비롯된 위협 사례이다.
㉣ 높은 실험 비용은 기업의 내부환경으로 볼 수 있다. 따라서 내부환경의 약점 사례이다.

28 규칙 적용

정답 ④

A가 서브한 게임에서 전략팀이 득점하였으므로 이어지는 서브권은 A가 가지며, 총 4점을 득점한 상황이므로 팀 내에서 선수끼리 자리를 교체하여 A가 오른쪽에서 서브를 해야 한다. 그리고 서브를 받는 총무팀은 서브권이 넘어가지 않았기 때문에 선수끼리 코트 위치를 바꾸지 않는다. 따라서 ④가 정답이다.

29 자료 해석

정답 ③

가입금액 한도 내에서 보상하되 휴대품 손해로 인한 보상 시 휴대품 1개 또는 1쌍에 대해서만 20만 원 한도로 보상한다.

30 자료 해석

정답 ③

애플리케이션에 판단 (A), (B)의 영향도를 분석하면 아래와 같다.
(A) 애플리케이션의 응답시간에 대한 사용자 요구 수준을 볼 때, 기본적인 성능이 잘 제공되는 것으로 판단된다. → (성능 영향도 0)
    그러나 고장 시 불편한 손실이 발생되며, 다행히 쉽게 복구가 가능하다. → (신뢰성 영향도 1)
    설계 단계에서 하나 이상의 설치 사이트에 대한 요구사항이 고려되며, 유사한 하드웨어나 소프트웨어 환경하에서만 운영되도록
    설계되었다. → (다중 사이트 영향도 1)
    그리고 데이터를 전송하는 정도를 보면 분산처리에 대한 요구사항이 명시되지 않은 것으로 판단된다. → (분산처리 영향도 0)
(B) 애플리케이션에서 발생할 수 있는 장애에 있어서는 기본적인 신뢰성이 제공된다. → (신뢰성 영향도 0)
    응답시간 또는 처리율이 피크타임에 중요하며, → (성능 영향도 1)
    애플리케이션의 처리기능은 복수 개의 서버상에서 동적으로 상호 수행된다. → (분산처리 영향도 2)
    그리고 이 애플리케이션은 동일한 소프트웨어 환경하에서만 운영되도록 설계되었다. → (다중 사이트 영향도 0)
따라서 판단에 대한 총 영향도는 (A)는 2, (B)는 3이다.

31 정보 이해

정답 ③

전산보안팀에서 발신한 업무 메일 내용에는 검색기록 삭제 시 기존에 체크되어 있는 항목 외에도 모든 항목을 체크하여 삭제하라고 되어 있다. 그러나 괄호 안에 '즐겨찾기 데이터 보존'은 체크 해제할 것이라고 명시되어 있으므로 모든 항목을 체크하여 삭제하는 행동은 옳지 않다.

32 정보 이해

정답 ④

전략정보 시스템은 기업의 전략을 실현하여 경쟁 우위를 확보하기 위한 목적으로 사용되는 정보 시스템으로, 기업의 궁극적 목표인 이익에 직접 영향을 줄 수 있는 시장점유율 향상, 매출 신장, 신상품 전략, 경영전략 등의 전략계획에 도움을 준다.

오답분석

① 비지니스 프로세스 관리 : 기업 내외의 비즈니스 프로세스를 실제로 드러나게 하고, 비즈니스의 수행과 관련된 사람 및 시스템을 프로세스에 맞게 실행・통제하며, 전체 비즈니스 프로세스를 효율적으로 관리하고 최적화할 수 있는 변화 관리 및 시스템 구현 기법이다.
② 전사적 자원 관리 : 인사・재무・생산 등 기업의 전 부문에 걸쳐 독립적으로 운영되던 각종 관리 시스템의 경영자원을 하나의 통합시스템으로 재구축함으로써 생산성을 극대화하려는 경영혁신 기법이다.

③ 경영정보 시스템 : 기업 경영정보를 총괄하는 시스템으로, 의사결정 등을 지원하는 종합 시스템이다.
⑤ 의사결정지원 시스템 : 컴퓨터의 데이터베이스 기능과 모델 시뮬레이션 기능을 이용해 경영의 의사결정을 지원하는 시스템이다.

33 　정보 이해

정답 ③

데이터 레이블이 표시되어 있지 않다. 데이터 레이블이 표시되어 있다면 정확한 수치가 그래프 위에 나타난다.

34 　정보 이해

정답 ④

비교적 가까운 거리에 흩어져 있는 컴퓨터들을 서로 연결하여 여러 가지 서비스를 제공하는 네트워크는 근거리 통신망에 해당한다.
근거리 통신망의 작업 결과를 공유하기 위해서는 네트워크상의 작업 그룹명을 동일하게 하여야 가능하다.

35 　엑셀 함수

정답 ③

INDEX 함수는 「=INDEX(배열로 입력된 셀의 범위, 배열이나 참조의 행 번호, 배열이나 참조의 열 번호)」로 표시되고, MATCH
함수는 「=MATCH(찾으려고 하는 값, 연속된 셀 범위, 되돌릴 값을 표시하는 숫자)」로 표시되기 때문에 「=INDEX(E2:E9,MATCH
(0,D2:D9,0))」를 입력하면 근무연수가 0인 사람의 근무월수가 셀에 표시된다. 따라서 2가 표시된다.

36 　엑셀 함수

정답 ①

SUMIFS 함수는 주어진 조건에 의해 지정된 셀들의 합을 구하는 함수로, 「=SUMIFS(합계범위, 조건범위, 조건 값)」로 구성된다.
여기서 '조건 값'으로 숫자가 아닌 텍스트를 직접 입력할 경우에는 반드시 큰따옴표를 이용해야 한다. 즉, 「=SUMIFS(F2:F9,
D2:D9,"남")」로 입력해야 한다.

37 　엑셀 함수

정답 ①

[수식] 탭 - [수식 분석] 그룹 - [수식 표시]를 클릭하면 함수의 결괏값이 아니라 수식 자체가 표시된다.

38 　엑셀 함수

정답 ②

• [D11] 셀에 입력된 COUNTA 함수는 범위에서 비어있지 않은 셀의 개수를 구하는 함수이다. [B3:D9] 범위에서 비어있지 않은
셀의 개수는 숫자 '1' 10개와 '재제출 요망'으로 입력된 텍스트 2개로, 「=COUNTA(B3:D9)」의 결괏값은 12이다.
• [D12] 셀에 입력된 COUNT 함수는 범위에서 숫자가 포함된 셀의 개수를 구하는 함수이다. [B3:D9] 범위에서 숫자가 포함된
셀의 개수는 숫자 '1' 10개로, 「=COUNT(B3:D9)」의 결괏값은 10이다.
• [D13] 셀에 입력된 COUNTBLANK 함수는 범위에서 비어있는 셀의 개수를 구하는 함수이다. [B3:D9] 범위에서 비어있는 셀의
개수는 9개이므로 「=COUNTBLANK(B3:D9)」의 결괏값은 9이다.

39 　프로그램 언어(코딩)

정답 ④

문자열에서 strip( ) 메소드를 사용하면 좌우의 공백을 제거할 수 있다.

[오답분석]
① split( ) 메소드는 문자열이 있을 때 공백을 기준으로 문자열을 나눈다.
② data 출력이 아닌, 새로운 data1 문자열을 만들어 출력했다.
③ f-string을 사용하면 변수처럼 문자열 사이에 타입과 상관없이 값을 출력한다.
⑤ ticker.upper( ) 메소드는 문자열을 대문자로 변경한다.

int는 정수형 타입으로 할당되는 메모리의 크기는 4바이트다. int의 데이터 표현 범위는 $-2,147,483,648$부터 $2,147,483,647$이다. 해당 타입이 표현할 수 있는 범위를 벗어난 데이터를 저장하면 오버플로우가 발생한다. num에 12345678910111213141 51617181920을 저장하면 입력한 상수가 커서 실행되지 않는다.

02 개별영역

| 01 | 자원관리능력(행정)

41 품목 확정

각 업체의 정비 1회당 수질개선 효과, 분기별 정비횟수, 1년 정비비용을 구한 후, 수질개선 점수를 도출하면 다음과 같다.

업체	정비 1회당 수질개선 효과(점)	분기별 정비횟수(회)	1년 정비비용(만 원)	수질개선 점수(점)
A	$75+65+80=220$	$\frac{2,050}{30}=68$	$6,000-3,950=2,050$	$\frac{220\times68}{100}≒149$
B	$79+68+84=231$	$\frac{1,800}{30}=60$	$6,000-4,200=1,800$	$\frac{231\times60}{100}≒138$
C	$74+62+84=220$	$\frac{1,200}{30}=40$	$6,000-4,800=1,200$	$\frac{220\times40}{100}=88$
D	$80+55+90=225$	$\frac{1,930}{30}=64$	$6,000-4,070=1,930$	$\frac{225\times64}{100}=144$
E	$83+70+86=239$	$\frac{900}{30}=30$	$6,000-5,100=900$	$\frac{239\times30}{100}≒71$

따라서 수질개선 점수가 가장 높은 A업체와 D업체가 선정된다.

42 품목 확정

각 업체의 선정점수를 항목별로 동일한 가중치로 합산하여 계산하면 다음과 같다.

구분	A업체	B업체	C업체	D업체	E업체
선정점수	67점	75점	72점	72점	73점

세 번째 조건에 따라 건축안정성 점수가 17점 미만인 업체는 없으므로 이로 인해 제외되는 업체는 없고, 네 번째 조건에 따라 입찰가격 점수가 10점 미만인 B업체는 제외된다. 또한 마지막 조건에 따라 C업체는 내진설계를 포함하지 않아 제외된다. 따라서 나머지 업체인 A, D, E업체 중 선정점수가 가장 높은 E업체가 선정된다.

43 품목 확정

E제품은 가격, 조명도, A/S 등의 요건이 주어진 조건에 모두 부합한다.

오답분석
① 예산이 150만 원이라고 했으므로 A제품은 예산을 초과하여 적절하지 않다.
② 신속한 A/S가 조건이므로 B제품은 해외 A/S만 가능하여 적절하지 않다.
③ 조명도가 5,000lx 미만이므로 C제품은 적절하지 않다.
④ D제품은 가격과 조명도 적절하고 특이사항도 문제없지만, 가격이 저렴한 제품을 우선으로 한다고 하였으므로 E가 적절하다.

44 인원 선발

면접평가 결과를 점수로 변환하면 다음과 같다.

(단위 : 점)

구분	A	B	C	D	E
의사소통능력	100	100	100	80	50
문제해결능력	80	75	100	75	95
조직이해능력	95	90	60	100	90
대인관계능력	50	100	80	60	85

변환된 점수에 최종 합격자 선발기준에 따른 평가비중을 곱하여 최종 점수를 도출하면 다음과 같다.

- A : $(100 \times 0.4) + (80 \times 0.3) + (95 \times 0.2) + (50 \times 0.1) = 88$점
- B : $(100 \times 0.4) + (75 \times 0.3) + (90 \times 0.2) + (100 \times 0.1) = 90.5$점
- C : $(100 \times 0.4) + (100 \times 0.3) + (60 \times 0.2) + (80 \times 0.1) = 90$점
- D : $(80 \times 0.4) + (75 \times 0.3) + (100 \times 0.2) + (60 \times 0.1) = 80.5$점
- E : $(50 \times 0.4) + (95 \times 0.3) + (90 \times 0.2) + (85 \times 0.1) = 75$점

따라서 최종 합격자는 상위자 2명이므로 B, C가 선발된다.

45 시간 계획

11월 21일의 팀미팅은 워크숍 시작시간 전 오후 1시 30분에 끝나므로 3시에 출발 가능하며, 22일의 일정이 없기 때문에 11월 21 ~ 22일이 워크숍 날짜로 적절하다.

[오답분석]

① 11월 9 ~ 10일 : 다른 팀과 함께하는 업무가 있는 주로 워크숍 불가능
② 11월 18 ~ 19일 : 19일은 주말이므로 워크숍 불가능
④ 11월 28 ~ 29일 : E대리 휴가로 모든 팀원 참여 불가능
⑤ 11월 29 ~ 30일 : 말일이므로 워크숍 불가능

46 시간 계획

대화 내용을 살펴보면 A과장은 패스트푸드점, B대리는 화장실, C주임은 은행, 귀하는 편의점을 이용한다. 이는 동시에 이루어지는 일이므로 가장 오래 걸리는 일의 시간만을 고려하면 된다. 은행이 30분으로 가장 오래 걸리므로 17:20에 모두 모이게 된다. 따라서 17:00, 17:15에 출발하는 버스는 이용하지 못한다. 그리고 17:30에 출발하는 버스는 잔여좌석이 부족하여 이용하지 못한다. 최종적으로 17:45에 출발하는 버스를 탈 수 있다. 그러므로 서울에 도착 예정시각은 19:45이다.

47 비용 계산

ⅰ) A씨(8개월)
- 처음 3개월 : 220만 원 × 0.8 = 176만 원 → 150만 원(∵ 상한액) → 150만 원 × 3 = 450만 원
- 나머지 기간 : 220만 원 × 0.4 = 88만 원 × 5 = 440만 원
- ∴ 450만 원 + 440만 원 = 890만 원

ⅱ) B씨(1년, 아빠의 달 + 둘째)
- 처음 3개월 : 300만 원 × 1.0 = 300만 원 → 200만 원(∵ 상한액) → 200만 원 × 3 = 600만 원
- 나머지 기간 : 300만 원 × 0.4 = 120만 원 → 100만 원(∵ 상한액) → 100만 원 × 9 = 900만 원
- ∴ 600만 원 + 900만 원 = 1,500만 원

ⅲ) C씨(6개월)
- 처음 3개월 : 90만 원 × 0.8 = 72만 원 × 3 = 216만 원
- 나머지 기간 : 90만 원 × 0.4 = 36만 원 → 50만 원(∵ 하한액) → 50만 원 × 3 = 150만 원
- ∴ 216만 원 + 150만 원 = 366만 원

따라서 세 사람이 받을 수 있는 육아휴직급여는 890만 원 + 1,500만 원 + 366만 원 = 2,756만 원이다.

정답 44 ②
정답 45 ③
정답 46 ③
정답 47 ③

48 비용 계산

ⅰ) 연봉 3,000만 원인 K사원의 월 수령액은 3,000만 원÷12＝250만 원이고 월평균 근무시간은 200시간이므로 시급은 250만 ÷200＝12,500원이다.

ⅱ) K사원이 평일에 야근한 시간은 2＋3＋3＋2＝10시간이다. 따라서 야근수당은 (12,500＋5,000)×10＝175,000원이다.

ⅲ) K사원이 주말에 특근한 시간은 3＋5＝8시간이므로 특근수당은 (12,500＋10,000)×8＝180,000원이다.

식대는 야근・특근수당에 포함되지 않으므로 K사원의 한 달간 야근 및 특근수당의 총액은 175,000＋180,000＝355,000원이다.

49 인원 선발

ㄱ. 각 팀장이 매긴 순위에 대한 가중치는 모두 동일하다고 했으므로 1, 2, 3, 4순위의 가중치를 각각 4, 3, 2, 1점으로 정해 네 사람의 면접점수를 산정하면 다음과 같다.
- 갑 : 2＋4＋1＋2＝9점
- 을 : 4＋3＋4＋1＝12점
- 병 : 1＋1＋3＋4＝9점
- 정 : 3＋2＋2＋3＝10점

면접점수가 높은 을, 정 중 한 명이 입사를 포기하면 갑, 병 중 한 명이 채용된다. 갑과 병의 면접점수는 9점으로 동점이지만 조건에 따라 인사팀장이 부여한 순위가 높은 갑을 채용하게 된다.

ㄷ. 경영관리팀장이 갑과 병의 순위를 바꿨을 때, 네 사람의 면접점수를 산정하면 다음과 같다.
- 갑 : 2＋1＋1＋2＝6점
- 을 : 4＋3＋4＋1＝12점
- 병 : 1＋4＋3＋4＝12점
- 정 : 3＋2＋2＋3＝10점

즉, 을과 병이 채용되므로 정은 채용되지 못한다.

오답분석

ㄴ. 인사팀장이 을과 정의 순위를 바꿨을 때, 네 사람의 면접점수를 산정하면 다음과 같다.
- 갑 : 2＋4＋1＋2＝9점
- 을 : 3＋3＋4＋1＝11점
- 병 : 1＋1＋3＋4＝9점
- 정 : 4＋2＋2＋3＝11점

즉, 을과 정이 채용되므로 갑은 채용되지 못한다.

50 인원 선발

진급 대상자의 항목별 점수에 따른 합산 점수를 정리하면 다음과 같다.

성명	직위	재직기간	공인영어	필기	면접	인사평가	합산 점수
최근원	사원	5점	3점	10점	20점	5점	43점
김재근	대리	10점	3점	10점	10점	×	
이윤결	대리	5점	×	10점	20점	20점	
정리사	사원	5점	5점	15점	5점	10점	40점
류이현	사원	5점	10점	10점	5점	10점	40점
정연지	사원	5점	3점	15점	20점	10점	53점
이지은	대리	10점	5점	×	10점	20점	
이윤미	사원	5점	×	20점	5점	20점	
최지나	대리	5점	3점	15점	×	×	
류미래	사원	2점	3점	20점	×	20점	

따라서 총 4명의 사원이 진급하며, 가장 높은 점수를 받은 사람은 53점의 정연지이다.

| 02 | 기술능력(전산 · 시설 · 기술)

41   기술 이해

정답 ②

기술 시스템의 발전 단계

발명(Invention) · 개발(Development) · 혁신(Innovation)의 단계 → 기술 이전(Transfer)의 단계 → 기술 경쟁(Competition)의 단계 → 기술 공고화(Consolidation) 단계

42   기술 이해

정답 ⑤

기술 시스템의 발전 단계

단계	중요 역할자
발명 · 개발 · 혁신의 단계	기술자
기술 이전의 단계	기술자
기술 경쟁의 단계	기업가
기술 공고화 단계	자문 엔지니어, 금융 전문가

43   기술 이해

정답 ⑤

제시문에서 나타난 A, B, C사들이 수행한 기술선택 방법은 벤치마킹이다. 벤치마킹이란 단순한 모방과 달리 특정 분야에서 우수한 기업이나 성공한 상품, 기술, 경영 방식 등의 장점을 충분히 익힌 후 자사의 환경에 맞추어 재창조하는 것을 의미한다.

[오답분석]

① 수행 방식에 따른 벤치마킹의 종류

수행 방식에 따른 분류	내용
직접적 벤치마킹	벤치마킹 대상을 직접 방문하여 수행하는 방법
간접적 벤치마킹	인터넷 검색 및 문서 형태의 자료를 통해서 수행하는 방법

④ 비교 대상에 따른 벤치마킹의 종류

비교 대상에 따른 분류	내용
내부 벤치마킹	같은 기업 내의 다른 지역, 타 부서, 국가 간의 유사한 활용을 비교 대상으로 함
경쟁적 벤치마킹	동일 업종에서 고객을 직접적으로 공유하는 경쟁 기업을 대상으로 함
비경쟁적 벤치마킹	제품, 서비스 및 프로세스의 단위 분야에 있어 가장 우수한 실무를 보이는 비경쟁적 기업 내의 유사 분야를 대상으로 함
글로벌 벤치마킹	프로세스에 있어 최고로 우수한 성과를 보유한 동일 업종의 비경쟁적 기업을 대상으로 함

44   기술 이해

정답 ②

㉠ · ㉤ C금융사는 비경쟁적 관계에 있는 신문사를 대상으로 한 비경쟁적 벤치마킹과 직접 방문을 통한 직접적 벤치마킹을 수행했다.

[오답분석]

㉡ 내부 벤치마킹에 대한 설명이다.
㉢ 경쟁적 벤치마킹에 대한 설명이다.
㉣ 간접적 벤치마킹에 대한 설명이다.

45 기술 적용

'수시'는 '일정하게 정하여 놓은 때 없이 그때그때 상황에 따름'을 의미한다. 즉, 하루에 한 번 청소할 수도 있고, 아닐 수도 있다. 따라서 정수기 청소는 하루에 1곳만 할 수도 있다.

[오답분석]

① 설치 시 주의사항에 설명되어 있다.
② '제품 이상 시 조치 방법' 맨 마지막에 설명되어 있다.
④ 10mm＝1cm이므로, 외형치수를 환산하면 옳은 설명임을 알 수 있다.
⑤ 적정 시기에 필터를 교환하지 않으면 물이 나오지 않거나 정수물이 너무 느리게 채워지는 문제가 발생한다.

46 기술 적용

ㄱ. 정수기에 사용되는 필터는 세디먼트 필터, 프리카본 필터, UF중공사막 필터, 실버블록카본 필터이다.
ㄹ. 설치 시 주의사항으로 벽면에서 20cm 이상 띄워 설치하라고 언급했다. 따라서 지켜지지 않을 경우 문제가 발생할 수 있다.

[오답분석]

ㄴ. 시너 및 벤젠은 제품의 변색이나 표면이 상할 우려가 있으므로 사용하지 말라고 명시되어 있다. 따라서 급한 경우라도 사용하지 않는 것이 옳다.
ㄷ. 프리카본 필터의 교환 주기는 약 8개월이다. 3년은 36개월이므로, 4번 교환해야 한다.

47 기술 적용

필터 수명이 종료됐을 때와 연결 호스가 꺾였을 때 물이 나오지 않는다. 이때 연결 호스가 꺾였다면 서비스센터에 연락하지 않고 해결이 가능하다.

48 기술 적용

문제 발생 시 확인사항의 '찬바람이 지속적으로 나오지 않습니다.', '실내기', '실외기' 등의 단서를 통해 에어컨 사용설명서라는 것을 알 수 있다.

49 기술 적용

에어컨 응축수가 잘 빠지지 않을 경우 냄새가 나므로 배수 호스를 점검해야 한다.

50 기술 적용

서비스센터로 연락하기 전에 리모컨 수신부가 가려져 있는지도 확인해봐야 한다.

한국공항공사 NCS 답안카드

성 명

지원 분야

문제지 형별기재란

( )형

Ⓐ Ⓑ

수험번호

0	0	0	0	0	0	0
①	①	①	①	①	①	①
②	②	②	②	②	②	②
③	③	③	③	③	③	③
④	④	④	④	④	④	④
⑤	⑤	⑤	⑤	⑤	⑤	⑤
⑥	⑥	⑥	⑥	⑥	⑥	⑥
⑦	⑦	⑦	⑦	⑦	⑦	⑦
⑧	⑧	⑧	⑧	⑧	⑧	⑧
⑨	⑨	⑨	⑨	⑨	⑨	⑨

감독위원 확인

㊞

1	① ② ③ ④ ⑤	21	① ② ③ ④ ⑤	41	① ② ③ ④ ⑤
2	① ② ③ ④ ⑤	22	① ② ③ ④ ⑤	42	① ② ③ ④ ⑤
3	① ② ③ ④ ⑤	23	① ② ③ ④ ⑤	43	① ② ③ ④ ⑤
4	① ② ③ ④ ⑤	24	① ② ③ ④ ⑤	44	① ② ③ ④ ⑤
5	① ② ③ ④ ⑤	25	① ② ③ ④ ⑤	45	① ② ③ ④ ⑤
6	① ② ③ ④ ⑤	26	① ② ③ ④ ⑤	46	① ② ③ ④ ⑤
7	① ② ③ ④ ⑤	27	① ② ③ ④ ⑤	47	① ② ③ ④ ⑤
8	① ② ③ ④ ⑤	28	① ② ③ ④ ⑤	48	① ② ③ ④ ⑤
9	① ② ③ ④ ⑤	29	① ② ③ ④ ⑤	49	① ② ③ ④ ⑤
10	① ② ③ ④ ⑤	30	① ② ③ ④ ⑤	50	① ② ③ ④ ⑤
11	① ② ③ ④ ⑤	31	① ② ③ ④ ⑤		
12	① ② ③ ④ ⑤	32	① ② ③ ④ ⑤		
13	① ② ③ ④ ⑤	33	① ② ③ ④ ⑤		
14	① ② ③ ④ ⑤	34	① ② ③ ④ ⑤		
15	① ② ③ ④ ⑤	35	① ② ③ ④ ⑤		
16	① ② ③ ④ ⑤	36	① ② ③ ④ ⑤		
17	① ② ③ ④ ⑤	37	① ② ③ ④ ⑤		
18	① ② ③ ④ ⑤	38	① ② ③ ④ ⑤		
19	① ② ③ ④ ⑤	39	① ② ③ ④ ⑤		
20	① ② ③ ④ ⑤	40	① ② ③ ④ ⑤		

※ 본 답안지는 마킹연습용 모의 답안지입니다.

한국공항공사 NCS 답안카드

※ 본 답안지는 마킹연습용 모의 답안지입니다.

성 명	

지원 분야	

문제지 형별기재란

(형)

Ⓐ
Ⓑ

수 험 번 호

	⓪	①	②	③	④	⑤	⑥	⑦	⑧	⑨
	⓪	①	②	③	④	⑤	⑥	⑦	⑧	⑨
	⓪	①	②	③	④	⑤	⑥	⑦	⑧	⑨
	⓪	①	②	③	④	⑤	⑥	⑦	⑧	⑨
	⓪	①	②	③	④	⑤	⑥	⑦	⑧	⑨
	⓪	①	②	③	④	⑤	⑥	⑦	⑧	⑨
	⓪	①	②	③	④	⑤	⑥	⑦	⑧	⑨

감독위원 확인

(인)

문번	①	②	③	④	⑤	문번	①	②	③	④	⑤	문번	①	②	③	④	⑤
1	①	②	③	④	⑤	21	①	②	③	④	⑤	41	①	②	③	④	⑤
2	①	②	③	④	⑤	22	①	②	③	④	⑤	42	①	②	③	④	⑤
3	①	②	③	④	⑤	23	①	②	③	④	⑤	43	①	②	③	④	⑤
4	①	②	③	④	⑤	24	①	②	③	④	⑤	44	①	②	③	④	⑤
5	①	②	③	④	⑤	25	①	②	③	④	⑤	45	①	②	③	④	⑤
6	①	②	③	④	⑤	26	①	②	③	④	⑤	46	①	②	③	④	⑤
7	①	②	③	④	⑤	27	①	②	③	④	⑤	47	①	②	③	④	⑤
8	①	②	③	④	⑤	28	①	②	③	④	⑤	48	①	②	③	④	⑤
9	①	②	③	④	⑤	29	①	②	③	④	⑤	49	①	②	③	④	⑤
10	①	②	③	④	⑤	30	①	②	③	④	⑤	50	①	②	③	④	⑤
11	①	②	③	④	⑤	31	①	②	③	④	⑤						
12	①	②	③	④	⑤	32	①	②	③	④	⑤						
13	①	②	③	④	⑤	33	①	②	③	④	⑤						
14	①	②	③	④	⑤	34	①	②	③	④	⑤						
15	①	②	③	④	⑤	35	①	②	③	④	⑤						
16	①	②	③	④	⑤	36	①	②	③	④	⑤						
17	①	②	③	④	⑤	37	①	②	③	④	⑤						
18	①	②	③	④	⑤	38	①	②	③	④	⑤						
19	①	②	③	④	⑤	39	①	②	③	④	⑤						
20	①	②	③	④	⑤	40	①	②	③	④	⑤						

2025 최신판 시대에듀 한국공항공사
NCS + 최종점검 모의고사 5회 + 무료NCS특강

개정13판1쇄 발행	2025년 03월 20일 (인쇄 2025년 02월 12일)
초 판 발 행	2015년 04월 30일 (인쇄 2015년 04월 23일)
발 행 인	박영일
책 임 편 집	이해욱
편 저	SDC(Sidae Data Center)
편 집 진 행	김재희 · 오세혁
표지디자인	박종우
편집디자인	최혜윤 · 장성복
발 행 처	(주)시대고시기획
출 판 등 록	제10-1521호
주 소	서울시 마포구 큰우물로 75 [도화동 538 성지 B/D] 9F
전 화	1600-3600
팩 스	02-701-8823
홈 페 이 지	www.sdedu.co.kr

I S B N	979-11-383-8802-3 (13320)
정 가	24,000원

한국
공항공사

NCS+모의고사 5회

최신 출제경향 전면 반영